DE L'IMPRIMERIE DE E. POCHARD,
rue du Pot-de-Fer, n° 14, à Paris.

RECUEIL GÉNÉRAL

DES

ANCIENNES LOIS FRANÇAISES,

Depuis l'an 420 jusqu'à la révolution de 1789.

ISAMBERT, Avocat aux Conseils du Roi et à la Cour de cassation ;
JOURDAN, Docteur en Droit, Avocat à la Cour royale de Paris ;
DECRUSY, ancien Avocat à la Cour royale de Paris.

« Voulons et Ordonnons qu'en chacune Chambre de nos Cours
« de Parlement, et semblablement es Auditoires de nos Baillis et
« Sénéchaux y ait un livre des Ordonnances, afin que si aucune
« difficulté y survenait, on ait promptement recours à icelles. »
(Art. 79 de l'Ord. de LOUIS XII, mars 1498, 1er de Blois.)

CINQUIÈME LIVRAISON.

1438 — 1483.

PARIS,

BELIN-LEPRIEUR, LIBRAIRE-ÉDITEUR, QUAI DES AUGUSTINS, N° 55 ;
VERDIÈRE, LIBRAIRE, QUAI DES AUGUSTINS, N° 25.

OCTOBRE 1825.

TROISIÈME RACE.

BRANCHE DES VALOIS.

FIN DU RÈGNE DE CHARLES VII,

Publié par MM. Isambert et Decrusy.

TOME IX.

1438 — 1461.

ORDONNANCES DES VALOIS.

SUITE DU RÈGNE DE CHARLES VII.

GOUVERNEMENT DU ROI,

APRÈS LA DESTRUCTION DU GOUVERNEMENT (1) DES ANGLAIS.
1438 — 1461.

N°. 108. — LETTRES *qui enjoignent de démolir ou réparer les maisons de Paris qui sont en ruine.*

Paris, 21 avril 1438 (2). (C. L. XIII, 261.) Pub. au Châtelet, 22 avril, et par les carrefours, le 23.

CHARLES, etc. De la partie de nostre procureur au Chastellet de Paris nous a esté exposé comme il soit notoire à tous, que, tant à l'occasion des grans et excessives charges de rentes en deniers et autres devoirs dont ont esté et sont chargées plusieurs

---

(1) A partir de l'année 1438, on peut considérer Charles VII, comme seul roi de France; auparavant sa souveraineté était partagée avec les Anglais. Mais une fois la paix faite avec le duc de Bourgogne et Paris réduit à son obéissance, la guerre avec les Anglais ne fut plus qu'une guerre ordinaire, la monarchie était sauvée, la souveraineté non partagée; la législation est unique; on n'y voit plus d'actes du gouvernement de fait. (Isambert.)

(2) Pendant l'été et l'automne de cette année, Paris fut désolé par la famine et par les maladies qui en sont la suite. Plus de 50,000 personnes y moururent. Les registres du parlement attestent que la plupart de ses membres étaient morts ou dispersés au mois d'octobre 1438, qu'il ne s'en trouvait plus que 15 à Paris, et que les assemblées cessèrent jusqu'au mois de janvier suivant. Les loups répandus dans les environs entraient dans la ville et y dévoraient les enfans. La chambre des comptes eut ordre de payer 20 sols à quiconque apporterait une tête de loup. (Villevault, préf. 25.)

maisons et habitations de nostre bonne ville de Paris, comme de mortalitez et guerres qui depuis vingt ans en çà ont esté en nostre royaume de France, et autrement, grant partie d'icelles maisons et habitations ont esté et sont demourées vuides, vagues, ruineuses et inhabitées et tournées en non valoir, et en si grant ruine qu'il a convenu les aucunes desmolir et abattre, autres sont cheues par deffault de reparations tant de couvertures que autres édiffices, et aussi parce que les aucuns des proprietaires n'ont pas facultez de les reparer, et que les censiers et rentiers d'iceulx lieux sont souvent en grans involutions de procez les ungs contre les autres, tant affin de garnir ou quitter, comme de leurs droiz de priorité ou posteriorité, et autrement, lesquels procez prennent souvent traict, et pendant iceulx procez, n'est mise aucune provision pour reparer ne soustenir icelles maisons, parce que chacun pretendant avoir droict sur icelles, ne veult contribuer aux frais dont tres-grands inconveniens sont desja ensuivis en plusieurs lieux et rues, et mesmement sur plusieurs bonnes personnes passant leur chemin par-devant icelles maisons, dont les aucuns ont esté tuez, meurtris et occis piteusement, et les autres affolez et mutilez de leurs membres, et encores se pourroient ensuir très-souvent autres inconveniens et dommaiges irreparables, se pourveu n'y est briefvement, si comme icelui nostre procureur dit, requerant sur ce estre par nous pourveu. Pour ce est-il que, ces choses considérées, et pour obvier aux inconveniens et perilz qui aux moyens et causes dessus touchées se pourroient ensuir :

Nous, par la deliberation de nostre conseil avons voulu et ordonné, voulons et ordonnons, et par ces presentes vous mandons, commandons et expressement enjoignons, en commettant, se mestier est, que à toute diligence vous faictes crier et publier solempnellement à son de trompe de par nous, ès carrefours et lieux publicqs accoustumez à faire criz et publications en nostredicte ville de Paris, que tous proprietaires, censiers, rentiers et autres, de quelque estat ou préeminence qu'ils soient, qui ont ou prétendent aucun droict en et sur quelques maisons, lieux et autres édiffices scituez en ladicte ville, soient habités ou non habités, èsquels a ou aura peril éminent (1) apparant sur rue, que tantost et incontinent et dedans la huictaine après la publication devant dite, ils fassent oster le peril eminent desdits lieux, les

---

(1) Ce droit existe encore, et est exercé dans les villes, par l'autorité municipale. (Isambert.)

fassent desmolir et abbattre, ou mettre en tel et si bon estat et disposition que aucun inconvenient ne s'en puisse ensuir à corps humain, sur peine de perdre leurs droicts, et d'avoir recours sur iceulx proprietaires, censiers et rentiers, de l'interest des parties.

Et au cas que dedans ledit temps ou autre tel que par vous leur sera faict, donné et prefix, ils n'auront faict ce que dict est, vous, oudit cas, visitation premièrement faicte d'iceulx lieux par les maistres de nos œuvres ou autres jurez maçons et charpentiers à ce commis par vous, qui de ce feront leur rapport, faites iceulx lieux, ledit rapport veu, desmolir et abattre réalment et de faict, et mettre en tel estat, en ostant l'eminent peril, tout aux cousts desdits proprietaires, censiers et rentiers, et en leur deffault et negligence aux cousts des maitres des lieux, tellement que aucun inconvenient ne s'en puisse ensuir. Car ainsi nous plaist-il estre faict, nonobstant quelconques lettres, oppositions ou appellations, ausquelles ne voulons estre defféré et obey.

Donné à Paris, etc. Par le roy à la relation du conseil.

N°. 109. — LETTRES *par lesquelles le roi réitère les ordres donnés pour l'abolition des péages sur la Loire.*

Bourges, 30 juin 1438. (C. L. XIV, 7.)

N° 110. — PRAGMATIQUE *sanction* (1) *sur l'autorité des conciles généraux, les collations des bénéfices, élections, expectatives, appellations, annates, la célébration de l'office divin et autres matières ecclésiastiques.*

Bourges, 7 juillet 1438. (C. L. XIII, 267.) Publ. en parlem., 14 juillet 1439.

KAROLUS, etc. Inscrutabilis divine altitudinis providencia, per

---

(1) On appelle pragmatique toute constitution donnée en connaissance de cause du consentement unanime de tous les grands, et consacrée par la volonté du prince. Le mot *pragma* signifie prononcé, sentence, édit; il était en usage avant Saint-Louis. Les empereurs faisaient publier des lois célèbres; décret très renommé dans notre histoire et dans notre jurisprudence ecclésiastique, sans en excepter même celle d'aujourd'hui : « Car, dit de Marca, quoique la « pragmatique sanction ait été abolie sous Léon X et François Ier, cependant la « plupart des réglemens qu'on y avait insérés, ont été adoptés dans le concordat; « il n'y a que les élections qui soient demeurées entièrement éteintes, pour « faire place aux nominations royales....... » Côme Guynier nous en a donné, en 1476, un commentaire très savant, très long et trop peu lu. La meilleure édition est celle qu'en publia François Pinson, célèbre avocat au parlement de Paris en 1666, in-folio. Il orna cette édition d'une histoire aussi utile que curieuse de la pragmatique, et de plusieurs pièces servant de preuves. (Nouv. répert. V° pragmatique sanction, § II.)

Charles VII fut d'autant plus favorable à la pragmatique, qu'elle était en

quam reges regnant, rerumque publicarum gubernacula possident,

partie l'ouvrage du concile que ce prince protégeait, parce que les pères de Basle s'étaient déclarés pour lui, et n'avaient jamais voulu reconnaître le traité de Troyes par lequel il était déshérité. — Hen. Abr. chr. (Decrusy.)

On sait que les libertés de l'église gallicane ne sont point des priviléges, ce sont des droits; ce ne sont point des droits acquis, ce sont des droits conservés : ou plutôt c'est la possession continuée de l'ancien droit commun que quelques autres églises ont laissé perdre; c'est le droit de se défendre indéfiniment contre toutes les nouveautés que l'on voudrait introduire pour abolir ou affoiblir ce droit ancien. Nos rois, protecteurs, gardiens, défenseurs de ces libertés, en conséquence du serment qu'ils font à leur sacre (*Ecclesiis..... canonicum privilegium et debitam legem atque justitiam servabo, et defensionem quantum potero exhibebo*) se sont opposés dans tous les temps aux atteintes que les papes se sont plus d'une fois efforcés d'y porter.

Ce fut dans cette vue que Charles, n'étant encore que dauphin, mais chargé du gouvernement, publia, en mars 1418, sous le nom de son père, des lettres qui rétablissaient l'ancien droit des églises de France et du Dauphiné, relativement aux élections et collations des bénéfices, sans aucun égard aux réserves, expectatives et aux autres prétendus droits de la cour romaine dont il ordonnait de faire cesser les exactions. Mais le duc de Bourgogne ayant repris la principale autorité, et ayant forcé le dauphin à sortir de Paris, publia d'autres lettres, le 9 septembre suivant, sous le même nom de Charles VI, pour révoquer celles ci-dessus. Il voulait se rendre favorable le pape Martin V... Le parlement quoique dévoué au duc, refusa d'abord l'enregistrement de ces lettres. Il les enregistra cependant en conséquence de lettres de jussion, du 22 mars 1419, mais en déclarant qu'il n'entendait les approuver, comme étant passées par force..... Après la mort de Charles VI, les partisans des prétentions ultramontaines publièrent que l'intention de Charles VII était de *revoquer et de modérer* l'ordonnance de mars 1418; et sous ce prétexte on commençait déjà à s'en écarter lorsqu'il déclara par ses lettres du 8 février 1422, enregistrées au parlement de Poitiers (les lettres ne font pas mention de ces enregistremens), qu'il *avait intention et ferme propos de garder et défendre les franchises et libertés de l'église dont il était protecteur.*

Cependant il était vrai que Charles cherchait les moyens de complaire au pape, qui lui avait écrit pour le reconnaître comme roi de France, dès qu'il avait appris la mort de Charles VI. On entra en négociation sur l'objet dont il s'agissait, et Charles envoya à Rome le projet (V. preuves des libertés de l'église gallicane, partie 3, pag. 34 et 35) d'une ordonnance datée de Chinon, le 10 février 1424, rédigée à la sollicitation de la reine de Sicile et du duc de Bretagne que Charles avait grand intérêt de ménager. Celui qui avait le plus contribué à faire prendre ce parti, était le *président de Provence* alors en grande faveur auprès de Charles. Les articles du projet portaient expressément l'ordre d'obéir aux mandemens, rescrits et bulles du pape, tant sur la collation des bénéfices, que sur l'exercice de la juridiction apostolique, de la même manière qu'on y avait obéi sous le pontificat de Clément VII et de Benoit XIII.

Mais le procureur-général du roi au parlement établi pour lors à Poitiers, ayant eu connaissance de ce qui se passait, en instruisit cette cour (V. la protestation du procureur général Cousinot, Libertés de l'église gallicane, part. 3,

JUILLET 1438.

potestatem regiam ad hoc inter cetera ordinavit in terris, ut eccle-

p. 59); disant que nonobstant les ordonnances observées jusqu'alors sur ce sujet, la matière avait été de nouveau discutée dans des conférences tenues, *tant à Poitiers, qu'en présence du Roi, du chancelier, et autres de son grand conseil* (c'est-à-dire le plein conseil du roi, le conseil général, à la différence du conseil secret qui était un plus petit comité) *en grand nombre et de plusieurs prélats; que là avaient été avisés certains articles pour porter à notre saint-père, et qu'au cas qu'il en voudrait être d'accord* (autrement non) *le roi et l'église de France promettaient le contenu desdits articles; et que pour cette cause étaient partis aucuns ambassadeurs*, etc. Ce magistrat représentait ensuite que si ces articles avaient leur exécution, les ordinaires se trouveraient dépouillés de leurs collations sans avoir été appelés; qu'il était à présumer que le roi ne voulait ni ne devait le faire; voulant et devant laisser à un chacun ce qui est sien. Il déclarait donc s'opposer pour le bien du roi, de justice et de la chose publique, à l'exécution et entérinement des lettres du roi données par inadvertance, offrant de dire, quand il plairait au roi, les causes de son opposition.

Cette affaire n'alla pas plus loin; mais comme ces variations avaient donné lieu à beaucoup de contestations et de procès qui troublaient les possesseurs des bénéfices, il y eut des négociations à ce sujet, entre le pape et le roi; et le 21 août 1426, le pape envoya au roi une bulle, par laquelle il pourvoyait à la tranquillité des possesseurs, aux conditions que le roi consentirait de son côté à employer des moyens semblables. Le prince y consentit par ses lettres du 24 novembre, mais en déclarant ne vouloir par là accorder au pape aucun droit, ni préjudicier en rien aux libertés de l'église de France et du Dauphiné.

Le duc de Betford également empressé de se rendre agréable au pape, réglait dans ce même temps, sous le nom de Henri VI, divers articles concernant la nomination aux bénéfices vacans. Il y avait eu des lettres de Charles VI, du 25 janvier 1421, qui avaient confirmé un arrangement selon lequel le pape devait nommer aux bénéfices, alternativement avec les collateurs ou patrons. Après cet arrangement provisoire, fait seulement pour cinq ans, il s'en introduisit un nouveau, selon lequel les patrons et collateurs nommaient aux bénéfices qui vaquaient dans certains mois, et le pape à ceux qui vaquaient dans le reste de l'année: ce qui fut confirmé par les lettres du 26 novembre 1425; mais le duc de Betford ne trouva pas plus de complaisance dans son parlement que Charles n'en avait trouvé dans le sien.

Les lettres dont nous venons de parler, ayant été portées, le 5 mars suivant, au parlement siégeant à Paris, pour y être enregistrées, le procureur général du roi, à qui elles avaient été communiquées auparavant, représenta qu'elles étaient préjudiciables aux libertés de l'église gallicane. Betford fit presser l'enregistrement, et l'affaire fut long-temps agitée. Ce ne fut qu'après quelques changemens aux lettres, qu'on les enregistra le 12 mars. Il est dit dans les registres, que *la cour appointa que l'opposition et protestation du procureur du roi seraient enregistrées*; cependant nous ne trouvons point qu'il en ait été fait mention au pied de ces lettres, dans le registre du parlement d'où nous les avons tirées.

Martin V étant mort le 20 février 1430, Eugène IV lui succéda. On doutait si la règle de l'alternative subsisterait, et pour dissiper les incertitudes, on attendait de jour en jour sur cet article, une décision du concile de Basle récem-

siam sanctam, precioso sanguine Christi fundatam ejusque ment assemblé. Henri VI confirma, le 12 mai 1432, les lettres du 26 novembre 1425.

Quelques mois auparavant, Charles VII avait aussi publié des lettres relatives à la collation des bénéfices, non par rapport à l'ordre des nominations, mais par rapport aux personnes qui pouvaient être nommées. De tout temps les rois de France avaient défendu qu'*aucun étranger ne fût reçu à aucun bénéfice du royaume* (voy. lettr. 10 mars 1431); mais leur défense avait été mal gardée. Charles VI l'avait renouvelée par des lettres qu'il avait fait signifier au concile assemblé alors à Constance, et au pape Martin V, à qui Charles VII en avait aussi fait signifier de semblables. Le pape favorisait le parti anglais, donnait les bénéfices dans les états de Charles, à ceux qui tenaient ce même parti. Depuis qu'Eugène IV avait succédé à Martin V, Charles l'avait fait prier et requérir de conférer les bénéfices considérables et de dignité *aux personnes nobles et de grand mérite, de la loyauté, prud'hommie, prudence et littérature desquelles il était dûment informé*; mais Eugène continuait de donner les bénéfices à gens étrangers, inconnus au roi, et quelquefois ses ennemis; ce qui était préjudiciable à l'état, et même dangereux; car par là, non seulement les finances passaient en mains ennemies, mais des forteresses importantes, dépendantes des grands bénéfices, se trouvaient confiées à des personnes qui pouvaient en abuser. Rien de plus injuste d'ailleurs, que les étrangers enlevassent les biens et les honneurs aux nobles et notables clercs du royaume, et contre la volonté du roi, fondateur et protecteur des églises de France. Tels sont les motifs exposés au long dans le préambule des lettres du 10 mars 1431; par lesquelles Charles défendit que dorénavant nul ne fût reçu à aucun bénéfice, s'il n'était *natif du royaume et affectionné au roi*. Cette ordonnance pleine de sagesse subsiste encore, quoique les rois consentent quelquefois qu'il y soit dérogé. Mais dans ce cas même, les parlemens en vérifiant de pareilles permissions, ont toujours soin d'y apposer les clauses les plus propres à en prévenir l'abus.

Le concile général assemblé à Basle, avait tenu sa première session le 14 décembre 1431, et déjà le pape s'occupait du soin de le dissoudre, ou du moins de le transférer. On sait qu'un des principaux objets de ce concile était la réformation de l'église dans son chef et dans ses membres. Charles convoqua à Bourges le clergé de France et du Dauphiné, pour aviser au parti qu'il convenait de prendre dans ces circonstances. On peut voir les arrêtés de cette assemblée dans les collections de conciles. Ils sont datés du 26 février 1431, sous le titre: *d'avis des representans le clergé de France et du Dauphiné, assemblés à Bourges par ordre du roi, sous son bon plaisir, volonté et correction*. Ils tendent à prouver la nécessité de continuer le concile à Basle, et le roi y est prié d'envoyer une ambassade au pape, pour l'engager à n'y pas mettre d'obstacle.

Charles était porté à favoriser en cela les pères du concile, mais il n'approuvait pas leur conduite dans les étranges querelles qui s'étaient élevées entre eux et le pape Eugène. Le concile et le pontife s'efforçaient également de se le rendre favorable, et tous deux le servirent au congrès d'Arras en 1435; mais les divisions entre le concile et Eugène étant de jour en jour devenues plus fâcheuses, Eugène députa vers Charles et les autres souverains, en 1436, pour leur exposer ses griefs. Le concile, de son côté, exposa les entreprises irrégulières du pape, et bientôt se portant aux dernières extrémités, le somma, par un décret du 31 juillet 1437,

miuistros fideliter protegeret atque tueretur, et sanctorum antiquo-

de comparaître en personne. Le pape à son tour, donna une bulle le 18 septembre suivant, pour transférer le concile à Ferrare ; et douze jours après, le concile supprima la bulle.

Le roi parut prendre en cette occasion le parti du concile. La bulle fut mal reçue de ce prince, qui par ses lettres du 23 janvier 1437 défendit aux prélats de son royaume et du Dauphiné, de se rendre à Ferrare, et leur ordonna de se tenir prêts pour se transporter à Avignon, quand il en serait temps et qu'il le leur ferait savoir. Il était question d'assembler un nouveau concile pour y traiter de la réunion de l'église grecque avec l'église latine; car les Grecs ne voulant point venir à Basle, il fallait indiquer un autre lieu. Le pape avait choisi Ferrare; les pères du concile de Basle désiraient qu'on choisît Avignon, et le roi le souhaitait aussi, d'autant plus que, selon les derniers conciles de Constance et de Sienne, le prochain concile général qui se tiendrait, devait se tenir en la *nation gallicane*. C'est ainsi que s'expriment les lettres de Charles VII. Elles furent enregistrées, le 10 mars 1437, au parlement que ce prince avait rétabli à Paris. Le pape ne laissa pas d'assembler un concile à Ferrare, et de l'opposer à celui de Basle. On vit au concile de Ferrare quelques prélats français, mais ils étaient des parties de la France soumises encore à Henri, ou sous la domination du duc de Bourgogne ou du duc d'Anjou, comte de Provence et roi de Sicile. Ainsi les évêques soumis à Charles VII, se conformèrent tous aux défenses que ce prince leur avait faites.

Cependant il avait convoqué à Bourges une nouvelle assemblée du clergé de France et du Dauphiné, pour délibérer sur les affaires de l'église. Rien ne fut oublié de ce qui pouvait rendre solennelle cette assemblée. Le roi y présida en personne, accompagné du dauphin et des plus grands seigneurs du royaume. Cinq archevêques, vingt-cinq évêques s'y trouvèrent, avec une multitude d'abbés et de députés des universités et des chapitres. Le concile de Basle y eut aussi ses députés, et le pape y envoya des nonces. L'assemblée s'ouvrit le 1ᵉʳ mai 1438, mais ne fut complète que le 5 juin. Les nonces du pape prièrent le roi de reconnaître le concile de Ferrare. Les députés du concile de Basle demandèrent le contraire, requérant que les décrets de ce concile pour la réformation de l'église dans son chef et dans ses membres, fussent reçus et observés en France, et qu'on y mît à exécution la sentence de suspension que le concile avait prononcée contre Eugène dans sa 31ᵉ session, tenue le 24 janvier précédent. Il fut conclu que le roi offrirait sa médiation au pape et au concile de Basle ; mais l'objet principal de l'assemblée était d'examiner les décrets de ce concile sur les points principaux de discipline ecclésiastique, et de les adopter autant qu'on les jugerait propres au gouvernement de l'église gallicane ; ce travail dura jusqu'au 7 juillet.

Enfin ce jour même, le roi publia, conformément aux avis de l'assemblée, l'édit solennel si connu sous le nom de *Pragmatique sanction*, c'est le nom qu'il donne lui-même à cet édit ; c'est aussi le nom qu'on donna souvent aux constitutions dressées en conséquence d'une délibération dont l'autorité souveraine ne prenait pas l'initiative, mais qu'elle homologuait; et c'est en particulier celui que porte une ordonnance de saint Louis, moins étendue que celle dont il s'agit, mais dont l'objet est à peu près le même.

Cet édit si renommé, contient le recueil des décrets du concile de Constance

rumque patrum decreta saluberrima spiritu Dei promulgata, qui-

et de Basle, sur la discipline ecclésiastique, approuvée par l'assemblée de l'église gallicane, avec des modifications telles que les exigeaient les usages du royaume et les circonstances des affaires. Le roi après un long préambule sur la décadence de la discipline de l'église, rapporte ces décrets ainsi modifiés, et enjoint aux gens de son parlement et à tous ses autres officiers, de s'y conformer et d'en procurer l'observation. Il serait long et superflu d'analyser ici cette pragmatique que nous avons imprimée entière.

Partout y règne l'esprit de discernement, de modération et d'impartialité. On y approuve tous les décrets qui paraissent utiles au rétablissement de cette discipline, sans aucun égard pour les prétentions du pape relativement aux expectatives, aux réserves, et à quantité d'autres prérogatives. On y déclare l'autorité du concile, supérieure à celle du pape, qui ne peut ni le dissoudre ni le transférer, mais en même temps on modifie le décret concernant les causes dont le concile se réservait la décision à l'exclusion du pape. On y modifie aussi un autre décret qui supprimait toutes les taxes que la cour de Rome percevait sur les bénéfices : on en laisse une partie au pape Eugène, pour le reste de sa vie.

Dès l'origine de notre monarchie, nos souverains laissaient au clergé la faculté d'élire les évêques et les prélats; mais le clergé ne pouvait s'assembler pour les élections, sans la permission du roi, qui les confirmait pour la conservation de son droit. Les papes ayant porté atteinte à ce droit d'élection accordé par le roi, la pragmatique le rétablit.

Elle ne fut enregistrée au parlement que le 13 juillet 1439. On sait que les papes à qui elle fut toujours infiniment odieuse, ne cessèrent de l'attaquer jusqu'à ce qu'on y eût dérogé par l'accord qui fut fait entre le pape Léon X et François Ier.

Le 25 juin 1439, les ennemis d'Eugène s'étant trouvés les plus forts au concile de Basle, poussèrent l'emportement jusqu'a le déposer, en l'accablant des qualifications les plus odieuses. Le pape de son côté publia, le 4 septembre, une bulle par laquelle il lançait contre les pères du concile, tous les anathèmes imaginables. Charles voyait avec beaucoup de chagrin ces querelles scandaleuses. Le concile ne se borna pas à la déposition d'Eugène, il fit élire en sa place, le 5 novembre 1439, un autre pape, Amédée VIII, qui avait été duc de Savoie, et avait abdiqué le gouvernement de ses états, mais qui accepta celui de l'église, et prit le nom de Félix V. Les ambassadeurs du roi auprès du concile, protestèrent contre cette entreprise, déclarant que ce prince voulait persister dans l'obédience d'Eugène, jusqu'à ce qu'il eût pris l'avis de l'église gallicane dont il voulait de nouveau convoquer l'assemblée.

En effet, elle fut convoquée encore une fois à Bourges. Les députés du pape Eugène et ceux du concile y furent entendus; les premiers demandaient que le roi réprouvât tout ce que le concile avait fait contre Eugène, et qu'il révoquât la pragmatique. Les députés du concile supplièrent le roi de reconnaître Félix pour légitime pape. Le roi répondit, le 2 septembre 1440, conformément à l'avis de l'assemblée, qu'il voulait demeurer dans l'obédience du pape Eugène. Il donna en conséquence les lettres du même jour, qu'on peut lire dans ce volume, par lesquelles il déclara que telle était son intention, et défendit que nul ne fût si hardi de dogmatiser ou prêcher contre, ni d'obéir aux lettres de qui que ce fût, soi-disant avoir droit au papat, ou sous le titre du concile de Basle. Par d'autres lettres de la même date, il défendit aussi qu'on publiât dans ses états aucunes monitions, citations, suppressions, privations, censures et autres procédures, à l'occasion des divisions survenues en l'église; qu'aucun fût mis par de tels moyens en possession de quelques bénéfices que ce pût être; enfin qu'on usât à cette occasion, les uns envers les autres, de paroles injurieuses ou de voies de fait : il recommandait en même temps très expressément l'observation de la pragmatique.

Le parlement enregistra ces lettres le 29 décembre 1440. Le même jour, il en enregistra d'autres du 21 novembre précédent, dans lesquelles le roi rappelait la déclaration qu'il avait faite aux députés d'Eugène et à ceux du concile le 2 septembre, qu'il était toujours disposé à écouter l'église légitimement assemblée; mais que n'étant pas certain que le concile de Basle représentât assez parfaitement l'église universelle, pour avoir pu exercer valablement des actes qui devaient être l'ouvrage de l'église entière, il se proposait d'insister, soit auprès d'Eugène, soit auprès du concile, soit auprès de tous les princes chrétiens, pour la convocation d'un concile général, dans un an; et en attendant qu'il fût informé de la vérité par ce concile, ou par une assemblée plus générale et plus solennelle des églises et des grands de son royaume, ou même par les autres princes chrétiens, il persistait dans l'obédience d'Eugène.

On citait les autres princes chrétiens, parce qu'il avait été arrêté dans la dernière assemblée de Bourges, d'envoyer des ambassadeurs auprès de ces différens princes. L'assemblée considérant que ces ambassades occasioneraient d'assez grandes dépenses, consentit que pour y subvenir, il fût levé sur tous les ecclésiastiques de France et du Dauphiné, privilégiés ou non, un dixième entier de leurs revenus, ou un subside équivalant à ce dixième; et supplia le roi d'ordonner à ses juges et officiers, de contraindre au paiement de ce subside ceux qui voudraient s'y refuser. Le roi en conséquence fit expédier ses lettres, qui sont, comme les précédentes, du 21 novembre 1440, mais qui furent enregistrées beaucoup plus tard. Au reste, les démarches qui furent faites pour la convocation d'un nouveau concile, n'eurent point de suites.

La pragmatique n'était proprement que l'approbation de divers décrets du concile de Constance, et surtout de celui de Basle, avec les modifications qu'y avait mises l'assemblée du clergé de France. L'observation de ces décrets devait-elle remonter à la date du concile dont ils étaient émanés, ou seulement à celle de l'approbation que le roi y donnait par ces lettres? La question s'éleva au sujet de l'article de la pragmatique, qui rétablissait les élections et abolissait les réserves apostoliques, conformément à un décret, quoique antérieurement à la pragmatique. Le roi par ses lettres du 7 août 1441 (enregistrées 10 jours après, sans aucune difficulté), déclara que les bénéfices avaient été valablement conférés en France, selon l'accord qui subsistait entre le pape et lui, jusqu'au temps où, par sa pragmatique, il avait dérogé à cet accord, en acceptant le décret du concile de Basle à ce sujet. Cette déclaration est regardée comme très importante; car il en résulte que les décrets des conciles généraux, n'ont de force en France, quant à la discipline, qu'autant que les lettres de nos rois en enjoignent l'observation.

solidatur, sinceriter exequi faceret illibatèque observari ; sed et speciali debito juramenti in nostri dyadematis susceptioue insigni et aliàs ecclesie regni et Delphinatûs nostrorum prestiti, ad idipsum astringimur pariter et obligamur.

Cùm itaque divina pietas his nostris temporibus fidelium cordibus inspirare dignata sit, ut sacrosancta generalis Synodus ecclesie universalis in civitate Basiliensi (1), tam ex immediatè precedencium sacrorum Constanciensis et Senonensis conciliorum generalium continuacione decretisque et ordinatione, quàm duorum romanorum pontificum solemni convocatione etiam et approbatione : scilicet, felicis recordationis Martini quinti et Eugenii quarti moderni, ad excolendum dominici gregis agrum, reformandumque debitè in capite et in membris statum ecclesiasticum, qui his diebus indigere videtur, abundante nequicia et refrigescente hominum caritate, coadunaretur et celebraretur ; ut repressis deformitatum scelerumque regnancium enormitatibus perniciosis, que in universam christianitatem, ipsorum sanctorum antiquorumque patrum, contemptis spretisque decretis et institutis salutaribus, multas clades multaque discrimina, proh dolor! injecisse vise sunt, divinus honor reflloreret in terris, lumen catholice veritatis, Christo verâ luce largiente, refulgeret, ecclesiastice libertatis conservacio subsisteret, et populus christianus salubriter regeretur ac perduceretur in salutem. Quequidem sancta generalis synodus hujuscemodi deformitates in ecclesiâ Dei passim in dies excrescere et mores corruptissimos eandem inficere prospiciens, cunctis palàm curavit ingerere monita salutis, ac circa predicta, quantùm cum Deo potuit, efficaciter providere ; considerausque ad hec, inter alia precipua, maximè convocatam adunatamque extitisse, certa decreta, certasque ordinationes et statuta solemnia fecit et condidit, que per suos oratores et nuncios precipuos, nobis et ecclesie regni et Delphinatûs nostrorum antedictorum presentari fecit et exhiberi : nos plurimâ cum caritate, et prelatos, ceterosque viros ecclesiasticos ipsam nostrorum regni et Delphinatûs ecclesiam representantes, maximâ cum instanciâ exortando et obsecrando ut decreta statutaque ac ordinaciones ab ipsâ sanctâ synodo premissas ob cau-

---

(1) Le concile de Bâle s'ouvrit en 1431, et finit en 1443. Il renouvelle les dispositions de celui de Constance sur la supériorité du concile général. Il dépose le pape Eugène IV, et élit Amédée duc de Savoie. Cette élection amena un schisme qui finit par la mort d'Eugène IV et la démission du duc de Savoie. (Decrusy.)

facta et condita recipere vellemus etiam et acceptare, eadem, quantùm nostre regie dignitatis interest, per universum regnum nostrum et Delphinatum inviolabiter perpetuòque observari facere dignaremur.

Quibus attentè consideratis, ut viam tutiorem ac Deo graciorem eligere valeremus, habitâ super his magni consilii nostri liberacione permaturâ, archiepiscopos, episcopos, capitula stabilia, abbates, decanos, prepositos, ceterosque prelatos et ecclesiasticos, ac divini et humani juris magistros, doctores et scientificos viros universitatum studiorum generalium, et alios in regno et Delphinatu nostris in maximo copiosoque numero apud nos in hâc nostrâ Bituricensi civitate celebri, nuper convocari fecimus et congregari.

In quâ quidem solemni congregatione in capitulo sancte capelle nostre Bituricensis celebratâ presidentes, assistentibus nobis primogenito nostro precarissimo Ludovico delphino Viennensi, Carolo duce Borbonii, Karolo de Andegaviâ comite Cenomanie, Petro de Britanniâ nepote, Bernardo comite Marchie, necnon Ludovico Vindocini et Guillelmo de Tancarvillâ comitibus, consanguineis nostris, pluribusque magnatibus, proceribus et viris peritissimis ecclesiasticis et secularibus de magno concilio nostro, et aliis, ipsius prefati summi pontificis necnon et sancte synodi generalis prodicte solemnes oratores ad nos destinatos super his et aliis statum ecclesie Dei plurimùm concernentibus, audivimus attentèque audiri fecimus.

Quibus ad plenum auditis, appertisque luculenter et disertè per plures prelatos sacre theologie et jurium doctores famosissimos, et exindè plurium dierum intervallis discussis et diligenter pertractatis materiis pretactis pro parte eorumdem prelatorum et aliorum virorum ecclesiasticorum ipsam nostrorum regni et Delphinatùs ecclesiam representancium, nobis tandem extitit expositum: quòd iidem ad memoriam reducentes et ante oculos sue considerationis revolventes, qualiter à primordio nascentis ecclesie, in nostris regno et Delphinatu predecessorum nostrorum prelatorum, procerum atque fidelium ipsorum regni et Delphinatùs dignè recolenda prioritas, ad laudem et gloriam Dei, ob divini cultùs augmentum construxit ecclesias, ipsasque amplis dotavit possessionibus, et privilegiis communivit, instituens in eis ministros ydoneos, qui suis temporibus fidem catholicam in subjectis sibi linguis et populis feliciter propagarunt, per quorum curam et solicitudinem, virtuososque progressus ac exempla salutaria, christi ecclesia decoratissimè adulta, odorife ros fructus ac honestates ferens, usque postremos occidue re gionis limites effloruit, ac velut sydus lucidissimum irradiavit, pulsisque procul ignorantie et errorum tenebris, doctrine s lumen preclarissimum circumfulsit; qualiter preterea per sanc tos patres priorum seculorum, plures sacri canones et decret saluberrima pro felici regimine status ecclesiastici, tam supe electionibus modisque ipsius ecclesie ministros assumendi instituendi, quàm eorum ceterorumque prelatorum salutari di rectione, conditi sunt etiam et promulgati; qui quamdiù obse vati fuerint, ecclesia Dei fructus honoris honestatisque felici uber tate produxit, discipline ecclesiastice vigor perstitit, religio, pie tas, caritas ubertim effloruerunt, animi hominum in pace auct rem pacis excoluerunt.

Sed, proh dolor! damnate ambicionis improbitas, et detestat de cupiditatis insatiabilis omnium malorum radix, humanita jura violans, ipsa salutifera sanctorum et antiquorum patrum de creta paulatim cepit deserere etiam et contemnere, pedetentim que in vicia ruere; exindè subsecute sunt morum corrupcione atque deformaciones, status ecclesiastici dehonestaciones atque decoloraciones, usurpaciones gravissime, intollerabiles interpr sie, et presertim per prelaturarum, dignitatumque, et aliorum beneficiorum ecclesiasticorum reservaciones graciarum ad v catura beneficia expectativarum à jure valdè exorbitantium multiplicaciones innumerabilesque concessiones, aliaque gr vissima et importabilia onera, quibus ecclesie, ecclesiasticæqu persone nostrorum regni et Delphinatûs predictorum, gravite afflicte, oppresse, et ferè ad postremam exinanicionem redac his diebus conspiciuntur. Nam ecclesiarum et beneficiorum e clesiasticorum antedictorum peculia manus occupant indigne rum, et nonnunquam exterorum; et plerumque dignitates beneficia notabiliora et opulentiora personis conferuntur inco gnitis et non probatis, que in eisdem beneficiis non resident; si que vultus sibi commissi gregis non agnoscunt, linguam aliquand non intelligunt, quinymò animarum curâ neglectâ, velut me cenarii solummodò temporalia lucra querunt. Sic dimittitu Christi cultus, animarum cura negligitur, subtrahitur hospital tas, ecclesiarum jura depereunt, ruunt edificia, populi devotio tenuatur, clerici nostrorum regni et Delphinatûs sciencii virtutibus effulgentes qui ad christiane plebis edificationem lutarem vacare possent, quique pro regis et ecclesie predic

...gni et Delphinatûs publicis consiliis forent oportuni, divinarum humanarum scienciarum studia deserunt propter promocionis ...ngrue spem eisdem ablatam; ceterùm hujusmodi reservacio... et expectacionum occasione, ingeritur votum mortis aliene ...imarum saluti nimiùm prejudiciabile, suscitantur lites infinite, ...utenciones et rixe inter Christi ministros oriuntur, rancores et ...ia plerumque implacabilia nutriuntur, fovetur pluralitas be...eficiorum, ambicio execrablis, pauperes clerici innumeris per...narum et rerum discriminibus subjiciuntur et per calumpnio...s cavillososque indebitè oprimuntur, beneficia predeclarata ...er litium anfractus frequenter injustè occupantur, et sepiùs ...officiata diutinè relinquuntur, materia fovendis injustis vexa...onibus paratur, abusus pestiferi horrendâ specie labis symo...iace respersi committuntur, bone indolis juvenibus, qui virtuo...s actibus intendere deberent, evagandi licencia prebetur, pre...tis et ceteris ordinariis collatoribus suum jus atque ministe...um auffertur, patronorum jura enervantur, indèque status ...cclesie hierarchicus confunditur, plurimaque adversùs divina ...humana jura in animarum pernicicm, et ecclesie regni et ...elphinatûs nostrorum sepedictorum opressionem atque concul...acionem committuntur pariter et perpetrantur, sicque jura ...rone nostre depereunt dampnosè, et ipsorum nostrorum regni ...c Delphinatûs thesauri in exteras regiones asportantur, sub ...li fortitan conjecturâ, ut eerumdem regni et Delphinatûs de...resso sacerdocio, exhaustoque thesauro, regnum ipsum cum ...elphinatu reddatur debilius in adversis. Que omnia et singula, ...t alia quamplurima que ex premissis sequuntur incomoda, di...ine haud dubium credenda sunt displicere voluntati, quinymò ...n grave nostri et ecclesie prefate nostrorum regni et delphinatûs ...ersantur prejudicium atque detrimentum permaximum; sti...mulantibus conscienciis, absque gravissimâ Dei offensâ diuciùs ...issimulare non posse; cognoscentes iidem prelati et ceteri viri ...cclesiastici ecclesiam predictam nostrorum regni et Delphinatûs ...epresentantes quod super predictorum reparacione, ipsius sacre ...asiliensis synodi decreta, provisionem congruentem videntur ...ttulisse; prehabitâ inter eos multimodâ diutinâque apertione, ...iscussione atque digestione, memorata ipsius sacre Basiliensis ...ynodi decreta, ordinationes et statuta, aliqua simpliciter ut ...acent, alia verò cum certis modificationibus et formis, non ...hesitatione potestatis et auctoritatis condentis et promulgantis, ...ipsius scilicet sacre Basiliensis synodi, sed quatenùs comoditatibus, temporibus et moribus regionum et personarum sepefatorum nostrorum regni et Delphinatûs congruere convenireque conspexerunt, prout inferiùs pleniùs annotatur et inseritur illicò et indilatè recipieuda consenserunt, et acceptanda deliberaverunt : quorum quidem decretorum tenor sequitur.

Decretum de celebratione conciliorum (1).

Et primò, decretum per sacrosanctum Constanciense concilium factum et conditum.

Frequens generalium conciliorum celebratio, agri Dominic precipua cultura est, que vepres, spinas et tribulos heresum, errorum et schismatum extirpat, excessus corrigit, deformata reformat, et vineam Domini ad frugem uberrime fertilitatis adducit; illorum verò neglectus, premissa disseminat atque fovet. Hec preteritorum temporum recordacio, et presencium consideratio ante oculos nostros ponunt. Quapropter hoc edicto perpetuo sancimus, decernimus atque ordinamus, ut amodò generalia concilia celebrentur : ita quòd primum, à fine hujus concilii in quinquennium immediatè sequens; secundum verò, à fine illius immediatè sequentis concilii in septennium; et deinceps de decennio in decennium, perpetuò celebrentur in locis que summus pontifex per mensem ante finem cujuslibet concilii, approbante vel consentiente concilio, vel in ejus defectum, ipsum concilium deputare et assignare teneatur, ut sic per quamdam continuationem semper aut concilium vigeat, aut per termini pendentiam exspectetur : quem terminum liceat summo pontifici de fratrum suorum sancte romane ecclesie cardinalium consilio, ob emergentes forte casus abbreviare; sed nullatenùs prorogetur. Locum autem pro futuro concilio celebrando deputatum, absque evidenti necessitate non mutet; sed si forte aliquis casus occurrerit, quo necessarium videretur ipsum locum mutari, puta obsidionis, guerrarum, pestis, aut similis, tunc liceat summo pontifici de predictorum fratrum suorum consilio, aut duarum partium ipsorum consensu atque subscriptione, alium locum priùs deputato loco viciniorem et aptum, sub eadem tamen natione subrogare, nisi idem vel simile impedimentum per totam illam nationem vigeret : tunc ad aliquem alium vicinio-

---

(1) Les papes redoutent autant les conciles généraux, que les rois les états-généraux, parce que ce sont des époques de réforme générale. Il n'y a pas eu de concile général depuis le concile de Trente. (Isambert.)

[in] alterius nationis locum aptum hujusmodi concilium poterit [in]vocari; ad quem prelati et alii qui ad concilium solent con[vo]cari, accedere teneantur, ac si à principio locus ille fuisset de[pu]tatus. Quam tamen loci mutationem, vel termini abbreviatio[ne]m, per annum ante prefixum terminum teneatur summus pon[tif]ex legitimè et solenniter publicare et intimare, ut ad ipsum [co]ncilium celebrandum predicti possint statuto termino conve[ni]re. Atque pro ipsius executione decreti, civitas Papie apud Ita[lia]m fuit electa pro concilio generali in fine tunc proximè sequen[tis] concilii quinquennii celebrando. Quod quidem concilium suo [tem]pore debito in dictâ civitate Papie extitit celebrari inchoatum, [et] indè certis ex causis ad civitatem Senensem translatum; in [e]o quidem generali concilio Papie inchoato, et in civitate Se[ne]nsi celebrato, hec Basiliensis civitas pro celebratione tunc futuri [co]ncilii generalis, post septennium à fine ipsius Senensis concilii [cel]ebrandi, fuit electa et debitè assignata, ut constat in instru[me]nto publico indè confecto.

Decretum de potestate et auctoritate concilii Basiliensis.

Item. Aliud decretum cujus tenor sequitur.

Sacrosancta generalis synodus Basiliensis, ecclesiam militan[tem] representans, ad perpetuam rei memoriam, ad laudem Dei [om]nipotentis, ac benedictè individueque trinitatis gloriam et ho[no]rem, pro heresium atque errorum extirpatione, morum in [cap]ite et in membris ecclesie Dei reformatione, ac regum atque [reg]norum, ceterorumque christicolarum adinvicem, autore dis[cor]diarum procurante, dissidentium pacificatione, in spiritu [san]cto legitimè congregata, decernit, statuit et diffinit, declarat [et] ordinat, ut sequitur. Et primò quòd eadem sacra Basiliensis [syn]odus, sacris Constanciensi et Senensi generalibus conciliis de[cer]nentibus atque ordinantibus, et autoritate apostolicâ interve[ni]ente, fuit et est in hoc loco Basiliensi debitè legitimèque atque [ritè] iniciata et aggregata; et ne de ejusdem sacrâ Basiliensis sy[no]di potestate à quoquam dubitetur, ipsa eadem synodus duas [dec]larationes ex decretis synodi Constanciensis in presenti ses[sio]ne aliis suis decretis editis seu edendis inserendas ordinavit et [dec]revit. Quarumquidem declarationum tenor prime sequitur et [est] talis.

Et primò declarat quòd ipsa synodus in Spiritu sancto legitimè [con]gregata, generale concilium faciens et ecclesiam militantem [re]presentans, potestatem à Christo habet immediatè: cui quilibet cujuscunque statûs, conditionis vel dignitatis, etiamsi papalis existat, obedire tenetur in his que pertinent ad fidem et extirpationem dicti schismatis, et generalem reformationem ecclesie Dei in capite et in membris." Ulterius verò sequitur tenor in hec verba. *Item.* Declarat quòd quicunque cujuscunque statûs vel dignitatis, etiamsi papalis existat, qui mandatis, statutis seu ordinationibus aut preceptis hujus sacre synodi et cujuscunque alterius concilii generalis legitimè congregati, super premissis seu ad ea pertinentibus, factis vel faciendis, obedire contumaciter contempserit vel contraire presumpserit, nisi resipuerit, condigne penitentie subjiciatur et debitè puniatur, etiam ad alia juris subsidia, si opus fuerit, recurrendo.

Premissis igitur et nonnullis aliis Constanciensis concilii (presertim capituli quod incipit *frequens*) in priori hujus sacre synodi Basiliensis sessione recitati decretis attentis, prelibata synodus Basiliensis decrevit et declaravit, quod ipsa, pro heresum extirpatione ac morum generali reformatione ecclesie in capite et in membris, necnon pace inter christianos procuranda, ut premittitur, in Spiritu sancto legitimè congregata, per nullum quâvis autoritate, etiam si papali dignitate prefulgeat, dissolvi aut ad alium locum transferri, sed ad aliud tempus prorogari potuit aut debuit, debet aut potest, debebit aut poterit in futurum, absque ejusdem synodi Basiliensis deliberatione et consensu.

Acceptavit et acceptat, prout jacent, jam dictorum prelatorum ceterorumque virorum ecclesiasticorum ipsam ecclesiam representantium congregatio sepedicta.

Decretum de electionibus (1).

Item. Acceptat decreta de electionibus, quorum primum incipit : Sicut in construendâ domo, precipua est architectoni cura, ut tale jaceat fundamentum, super quo firmum perduret edificium; ita in generali ecclesie reformatione potissimum est hujus sancte synodi studium, ut tales ecclesie proficiantur pastores, qui tanquàm columne et bases, ipsam ecclesiam doctrine et meritorum viribus firmiter sustentent. Quanta autem in eligendis prelatis diligentia adhibenda sit officium eis injunctum evidenter ostendit. Ad regimen enim

---

(1) Les lois de 1791 avaient rétabli les élections abolies par le concordat de François Ier; la loi de 1801 a rendu au pape les nominations. (Isambert.)

assumuntur animarum pro quibus Dominus noster Jesus-Christus mortuus est, et sanguis ejus preciosus effusus. Proptereà sacri canones spiritu Dei promulgati, providè statuerunt, ut unaqueque ecclesia aut collegium seu conventus, sibi prelatum eligant. Quibus hec eadem synodus eodem spiritu congregata inherens, statuit et diffinivit generalem reservationem omnium ecclesiarum metropolitanarum, cathedralium, collegiatarum, et monasteriorum ac dignitatum electivarum, per romanum pontificem de cetero fieri, aut factâ uti non debere, reservationibus in corpore juris clausis, et his quas in terris romane ecclesie, ratione decreti seu utilis dominii, mediatè vel immediatè subjectis, fieri contigerit, semper exceptis; sed per electiones et confirmationes canonicas, secundùm juris communis dispositionem, predictis metropolitanis, cathedralibus, monasteriis, collegiatis ecclesiis, et dignitatibus electivis vacantibus debitè provideatur; non derogando proptereà statutis, privilegiis et consuetudinibus rationabilibus, quibuscunque postulationibus in dispositione juris communis remanentibus; decrevitque hec sancta synodus, rationi fore consentaneum et reipublice accommodum, ut contra hoc salutare decretum romanus pontifex nichil attemptet, nisi ex magnâ racionabili et evidenti causâ, in litteris apostolicis nominatim exprimendâ. Et ut eo firmiùs hoc salubre decretum custodiatur, vult eadem synodus, ut inter alia que romanus pontifex in suâ assumptione profitebitur, juret hoc decretum inviolabiliter observare. Et quoniam tales, ut predictum est, oportet esse prelatos, hi ad quos pertinet jus eligendi, omnem curam adhibeant, ut dignam coram Deo et hominibus electionem faciant, exactamque proindè apponant sollicitudinem, ut tales eligant qui tanto officio valeant satisfacere : scientes quòd si vel dolosè vel negligenter, ac timore Domini postposito, in re tam gravi se gesserint, sicut auctores erunt et causa malorum pastorum, ita participes fient penarum quas ipsi mali pastores in districto Dei judicio pacientur. Et cùm humane fragilitatis conatus nichil sine Dei omnipotentis suffragio queat efficere, à quo omne datum optimum et omne donum perfectum descendit, adveniente die electionis, hi ad quos pontificis vel abbatis spectat electio, in ecclesiâ conveniant, magnâ cum devotione missam de Spiritu sancto audituri, quem humiliter exorabunt, ut eos ad dignum eligendum pastorem inspirare dignetur; et ut eo faciliùs graciam hanc obtinere mereantur, quo devotiùs ad actum electionis accedant, contriti et confessi sacramentum Eucharistie

reverenter suscipiant. Ad locum verò electionis ingressi, pro quocumque prelato qui per electionem assumitur, jurabunt in manibus ejus qui capitulo presidebit, et ipse presidens in manibus eum immediatè sequentis, sub hâc formâ. « Ego N. juro et pro-
« mitto omnipotenti Deo et sancto vel sanctæ sub cujus vocabulo
« dedicata est hec ecclesia, eum eligere quem credam futurum
« esse ecclesiæ in spiritualibus et temporalibus utiliorem ; nec
« illi vocem dare quem verisimiliter scivero promissione aut da-
« tione alicujus rei temporalis, seu prece per se aut per alium
« interpositâ, aut aliàs qualitercumque directè vel indirectè, pro
« se electionem procurare. » Idemque juramentum prestet, confiteaturque et communicet, qui constituit procuratorem ad eligendum certam personam; necnon et procurator generalis ad eligendum constitutus, in casibus in quibus, secundùm juris communis dispositionem, in hujusmodi electionis negotio procurator constitui potest. Quòd etiam juramentum præstetur ab his in quos continget super electione futuri prelati, fieri compromissum; qui etiam confiteri et communicare teneantur. Quòd si predicta non fecerint, pro illâ vice jure eligendi sint ipso facto privati. Deindè eligant in prefatum prelatum, virum etatis legitime, moribus gravem, litterarum scientiâ preditum, in sacris ordinibus constitutum, et aliàs ydoneum secundùm canonicas sanctiones. Quòd si aliter et de aliâ personâ quàm ut dictum est, aut per symoniacam pravitatem, electionem fieri contigerit, electio sit ipso jure irrita et inanis; et sic symoniacè eligentes, preter alias penas, perpetuò sint ipso facto jure eligendi privati; alii verò canonicis penis subjaceant. Symoniacè autem electi, et qui hujusmodi symoniacæ electionis participes fuerint, canonicè puniantur; taliterque eligentes et confirmati in horrorem tanti criminis, penam ipso facto excommunicationis incurrant; nec à tali reatu et excommunicatione electi et confirmati absolvi possint, nisi ecclesiis et dignitates, ad quas turpiter assumpti sunt, liberè resignaverint; et ad eas obtinendas quas nephario ingressu adepti sunt, perpetuò reddantur inhabiles. Ad tolendum autem omnem ambitionis vadium, obsecrat per viscera misericordiæ Dei Jhesu Christi hec sancta synodus, ac instantissimè exhortatur reges et principes, communitates, et alios, cujuscumque gradûs vel dignitatis existentes ecclesiastice vel mundane, ne electoribus litteras destinent, aut preces porrigant, pro eo qui per se vel alium procurabit, multòque minùs comminationes, impressiones, aut aliud faciant, quominùs liberè ad elec-

...onem procedatur. Similiter in virtute sancte obedientie ipsis electoribus precipitur, ne ad hujusmodi litteras vel preces, vel omminationes, vel impressiones, aut aliàs, ut premittitur, quemquam eligere presumant. Factâ autem electione, et ei ad quem jus pertinet confirmandi presentatâ, si appareat coelectus, vel se opponens electioni, nominatim vocetur, ad videndum discuti negotium electionis; et nichilominùs generaliter edictum publicum in ecclesiâ, in quâ facta est electio, proponatur, juxta constitutionem felicis recordationis **Bonifacii** octavi.

Comparentibus autem aliquibus vel non, ipse confirmator nichilominùs ex officio tanquàm in negotio inquisitionis procedat, omnem adhibiturus diligentiam, ut tam forma electionis, quàm merita electi, et omnes circumstantie debitè examinentur et discutiantur, ut si electio confirmanda sit vel infirmanda, judicialiter confirmetur vel infirmetur. Et ut omnia mundè fiant, et ne labe ac labis suspitione procedant, non solùm exigere aliquid quantumcunque parvum, sed etiam gratis oblata, confirmator, ratione confirmationis, sùb nomine subvencionis, subsidii, gratitudinis, aut alio colore, pretextu cujusvis consuetudinis aut privilegii, per se vel per alium nullatenùs recipere presumat. Notariis autem et his qui scripserunt in hujusmodi causis, emolumentum, aliquod moderatum taxetur, habendo respectum ad laborem et operam scripture, non ad fructum prelature vel valorem. Si verò confirmatores predicti, electiones, non servatis superiùs ordinatis et expressis, et de personis non idoneis, ut premittitur, factas, vel aliàs per simoniacam pravitatem confirmaverint, eo ipso confirmationes hujusmodi sint nulle; confirmantes autem alias personas quàm supra dictum est, pro eâ vice, per simoniacam pravitatem aut labem, perpetuò, ipso facto, jure confirmandi sint privati; et nichilominùs propter dictam symoniacam labem, si eam commiserint, etiam sententiam excommunicationis incurrant eo ipso: à quâ nisi per romanum pontificem, preterquàm in mortis articulo, absolucionis beneficium optinere non possint.

Summum verò pontificem hec sancta synodus exhortatur, ut cum speculum et norma omnis sanctitatis et munditie esse debeat, pro confirmatione earum electionum quas ad eum deferre contigerit, nichil penitùs exigat aut recipiat; alioquin, si secus faciendo notorié et incorrigibiliter ecclesiam ex hoc scandaliset, futuro concilio deferatur. Pro oneribus autem, que ipsum pro regimine universalis ecclesie subire oportet, proque sustentatione sancte romane ecclesie cardinalium et aliorum notariorum, officialium, hoc sacrum concilium ante sui dissolutionem omninò debitè et congruenter providebit. Quod si contingat aliquem circa hec provisionem non facere, per hoc eadem sancta synodus non intendit in aliquo prejudicare sancte romane et universali ecclesie, nec alteri cuicunque. Datum Basilee, in majori ecclesiâ, in sessione publicâ celebratâ anno Domini m. ccccxxxiii, tercio ydus julii.

Decretum de electionibus.

Item. Quartum decretum incipiens : Licet dudum hec sancta synodus, abolitâ per eam generali omnium ecclesiarum et dignitatum electivarum reservatione, proindè decrevit ut predictis ecclesiis et dignitatibus per canonicas electiones et confirmationes provideri deberet ; volens etiam speciales seu particulares ipsarum ecclesiarum et dignitatum electivarum prohibere reservationes, per quas libera in eisdem eligendi et confirmandi facultas impediri posset, quodque adversùs hoc decretum romanus pontifex nichil attemptaret nisi ex magnâ, rationabili et evidenti causâ in litteris apostolicis nominatim exprimendâ : quia tamen contra ipsius decreti mentem non pauca sine hujusmodi causâ gesta sunt, undè gravia hactenùs successerunt, et graviora in dies timentur scandala ; cupiens hec sancta synodus his obviare, volens ut ipsius decreti mens, que fuit omne obstaculum à canonicis electionibus et confirmationibus tollere, suo non frustraretur effectu, statuit ut electiones in dictis ecclesiis, sine impedimento aut obstaculo omninò fiant, que causâ cognitâ, juxta juris communis et dicti nostri decreti dispositionem confirmentur. Verumtamen si fortè aliquando contingat electionem aliquam, etiam aliàs canonicam, fieri, que in perturbationem ecclesie aut patrie, vel boni publici vergere timeatur, summus pontifex, cùm ad ipsum confirmatio delata fuerit, si talem urgentissimam causam adesse cognovit, eâ priùs maturè discussâ ac parte plenè defensâ, attendente posteâ romane ecclesie cardinalium, aut majoris partis subscriptione, hujusmodi causam veram sufficientemque fore attestantium, rejectâ tali electione, ad capitulum vel conventum remittat ut infra tempus juris, vel aliàs, juxta loci distantiam, ad aliam, ex quâ talia evenire non formidentur, electiones procedant.

Censuit (1) tamen prefata congregatio, quòd summus pontifex habeat remittere unumquemque, per ipsum, aut autoritate, ut

---

(1) Ce qui suit est la modification du décret, arrêtée dans l'assemblée de Bourges.

premittitur, promovendum, ad suum immediatum superiorem, pro munere consecrationis aut benedictionis ab eo vel ejus autorite consequendo, nisi dictus promotus sit presens in curiâ, et velit ibi consecrari. Et nihilominùs consecratos aut benedictos in curiâ romanâ remittat ad eorum immediatè superiores, prestituros eis, aut ipsis absentibus, eorum vicariis, debite obedientie juramentum. Quòd si quis presumat recipere munus consecrationis vel benedictionis extra curiam, etiam in vim cujuscunque commissionis apostolice, ab alio quàm à suo immediato superiore vel ejus autoritate, incurrat penam centum aureorum mediatim applicandorum ordinario et fabrice ecclesie ordinarii, cessante omni dispensacione qualicunque in contrarium. *Item.* Nec credit ipsa congregatio Bituricensis fore reprehensibile, si rex et principes regni sui, cessantibus tamen omnibus comminationibus et quibuslibet violentiis, aliquando utantur precibus benignis atque benivolis, et pro personis benemeritis et zelantibus bonum reipublice et regni Delphinatûs.

Decretum de Reservationibus.

Item. Acceptat Decretum de reservationibus, quod incipit : Et quia multiplices ecclesiarum et beneficiorum hactenùs facte per summos pontifices, sunt reservationes que non parùm ecclesiis onerose exstiterunt, ipsas omnes, tam generales quàm speciales sive particulares, de quibuscunque ecclesiis et beneficiis quibus tam per electionem, quàm per collationem aut aliam dispositionem provideri solet, sive per extravagantes *ad regimen* et *execrabilis*, sive per regulas Cancellarie, aut alias apostolicas constitutiones introductas, hec sancta synodus abolet, statuens, ut de cetero nequaquàm fiant, reservationibus in corpore juris expressè clausis, et his quas in terris romane ecclesie racione directi seu utilis dominii mediatè vel immediatè subjectis, fieri contigerit, duntaxat exceptis.

Decretum de collatione beneficiorum.

Item. Decretum de collatione beneficiorum, sub modificationibus et declarationibus sequentibus acceptat congregatio, quod quidem decretum incipit : Placuit divine pietati hoc tempore animos hominum qui variis abusibus irretiri ceperant, vehementiùs excitare, ut salus quereretur cunctorum et per synodum universalem mores ecclesie in meliùs reformarentur, cum salutari directione capitis et membrorum in viâ justicie et sanctitatis; et quod ut faciliùs atque ordinatiùs fieret, et ne sub pretextu variarum opinionum, aut romani pontifices, aut alii quicunque, non satis universalibus conciliis obedirent, predisposuit eadem divina pietas in sacro Constanciensi concilio, synodorum universalium jurisdictionem ita declarari, ut nulli relinqueretur ambigendi occasio, cùm decreto solenni diffinitum extitit, universale concilium habere auctoritatem immediatè à Christo; cui quilibet cujuscumque status et dignitatis, etiam si papalis fuerit, obedire tenetur in his que pertinent ad fidem et extirpationem schismatis, et reformationem ecclesie Dei in capite et in membris ac pertinentibus ad ea. Dum tamen hec cura reformande ecclesie, huic sancte universali synodo Basiliensi incumbit, hoc unum singulari sollicitudine prosequendum arbitratur, ut per singulas ecclesias ministri instituantur idonei, qui scientiis et virtutibus effulgeant ad Christi gloriam, et universi populi christiani edificationem salutarem. Cui rei grave impedimentum bactenus afferre visa est graciarum expectativarum multitudo, que gravem ordini et statui ecclesiastico perturbationem, variasque inordinaciones ac plurima discrimina comperitur injecisse. Ex his enim frequentius dati sunt in ecclesiis ministri non probati nec cogniti, vacaturorumque beneficiorum expectatio, sicut antiqua jura testantur, occasionem desiderande mortis aliene prestare solet, quod plurimùm prejudicat animarum saluti. Sed et insuper lites innumere et contenciones inter servos Dei excitantur, rancores et jurgia nutriuntur, pluralitatis beneficiorum fovetur ambicio, facultates ac pecunie regnorum et provinciarum mirum in modum exhauriuntur, pauperes discurrendo ad romanam curiam, innumerabiles vexaciones subeunt, inter viarum discrimina nonnunquàm spoliantur, occiduntur, et variis affliguntur pestibus, atque etiam suis patrimoniis ac parentum opibus exhaustis gravi egestati subjacere coguntur plurimi absque justo titulo beneficia sibi vindicant, et non quibus jure debentur, illi obtinent, sed nonnunquàm hii quibus aut circumveniendi proximum major astutia, aut ad litigandum facultas suppetit uberior; sub involucionibus quoque prerogativarum aut antelationum, aliorumque hujusmodi gratias concomitantium, fraudes plurimas ac decepciones contingit invenire. Juvenibus etiam, qui studio litterarum et virtuosis operibus intendere deberent, datur materia evagandi, qui sepiùs per litium anfractus et varios discursus, ratione graciarum ipsarum, turbantur et inquietantur; ordinariis collatoribus suum ministerium subtrahitur, et confunditur ordo ecclesiasticus, dum unicuique sua jurisdictio non servatur;

romanique pontifices, dum officia inferiorum sibi nimium vindicant, à majoribus et magis fructuosis operibus universale bonum concernentibus retrahuntur, nec inferiorum directioni atque correctioni invigilant, sicut publica utilitas exposcit : que omnia gravem confusionem statui clericali et sacerdotali in dispendium divini cultûs et prejudicium publice salutis afferunt, possuntque graviorem in futurum afferre ruinam, rebus his in deteriora jugiter prolabentibus, nisi provideretur in adversum. Volens itaque sancta synodus super his oportunum remedium adhibere, statuit et decernit ut pontifex romanus qui pro tempore fuerit, cas deinceps gratias expectativas aut nominationes nullo modo nullâve ex causâ concedat, cùm ipse pre ceteris ne sit tantorum occasio malorum abstinere debeat; (frustrà enim inhiberetur inferioribus, si ipse qui aliis debet esse omnium bonorum et virtutum exemplar, non abstineret : ut enim ille sanctissimus et doctissimus Leo papa inquit, totius familie domini status et ordo mutabitur, si quod inquiritur in corpore, non invenitur in capite : integritas enim presidentium, salus dinoscitur esse inferiorum); cessentque de cetero jam facte; et tam ipse, quàm etiam fiende, si que fiant, nulle sint ipso facto; exceptis illis gratiis et nominationibus, super quibus processus sunt jam expediti, quas ex certis racionabilibus causis, in octo mensibus quibus hactenùs cursum habere consueverunt, tolerandas duximus, donec aliter fuerit ordinatum. Reservationes etiam particulares quecunque fuerint beneficiorum vacaturorum, tam per romanos pontifices quàm per legatos sedis apostolice, de cetero sint nulle ipso facto. Non tamen intendit prohibere hec sancta synodus, hoc presenti decreto, quominùs futuri romani pontifices, tempore pontificatûs sui, modo honesto et convenienti, de uno beneficio ad collationem in quâ fuerint decem beneficia, et de duobus ubi fuerint quinquaginta et ultrà, disponant; ita tamen ut in eâdem ecclesiâ cathedrali vel collegiatâ, duas prebendas suo tempore non conferant, ut qualificaciones graduatorum inferiùs designate, in ipsis prebendis suum valeant sortiri effectum. Neque etiam collationes per preventionem fiendas intendit impedire; decreto nostro de reservationibus, quoad cetera, et aliis decretis hujusmodi sancte synodi, in suo robore duraturis. Ut verò ceteri ad quos beneficiorum, dignitatum, personatuum, officiorum et administrationum collacio seu quevis alia disposicio spectat, ad providendum litteratis viris et scientiâ perornatis specialiùs astringantur, voluit hec sancta synodus certas qualificationes seu qualitates virorum litteratorum et graduatorum designari, quibus certo ordine debeat provideri, prout inferius annotatur : adjiciens quòd si per prelatos et doctores alicujus nacionis in hoc concilio consistentes, pro bono sue nacionis aliter circa hujusmodi qualificaciones disponendum videatur in futurum, quicquid per illos fuerit ordinatum et in generali congregatione presentis concilii conclusum, ex nunc prout ex tunc ratum et firmum habeatur et vim decreti habeat ac si in presenti decreto de verbo ad verbum expressum foret. Quòd si quis cujuscumque statûs, etiam si cardinalatûs, patriarchalis, pontificalis, aut alterius cujuslibet dignitatis, contra predictum ordinem et qualificationes, ut premittitur, designatas vel designandas, de ipsis beneficiis, dignitatibus, personatibus, officiis et administrationibus quovismodo disposuerint, eo ipso sit irritum et inane, collatioque hujusmodi et provisio seu quevis dispositio ad superiorem proximum devolvatur, qui similiter habeat providere; quòd si non fecerit, ad alium superiorem devolvatur, gradatim usque ad summum pontificem ascendendo. Non volumus tamen ordinarios collatores, et eos ad quos presentatio seu quievis alia disposicio beneficiorum spectat, in quatuor mensibus quibus prefate gracie expectative vel nominationes cursum non habent, donec ipse gracie et nominationes ad eorum collationem, presentacionem seu disposicionem concesse cessaverint, ad qualificationes infrà scriptas observendas astringi.

Sequuntur qualificaciones et ordo in conferendis beneficiis per ordinarios, de quibus pretactum est.

(1) **Primò**. Cùm per generalia concilii statuta sanctè ordinatum existat, quòd quelibet ecclesia metropolitana teneatur et debeat unum habere theologum, qui suâ doctrinâ et predicationibus fructum salutis afferat, ordinat hec sancta synodus quòd extendatur hujusmodi ordinatio ad ecclesias cathedrales, taliter videlicet quòd quilibet collator ipsarum prebendarum teneatur et debeat conferre canonicatum et prebendam, quamprimùm facultas se obtulerit et inveniri poterit, uni magistro, licentiato, vel in theologiâ baccalario formato, qui per decennium in universitate privilegiatâ studuerit, et onus residentie ac lecture et predicationis subire voluerit, quique bis aut semel ad minùs per singulas ebdomadas, cessente legitimo impedimento, legere habeat; et quotiens ipsum in hujusmodi lecturâ deficere contigerit, ad arbitrium capituli in substractione distributionum totius eb-

domade puniri possit; et si residentiam deseruerit, de alio provideatur : verumtamen, ut vacare possit liberiùs studio, nichil perdat cùm absens fuerit à divinis. Insuper quòd in qualibet ecclesiâ cathedrali vel collegiatâ, ultra prebendam predictam theologo, ut premittitur, assignandam, tercia pars prebendarum conferatur gradualis aliàs idoneis, modo et formâ infrascriptis, sic quòd prima vacatura hujusmodi graduato, et deinde post alias duas, sequens eodem modo conferatur, et sic deinceps : videlicet, magistris aut licenciatis seu baccalariis formatis in theologiâ, qui per decennium in aliquâ universitate privilegiatâ; doctoribus seu licenciatis in altero jurium vel medicinâ, qui per septem annos in suâ facultate studuerint in universitate, ut suprà; magistris seu licentiatis in artibus cum rigore examinis, qui per quinquennium in aliquâ universate à logicalibus inclusivè, ut suprà, in artibus vel aliquâ superiori facultate studuerint; necnon in theologiâ qui per sex annos, vel in utroque, aut in altero jurium baccalariis, qui per triennium, si nobiles ex utroque parente et ex antiquo genere, aliàs autem per quinquennium consimiliter in aliquâ universitate privilegiatâ ad minùs suum studium fecerint; qui de predictis gradibus, tempore et nobilitate supradictis, fidem facere teneantur collatori per legitima documenta. Exhortamur tamen ordinarios collatores, quòd in conferendis beneficiis hujusmodi, presertim quoad dignitates, respectum habeant singulariter ad magistros necnon licentiatos et baccalarios formatos in theologiâ. In dignitatibus verò non electivis, personatibus, administrationibus et officiis dictarum ecclesiarum, idem ordo, modus et forma in omnibus observentur. Quòd si quis ex dictis qualificatis, tempore vacationis prebende seu dignitatis hujusmodi, alias duas obtineat prebendas, seu dignitatem et prebendam, vel aliud seu alia beneficium aut beneficia, quod vel que residendo in altero ipsorum et horis divinis interessendo valerent, seu valeret usque ad summam seu estimationem ducentorum florenorum camere; similiter, quicumque duas prebendas cathedrales obtinuerit, nullatenùs in ipsâ terciâ parte includi seu comprehendi censeatur. In ecclesiis autem parochialibus, que in civitatibus aut villis muratis existunt, instituantur persone sic ut suprà qualificate, aut ad minùs qui per tres annos in theologiâ vel altero jurium, seu magistris in artibus qui in aliquâ universitate privilegiatâ studentes fuerint, et hujusmodi gradum adepti fuerint, si tales poterunt inveniri qui voluerint hujusmodi beneficiis deservire. Et ut faciliùs inveniri possint, statuit hec sancta synodus quòd quolibet anno, durante tempore Quadragesime, omnes et singuli hoc modo qualificati, de ipsa diocesi, et alii qui voluerint, habeant per se vel per procuratorem suum sua nomina exhibere illis ad quos beneficiorum curatorum collatio seu presentacio spectat, seu eorum vicariis; quod si non fecerint, collatio seu presentacio vel disposicio aliter quàm ut premittitur facta, non propter hoc irrita censeatur. Et similiter in collatione tercie partis prebendarum superiùs memoratarum intelligatur, si tot graduati seu qualificati modo premisso potuerunt inveniri, tencanturque, ut premittitur, ipsi graduati et qualificati sua nomina tempore predicto, ipsis ad quos beneficiorum disposicio spectat seu eorum vicariis exhibere per se vel per procuratorem; quòd si non fecerint, collatio seu presentacio vel disposicio aliter quàm, ut premittitur, facta, non propter hoc irrita censeatur. Si autem illi ad quos beneficiorum quevis disposicio spectat, contra supradictarum qualificationum designationem et ordinem, aliquod beneficium contulerint, seu ad ipsum presentaverint, vel quomodolibet disposuerint, sit ipso facto irritum et inane, velut superiùs premissum est; et nichilominùs per concilia provincialia, cùm in his defecerint, aut etiam personis non idoneis quomodò providerint, juxta tenorem constitutionis concilii generalis, que incipit : *Grave, de prebendis*, corrigantur et debitè puniantur. Illi verò ad quos beneficiorum regularium spectat collatio seu disposicio, pretermissis indignis, eadem religiosis ydoneis conferant et assignent. Quòd si aliter fecerint, per eorum superiores et capitula provincialia corrigantur et debitè puniantur. Datum in sessione nostra publica in ecclesia majori Basiliensi solemniter celebrata, nono kalendas februarii, anno a Nativitate Domini millesimo quadringentesimo tricesimo octavo.

(2) Placuit (2) tamen ipsi congregationi, ut gratie expectative et facultates nominandi, à summo pontifice emanate, ac nominationes exindè sequute, super quibus juxta determinationem decreti Basiliensis concilii, processus apostolici fuerunt expediti, usque ad Pascha proximum, et non ultra quoquomodò tolerentur : ita tamen quòd si interim etiam quandocunque decernat concilium eas non esse ulteriùs tolerandas, quod quicquid in hoc casu concilium statuerit, decreverit seu declaraverit, rex et ecclesie suorum regni et Delphinatùs gratum habebunt et acceptum;

---

(1) Ce qui suit renferme les modifications arrêtées par l'assemblée de Bourges.

quòd verò ad alias expectativas, aut nominationes, super quibus non erant processus expediti tempore decreti Basiliensis concilii, hec congregatio juxta determinationem sacri Basiliensis concilii sepedicti, eas censet non esse amodò tolerandas, sed eas ex nunc habent et censent rex et antedicti, cassas, vacuas, nullas et inanes.

(3) *Item.* Visum fuit eidem congregationi, quòd licet concilium statuerit ut dicte gratie, si que fiant, sint nulle ipso facto; quòd nichilhominùs deberent statui per concilium graves pene adversùs omnes et singulos qui de cetero eas impetrabunt seu acceptabunt vel fovebunt, aut qui eis uti exindè presument vel conabuntur, invocando etiam contra tales, si opus videatur, auxilium brachii secularis.

(4) *Item.* Circa clausulam positam in ipso decreto que incipit : *Neque etiam collationes per preventionem fiendas intendit impedire*, etc. Visum est predicte congregationi, quòd quia indultum à jure beneficium, et maximè à sacris canonibus, nemini debet auferri absque sui culpà; et, ut ait Gregorius in registro, rem que culpà caret, in dampnum vocare non convenit : visum fuit prelibate congregationi, quòd cùm collatores et patroni ecclesiastici habeant, beneficio sacri Lateranensis concilii, certum tempus ad presentandum et conferendum respectivè, quòd debent instare regii oratores apud sacrum concilium generale, ut provideat circa suum decretum de collationibus, in hoc scilicet, quòd decretum illud videtur ipsi Lateranensi concilio velle derogare, ita quòd velit ipsum sacrum concilium decernere, quòd preventiones etiam apostolice sedis, vel legatorum ejusdem, facte in contrarium, non valeant, quo magis ipsis collatoribus et patronis suum jus, cessante culpà eorum, sicut justicia suadet, servetur illesum.

(5) *Item.* Placuit ipsi congregationi, ut tanto magis studia et universitates studiorum regni et Delphinatùs cum scientiarum augmento foveantur, quòd suppositis universitatum predictarum conferantur due partes prebendarum illius tertie, que, secundùm decretum sacri Basiliensis concilii de collationibus beneficiorum, est conferenda solis graduatis; et idem ordo in parrochialibus ecclesiis et capellanis observetur; ita quòd parrochialis ecclesia, respectu parrochialis ecclesie, faciat turnum ; et capellania, respectu solius capellanie; et prebenda cathedralis, respectu solius cathedralis; et prebenda ecclesie collegiate, respectu cujusvis ecclesie collegiate, ad collationem eandem pertinentes : ita quòd

in hoc casu omnes ecclesie collegiate spectantes ad eandem collationem, pro unâ collegiatâ ecclesiâ sint habende. Et idem ordo in regularibus et ecclesiasticis subventionibus perpetuis, quocunque nomine censeatur, observetur.

(6) *Item.* Quòd ad dictas duas partes secundùm ordinem predictum, poterunt universitates cuilibet ecclesiastico patrono seu ecclesiastico collatori nominare certum numerum suorum graduatorum, qui tunc in ipsis universitatibus actu residebunt, et qui pro presentibus, juxta morem universitatum et studiorum, censebuntur habendi per easdem; ita tamen quòd ipse ecclesiasticus collator vel ecclesiasticus patronus non teneatur de necessitate sequi ordinem hujusmodi nominationis, dum tamen fiat presentatio vel collatio alicui de numero nominatorum : adjecto quòd si omnibus de dicto numero fuerit (aliquo vel aliquibus excepto vel exceptis) satisfactum, quòd illi vel illis quibus de dicto numero satisfactum non fuerit, necessariò satisfieri primitùs oporteat, et eos preferri quibuscumque posteà ab ipsis universitatibus nominandis.

(7) *Item.* Quod universitates teneantur describere gradus suorum nominandorum, ac numerum et qualitates beneficiorum que presentationis tempore sui nominandi, ita quòd collatores non teneantur in eorum litteris hujusmodi nonobstancias exprimere sive describere.

(8) *Item.* Quòd omnia predicta beneficia per ordinarios scilicet conferenda, quocunque modo vacaverint, aliàs scilicet quàm ex causâ permutacionis vel simplicis resignationis, faciant turnum respectu presentacionis vel collationis illis de universitatibus vel studiis faciende.

(9) *Item.* Ut de cetero floreat sapientia et vigeant litterarum studia, nullus ad titulos graduum et honorum assumatur, nisi idoneus et probatus moribus et scienciâ atque benemeritus ; nec ita levis et nimiùm precipitata promotio fiat. Nam, ut notum est cunctis et ridiculosum, multi magistrorum nomen obtinent quos adhuc discipulos magis esse deceret. Contrà facientes aut venientes, privilegiis regalibus eisdem universitatibus concessis ipso facto sint privati

(10) *Item.* Voluit dicta congregatio quòd decretum faciens mentionem quòd omnis futurus romanus pontifex posset providere suo tempore, vel sinere possideri de uno beneficio, respectu collationis in unâ futurâ quinquagenta, extendatur similiter ad dominum sanctum papam modernum. Et quia in ipso decreto dicitur

quòd possit quilibet romanus pontifex modo tamen licito, et honesto, etc. Visum ipsi congregationi, hoc debere fieri per mandatum apostolicum collatoribus vel patronis ecclesiasticis dirigendum, juxta formam capituli *mandatum*, de *rescriptis*, in antiquis, cum duobus capitulis sequentibus; et quòd talia mandata fiant sub verâ datâ, non verò sub datâ retroactivâ, ita quòd dictum mandatum non habeat executionem nisi post mensem à tempore sue presentationis ecclesiastico patrono, seu ecclesiastico collatori, aut ejus vicario in suâ absentiâ, ut eò magis maliciis et fraudibus hujusmodi obvietur.

(11) *Item*. Insuper visum fuit prefate congregationi, quòd ultra decreta sacri dicti concilii Basiliensis edita de electionibus et collationibus beneficiorum, sit ipsi domino pape moderno, circa aliquas provisiones et disposiciones de ecclesiasticis beneficiis aliquibus in regno et Delphinatu et aliis dominiis regiis, et tantùm tempore pape moderni, et per modum doni gratuiti ac sine prejudicio, deferendum : videlicet, in casibus qui sequuntur. Et primò quòd de omnibus ecclesiis, monasteriis, beneficiis, aut officiis secularibus vel regularibus quibuscumque, etiam si cathedrales et metropolitani aut provinciales existant; que illi qui erunt per eum inanteâ promovendi de jure communi et juxta formam decretorum predictorum, tempore promotionis eorum obtinebunt, possit ipse pro suo tempore disponere, etiam ubicumque contigerit eosdem promotos consecrari et benedici.

(12) *Item*. Non solùm de illis, que dicti promovendi tempore sue promotionis obtinebunt, ut prefertur, sed etiam de illis omnibus que ipse dominus noster papa modernus volet et disponet per assecutionem predictorum beneficiorum, mediatè vel immediatè, in curiâ vel extrâ, fore dimittenda, absque tamen quâcumque exactione vacantiarum aut aliorum onerum, salvâ semper provisione quinte partis sepedicte, in casibus circa provisionem pecuniarum annotatis.

(13) *Item*. Voluit dicta congregatio ipsam libertatem facere et censeri esse factam personaliter domino nostro pape moderno, et sine prejudicio libertatum et jurium ecclesie gallicane, ut premissum est; ita quòd hujusmodi concessio in personam successorum, prout in simili dictum est, transitum non habeat.

(14) *Item*. Censuit ipsa congregatio prosequendum esse apud concilium, ne de cetero romani pontifices se intromittant de creandis canonicis in cathedralibus aut collegiatis ecclesiis, in quibus est certus numerus canonicorum et prebendarum, cum apposi-

cisione decreti irritantis ; ut tanto magis vitetur occasio captandæ aut desiderandæ mortis alienæ : nisi in eo casu dumtaxat, in quo dignitas vel officium de quâ vel de quo ipso alicui censeret providendum juxta formam antedictam, requireret forsan canonicatum in ecclesiâ à quâ dependeret dignitas antefata : ita tamen quòd per hujusmodi creationem canonic, canonicus hujusmodi, si saltem preter consensum collatoris crearetur, non expectet prebendam de proximo vacaturam, in vim scilicet creationis hujusmodi, nisi aliâ ratione ei debeatur.

Decretum de causis appellationum

Item. Acceptat decretum de causis quod incipit : Ecclesiastice sollicitudinis studium jugiter invigilare convenit, ut fraterna caritas in clero ac populo christiano vigeat, nec quisquam per vexationes et afflictiones indebitas, proximum suum opprimere permittatur; sicque justitia ordine debito cuilibet ministretur, ut et viris dolosis auferatur nocendi licentia, et quies et tranquillitas rectorum non facilè perturbetur. Inoleverunt autem hactenùs intolerabilium vexationum abusus permulti, dum nimiùm frequenter à remotis etiam partibus ad romanam curiam, et interdum pro parvis et minimis rebus ac negotiis, quamplurimi citari et evocari consueverunt, atque expensis et laboribus fatigari, ut et nonnunquàm commodiùs arbitrarentur juri suo cedere, aut vexationem suam gravi damno redimere, quàm in longinquâ regione litium subire dispendia. Sic facile extitit calumpniosis opprimere pauperes ; sic beneficia ecclesiastica plerumque minùs justè per litium anfractus obtenta sunt, dum justis possessoribus eorum, seu quibus illa de jure competebant, neque opes neque facultates ad sumptus illos sufficere poterant, quos longinqua profectio ad romanam curiam, et litium agitatio in eâdem deposcebant. Confunditur etiam exindè ordo ecclesiasticus, dum ordinariis judicibus sua jurisdictio minimè servatur ; pecuniæ et facultates regnorum ac provinciarum hoc pacto non parùm diminutæ sunt ; et (quod universo ecclesiastico ordini admodùm nocere compertum est) hii quos ad summa negocia christianæ religionis, sublimitas dignitatis evocabat, minùs illis reddebantur intenti, dum ipsorum mentes nimiùm occupabat assidua causarum meditatio. Que attendens hec sancta synodus, et pro reformatione ecclesie Dei in capite et in membris juxta potestatem divinitùs sibi concessam invigilans, ut omnia deinceps ordine debito peragantur, ad salutem animarum ac pacem et quictem cunctorum, statuit et decrevit quòd in partibus ultrà quatuor dietas à romanâ curiâ distantibus, omnes quecunque cause, exceptis majoribus in jure expressè enumeratis, et electionum ecclesiarum cathedralium et monasteriorum causis, quas causas immediata subjectio ad sedem apostolicam devolvit, apud illos judices in partibus, qui de jure aut de consuetudine prescriptâ vel privilegio cognitionem habent, terminentur et finiantur. Et ne sub umbrâ appellationum, que nimiùm leviter et nonnunquam frivolè hactenùs interponi vise sunt, atque etiam in eâdem instantiâ ad prorogationem litium sepè multiplicari, materia fovendis injustis vexationibus relinquatur; statuit eadem hec sancta synodus, quòd si quis offensus coràm suo judice habere non possit justicie complementum, ad immediatum superiorem per appellationem recursum habeat; nec ad quemcumque, etiam ad papam, obmisso medio, neque à gravamine in quâcumque instantiâ, ante deffinitivam sententiam quomodolibet appelletur, nisi forsitan tale gravamen extiterit, quod in deffinitivâ reparari nequiret; quo casu non aliàs quàm ad immediatum superiorem liceat appellare. Si verò quispiam, à sedis apostolice immediatè subjecto, ad ipsam sedem duxerit appellandum, causa per rescriptum usque ad finem litis inclusivè committatur in partibus, nisi fortè propter defectum justicie aut justum metum, etiam in partibus convicinis, de quibus in commissione exprimendis legitimo priùs documento aliàs quàm per juramentum summariè constiterit, apud ipsam sedem foret meritò retinenda. Et quicquid in contrarium hujus saluberrimi decreti attentatum, factum vel obtentum fuerit, sit nullum ipso facto; litigantesque qui contrà fecerint, in expensis condemnentur. Romane verò cardinales ecclesie, vicecancellarium, camerarium, magnum penitenciarium, prothonotarios, et alios sedis apostolice officiales, actu in curiâ suis officiciis insistentes, hoc decreto non intendimus comprehendi. Ne tamen in dissolutionem vel translationem presentis concilii, aut erectionem conventiculi apud Ferrariam vel alibi sub nomine generalis concilii, quod dominus Eugenius papa quartus efficere conatus est vel conaretur in futurum, causas illas, et maxime incorporatorum aut incorporandorum in hoc sacro concilio, quas hec sancta synodus remitteret aut non reciperet, in curiam ipsius domini Eugenii, aut prefatum conventiculum Ferrariense, vel alibi de facto trahi contingeret, in fomentum dissolucionis, translationis, et erectionis predictarum: voluit hec sancta synodus causas quascumque pendentes et commissas, aut etiam quascumque causas incorporatorum aut incorporandorum, ac alias per appellationem devolutas aut devolvendas, nec non illas que observationem decretorum ipsius sancte synodi concernunt, apud eandem synodum, ipsâ durante, seu donec aliter fuerit ordinatum, tractari; salvis etiam advocationibus causarum pendentium in curiâ romanâ per quecumque nostra decreta factis aut faciendis; decretis etiam aliis et ordinationibus ejusdem sancte synodi in suo robore remanentibus, cum modificationibus sequentibus. (1)

(1) Visum fuit dicte congregationi, quòd si romanam curiam residere contingat citra montes, quòd tunc in partibus ultra duas dietas à curiâ distantibus, omnes cause ecclesiastice habeant tractari, coràm illis scilicet judicibus quibus de jure aut consuetudine vel privilegio competit cognitio et diffinitio earum, exceptis causis que exprimuntur in decreto.

(2) *Item.* Quòd monasteria et alia beneficia qualiacumque secularia et regularia, seu loca circa quorum exemptionem providit sacrum Constantiense concilium, per quendam canonem, qui, ut dicitur, incipit *attendentes;* quòd non sunt habenda respectu dicti decreti de causis, nec aliàs quovis modo, pro exemptis; se veriùs pro non exemptis; et pro talibus per generale concilium ex cautelâ superabundanti declaranda; et quòd hoc prosequantur oratores regii apud ipsum concilium.

(3) *Item.* Placet equitas dicti decreti, quòd ad neminem, etiam ad papam, possit omisso medio de cetero appellari; et quòd, si quis offensus, non possit coram suo judice habere justicie complementum, quòd tunc possit per appellationem ad immediatum superiorem dicti judicis habere recursum: ita quòd si papa sit immediatè superior dicti judicis, quòd causa committatur in partibus non suspectis.

(4) *Item.* Placet decretum, in hoc scilicet, quòd in nullâ instanciâ possit quomodolibet appellari ante diffinitivam sententiam, si gravamen tale existat, quod in diffinitivâ possit reparari; secùs, si tunc non potest reparari: nam tunc licitum est etiam ante diffinitivam sententiam appellare, non tamen ad alium, quàm ad immediatum superiorem, ut prefertur: ita etiam quòd si ille immediatus superior sit ipse papa, quòd causa ipsa committatur non suspecto, vel non suspectis, vel in partibus: ut in simili dictum est.

___

(1) Modifications arrêtées dans l'assemblée de Bourges.

(5) *Item*. Placet decretum in versiculo *Si vero quispiam* usque ad versiculum *Romane vero* : salvo quòd pro justificatione et moderatione dicti versiouli, videtur instandum fore per ipsos regios oratores apud ipsum concilium, ad determinationem numeri et qualitatum officiariorum apostolicorum et curie.

(6) *Item*. Circa versiculum *Voluit hæc sancta synodus*, in decreto predicto *de causis* : visum est quòd predictus versiculus seu articulus, est pro nunc, respectu causarum jam actu Basilee pendentium, adhuc tolerandus, propter bonam spem eo magis inclinandi concilium Basiliense predictum ad unionem et concordiam cum domino nostro papa; ita tamen quòd ambassiatores regii qui sunt illic destinandi, habeant demonstrare ipsi sacro concilio, quòd vacare et intendere tot causis et talibus, repugnat officio conciliorum generalium; et quòd hoc posset dare causam seu occasionem perpetuandi generalia concilia, et absorbendi auctoritatem sedis apostolice, et aliorum prelatorum : et finiliter excitandi reges et principes adversùs generalia concilia, in grande prejudicium fidei et ecclesie sancte Dei, cum intimatione illis de concilio predicto faciendà. Quòd si ipsi circa hoc differant providere rex et ecclesia regni sui et Delphinatûs, tum ob necessitatem suo regno his diebus plurimùm ingruentem, tum ut equalitas respectu ipsorum sicut respectu pape observetur, prout per decreta eorum adversùs papam statuitur, quod in eventum more amplioris, sicut respectu unius partis jam per eos provisum est, ita respectu alterius, inspirante domino, sicut justum est, providebit : quoniàm scriptum est, patere legem quam ipse tuleris; alibi, et quod quisque juris in alterum statuerit, ipse eodem jure utatur.

(7) *Item*. Fuit conclusum per eandem congregationem, ut omnes et singule cause, que de sui naturâ et secundum sacros canones non sunt tractande apud sedem apostolicam vel curiam romanam, aut etiam apud generalia concilia, si in eis nundum est lis contestata vel quasi contestata, puta porrecto jam libello et cognito de meritis cause, seu jam incepto cognosci de eisdem, tractentur et agitentur deinceps coràm suis judicibus in partibus quibus respectu eorum competit jurisdictio. Quòd si contingat in causis eisdem deinceps ad dictos foros appellari; quòd cause appellationum committantur in partibus juxta constitutionem Bonifacii octavi que incipit *Statutum*; et obtineantur littere à rege inhibitorie ad curiam parlamenti, et ad alios justiciarios et officiarios regni et Delphinatûs.

Decretum de frivolis appellationibus.

Item. Acceptat decretum contra frivolè appellantes, quod incipit : Ut lites citiùs terminentur, super eodem gravamine, aut super eadem interlocutariâ vim diffinitivè non habente, nullatenùs liceat secundò appellare ; quòdque ante diffinitivam frivolè aut injustè appellans, ultra condamnationem expensarum, damnorum et interesse, in quindecim florenis aureis de camerâ parti appellate per appellationis judicem condemnetur.

Decretum de pacificis possessionibus.

Item. Acceptat decretum de pacificis possessionibus, quod incipit : Quecunque non violentus, sed habens coloratum titulum, pacificè et sine lite prelaturam, dignitatem, officium vel beneficium triennio proximo hactenùs possedit vel in futurum possidebit, non possit posteà in petitorio vel possessorio à quoquam, etiam ratione juris noviter impetrati, molestari : excepto hostilitatis casu, vel alterius legitimi impedimenti, de quo protestari et illud juxta concilium Viennense intimare teneatur. Lis autem aut casu quoad futuras controversias intelligatur, si ad executionem citationis, jurisque sui in judicio exhibitionem acterminorum omnium observationem, processum fuerit. Ordinarii autem inquirant diligenter, ne quis sine justo titulo beneficium possideat. Quòd si talem quandoque repererint, declarent jus illi non competere, et huic si sibi videatur (nisi sit intrusus vel violentus, aut aliàs indignus) vel alteri idoneo provideant. Datum in sessione publicâ, in ecclesiâ majori Basiliensi sollenniter celebratâ, die jovis, nonâ mensis junii, anno à nativitate domini millesimo quadringentesimo tricesimo quinto.

Decretum de numero et qualitate cardinalium.

Item. Acceptat decretum de numero et qualitate cardinalium, quod incipit : Cùm summo pontifici sancte romane ecclesie cardinales in dirigendâ christianâ republicâ collaterales assistant, necesse est ut tales instituantur, qui sicut nomine, ita re ipsâ cardines sint, super quos ostia universalis ecclesie versentur et sustententur. Statuit igitur hec sancta synodus, ut deinceps eorum numerus adeò sit moderatus, ut nec sit gravis ecclesie, nec superfluâ numerositate vilescat : qui de omnibus christianitatis regionibus, quantum fieri commodè poterit, assumantur, ut notitia rerum in ecclesiâ emergentium faciliùs haberi, et super his maturiùs deliberari possit : sic tamen quòd numerum viginti qua-

...or inter eos qui nunc sunt et assumendos non excedant; ita ...òd de unâ natione, ultra tertiam partem respectu cardinalium ...o tempore existentium; ac de unâ civitate et diocesi, ultra ...num indè oriundum; et de eâ natione que nunc ultra tertiam ...artem habet, usque ad ipsius tercie partis reductionem, esse ...equeant. Sint viri in scientiâ moribusque, ac rerum experien... ...â excellentes, non minores triginta annis, magistri, doctores ...eu licentiati, cum rigore examinis, in jure divino et humano. ...it saltem tertia vel quarta pars de magistris aut licenciatis in ...crâ scripturâ. Inter eos xxiiii esse aliqui poterunt, valdè admo-...ùm pauci, filii, fratres aut nepotes regum, seu magnorum prin-...ipum, in quibus cum circumspectione et maturitate morum, ...ompetens litteratura sufficiat.

Non fiant cardinales, nepotes ex fratre vel sorore romani pon-...ificis aut alicujus cardinalis viventis; non illegitimè nati; non ...orpore viciati; nec alicujus criminis aut infamie notâ respersi. ...redicto autem numero xxiiii pro magnâ ecclesie necessitate vel ...tilitate, dummodò alii in quibus vite sanctitas vel eximie virtu-...es refulgeant, quamquàm memoratos gradus non habeant, ac ...e Grecis (cùm romane ecclesie uniti fuerint) insignes aliqui ...iri adjici poterunt.

Non fiat cardinalium electio solùm per auricularia vota, sed ...li solùm assumi poterunt, in quos facto vero scrutinio ac publi-...ato, majorem partem cardinalium per subscriptionem manûs ...roprie constiterit collegialiter consensisse, desuper etiam apos-...olice littere, cum subscriptione cardinalium conficiantur : De-...reto hujus sacri concilii in quartâ sessione solenniter publicato, ...uod incipit : *Item.* Cùm multiplicatio cardinalium, etc. in suo ...obore inviolabiliter permansuro (1). (Facto vero scrutinio ac pu-...licato, majorem partem cardinalium per subscriptionem colle-...ialiter consensisse, desuper et apostolice littere in subscriptione ...ardinalium conficiantur; salvo quod videtur nimis rigorosum ...outra nepotes Romanorum pontificum, si aliàs sint benè meriti, ...rout et alii.)

Decretum de Annatis.

Circa decretum de Annatis, quod incipit : Statuit hec sancta ...ynodus, quòd tam in ecclesiâ romanâ quàm alibi, pro, seu in ...onfirmatione electionum, admissione postulationum, presenta-

---

(1) Ce qui suit jusqu'à l'alinéa, ne fait point partie du texte du concile, et ...araît une modification. (Brequigny.)

cionum provisione, collatione, disposicione, electione, postulatione, presentatione, etiam à laicis faciendâ institutione, installatione et investiturâ de ecclesiis etiam cathedralibus et metropolitanis, monasteriis, dignitatibus, beneficiis officiisque ecclesiasticis quibuscumque, nec non ordinibus sacris et benedictione ac pallio, de cetero nichil penitùs antè vel post exigatur racione litterarum vel bulle, sigilli, annatarum communium et minutorum serviciorum, primorum fructuum, deportuum, aut sub quocunque alio titulo, colore vel nomine, pretextu cujusvis consuetudinis, privilegii vel statuti aut aliâ quâvis causâ vel occasione, directè vel indirectè; solùm scriptoribus abbreviatoribusque, et registratoribus litterarum seu minutarum, pro illorum labore, competenti salario solvendo. Huic autem sacro canoni si quis promittendo, exigendo vel dando contravenire presumpserit, penam incurrat, adversùs symoniacos inflictam, et in ipsis dignitatibus ac beneficiis taliter obtentis nullum jus ac titulum acquirat. Obligationes quoque, promissiones, censure ac mandata, et quicquid in prejudicium decreti hujus saluberrimi fieri contigerit, nullas obtinere vires, atque irrita censeantur. Et si, quod absit, romanus pontifex, qui pre ceteris universalium conciliorum exequi et custodire debet canones, adversùs hanc sanctionem aliquid faciendo, ecclesiam scandaliset, generali concilio deferatur; ceteri verò, pro modo culpe, juxta canonicas sancciones, per suos superiores dignâ ultione puniantur.

(1) Voluit (1) tamen hec congregatio pro instanti necessitate moderni pape et sacri collegii dominorum cardinalium hodiè notorie ingruente, et etiam juxta pollicitationem sacri Basiliensis concilii in suo decreto de electionibus, in fine, videlicet, quòd prefatus summus pontifex modernus habeat, ejus vitâ durante dumtaxat, pro se et dominis cardinalibus, ac ceteris officiariis curie romane, ex fructibus quarumcumque ecclesiarum, monasteriorum et quorumcumque beneficiorum, ad decem libras vel ampliùs taxatorum, vacaturorum deinceps aliàs quàm ex causâ permutationis et simplicis resignationis, quintam partem illius taxe, videlicet, que olim per regem et ecclesias suorum regni et Delphinatûs tolerabatur, protunc quo fuit concilium Constanciense inchoatum; ita quòd dicta quinta pars taxe predicte non referatur ad illam taxam ad quam fuit facta ultima reductio per dictum Constanciense concilium; sed referatur ad illam in hoc

---

(1) Modifications arrêtées dans l'assemblée de Bourges. (Idem.)

...asu, ex quâ immediatè fuit ab eodem Constantiense concilio ...cta ipsa reductio : proviso tamen quòd fructus et proventus be... ...ficii sic taxati, ad minus tantum valeat pro tempore, quantum ...sa taxa.

(2) *Item.* Respectu aliorum beneficiorum, de quibus forsam ...liter taxatio non invenitur quàm secundùm taxationem decime, ...lvatur in hoc casu quinta pars illius taxe, summe scilicet tota... ...is que ex ipsâ decimâ deciès repetitâ resultaret; hoc est, quòd ...n hoc casu solvantur due decime : prima primo anno, et secunda ...ecundo anno ; dum tamen illa totalis summa que ex illis deci... ...is resultat, ad minus ad decem libras ascendat.

(3) *Item.* Quòd hujusmodi subventio conceditur per modum ...olius doni gratuiti, et non aliàs: et sine prejudicio libertatum ...cclesie gallicane, et dumtaxat hujus moderni pape vitâ durante.

(4) *Item.* Quòd dicta quinta pars locum suum etiam obtinebit ...er quemcumque, ubicumque, in curiâ vel extrâ ; et quâcumque ...uctoritate ecclesiasticâ de ipsis ecclesiis, monasteriis vel bene... ...iciis, quomodolibet, preterquàm ex causâ permutationis aut re... ...ignacionis pure et simplicis, ut prefertur, disponatur ; exceptis ...eneficiis quorum jus patronatûs, presentacio, collacio, institu... ...io, vel provisio, ad regem, jure regalie vel aliàs, aut alium ...quemcumque vel alios jure laico spectat et pertinet, de quibus ...ihil prorsùs solvetur.

(5) *Item.* Fuit deliberatum quòd quinta pars solvatur in parti... ...us, et in monetâ usuali auri vel argenti, ad estimationem scili... ...et marche auri secundùm valorem septuaginta aureorum, et ...ollectori vel subcollectori, et infra diocesim infra cujus limina ...rit ipsa ecclesia vel beneficium : ita quòd una medietas dicte ...quinte partis solvatur eidem infra annum à tempore possessionis ...acifice, et alia medietas infra annum proximè subsequentem.

(6) *Item.* Quòd ratione dicte quinte partis vel medietatis, aut ...lterius portionis ejusdem, non possint illi qui ad eam tene... ...antur, trahi extra diocesim, infra cujus metas est vel erit ipsa ...cclesia, monasterium aut beneficium ; sed habebit collector ...ut subcollector antedictus recursum ad ordinarios judices ...ontra non exemptos, et similiter contra eos qui pro non ...xemptis sunt censendi, juxta quamdam constitutionem con... ...ilii Constantiensis, que incipit : *Attendentes.* Contra verò ...xemptos, qui superiores in diocesi in quâ sunt ecclesia, mo... ...nasterium, beneficium vel officium aut aliud ministerium ec... ...clesiasticum, quocumque nomine censeatur, noscuntur habere,

recurratur ad superiores eorumdem; quòd si superiores in di‑
oesi non habeant, vel si habeant et tamen negligentes fueri[n]t
aut remissi, ad diocesanos locorum recurratur : qui tame[n]
apostolicâ vel synodali auctoritate, remotâ appellatione qu[a]‑
cunque, habebunt facere indilatam justiciam de predictis.

(7) *Item.* Quòd si ecclesia, monasterium vel beneficium [sic]
taxatum ut prefertur, contingat anno eodem bis vel pluri[es]
vacare, quòd una quinta pars semel tantùm solvatur : vid[e]‑
licet, quòd si post fructus collectos seu perceptos, aut acqu[i]‑
sitos contigerit vacatio, ad solutionem prime medietatis quin[te]
partis predicte bona ultimi possessoris teneantur; et ejus su[c]‑
cessor in ecclesiâ vel beneficio, ad aliam medietatem taxe pr[e]
dicte, infra primum annum pacifice sue prime possessio[nis]
teneatur. Si verò ante collectionem, perceptionem, vel acqu[i]‑
sitionem contigerit vacatio, successor in dicto beneficio t[e]‑
neatur ad integram solutionem dicte quinte partis.

(8) *Item.* Quòd ex nunc et de cetero penitùs cessent et ce[s]‑
sabunt in romanâ curiâ omnes exactiones tam ratione vaca[n]‑
ciarum quàm ratione pallii sacri vel minutorum serviciorum
et alie quecunque exactiones, quovis nomine censeantur : e[x]‑
cepto tamen moderato et competendi salario scriptorum cur[ie]
romane, prout in ipso decreto sacri Basiliensis concilii expre[s]‑
siùs continetur; et hoc sub penâ perdendi ipso facto gratia[s]
de provisione antedictâ respectu curie, et sub penâ perd[i]‑
tionis beneficii respectu provisi contrafacientis : et hoc p[er]
suum immediatum superiorem, qui in talibus casibus hab[et]
potestatem.

(9) *Item.* Fuit visum predicte congregationi, quòd in pr[e]‑
missis decretis et ipsorum quolibet, apponatur per sacru[m]
concilium, decretum irritans et gravium penarum adjectio
cum clausulis oportunis contra quoscumque cujuscumque auc[to]‑
ritatis fuerint, in contrarium attemptantes, seu facientes.

Decretum de celebratione divini officii.

Item. Acceptat decretum quomodò divinum officium cele‑
brandum sit, quod incipit : Si quis principem seculi rogaturus
habitu honesto, gestu decenti, prolatione non precipiti sed di[s]‑
tinctâ, attentâ quoque mente, se ipsum ac verba studeat comp[o]‑
nere; quanto diligentiùs in hoc sacro loco omnipotentem orat[u]‑
rus Deum, hec omnia facere curabit? Statuit, igitur hec sanc[ta]
synodus, ut in cunctis cathedralibus ac collegiatis ecclesiis, ho[ris]

debitis, signis congruâ pulsatione premissis, laudes divine per singulas horas, non cursim ac festinanter, sed tractim et cum pausâ decenti, presertim in medio cujuslibet versiculi psalmorum, debitam faciendo inter solenne et feriale officium differentiam, reverenter ab omnibus persolvantur. Horas canonicas dicturi, cum tunicâ talari ac superpelliciis mundis, ultra medias tibias longis, vel cappis, juxta temporum et regionum diversitatem, ecclesias ingrediantur; non capucia sed almutias vel bireta tenentes in capite; qui cùm in choro fuerint, gravitatem servent quam et locus et officium exigunt; non insimul aut cum aliis confabulantes seu colloquentes, aut litteras seu scripturas alias legentes. Et cùm psallendi gratiâ ibidem conveniant, muta aut clausa labia tenere non debent, sed omnes presertim qui majori funguntur honore, in psalmis, hymnis et canticis Deo alacriter modulentur. Cùm dicitur gloria patri et filio et spiritui sancto, omnes consurgant. Cùm nominatur illud nomen gloriosum Jhesus, in quo omne genu flectatur, celestium, terrestrium et infernorum, omnes caput inclinent. Nemo ibidem dum hore in communi cantantur, legat, vel dicat privatim officium : nam non solùm obsequium, quo obnoxius est, choro subtrahit; sed alios psallentes perturbat. Super his debitè observandis, aliisque ad divini officii prosecutionem, ac chori disciplinam spectantibus, decanus, vel cui onus incumbit, diligenter invigilet, hinc inde, ne quid inordinatè fiat, circumspiciens ; horum autem transgressores, illius hore in quâ circa predicta excesserint; vel aliâ majori, prout transgressionis gravitas exigit, plectantur penâ. Salvis tamen laudalibus consuetudinibus, statutis, ac observantiis specialibus ecclesiarum singularum regni et Delphinatûs.

Decretum quo tempore quisque debet esse in choro.

Item. Acceptat decretum quo tempore quisque debet esse in choro, quod incipit: Qui in matutinis, ante finem psalmi, *venite exultemus*; in aliis horis, ante finem primi psalmi; in missâ, ante ultimum kirie eleison, usque in finem, divino officio non interfuerit, nisi forte necessitate cogente, ac petitâ et obtentâ à presidente chori liscenciâ discedere oporteat, pro illâ horâ absens censeatur; salvis ecclesiarum consuetudinibus si que forte circa hec arctiores existant. Idem in his observetur, qui à principio usque ad finem in processionibus non permanserint, pro cujus executione deputetur aliquis, onus habens notandi personas singulas statuto tempore non convenientes, juramento astrictus agere fideliter, et nulli parcere. Jubet etiam hec sancta synodus, quòd in illis ecclesiis, in quibus singulis horis certe distributiones statute non sunt, omninò etiam de grossis fructibus, si opus sit, deputentur, ut juxta mensuram laboris plus minusve quisque capiat emolumenti, tollentes prorsus abusum illum, quo in unâ dumtaxat horâ presens, totius diei distributiones usurpat, et illum quo prepositi vel decani, aut alii officiales, ex hoc solùm quòd officiales sunt, licet actualiter pro utilitate ecclesie non absint, quotidianas distributiones percipiunt.

Decretum de horis canonicis extra chorum.

Item. Acceptat decretum qualiter hore canonice sunt dicende extra chorum, quod incipit : Quoscumque etiam alibi beneficiatos, seu in sacris constitutos, cùm ad horas canonicas teneantur, admonet hec sancta synodus, ut si orationes suas Deo acceptas fore cupiunt, non in gutture vel inter dentes, seu deglutiendo aut sincopando, dictiones vel colloquia vel risus intermiscendo; sed sive soli sive associati, diurnum nocturnumque officium reverenter verbis distinctis peragant, ac tali in loco undè à devotione non retrahantur, ad quam se disponere et preparare debent, juxta illud quod scriptum est: ante orationem prepara animam tuam, ne sis quasi qui temptat Deum.

Decretum de his qui tempore divinorum vagantur per ecclesiam.

Item. Acceptat decretum de his qui tempore divinorum officiorum vagantur per ecclesiam, quod incipit : Quicumque in ecclesiâ benificiatus, presertim de majoribus, divinorum tempore, per ecclesiam, vel foris circa ipsam deambulando, aut cum aliis colloquendo vagari visus fuerit, non solùm illius hore, sed totius diei presentiam ipso facto amittat; qui si semel correctus non destiterit, per mensem distributionibus careat, vel graviori si pertinacia exegerit, pene subjaceat : ita ut tandem desistere cogatur. Prohibeatur etiam ne divina officia tumultuosi quorumcumque per ecclesiam discursus impediant aut perturbent. Regulares qui in conventualibus ecclesiis circa predicta excesserint, gravi penâ superiorum arbitrio castigentur.

Decretum de tabulâ appendendâ in choro.

Item. Acceptat decretum de tabulâ pendente in choro, quod incipit: Ut cuncta in domo Dei ordinatè procedant, et quilibet cial quid agendum imminet, statuatur tabula aliqua continuè pendens in choro, in quâquidem per unumquemque ex canonicis vel aliis beneficiatis in singulis horis per ebdomadam aut majus tempus, cantandum legendumve sit describatur. Qui autem secundùm quod ibi describatur, facere per se vel alium neglexerit, pro quâlibet horâ distributiones unius diei amittat.

Decretum de missâ.

Item. Acceptat decretum de his qui in missâ non complent credo, vel cantant cantilenas, vel nimis bassè missam legunt, aut sine ministro : quod incipit : Abusum aliquarum ecclesiarum in quibus credo in unum Deum, quod est symbolum et confessio fidei nostræ, non completè usque ad finem cantatur, aut prefacio seu oratio dominica omittitur, vel in ecclesiis cantilene seculares voce admiscentur, seu missa etiam privata sine ministro, aut preter secretas orationes ita submissâ voce dicitur quòd à circunstantibus audiri non potest, abolentes ; statuimus ut qui in his transgressor inventus fuerit, à superiore debitè castigetur.

Decretum de pignorantibus cultum divinum.

Item. Acceptat decretum de pignorantibus cultum divinum, quod incipit : Abusum etiam illum, cultui divino manifestè derogantem, quo nonnulli ecclesiarum canonici contrahentes debita, sic se creditoribus obligant, ut nisi statuto tempore satisfaciant, à divinis cessetur officiis, abolentes: et obligationem hujusmodi, etiam si jure jurando firmata sit, irritam decernentes ; statuimus ut qui talem illicitum contractum fecerint, trium mensium fructus, ipsi ecclesie applicandos, ipso facto amittant ; et quandiù divina non resumpserint, nullos ex ipsâ ecclesiâ proventus percipiant.

Decretum de tenentibus capitula tempore missæ majoris.

Item. Acceptat de tenentibus capitula tempore misse, quod incipit : Prohibet hec sancta synodus, ut tempore misse majoris, presertim diebus solemnibus, capitula seu actus capitulares, aut alii tractatus per canonicos non celebrentur, nisi forte urgens et evidens ingrueret necessitas. Qui verò ad talem horam capitulum indixerit, à distributionibus cotidianis per ebdomadam sit suspensus; neque ipsi canonici pro illâ horâ ipsas distributiones lucrentur.

Decretum de spectaculis in ecclesiâ non faciendis.

Item. Acceptat decretum de spectaculis in ecclesiâ non faciendis, quod incipit : Turpem etiam illum abusum in quibusdam frequentatum ecclesiis, quo in certis anni celebritatibus, nonnulli cum mitrâ, baculo ac vestibus pontificalibus, more episcoporum benedicunt ; alii ut reges ac duces induti, quod festum fatuorum vel innocencium seu puerorum in quibusdam regionibus nuncupatur ; alii larvales ac theatrales jocos, alii choreas ac tripudia marium ac mulierum facientes, ut homines ad spectaculum et cachinnationes moveant, alii commessationes et convivia ibidem preparant : hec sancta synodus detestans, statuit et jubet tam ordinariis, quàm ecclesiarum decanis, et rectoribus, sub penâ suspensionis omnium proventuum ecclesiasticorum trium mensium spacio, ne hec aut similia ludibria, neque etiam mercantias seu negociationes nundinarum in ecclesiâ, que domus orationis esse debet, et etiam in cimiterio exerceri ampliùs permittant ; transgressoresque per censuram ecclesiasticam, aliaque juris remedia punire non negligant. Omnes autem consuetudines, statuta ac privilegia que his non concordant decretis, nisi fortè majores adjicerent penas, irrita esse hec sancta synodus decrevit. Datum in sessione publicâ Basilee in majori ecclesiâ solenniter celebratâ, die jovis, nonâ mensis junii, anno à nativitate Domini m. cccc tricesimo quinto.

Decretum de concubinariis.

Item. Acceptat decretum de concubinariis, quod incipit : Quicumque clericus cujuscumque conditionis, status, religionis, dignitatis, etiam si pontificalis, vel alterius preeminentie existat, qui post hujus constitutionis notitiam, quam habere presumatur, per duos menses post publicationem in ecclesiis cathedralibus, quam ipsi diocesani omninò facere teneantur ; postquàm eadem constitutio ad eorum noticiam pervenerit, fuerit publicus concubinarius ; à perceptione fructuum omnium beneficiorum suorum, trium mensium spacio sit ipso facto suspensus, quos suus superior in fabricam vel aliam evidentem ecclesiarum utilitatem, ex quibus hii fructus percipiuntur, convertat ; necnon et hujusmodi publicum concubinarium, ut primùm talem esse innotuerit, mox suus superior monere teneatur, ut infra brevissimum terminum concubinam dimittat. Quòd si non dimiserit, vel dimissam, aut aliam publicè resumpserit, jubet hec sancta synodus, ut ipsum omnibus suis beneficiis omninò privet. Et nichilominùs hi publici concubinarii, usquequò cum eis per suos superiores, post ipsarum concubinarum dimissionem manifestamque vite emendationem, fuerit dispensatum, ad susceptionem quorumcumque honorum, dignitatum, beneficiorum, officiorumve sint inhabiles. Qui si post dispensationem recidivo vomitu ad hujusmodi publicum concubinatum redierint, sine spe alicujus dispensationis ad predicta prorsùs inhabiles existant. Quòd si hi ad quos talium correctio pertinet, eos ut predictum est, punire neglexerint; eorum superiores, tam in ipsos de neglectu, quàm in illos pro concubinatu, modis omnibus dignâ punitione animadvertant. In consiliis etiam provincialibus et synodalibus adversùs tales punire negligentes, vel de hoc crimine diffamatos, etiam per suspensionem à collatione beneficiorum, vel aliâ condignâ penâ severiter procedatur. Et si hi quorum destitutio ad summum pontificem spectat, per concilia provincialia aut suos superiores, propter concubinatum publicum reperiantur privatione digni, statim cum processu inquisitionis ipsi summo pontifici deferantur. Eadem diligentia et inquisitio in quibuscumque generalibus capitulis et provincialibus quoad suos servetur: penis aliis contra predictos et alios non publicos concubinarios statutis in suo robore permansuris. Publici autem intelligendi sunt, non solùm hi quorum concubinatus per sententiam aut confessionem in jure factam, seu per rei evidentiam que nullâ possit tergivatione celari, notorius est; sed qui mulierem de incontinentiâ suspectam et diffamatam tenet, et per suum superiorem admonitus, ipsam cum effectu non dimittit. Quia verò in quibusdam regionibus nonnulli jurisdictionem ecclesiasticam habentes, pecuniarios questus à concubinariis percipere non erubescunt, patiendo eos in tali feditate sordescere; sub penâ maledictionis eterne precipit, ne deinceps sub pacto, compositione, aut ipse alicujus questûs, talia quovis modo tolerent aut dissimulent; alioquin, ultra premissam negligencie penam, duplum ejus quod propterea acceperunt, restituere, et ad pios usus omninò convertere teneantur et compellantur. Ipsas autem concubinas aut mulieres suspectas, prelati omnibus modis curent à suis subditis, etiam per brachii secularis invocationem, si opus fuerit, penitùs arcere: qui etiam ex tali concubinatu procreatos filios apud patres suos cohabitare non permittant. Jubet insuper hec sancta synodus, ut etiam in predictis synodis et capitulis, hec constitutio publicetur, et quilibet suos subditos ad ipsarum concubinarum dimissionem moneat diligenter. Injungit pretereà omnibus secularibus viris, etiamsi regali prefulgeant dignitate, ne ullum qualecunque inferant impedimentum, quocumque quesito colore, prelatis qui ratione officii sui adversùs subditos suos pro hujusmodi concubinatu procedunt. Et cùm omne fornicationis crimen lege divinâ prohibitum sit, et sub penâ peccati mortalis necessariò evitandum, monet omnes laicos, tam uxoratos quàm solutos, ut similiter à concubinatu abstineant. Nimis enim reprehensibilis est qui uxorem habet et ad aliam accedit; qui verò solutus est, si continere nolit, juxta apostoli consilium uxorem ducat. Pro hujusmodi autem divini observantiâ precepti, hi ad quos pertinet, tam salutaribus monitis, quàm aliis canonicis remediis omni studio laborent.

Decretum de excommunicatis non vitandis, certo modo non vocatis.

Item. Acceptat decretum de excommunicatis non vitandis, quod incipit:

Ad vitandum scandala et multa pericula, subveniendumque conscientiis timoratis, statuit quòd nemo deinceps à communicatione alicujus in sacramentorum administracione vel receptione, aut aliis quibuscumque divinis, vel extrà, pretextu cujuscumque sentencie aut censure ecclesiastice, seu suspectionis aut prohibitionis ab homine vel à jure generaliter promulgate, teneatur abstinere, vel aliquem vitare, vel interdictum ecclesiasticum observare, nisi sentencia, prohibitio, suspensio, vel censura hujusmodi fuerit in vel contra personam, collegium, vel universitatem, ecclesiam, aut locum certum, aut saltem à judice publicata et denunciata specialiter et expressè; aut ita notoriè excommunicationis sententiam constiterit incidisse, quòd nullâ possit tergiversatione celari, aut aliquo juris suffragio excusari. Nam à communione illius abstineri, vult juxta canonicas sanctiones. Per hoc tamen hujusmodi excommunicatos, suspensos, interdictos, seu prohibitos, non intendit in aliquo relevare, nec eis quomodolibet suffragari.

Decretum de interdictis leviter non ponendis.

Item. Acceptat decretum de interdictis indifferenter non ponendis, quod incipit.

Quoniam ex indiscretâ interdictorum promulgatione multa consueverunt scandala evenire, statuit hec sancta synodus, quòd nulla civitas, opidum, castrum, villa, aut locus, ecclesiastico supponi possit interdicto, nisi ex causâ seu culpâ ipsorum locorum, aut domini seu rectoris vel officialium. Propter culpam autem seu causam alterius cujuscumque private persone, hujusmodi loca interdicti nequaquàm possint auctoritate quâcunque ordinariâ vel delegatâ, nisi talis persona priùs fuerit excommunicata, ac denuntiata seu in ecclesiâ publicata, ac domini seu rectores vel officiales ipsorum locorum, auctoritate judicis requisiti, hujusmodi personam excommunicatam infra biduum indè cum affectu non ejecerint, aut ad satisfaciendum compulerint: quâ etiam post biduum ejectâ, recedente vel satisfaciente, mox divina resumi possint; quod etiam in pendentibus locum habeat.

Decretum de sublatione Clementine litteris.

Item. Acceptat decretum de sublatione Clementine (*litteris*): quod incipit:

Licet in apostolicis vel aliis litteris quibuscumque aliquem dignitati, beneficio, aut juri cuicumque renunciasse, aut privatum esse, seu aliquid aliud egisse, per quod jus proprium auferatur, narratum sit, hujusmodi littere in his non prejudicent, etiamsi super ipsis gracia vel intentio narrantis fundetur, nisi per testes aut alia legitima constiterit documenta. Datum in sessione publicâ hujus sancte synodi, in ecclesiâ majori Basiliensi solemniter celebratâ nono kalendas aprilis, anno Domini millesimo quadringentesimo tricesimo sexto.

Demùm conclusit prelibata congregatio, ut decreta ipsa de quibus visum est quòd debeant simpliciter acceptari, ex nunc simpliciter acceptentur (prout et acceptantur,) et execucionem sortiantur, atque ex nunc effectui realiter mancipentur. Et similiter illa decreta circa que fuerunt facte prenotate modificationes de quibus superiùs dictum est, ex nunc, cum ipsis scilicet modificationibus, acceptentur, prout etiam acceptantur, sub spe scilicet, quòd ipse modificaciones per sacrum concilium admittentur: pro quo regii oratores instabunt vice regiâ et ecclesie regni et Delphinatûs.

Et postremò visum fuit predicte congregacioni instandum fore omninò apud regem, ut ipse ex nunc decreta eadem juxta modos prenotatos acceptet et approbet, mandando districtè ex nunc curie parlamenti et aliis justiciariis regni et Delphinatûs ac aliorum dominorum regni, quatinùs de puncto in punctum premissa inviolabiliter et imperpetuùm observent et observari faciant, transgressores et contra facientes taliter puniendo, quòd ceteris imposterùm cedat in exemplum; et super hoc conficere pragmaticam sanctionem.

Ea propter nobis humiliter supplicarunt memorati archiepiscopi, episcopi, capitula notabilia, decani, abbates, ceterique prelati et viri ecclesiastici, atque scientifici universitatum studiorum generalium regni, ecclesiam predictam regni et Delphinatûs nostrorum predictorum representantes, quatinùs eorumdem deliberationibus et conclusionibus sic secundùm Deum, justiciam et sinceritatem conscienciarum suarum acceptis, tam respectu præfatorum decretorum et canonum ipsius sacrosancte generalis sinodi Basiliensis, quàm aliàs, in his que pro utilitate reipublice ecclesiastice regni et Delphinatûs nostrorum fuerunt inter eosdem deliberata et conclusa, regium nostrum consensum prebere, eaque protegere, efficaciter exequi, et inviolabiliter per omnes subditos nostros observari facere et mandare dignaremur. Nos igitur attendentes quòd sicut sacerdotes debitores sunt ut veritatem quam audierunt à Christo liberè predicent, sic princeps debitor est ut veritatem quam audivit à sacerdotibus, approbatam quidem scripturis, defendat fiducialiter et efficaciter exequatur premissis et aliis justis et racionabilibus causis premoniti, habitá etiam super his deliberatione digestissimá cum predictis principibus nostre regalis prosapie, et aliis magnatibus, proceribus, multisque viris prudentibus et scientificis, ecclesiasticis et secularibus regni et Delphinatûs nostrorum, nobis in concilio nostro magno assistentibus, eorumdem prelatorum et aliorum ecclesiasticorum ecclesiam regni et Delphinatûs nostrorum representantium supplicationem et requestam justam et racionabilem et sanctorum patrum decretis conformem omnique equitate subnixam agnoscentes, predictas ipsorum archiepiscoporum, episcoporum, ceterorumque prelatorum et virorum ecclesiasticorum nostrorum regni et Delphinatûs deliberationes et conclusiones, gratas et acceptas habuimus et habemus, eisdemque, consensum nostrum regium prebuimus et prebemus per presentes: volentes et ordinantes omnes et singulas deliberaciones et conclusiones predeclaratas, in nostris regno et Delphinatu ceterisque dominiis perpetuò teneri ac inviolabiliter observari, suumque plenum et integrum à die date presentium penitùs sortiri effectum, absque aliâ publicatione seu promulgatione; et nichilominùs publicari, et inter regias et Delphinales ordinationes registrari mandamus.

Quocircà dilectis et fidelibus consiliariis nostris, presens teentibus et qui in futuris nostra tenebunt parlamenta, omnibusque justiciariis regni et Delphinatûs nostrorum, ceterisque officiariis et subditis nostris, et eorum cuilibet prout ad eum pertinuerit, mandamus districtiùs injungentes, quatinùs omnia premissa et singula teneant, custodiant, et conservent in suâ roboris plenariâ firmitate; et in causis quibuscumque occasione premissorum de cetero orituris et emersuris, secundùm deliberaciones et conclusiones predescriptas judicent, pronuncient et sentencient, atque ab omnibus subditis et incolis regni et Delphinatûs nostrorum inviolabiliter faciant in omnibus et per omnia observari; predictas personas ecclesiasticas et seculares, ac earumdem quamlibet, in omnibus et singulis superiùs expressatis, ab omni tribulatione, violentiâ, impressione, molestatione, vexacione, damno, impedimento et disturbio tueantur, protegant pariter et defendant; omnes et quascumque personas, cujusvis condicionis aut statùs fuerint, contrà facientes aut venientes, taliter puniendo, quòd in posterum ceteris cedat in exemplum. Quoniam sic fieri volumus et jubemus per presentes. In cujus rei testimonium, sigillum nostrum presentibus litteris duximus apponendum.

Datum Bituris, etc.

Per regem in suo magno consilio, in quo dominus delphinus Viennensis, domini dux Borbonii, Karolus de Andegaviâ, comes Cenomanie, Petrus filius ducis Britanie, necnon comites de Marchiâ et Vindocino, et de Tancarvillâ, prelati, proceresque et alii viri ecclesiastici et seculares quamplurimi erant.

Lecta ac publicata Parisiis in parlamento, die decimâ tertiâ julii, anno milesimo quadringentesimo tricesimo nono.

N°. 111. — LETTRES *qui annullent les donations et aliénations faites par le Roi, depuis son départ de Paris, sauf les conventions du traité d'Arras entre le Roi et le duc de Bourgogne* (1).

Bourges, 15 décembre 1438. (C. L. XIII, 293.)

CHARLES, etc. Comme au temps passé, mesmement depuis l'an 418, que partismes de notre ville de Paris, par importunité de

(1) Ces lettres font mention pour la première fois du projet que Charles forma de mettre ses finances en état de *pourvoir au fait des gens de guerre*, de manière qu'ils fussent *entretenus ès frontières... et que ses pays et sujets en fussent du tout déchargés*. C'est la réformation ou pour mieux dire la création de la milice

requerans ou autrement, nous ayons alliené, donné, cedé et transporté plusieurs de noz terres et seigneuries, chastellenies, prevostés, tabellionages, seaulx aux contraulx et des seneschaucies et bailliages, et autres droiz, rentes et revenuz de notre demaine, confiscations, forfaytures, aubenaiges et espaves, plusieurs des bois de noz forestz, eauez de noz rivieres ou les prouffiz et despouilles d'icelles, et plusieurs autres droiz et revenues à nous appartenans, et aussi les prouffiz, revenues et emolumens de plusieurs nos greniers, quart du sel ou autre droit, impost ou coustume que prenons sur ycellui, fait, créé et ordonné de nouvel plusieurs officiers, ordonné et assigné gaiges et pensions à plusieurs personnes, et mis plusieurs charges extraordinayres sur notredit demaynne, (et aussi sur les aides, tailles, fouages, imposts et autres noz finances) à l'occasion desquelles charges icellui demaine et autres finances sont tellement diminuées que de présent n'y a de quoy payer les fiefs et aumosnes, gaiges d'offices et autres charges ordinayres qui premierement et avant toutes autres, ont accoustumé et doivent estre paiés sur ycellui demaine ; et par ce moyen demoure et cesse du tout le service divin et plusieurs fundations notables faictes par noz predecesseurs pour le salut de leurs ames en plusieurs eglises de noz royaume et Daulphiné, nos chasteaulx et forteresses et autres maisons et édiffices sont, ou la pluspart, tournées en grant ruyne et desolation, et vont noz droits seigneuriaux à perdition; et d'autre part ne nous povons aucunement aider de nostredit demaine et autres noz finances ès grans affaires

---

française. Jusques-là les armées n'étaient composées que de vassaux du roi, & troupes que fournissaient les communes et d'étrangers soudoyés. Les vassaux et les troupes des communes ne marchaient que selon la fantaisie des seigneurs et des magistrats, souvent peu affectionnés au bien de l'état, ou occupés du soin de leur sûreté particulière. Il y avait peu de discipline dans les troupes des communes; et il y en avait encore moins dans les troupes soudoyées; car comme elles étaient mal payées, elles se croyaient en droit de se payer par leurs propres mains et faisaient d'étranges ravages. (V. ci-après le préambule de l'ordonnance du 2 novembre 1439.) On trouve aux registres du parlement sous la date du 14 mai 1437, un arrêt qui permet de prendre un dépôt ordonné par le parlement pour en employer les deniers au paiement des gens de guerre en garnison à Saint-Denis, Vincennes, Lagny, etc., qui menaçaient de s'emparer de ces places s'ils n'étaient payés de leur solde. Il est dit que ce dépôt serait rétabli des premiers deniers provenant des aides. L'arrêt fut rendu à la réquisition du connétable et du chancelier, vu le besoin extrême et pressant où l'on se trouvait. Dans ces actes où les droits de la propriété étaient manifestement violés, on employait au moins des formes qui constataient, autant qu'il était possible, la nécessité et qui mettaient le dépositaire à l'abri de toute recherche. (Villevault, préf. 26.

ue avons chacun jour à supporter, tant pour les despenses des hostels de nous, de nostre très-chiere et très-amée compaigne la royne et de noz enfans, comme pour le fait de la guerre et autrement; lesquelles choses sont en la très-grant charge de notre conscience, ou très-grant préjudice et dommaige de nous et de notre seignorie, et à nostre très-grant desplaisance, et seroient encore plus ou temps advenir si par nous n'estoit sur ce pourveu de remede : scavoir vous faisons que nous, ce considéré, desirans de tout notre cueur ad ce pourvoir et remettre notredit demaine et autres noz finances en estat et valeur ainsy que besoing est, et nous aider d'icelles en nozdites charges et affaires, et mesmement pour relever noz subgects des grans domages, griefs et oppressions qu'ilz ont soufferts le temps passé à l'occasion des gens de guerres, qui par faulte de payement ont vesqu sur eulx, à la destruction totale de noz païs.

Nous avons presentement par l'advis et deliberation des seigneurs de notre sang et lignage, et des gens de notre grant conseil, fait certaines ordonnances sur le fait de la reformation et gouvernement de noz finances, affin d'i donner bon ordre, et pourvoir au fait desdites gens de guerre en maniere qu'ilz puissent estre entretenuz ez frontieres à l'encontre de noz ennemis, et que nosdits païs et subgiez en soient du tout deschargiez (1); par lesquelles nos ordonnances avons revoqué, cassé et adnullé, revoquons, cassons, et adnullons par ces presentes, toutes alienations, dons, cessions et transports par nous faiz d'aucunes noz terres et seignouries, chastellenies, prevostz, tabellionages, seaulx, greffes, clergiez et autres droiz et revenues de nostredit demaine, confiscations, forfaitures, abenaiges, boys de noz forestz, eaux de noz rivieres, (ou les prouffiz et despartiés d'icelles), et aultres droiz et revenuez à nous appartenans, et aussi des prouffiz, revenues et emolumens de nozdiz greniers, quart de sel ou autre droit, impost ou coustume que prenons sur icelui et toutes offices et officiers, ensemble tous gaiges et pensions extraordinayres (crues et aultres charges extraordinaires mises sus et ordonnées tant sur cellui demaine comme sur lesdiz aides, tailles, imposts et autres noz finances) depuis notredit partement de Paris, excepté seulement ce qui a été fait par le traictié de paix faicte à Arras entre

---

(1) On n'a pas l'ordonnance qui a fondé cet établissement important: le ro prit à sa solde des Écossais. Préface des preuves de l'histoire de Charles VII.
(Isambert.)

nous et notre très-cher et très-amé frère et cousin le duc de Bourgoigne; et lesdictes terres et seigneuries, chastellenies, prevostez et aultres droiz, rentes et revenues dessus declairés ainsi donnez et alliennez, que dit est, voulons estre reprinses, rejointes, et reünies à notredit demaine et remises à notre main, et ycelles revenuez estre cueilliez, exploiteez et leveez par noz receveurs ordinaires et aultres des bailliages, seneschauciés et elections et lieux où lesdictes choses sont assises, ainsi qu'il appartient.

Pour ce est-il que nous confians à plain de voz sens, loyaulté, preudomie et bonne diligence, vous mandons et commandons expressement, en commectant par ces presentes que vous transportez en notredit païs du Daulphiné et illec mettez et faictes mettre ceste notre presente volonté, ordonnance et revocation à execution déue, en prenant et mectant en notre main toutes lesdictes terres et seigneuries, chastellenies, prevostez, tabellionages, seaulx, clergiez et aultres heritages, droiz, rentes et revenues dessusdits, que troverés ainsi avoir esté donnez et alienez depuis le temps dessusdit en notredit Daulphiné, en les faisant doresenavant recevoir par notre tresorier, chastellains, receveurs ordinayres et autres d'icellui Daulphiné, ainsi qu'ilz faisoient paravant lesdiz dons et alienations; auxquels noz mandons, commandons et estroitement enjoignons par ces presentes que toutes et chacunes les choses dessusdictes par nous données, transportées et alienées par ledit temps que partismes de Paris, et chacun d'eulx en droit soy ez fins et mettes de sa recepte, ils prengnent et remettent en notre main, les traittent et gouvernent ainsi et par la forme et maniere que ilz ou leurs predecesseurs en leurs offices, faisoient paravant lesdiz dons, transpors et alienations; en deffendant aussi à tous nosdits tresorier, chastellains, receveurs ordinayres et des confiscations et autres quelxconques à qui il appartiendra, ausquelx noz deffendons par cesdictes presentes, que desdiz gaiges, pensions, crues, alienations, dons et autres charges extraordinayres mises sus depuis le temps dessusdit, il ne paient doresenavant aucune chose à quelque personne, ne pour quelque cause que ce soyt, sur peine de recourt sur eulx tout ce que depuis ladicte deffense à eulx faicte en auroit esté par eulx paié, en faisant publier ceste notre presente voulenté, ordonnance et revocation partout où il appartiendra, et comme il est accoustumé en tel cas, tellement que aucun ne puisse en ce pretendre ignorance; et ycelles faictes tenir, garder et observer par tout où il appartiendra, sans aucunement faire ne venir à l'encontre en quelque maniere que ce soit.

De ce faire vous donnons pouvoir, autorité et mandement especial. Mandons et commandons à tous noz justiciers, officiers, et subgiez, que à vous et à vos commis et depputez, en ce faisant, obeissent et entendent diligemment ; et voulons que au *vidimus* de ces presentes, fait soubz seel royal, foy soit ajoustée comme à ce present original.

Donné à Bourges, etc. Par le Roy daulphin en son grant conseil.

N° 112. — Mandement *au prévôt de Paris d'arrêter les gens de guerre qui font dommage aux sujets du Roi, et de faire réparer ce dommage.*

Paris, 22 décembre 1438. (C. L. XIII, 295.) Pub. au Châtelet, 6 janvier.

Charles, etc. Pour ce que chacun capitaine ayant ordonnance de gens de guerre, tant en garnison pour la garde, seureté et défense des villes, chasteaux et forteresses à nous et à autres appartenans, comme autrement, doit respondre des gens qu'il a et tient en sa compaignie et gouvernement, pour en faire pugnition quant ils delinquent ; et que les gens de guerre de plusieurs garnisons font souventesfois de très-grans griefs, maulx et dommaiges à nos subjects des villes et pays d'alentour d'eulx, en prinses et raençons de biens, chevaulx, bestails, voitures, et aucunes fois des corps des personnes, dont plusieurs clameurs et complaintes sont venues et viennent souvent à nous, à nostre très-cher et amé cousin le connestable, aux gens de nostre conseil, et à nostre justice, et n'en est faicte punition ainsy qu'il appartient, pour ce que les malfaiteurs se défuient, absentent, et retraient en leurs garnisons, ou autrement, en maniere que on ne les peut avoir ne apprehender.

Nous voulans à ce pourveoir, et eu consideration à ce que dit est, et mesmement pour faire cesser les maulx et dommaiges dessusdits, vous mandons et commettons par ces présentes, que se en nostre ville de Paris et autres villes et lieux de vostre prevosté ou autre part en nostre royaume, vous pouvez trouver et apprehender ceulx qui feront et commettront les maulx et dommaiges tels que dit est dessus, vous les prenez, arrestez et detenez ou faictes prendre, arrester et detenir prisonniers en nos prisons, et moyennant justice, faictes faire restitution des choses prinses à ceulx qu'il appartiendra, en pugnissant les délinquans, selon l'exigence des cas ; et en cas que ne pourrez lesdits malfaicteurs avoir et appréhender, se vous trouvez leurs capitaines, ou autres souldoyers, par le moyen desquels puissiez avoir lesdiz malfaicteurs ou restituer les endommaigez, prenez les ou arrestez et faictes prendre et arrester semblablement prisonniers, sans en faire aucune délivrance jusques à ce qu'ils vous auront fait délivrer et rendre les malfaicteurs de leurs compaignies, se iceulx malfaiteurs sont en leur puissance, ou que frauduleusement de leur sceu et consentement ils se soient departis d'eulx pour fouir et delayer justice, auquel cas se iceulx capitaines ou souldoyers ne rendent et mettent en justice, lesdits malfaicteurs de leurs gens ou compaignons, contraignez-les à restituer les dommaiges faits et perpetrez, par prinse de leurs biens propres et détention de leurs personnes, tant et si longuement et en telle maniere que les parties dommaigées duent raisonnablement estre contentes ; de ce faire vous donnons pouvoir, auctorité et mandement special ; mandons à tous, que à vous, vos commis et deputez, en ce faisant, obeissent et entendent diligemment.

Donné à Paris, etc. Par le Roy, à la relation du conseil estant à Paris.

N°. 113. — LETTRES *qui enjoignent aux prevôts des marchands et échevins de pourvoir à la garde de cette ville.*

Paris, 17 octobre 1438. (C. L. XIII, 291.) Publ. au Châtelet le 27.

N°. 114. — LETTRES *qui ordonnent que les gens du parlement donneront quittances de leurs gages et manteaux, et les feront enregistrer à la chambre des comptes.*

Paris, 29 janvier 1438. (C. L. XIII, 296.)

N° 115. — BULLE *du pape Eugène, par laquelle il reproche au concile de Basle d'avoir rompu l'unité de l'Église, et refusé de se trouver avec lui et les délégués de l'empereur d'Orient et du patriarche de Constantinople, pour la réunion des deux Églises.*

Florence, 10 avril 1439. (Monstrelet, fol. 155-159.)

SEPTEMBRE 1439.

N°. 116. — LETTRES *faisant défenses aux gens des comptes de clorre aucun compte des receveurs avant qu'ils aient satisfait aux assignations sur eux faites pour le paiement des gages des gens du parlement.*

Paris, 20 mai 1439. (C. L. XIII, 297.) Registre, ch. des comptes, 21 mai.

N°. 117. — LETTRES *données par Henri VI, roi d'Angleterre, pour gouverner en son absence le royaume de France, et le duché de Normandie* (1).

22 mai 1439. (Carton de la biblioth. du Roi, n° 118, man. de Brienne, vol. côté 34, p. 303.)

N°. 118. — LETTRES *portant que tous ceux qui tiennent des fiefs du Roi en donneront le dénombrement dans trois mois* (2).

Paris, 16 juillet 1439. (C. L. XIII, 299.)

N°. 119. — LETTRES *sur la résidence et la réduction du nombre des sergents.*

Orléans, 24 août 1439. (C. L. XIII, 300.)

N°. 120. — LETTRES *portant règlement* (3) *sur le poids et le prix du pain à Paris, et des meuniers.*

Paris, 19 septembre 1439. (C. L. XIII, 303.) Pub. au Châtelet, 28 novembre.

CHARLES, etc. Comme pour eschever plusieurs clameurs, mur-

---

(1) Le conseil de gouvernement est composé de l'archevêque de Rouen, de l'évêque de Lizieux, des comtes de Sommerset, d'Oract, de Morlain et d'Harcourt, des abbés de Fécamp, du mont St-Michel, des sieurs Talbot, de Fauquemberge et d'Escalles. Pouvoir leur est donné de nommer à toutes les charges, sauf celles de chancelier, connétable, mareschaux et admiral. (Isambert.)

(2) Guyot, dans l'ancien Rép. v° *Domaine public*, § 2, affirme que Charles VII, en 1457, ordonna qu'il serait procédé au terrier du domaine de la prevôté et vicomté de Paris. Nous n'avons pas trouvé cette pièce, qui se confond peut-être avec celle-ci. (Isambert.)

(3) Règlement fort sage. Par le dernier article il était défendu à toute personne d'acheter dans Paris du blé en *greniers, granges* ou *marchés* dans l'intention de le revendre. Les règlements sur la vente et l'achat des blés ont souvent varié, et doivent varier toujours, parce qu'ils dépendent nécessairement de la diversité des circonstances, qui varient elles-mêmes sans cesse. (Villevault, Préface, 29.)

Aujourd'hui, par la loi du 22 juillet 1791, art. 50, les corps municipaux sont autorisés à taxer le prix du pain et de la viande, mais non le prix du blé. (Isambert.)

mures et complaintes, qui de jour en jour surviennent des habitans de nostre ville de Paris et mesmement du menu peuple d'icelle, et pourvoir à plusieurs grandes fautes et abus qui chacun jour se font et commettent par plusieurs boulangiers de nostredicte ville de Paris, tant en la façon du pain, comme au poids d'icelui, et autrement en plusieurs et diverses manieres, au grand préjudice de la police, charge, foule et oppression de nos sujets d'icelle nostre ville : après l'avis des gens de nostre grand conseil, et autres estans en nostredicte ville de Paris, avons fait provisions et ordonnances sur ce que dit est, en la maniere qui s'ensuit.

(1) C'est à sçavoir : Que le poids ordonné pour peser les blez et farines en ladicte ville, sera entretenu au lieu auquel il est, ou ailleurs, se mestier est, où par nos officiers et les eschevins de ladicte ville avisé sera.

(2) *Item.* Que tous les boulangiers et fariniers d'icelle ville, seront tenus et contraints de faire peser audit poids les grains qu'ils feront moudre, et aussi iceux faire cribler avant la mouture d'iceux, sur peine d'amende arbitraire.

(3) *Item.* Et au regard des bourgeois et autres qui voudront faire moudre grains pour leur dépense, les pourront faire peser audit poids se bon leur semble.

(4) *Item.* Aussi que tous meusniers feront moudre diligemment, tant pour les bourgeois, ménagiers, et autres, comme pour les boulangiers, et ne pourront prendre salaire excessif outre ne au-dessus du prix à eux autrefois ordonné : c'est à sçavoir, de ceux qui leur porteront et meneront ou feront porter et mener blez ou autres grains à leurs moulins, et eux mêmes emporteront ou feront emporter leurs farines, et non par les meusniers, seize deniers parisis pour sestier; et du blé ou grains que iceux meusniers iront ou envoyeront querir pour moudre, et quand il sera moulu rapporteront la farine ès hostels de ceulx à qui seront les blez moulus, deux sols parisis pour sestier, et au-dessous dudit prix, selon ce qu'il y aura de blé; à et sur peine d'estre mis au pilory, ou d'autrement estre punis à la voulenté de justice.

(5) *Item.* Et au cas que ceux qui ainsi feront moudre leurs blez seront plus contens de payer en blé que en argent, pourront bailler pour chacun sestier pour moudre, un boisseau de blé raz, lequel lesdits meusniers seront tenus prendre sans refus, au cas qu'il plaira à ceux qui feront moudre, sur peine d'amende arbitraire.

(6) *Item.* Sera enjoint à tous ceux à qui lesdits meusniers de-

manderont ou s'efforceront de prendre ou demander salaires de leursdictes moutures outre le prix et taux dessusdits, et à tous autres qui sauront les fautes que feront lesdits meusniers en prenant outre ledit prix et autrement, de rapporter à justice les faultes que ils sauront estre faites par lesdits meuniers; et des amendes en quoy iceux meusniers seront condamnez, ils auront le quart.

(7) *Item.* Et seront moulus et délivrez au moulin par les meusniers les grains pesez, paravant les grains non pesez.

(8) *Item.* Et seront tenus les meusniers rendre les farines en pareil poids (1) que seront trouvez les grains, excepté deux livres pour le déchet sur le sestier; sur peine d'amende arbitraire.

(9) *Item.* Si aucuns veulent faire cribler leurs grains, faire le pourront; et seront les criblures déduites du poids, outre ledit déchet de deux livres sur sestier.

(10) *Item.* Et se en la mouture est trouvé faute, les meusniers seront tenus rendre la farine, si elle est en nature; et senon, seront tenus payer pour chacune livre de farine, quatre deniers parisis, si le pain vaut quatre deniers tournois; et de plus plus, et de moins moins, selon le prix que vaudra la livre de pain le jour.

(11) *Item.* Et auront les gardes et commis audit poids, pour le poids d'un chacun sestier de grain pesé, un denier tournois, et autant pour peser la farine; de plus plus, et de moins moins, au prix dessusdit.

(12) *Item.* Et que doresnavant sera fait pain faitis, cuit et bien essuyé, de demie livre, d'une livre et de deux livres, lequel poids demeurera toujours ferme et stable, à quelque prix que le blé soit.

(13) *Item.* Au regard du pain blanc, quand permis sera aux boulangiers de le faire, sera fait et establi de certain poids ferme et stable, qui ne sera changé ne mué à quelque prix que le blé soit: c'est à sçavoir, pain blanc de la blancheur du pain de Chailli, pesant six onces, bien cuit, froid et essuyé, qui sera vendu au prix du pain faitis pesant demie livre; et pain blanc de douze onces qui sera vendu au prix du pain faitis pesant une livre;

---

(1) De là on a pu conclure comme le fait le Répertoire de jurisprudence, v° Meunier, p. 193, que les meuniers étaient forcés d'avoir des balances chez eux. V. aussi l'ordonnance de février 1350, et un arrêt du parlement de Bretagne du 15 mars 1731, dans l'ouvrage cité. V. aussi les autorités citées, nouv. répertoire, v° Moulin, § 4, Lambert.

et pain blanc de vingt-quatre onces qui sera vendu au prix du pain faitis pesant deux livres; à peine de perdre le pain, et d'amende arbitraire.

(14) *Item.* Que tous taverniers, hostelliers et autres vendans pain à taverne ou autrement, en leurs maisons, seront tenus de vendre le dit pain, soit blanc ou bis, dudit poids, et du prix qui sera ordonné selon ce que le blé vaudra, à et sur peine de perdre ledit pain, et d'amende arbitraire.

(15) *Item.* Tous lesdits boulangiers et chacun d'eux seront tenus d'avoir à leurs fenestres, balances et poids pour peser ledit pain, sur peine d'amende arbitraire.

(16) *Item.* Et pour sçavoir ce que vaudra blé chacun samedi, ès marchiez tant des halles et de greve comme du martray en la cité, les mesureurs de grain seront tenus chacun samedi, de rapporter par deux d'iceux mesureurs de chacun desdits trois marchiez, le prix que en chacun d'iceux marchiez, blé froment, seigle et orge auront valu; sur peine d'amende arbitraire.

(17) *Item.* Sera tenu le clerc des boulangiers de ladicte ville de Paris, de venir chacun jour de mercredi, pardevers le clerc de la prevosté de Paris, pour voir et savoir auquel prix le pain sera mis; et incontinent le fera savoir aux douze jurés boulangiers dudit mestier; et seront tenus les autres boulangiers de ladicte ville, d'aller chacun jour de mercredi devers aucuns desdits jurez, sçavoir d'eux le prix du pain, tel qu'il sera ordonné : et à ce que chacun soit acertené dudit prix, se fera cri public ès halles, en greve, et au martray en la juiverie, où seront avec ce cedules attachées en chacun desdits marchiez, à quel prix sera le pain (1).

(18) *Item.* Sera défendu à tous boulangiers qu'ils ne acheteront ne feront acheter par autres pour eux, blé ès marchiez de Paris, ne en basteaux, en greve, ne en l'escole Saint Germain, avant douze heures de midy; à peine de perdre le blé, et de l'amende arbitraire.

(19) *Item.* Que nuls blatiers, regratiers de grains, et vendeurs de farines, ne autres personnes de quelque estat ou condition qu'ils soient, ne acheteront, ne feront acheter pour eux par

---

(1) Cet article est cité par le Répertoire de jurisprudence, v° *Compensation*, § 2, p. 637, comme établissant des mercuriales pour les gros fruits mais c'est trop conclure; l'ordonnance de 1439 ne parle que de la taxe du pain. Les mercuriales pour les grains, n'ont été dressées qu'en exécution des art. 94, 102 et 105 de l'ordonnance de 1539 sous François Ier. (Isambert.)

stranges personnes, grains à Paris, soit en greniers, en granges, en marchiez publics, pour et en intention d'iceux grains vendre, ne convertir en farines pour revendre à détail, soit en marchié public ou ailleurs; sur peine de perdre lesdits grains et farines, et d'amende arbitraire (1).

Nous vous mandons et commettons par ces présentes, que icelles provision et ordonnances, et tous les points et articles contenus en icelles, vous fassiez publier en nostredicte ville de Paris, et icelles garder et entretenir de point en point sans enfreindre, en contraignant ou faisant contraindre à ce faire et tenir, lesdits boulangiers et tous autres qui pour ce seront à contraindre, par toutes voies deües et raisonnables et en tel cas requises, et punissant les infracteurs et venans au contraire d'icelles, ainsi qu'il appartient et que verrez estre à faire par raison; et se aucun débat naissoit à l'occasion de ce entre aucuns de nosdits sujets, faites et faites faire aux parties ouies, bon et brief droit.

Car ainsi nous plaist-il estre fait, nonobstant quelconques autres ordonnances, mandemens ou défenses et lettres subreptices à ce contraires.

Donné à Paris etc., par le Roi en son conseil.

N°. 121. — ÉTATS-GÉNÉRAUX *pour discuter la paix avec les Anglais* (2).

Orléans, novembre 1439. (Chron. de Charles VII, pub. par Godefroy, p. 405.)

N° 122. — LOI, ÉDIT *ou pragmatique-sanction* (3) *sur l'établissement d'une force militaire permanente à cheval, et la répression des vexations des gens de guerre.*

Orléans, 2 novembre 1439. (C. 4. XIII, 306.)

Pour obvier et donner remede à faire cesser les grands excez

---

(1) On trouve une disposition à peu près semblable dans une loi du 10 septembre 1793, et même dans deux décrets des 4 et 8 mai 1812, dont le dernier établit un maximum. (Isambert.)

(2) Le chancelier Juvenal des Ursins soutint que le roi n'étant que l'usufruitier de la couronne ne pouvait aliéner aucune partie du domaine. Les états prétendirent à la paix. Ils demandèrent un ajournement à Bourges, où le roi ne se rendit pas. Monstrelet, cité par Villaret, XV, 281, ne parle pas de ces états. C'est sur la provocation de ces états que fut rendue l'ordonnance du 2 novembre ci-après. (Isambert.)

(3) Cette loi est l'une des plus importantes de la monarchie : 1° elle consacre le principe de la résistance avec armes et voies de fait contre l'oppression des

et pilleries faites et commises par les gens de guerre, qui par longtemps ont vescu et vivent sur le peuple sans ordre de justice, ainsi que bien au long a esté dit et remonstré au roy par les gens des trois estats de son royaume, de présent estant assemblés en ceste ville d'Orléans.

Le roy par l'advis et délibération des seigneurs de son sang, la royne de Sicile, de nos sieurs le duc de Bourbon et Charles d'Anjou, les comtes de la Marche, d'Eu et de Vendosme, plusieurs prelats et autres seigneurs notables, barons et autres, gens d'église, nobles, et gens de bonnes villes, considérant la pauvreté, oppression et destruction de son peuple ainsi destruit et foullé par lesdites pilleries, lesquelles choses ont esté et sont à sa très-grande desplaisance; et n'est pas son intention de les plus tollerer ne soustenir en aucune maniere, mais en ce, bon ordre et provision y estre mises et donnés, par le moyen et ayde de Dieu nostre créateur, a faict, constitué, ordonné et estably, fait et establit par LOY et EDICT general, perpetuel et non revocable, par forme de PRAGMATIQUE SANCTION, les edicts, loix, statuts et ordonnances qui s'ensuyvent (1).

---

gens de guerre et des Barons; 2° elle consacre l'établissement d'une force militaire permanente, assez semblable à la gendarmerie actuelle; 3° elle contient l'aveu que le roi peut imposer des tailles sans le consentement des etats, et que les seigneurs ne peuvent en lever. Philippe de Commines observe que Ch. VII imposa le premier tailles à son plaisir sans le consentement des Etats. Ce ne fut pas du moins à cette occasion : mais comme l'établissement fut permanent, et qu'il produisit des effets salutaires, on en conclut tacitement que pour leur entretien, les tailles étaient de droit continuées. V. la loi du 10 mars 1818. Mais les États n'avaient pas renoncé au droit de voter l'impôt, et par suite à celui de licencier l'armée permanente, faute de moyens pour l'entretenir. Commines observe que les seigneurs avaient le droit de s'en plaindre, parce qu'ils étaient privés par la du droit d'établir des tailles. Mais ce droit était une usurpation manifeste, puisque le roi lui-même ne l'avait pas; cet historien nous apprend qu'à la mort de Charles VII, la taille nouvelle était de 1,800,000 livres; l'argent étant alors à 7 ou 8 livres le marc, cela représente à peu près 10 millions; c'était beaucoup pour 1500 hommes d'armes, qui avec leur suite, ne faisaient qu'environ 7500 hommes; Louis XI porta la taille jusqu'à 5 millions. (Isambert.

(1) Dans tout ce que le roi défend ou recommande au corps militaire qu'il établit, on voit la preuve des excès et des désordres auxquels se livraient les gens de guerre qu'il supprime.

Selon ce que les historiens nous apprennent, cette opération ne fut consommée qu'en 1445. Ce fut alors que le roi choisit 15 capitaines, qu'il chargea de former 15 compagnies nommées par la suite compagnies d'ordonnance. Elles devaient être composées chacune de 100 lances. Pour chaque lance on comptait six personnes, l'homme d'armes, son page, trois archers et un coustillier. On assigna une solde à chaque lance. Enfin, on distribua ces compagnies dans diverses villes et

(1) *Premièrement.* Pour ce que grand multitude de capitaines sont mis sus de leur auctorité et ont assemblé grand nombre de gens d'armes et de traict sans congé et licence du roy, dont grands maux et inconveniens sont advenus, le roy voulant bon ordre et discipline estre mises au fait de la guerre, et restraindre telles voyes, a ordonné que certain nombre de capitaines de gens d'armes et de traict, sera ordonné pour la conduite de la guerre, lesquels capitaines seront nommez et esleuz par le roy, prudens et sages gens; et à chacun capitaine sera baillé certain nombre de gens qui par luy seront esleuz de fait ou office de capitaine de gens d'armes et de guerre; et leur deffend de plus eux nommer ne porter le nom de capitaines, sur les peines cy-après déclarées.

(2) *Item.* Et seront par les capitaines des gens d'armes tenant les champs, pris et esleuz par leurs capitaines ou autres gens qui par le roy seront à ce ordonnez, gens d'armes et de traict, et autres gens de guerre les plus notables, suffisans et mieux habiles, desquels et de leur gouvernement leur capitaine sera tenu respondre.

---

lieux, d'où elles ne pouvaient s'écarter sans permission. Nous n'avons point l'ordonnance particulière qui contient ces détails; et le P. Daniel qui l'avait cherchée avec le plus grand soin, n'avait pu la découvrir. Nous n'avons pas été plus heureux. Au reste, peut-être n'y eut-il d'autres lettres à ce sujet, que les simples commissions des capitaines; tout ce qui concernait l'établissement général se trouvant renfermé dans l'ordonnance de 1439. Elle fut faite du consentement, et sur les représentations des trois états; il y est dit que ces mêmes états avaient accordé la taille pour la guerre; et qu'ils consentaient que cette taille fut essentiellement affectée à l'entretien des troupes. On ne peut donc supposer que cet établissement donna lieu à Charles VII de mettre sur ses sujets une taille sans le consentement des états, comme plusieurs écrivains l'ont avancé. Il est vrai que les tailles, n'étant d'abord imposées que pour un temps, avaient besoin du consentement des états pour être renouvelées; mais les états consentant à une taille destinée à la solde des nouvelles compagnies créées pour toujours, consentaient dès lors que cette taille fût désormais ordinaire et perpétuelle. Ces compagnies formaient un corps de cavalerie. Charles songea quelques années après à se procurer une milice d'infanterie, il l'établit par l'ordonnance de 1448. V. ci-après. (Villevault, préf. 32.)

Puisque les tailles ne pouvaient être renouvelées que du consentement des états, quand on les renouvellait sans le consentement des états, on les imposait sans l'aveu de la nation: et de ce que ces mêmes états, c'est-à-dire la nation avaient accordé pour un temps une taille pour la guerre et consenti que cette taille fût désormais ordinaire et perpétuelle, puis qu'ils ne l'accordaient que pour un temps, c'est qu'ils ne voulaient pas qu'elle fût ordinaire et perpétuelle; aussi Philippe de Commines dit que Charles VII imposa le premier *tailles à son plaisir, sans le consentement des états de son royaume.* (Decrusy.)

(3) *Item.* Défend le roy à tous, sur peine d'encourir crime de leze-majesté; c'est à sçavoir, sur peine d'estre dépouillé, debouté et privé à tousjours lui et sa postérité de tous honneurs et offices publiques et des droicts et prérogatives de noblesse, et de confiscation de corps et de biens, que aucun de quelque estat qu'il soit, ne soit si osé ne si hardi de lever, conduire, mener et recevoir, et ne leve, conduise, meine et ne reçoive compagnie de gens d'armes ne de traict ne d'autres gens de guerre, sinon que ce soit du congé, licence et consentement et ordonnance du roy, et par ses lettres patentes; et pareillement qu'aucun ne se tienne en armes, et ne se mette en compagnie d'aucun capitaine ou autre, sinon que ce soit soubs l'un desdits capitaines qui seront esleus par le roy, et que ce soit dedans le nombre qui luy sera ordonné.

(4) *Item.* Défend le roy, qu'aucun desdits capitaines ne traye ou reçoive en sa compagnie les gens d'autre capitaine sans son consentement, et sur lesdites peines; et qu'aucun homme d'armes, gentilhomme ou autre, ou gens de traict ou autres gens de guerre, ne se departent de leurs capitaines ne de sa compagnie et ne laissent ne aillent ailleurs, et ne se mettent en compagnie d'autre capitaine, sans le congé ou le consentement exprès de leur capitaine, et sur peine d'estre privez d'honneur, et de confiscation de biens, et de perdre promptement chevaux et harnois lesquels seront commis et acquis au capitaine qu'ils auront delaissé.

(5) *Item.* Défend le roy à tout capitaine qu'il ne prenne ne reçoive en sa compagnie aucun homme d'armes, de trait, ou autre homme de guerre, outre le nombre qui lui sera ordonné: et sur peine d'estre privé et débouté de l'office de capitaine, et confiscation de biens.

(6) *Item.* Défend le roy à tous capitaines, gens de guerre, et à tous autres, sur ladite peine d'encourir crime de leze-majesté, c'est à sçavoir, d'estre privé et débouté, lui et sa postérité, de tous honneurs et offices publics, et de tous droits, et premierement de noblesse, et de confiscation de corps et de biens, que aucun d'eux ne pillent, robent, ne destroussent, souffrent ne facent destrousser, rober ou piller gens d'église, nobles, marchans laboureurs ne autres en chemin ne en voyes, ne en leurs hostels ou habitations (1), ne ailleurs, en quelque manière que ce soit,

---

(1) C'est ce qui arrive souvent, surtout en temps de guerre. (Isambert.)

les prennent, emprisonnent, ne rançonnent, ne facent ou souffrent emprisonner, prendre ne rançonner, ains les laissent aller et passer, et demeurer en leurs maisons et habitations et ailleurs seurement et sauvement, sur ladicte peine.

(7) *Item.* Défend le roy, sur lesdictes peines, à tous capitaines et gens de guerre, qu'ils ne prennent marchans, laboureurs, bœufs ne chevaux, ne autres bestes de harnois, soit de labour ou de voiture ou de charroy, et ne les empêchent, ne les voituriers ne chartiers, ne leurs voitures, denrées et marchandises qu'ils meneront, et ne les rançonnent en aucune maniere; mais les souffrent labourer et charroyer, et mener leurs denrées et marchandises paisiblement et seurement, sans aucune chose leur demander, ne en rien les empescher ou destourber.

(8) *Item.* Défend le roy, sur lesdictes peines, à tous capitaines et gens de guerre, qu'ilz ne prennent, facent ou souffrent prendre et amener aucun bestail, et qu'ils ne le rançonnent en quelque maniere que ce soit.

(9) *Item.* Défend le roy, sur lesdictes peines, qu'aucun homme de guerre, de quelque estat qu'il soit, ne destruise, face ou souffre destruire bleds, vins, ne autres vivres quelconques; et ne les empire, soit par y mettre aucune chose, ou par les jetter en puits, ou par defoncer les vaisseaux ou pipes où seront lesdits bleds et vins et autres biens.

(10) *Item.* Et pareillement qu'aucun ne soye ou coupe, ou face soyer ou couper les bleds, ne les facent paistre aux chevaux ou autres bestes, et ne les battent ou facent battre à chevaux, gaules ou bastons, soit que lesdits bleds soient en herbes ou en espy.

(11) *Item.* Et que pareillement ne battent et ne coupent vignes ne arbres fruictaux, sur lesdictes peines.

(12) *Item.* Et ne contraignent, facent ou souffrent contraindre aucun rançonner lesdits bleds, vins et fruits, soit qu'ils soient cueillis et amassez, ou qu'ils soient encore pendans sur terre.

(13) *Item.* Et avec ce, défend le roy, sur lesdictes peines, à tous capitaines et gens de guerre, que ils, ne aucun d'eux, ne mette, face ou souffre estre mis feux en gerbes, en maisons, ne en foings, pailles, lits, linges, langes, utensiles et mesnages d'hostel, caves, pipes, pressouers, et autres vaisseaux, ne en autre chose pour les faire ardoir en quelque maniere que ce soit.

(14) *Item.* Et aussi qu'ils ne découvrent, n'abattent les couvertures des maisons, ne rompent les cheminées, ne prennent les charpenteries des maisons pour mettre en feu ne eux chauf-

fer, ne sous autre quelque couleur que ce soit, et sur lesdictes peines.

(15) *Item.* Enjoint le roy et commande à tous capitaines et gens de guerre, et sur lesdictes peines, qu'ils laissent labourer toutes manieres de laboureurs, et ouvrer toutes manieres d'ouvriers, soient manouvriers, ou autres gens de quelque mestier qu'ils soient, sans leur donner aucun destourbier ou empeschement, et sans les prendre ne rançonner, faire, souffrir estre pris ne rançonnez, ne leurs ferremens ou outils.

(16) *Item.* Défend le roy, sur lesdictes peines; c'est à sçavoir d'estre privé et débouté de tous honneurs et offices publics et de droits et prérogatives de noblesse, à tousjours, lui et sa posterité et de confiscation de corps et de biens, que aucun de quelque estat ou condition qu'il soit, ne coure ou discoure par voies, chemins, champs ou ailleurs, (que aucuns appellent aller à l'estrade) pour piller, rober et destrousser les passans et allans les chemins; et ne guette chemins, ne voies; et ne destrousse ne robe les passans les chemins, ne les habitans en leurs maisons, soient gens d'église, nobles, bourgeois, marchans, laboureurs, gens de mestier, ou autres gens de quelque estat ou condition qu'ils soient; et mande, commande et enjoint le roy à tous ses seneschaux, baillifs, prevosts et autres justiciers de son royaume, et à tous nobles hommes et autres, que incontinent que aucuns scauront tels robeurs, pilleurs et guetteurs de chemins estre sur le pays, que ils les prennent et aillent à l'encontre d'eux, à assemblée de gens à armes et autrement, comme ils feroient contre les ennemis, et les prennent et ameinent à justice; et donne le roi à ceux qui prendront, leurs chevaux, harnois et autres biens qu'ils auront sur eux, avec toute leur despouille; et veut et ordonne le roi, que si en aucune maniere aucun d'iceux delinquans estoit occis ou tué ou conflict ou en la prinse, qu'il ne soit réputé à reproche à celui qui l'aura fait, mais lui soit réputé à mérite et bienfaict, sans ce que aucune action en soit ou puisse estre intentée contre lui, ne ceux qui auront pris les délinquans; et défend le roi à tous les justiciers, qu'il n'en souffrent aucune action ou demande en estre intentée, en jugement ne autrement.

(17) *Item.* Commande et enjoint le roi à tous capitaines et gens de guerre, qu'ils vivent doucement et paisiblement, sans molester le peuple, et sans faire excès de despense, soit pour hommes ou pour chevaux; mais vivent raisonnablement, et soyent contens de tels vivres comme ils trouveront, ainsi que

...ls de raisonnable gouvernement debvroient estre, sans con-
...indre leurs hostes, ou autres à leur bailler outrageuse abon-
...nce, ne aussi délicieuseté de vivres, ne à leur bailler argent
...autres choses, soit pour vivre, ou pour harnois, ou pour
...elque autre couleur que ce soit.

(18) *Item*. Ordonne le roy, que chacun capitaine ou lieute-
...nt sera tenu des excès, maux et outrages commis par ceux
...sa compaignie, ou aucun d'eux, en tant que sitost que plainte
...clameur sera faite au capitaine, de ses gens, ou d'aucun
...eux, d'aucun malfaict ou excès, que incontinent il prenne le
...linquant, et le baille à justice (1) pour en estre faite punition,
...on son délit, raisonnable, selon ces présentes ordonnances;
...en cas qu'il ne le fera ou dissimulera ou delayera en quelque
...aniere que ce soit, ou que par négligence ou autrement le dé-
...quant évadera et s'en ira, en telle maniere que punition et
...stice n'en soit faite, le capitaine sera tenu du délit, comme
...lui qui l'aura fait, et en souffrira pareille peine qu'eust fait le
...linquant.

(19) *Item*. Et aussi tous ceux qui seront présens, soient gens
...guerre ou autres, à faire destrousses et prendre hommes,
...eufs ou chevaux de harnois, ou à faire les autres excès dessus-
...s, et ne l'empescheront ou y résisteront, et ne prendront les
...linquans si faire se peut, ou ne le reveleront incontinent à
...stice, s'ils n'y peuvent résister, ils seront tenus du délit comme
...orisans et aidans, et seront punis comme les délinquans.

(20) Et enjoint le roi, mande et commande aux gens tenant
...n parlement, et qui tiendront ceux advenir, aux gens de ses
...mptes, trésoriers géneraux sur le fait de la justice, et à tous
...baillifs, seneschaux, juges, prevosts, qui de présent sont et
...ur le temps advenir seront, à ses advocats, procureurs, en-
...esteurs, et à tous les autres officiers, et à tous les justiciers
...son royaume, que cette présente ordonnance et loi ils tien-
...nt, gardent et facent tenir et garder et conserver par tous sans
...freindre, en punissant les délinquans, selon cette presente loi
...ordonnance, sans déport.

(21) Et en outre que de tous les excès et délits qui doresnavant
...ront faits et commis par gens de guerre, en leurs seneschaus-
...es, bailliages et territoires, contre cette loy et ordonnance, ils

---

(1) Il n'y avait donc pas alors de juridiction militaire, pour ces sortes de
...lits communs. (Isambert.)

facent ou facent faire informations, et punissent les délinqua[ns]
et si aucunement iceux délinquans estoient si puissans, ou p[ar]
soustenance de seigneurs ou autrement, que ils n'en puisse[nt]
faire justice ou punition, qu'ils facent ou facent faire dilige[m]-
ment les adjournemens, procès, sentences, jugemens et décl[a]-
rations contre les délinquans, ainsi qu'il appartient par raiso[n]
et les envoient incontinent devers le roi ou sa court de parleme[nt]
pour y estre pourveu ainsi que de raison sera, et le roi y pou[r]-
voira incontinent à l'execution d'icelles sentences, jugemens [et]
déclarations, ainsi qu'il appartiendra.

(22) Et pour ce que aucuns juges, seneschaux, baillifs, pr[e]-
vosts, et autres justiciers, pourroient faire ou seroient difficu[lté]
de punir les délinquans, s'ils n'avoient délinqué en leur territoi[re]
le roi donne plein pouvoir, auctorité et puissance à tous sene[s]-
chaux, baillifs, prevosts et autres juges de son royaume, supp[osé]
qu'ils ne soient juges royaux, de punir ou corriger, ou faire pu[nir]
et corriger les délits, crimes et excès qui seront commis cont[re]
cette présente loi et ordonnance, supposé que iceux délits et exc[ès]
n'ayent esté commis et perpetrez en leurs jurisdictions et ter[ri]-
toires.

(23) Et en outre le roy veut et ordonne que si aucun de ses ju[s]-
ticiers ou officiers, ou autres justiciers de son royaume, est r[e]-
fusant, négligent, ou en demeure de faire punition et justice d[es]
cas dont il aura plainte ou clameur, ou qui seront venus à sa co[g]-
noissance, en celui cas il le prive et déboute de tous honneu[rs]
et offices publics; et veut qu'il soit puni comme fauteur et adh[é]-
rent; et sera tenu de rendre aux blessez tous leurs dommages [et]
interests; et enjoint le roy, mande et commande à son procure[ur]
général et autres ses procureurs, qu'ils procedent et se face[nt]
partie, en intentant leurs actions contre les juges et autres of[fi]-
ciers refusans, négligens ou dilayans en ce, et les poursuive[nt]
diligemment et sans déport, jusques à ce que par sentence [et]
jugement, justice et punition en soit faicte et execution deüe.

(24) Et avec ce, veut et ordonne le roi, que lesdits officiers [et]
autres justiciers quelconques, et chacun en droit soi, soient te[-]
nus, incontinent qu'il sera venu à leur notice ou cognoissan[ce]
que aucun aura fait au contraire de cette présente loi et ordo[n]-
nance, de sommer et requerir le capitaine de bailler le délinqua[nt]
ou délinquans, pour en estre justice et punition faicte; et qu[ils]
procedent contre icelui capitaine, en cas qu'il en sera refusant
ou dilayant, par voie de justice, et par arrest de sa personne [et]

ses biens, quelque part que trouver les pourra, hors lieux
saints; et procedent par main armée, et autrement comme ils
verront estre à faire et qu'ils le pourront faire; et en cas qu'ils n'y
pourroient pourveoir, que incontinent ils envoyent les informations, sommations, et procès sur ce faits, devers le roy ou sadite court de parlement, pour y estre pourveu et mis remede:
et en cas que aucuns desdits juges royaux ou autres justiciers sera
de ce faire refusant ou dilayant, le roy le prive et déboute de tout
office et honneur public, à tousjours et sans restitution, et en
outre sera puni comme recepteur et fauteur des délinquans.

(25) Et en outre, pour ce que souventesfois telles destrousses,
pilleries, roberies, rançonnemens et autres maléfices dessus déclarés, et autres sont faits es lieux ou chemins où l'on ne peut
promptement avoir aide de justice, et aussi à l'adventure recours aux capitaines, le roy veut et ordonne que celui qui sera
lessé, puisse par justice se pourveoir, et autrement assembler
gens à armes, et autrement contre tels délinquans, et les prendre
par force et mener à justice; et si aucun meurdre ou occision
en venoit sur aucun des délinquans, le roy le quitte et remet à celui
qui l'aura fait; et défend à tous, que jamais aucune chose ne lui
en soit demandée; et commande à tous les justiciers de sondit
royaume que aucune action ils n'en souffrent intenter contre
celui qui auroit fait ladite occision; mais lui soit réputée à bien
fait.

(26) *Item.* Ordonne le roy que les capitaines et gens de guerre
seront mis et establis en garnison ès places des frontieres sur les
ennemis, qui leur seront ordonnez par le roy, et illec demeureront et se tiendront; et défend le roy à tous capitaines et gens de
guerre, que aucun ne se départe, ne à laisser en la forteresse et
garnison où il sera mis et establi, sans le mandement ou ordonnance du roy; et qu'ils ne aucun d'eux, ne aille vivre sur le pays
en quelque maniere que ce soit, et sur lesdictes peines de crime
de leze-majesté, dessus déclarées.

(27) *Item.* Et en outre le roy abandonne tous capitaines et autres gens de guerre qui feront contre cette présente loi et ordonnance; et veut et ordonne que chacun par voye de fait à assemblée de gens et force d'armes leur resiste, et donne le roi à un
chacun congé, auctorité et licence de ce faire. (1)

---

(1) C'est le principe de la résistance naturelle à l'oppression. Aujourd'hui
cette résistance à un militaire qui abuse de son pouvoir, et excède ses ordres

(28) *Item*. Et avecques ce, veut et ordonne le roy, que le chevaux, harnois et autres biens qui seront prins sur lesdits capitaines et autres gens faisans contre cette présente loi et ordonnance, soient et appartiennent à ceux qui les auront conquis, sans que jamais aucune chose leur en puisse estre demandée. Et commande le roy à tous les justiciers de son royaume, qu'ils ne reçoivent aucun à en intenter action en jugement; et si en aucune maniere aucuns d'iceux délinquans, en conflit ou en prinse estoit tué ou occis, le roy veut et ordonne que on n'en puisse aucune chose demander à celui qui l'aura tué ou occis, et prohibe et défend le roy aucune action en estre intentée en jugement, mais veut qu'il soit réputé à bien et deüement fait.

(29) *Item*. Le roy déclare son vouloir et intention estre, qu'il ne donnera aucune remission à quelconque délinquant contre cette présente loi et ordonnance; et si aucunement le roy, par importunité de requérans ou autrement, en donnoit rémission à aucun, le roy veut et ordonne, mande et commande et défend à sadicte court de parlement, et à ses baillifs, seneschaux et à tous ses autres officiers et à tous les autres justiciers de son royaume, que ils n'y obéissent en aucune maniere, mais nonobstant icelle rémission, facent punition et exécution des délinquans, et sur peine d'estre privez et déboutez de tous offices et honneurs publics, et confiscation de biens.

(30) Et pour ce que aucuns seigneurs, barons et autres capitaines, mettent et tiennent en leurs forteresses et chasteaux, gens d'armes et de traict, et aussi en autres forteresses, comme églises, forts et autres, ou pays obéissant au roy, qui font de jour en jour plusieurs grandes oppressions aux sujets du roy, le roy ordonne et commande que toutes telles garnisons vuident icelles places, et les seigneurs d'icelles y pourvoient de gens suffisans à leurs despens, sans dommages du peuple, et que les autres places, et forteresses soient rendues à ceux à qui elles appartiennent.

(31) *Item*. Mande et commande le roy à iceux seigneurs et capitaines tenans garnisons en leursdictes places, que ils vuident lesdictes garnisons, ou les tiennent à leurs despens, sans ce qu'ils prennent aucune chose sur lesdits sujets ou autres obéissans du roy, et sur lesdictes peines d'encourir audit crime de leze-majesté, comme dit est dessus.

---

est punie comme rebellion, en vertu de l'art. 209, Code pénal (arrêt Poque, Cour de Cassation 4 septembre 1824.) Isambert.)

32) *Item.* Et en cas que aucun seigneur ou autre, tiendroit [gens] d'armes et de trait en ses forteresses, ou autres, qui feront [excès] ou délits sur les sujets du roy, il sera tenu d'en respondre, [ainsi] que il est dit des capitaines ès articles précedens, et sur [lesd]ictes peines.

33) *Item.* Défend le roy, que seigneur quelconque ou capi[tain]es de gens d'armes, ne autres quelconques, ne assaille, ne [ra]çonne, et aussi ne prenne forteresse quelconque d'autruy [ét]ant en l'obéissance du roy, soit par assaut et crainte d'armes, [ou] d'emblée, de jour ou de nuit, sur lesdictes peines de encourir [pei]ne de leze-majesté; c'est à sçavoir, d'estre privé et débouté, [com]me dit est, de tous honneurs et offices publics, et des droits, [pre]mierement de noblesse, lui et sa postérité, et estre réputé [par]jurier, et de confiscation de corps et de biens; et si les gens [d'a]ucuns capitaines ou seigneurs, font le contraire, le seigneur [ou] capitaine sera tenu de les bailler à justice, incontinent qu'il [en ser]a sommé, sur les peines dessusdictes déclarées, et en la forme [et] maniere qu'il est dit cy-dessus des autres capitaines et gens [de] guerre.

34) *Item.* Défend le roy, sur lesdictes peines, que aucun de [que]lque estat, qualité ou condition qu'il soit, noble ou autre, [ne] reçoive, recepte, recelle ou cache, musse, aide ou favorise [ice]lui ou ses gens ou autres, en maison, forteresse ou ailleurs, [tels] délinquans et faisans contre cette présente loy et ordonnance, [en] aucune maniere, ne soubz couleur d'autre de lignage ou au[tre]ment, mais enjoint le roy, mande et commande à tous, sur [lesd]ictes peines, que sitost que aucun saura d'iceux délinquans [est]re en aucun lieu, qu'il le prenne et meine à justice, et qu'ils [pro]cedent à la prinse et assemblée de gens à armes et autrement [par] toutes voies possibles, comme dit est dessus; et leur donne [le] roy la destrousse d'iceux délinquans.

35) *Item.* Et dès à présent le roy déclare les lieux où tels [dél]inquans seront recelez, cachez, ou mussez, commis et con[fisq]uez, si le recelement est fait de l'assentement du seigneur [du] lieu, soit que ce soit chastel, baronnie, seigneurie, maison [fort]e ou autre, sans ce que aucune restitution en soit faite à [jam]ais.

36) *Item.* Et pour ce que plusieurs seigneurs, barons et au[tres], capitaines de gens d'armes et de forteresses et autres offi[cie]rs, soubz couleur de gardes de leurs places ou autrement, [on]t au temps passé contraint leurs sujets et les habitans en leurs

5.

terres et seigneuries, et les voisins et autres, à leur payer blé[s] vins et autres vivres, argent et autres choses, pour l'avita[ille]ment des places et forteresses qu'ils tiennent, ou autrem[ent] soubz autre couleur, et aussi les plusieurs ont mis sus, et e[xigé] des marchands de denrées et marchandises passans et repass[ans] par le royaume, tant par les eaux et rivières du royaume que [par] terre, plusieurs sommes de deniers, grains et partie d'ice[lles] denrées et marchandises, et ont creu et augmenté les de[niers] des péages deubs aux seigneuries et forteresses contre l'ancie[nne] maniere : en quoy les marchans et le peuple du royaume [ont] esté moult opprimez et grevez; le roy non voulant plus te[lles] choses passer soubz dissimulation, ordonne, mande et c[om]mande que doresnavant telles exactions cessent, et les proh[ibe] et défend le roy.

(37) *Item.* Et défend le roy à tous seigneurs, et barons et [au]tres, à tous capitaines et gardes de places et de forteresses, [de] ponts et de passages, et à tous autres, tant officiers, prevo[sts,] péageurs que autres, que doresnavant ils, ne aucun d'eux, [ne] contraignent, facent ou souffrent contraindre les sujets ou au[tres] à leurs payer aucune chose, ne d'eulx ne exigent ne bled, ne [vin,] ne argent, ne autre chose, outre leurs devoirs et rentes que [leur] doibvent leurs sujets et autres, et sur peine de confiscation [de] corps et de biens par les capitaines et officiers et les seigne[urs] sur peine de confiscation de tous biens ; et dès à présent le[ur] déclare les terres, seigneuries et forteresses où telles exactio[ns se]ront faites, soit par les seigneurs ou par leurs gens et officiers, [ou] autres de leur sçeu, commises et confisquées à jamais et [sans] restitution.

(38) *Item.* Veut et ordonne le roy, que sitost que aucune pla[inte] ou clameur sera venue au seigneur du lieu, de telles exactio[ns,] qu'il les face cesser et rendre, ou face rendre ce qui aura [esté] exigé, à ceux dont il aura été prins et exigé, et punisse ou [face] punir les délinquans; autrement il encourra èsdictes peines, [et] sera icelle terre et seigneurie, chastel ou forteresse où l'exac[tion] aura esté faite, commise et confisquée envers le roy, à jama[is] sans restitution.

(39) *Item.* Et pareillement défend le roy à tous seigne[urs,] barons, et autres capitaines et gardes de places et forter[esses,] ponts et passages, prevosts et chastelains, peageurs, et à tou[s au]tres, sur lesdictes peines de confiscation de corps et de bi[ens,] que doresnavant ils ne aucun d'eux ne prennent, exigent,

..ot, ne souffrent prendre ne exiger par eux, leurs gens, offi-
..s ou autres, aucune partie ou quantité de denrées, ou mar-
..ndises, soient vivres ou autres, passans et repassans par terres
..ar rivieres, ne aucune somme de deniers, par voye directe
..oblique, et soubz quelque couleur que ce soit, ou puisse es-
.. outre ce que d'ancienneté a esté accoustumé à lever en ice-
..lieu pour droit de péage, passage ou pontenage, ou autre
..it ancien; et au cas que aucun fera le contraire, le roy déclare
..-à-présent lesdictes peines et le lieu, chastel, terre et seigneu-
..commise et confisquée envers lui à jamais et sans restitution :
..smement si icelles exactions sont faictes par le commandement
..seigneur, ou de sa science; et en cas que le seigneur en seroit
..orant, le roy lui enjoint et commande sur lesdictes peines,
.. sitost que d'icelles exactions il aura clameur, ou seront ve-
..s à la connoissance, qui les face réparer, en rendant et res-
..ant ou faisant rendre et restituer aux blessez ce qui aura été
..gé d'eux, et en punissant les délinquans selon cette présente
..onnance, ou les envoyant à la prochaine justice royale, pour
.. punis selon icelle ordonnance.

(40) *Item.* Enjoint et commande le roy à tous seigneurs, ba-
..s et autres ayans peages, passages, travers ou autres peages
..iens, que doresnavant ils les remettent à l'ancienne maniere
..oustume, sans plus exiger ne prendre, ne souffrir estre plus
..gé ne prins, pour leur peage, sur les denrées passans et repas-
..s, que il est accoustumé d'ancienneté, et sur les dessusdictes
..nes.

(41) *Item.* Et pour ce que souventesfois, après que du con-
..tement des trois estats, le roy a fait mettre sus aucune taille
..son peuple pour le fait de sa guerre et lui subvenir et aider
..s nécessitez, les seigneurs, barons et autres empeschent
..ont empescher les deniers de ladicte taille et aussi des aides
.. roy en leurs terres et seigneuries, et les aucuns les prennent
..bz couleur qu'ilz ont esté assignez, ou dient aucunes sommes
.. estre deües, ou avoir esté promises par le roy; et aucuns au-
..s croissent et mettent avec et pardessus la taille du roy, sur
..s sujets, et autres grandes sommes de deniers qu'ilz font le-
.. avec et soubz couleur de la taille du roy, à leur profit : par
..y le roy est empesché et ne peut estre payé des deniers de la
..lle par son peuple; le roy ordonne, mande et commande que
..tes telles voies doresnavant cessent

(42) *Item.* Avec ce, le roy défend que doresnavant aucun de

quelque estat, qualité ou condicion qu'il soit, ne prenne, arreste ne detienne les deniers des tailles et aides du roy, soit par d[on] ou assignation à lui faicte par le roy, ou par debte à lui deüe p[ar] le roy; mais laisse et souffre lesdits deniers des tailles et aides d[u] roy, estre levez et cueillis par les commis à ce par les receve[urs] sur ce ordonnez par le roy, sans en aucune maniere les empes[c]cher, ne souffrir estre empeschez au contraire, et sur peine d[e] confiscation de corps et de biens, et expressément du lieu, seigneurie et terre où l'empeschement auroit esté donné, ains[i] comme dit est dessus en autres choses.

(43) *Item*. Et avec ce, le roy défend à tous seigneurs, barons, capitaines et autres officiers que doresnavant ils ne mettent aucune creüe, ne outre et pardessus la taille du roy, soubz quelque cause ou couleur que ce soit, et sur peine de confiscation de corps et de biens, et spécialement de la seigneurie où ladicte creüe e[t] pardessus aura esté mise sur ladicte taille.

(44) *Item*. Et pour ce que plusieurs mettent tailles sus en leu[rs] terres, sans l'auctorité et congé du roy, pour leur volonté ou au[l]trement, dont le peuple est moult opprimé, le roy prohibe et dé[s]fend à tous, sur lesdictes peines de confiscation de biens, que nul de quelque estat, qualité ou condition qu'il soit, ne mette [ou] impose taille ou autre aide ou tribut sur ses sujets ou autres, pou[r] quelque cause ou couleur que ce soit, sinon que ce soit de l'auc[l]torité et congé du roy, et par ses lettres patentes; et déclare l[e] roy, dès-à-présent, le lieu ou seigneurie où telles tailles ou aide[s] seront mis sus sans ses auctorité et congé, commis et confisqu[é] envers lui.

(45) Et avec ce, le roy enjoint, mande et commande à tous s[es] seneschaux, baillifs, prevosts, et à tous les autres justiciers et officiers, que ils, en tant que à chacun touchera, entretiennent e[t] gardent, et facent entretenir et garder par tous, ces présente[s] loy et ordonnance, et sur peine de privation de leurs offices, e[t] d'estre punis d'amende arbitraire; et mande et commande le ro[y] à sadicte court de parlement, que face tenir et observer les présentes loy et ordonnance sans enfreindre.

(46) Et avec ce, le roy enjoint, mande et commande à sesdit[s] procureurs, que de ce ils facent et procedent contre les faisan[s] contre cette presente ordonnance, sur lesdictes peines d'estr[e] privez et deboutez de leurs offices, et de deux cens escus, ains[i] que dit est dessus ès autres cas.

Veut et ordonne le roy, cette présente loi et ordonnance estr[e]

bliée ès bonnes villes et autres lieux de son royaume, afin que aucun n'en puisse prétendre cause d'ignorance.
Fait à, etc.

N° 122. — LETTRES *qui accordent aux habitans du diocèse de Nîmes la liberté de la chasse et de la pêche* (1), *excepté dans les domaines royaux et lieux défendus.*

Montpellier, 23 novembre 1439. (C. L. XIII, 315.)

CHARLES, etc. Reçeue avons la supplication des consuls, scindicz et habitans des villes et lieux du diocese de Nismes, consors en ceste partie, contenant comme à l'assemblée des trois estats de nostre païs de Languedoc, tenue derrenierement par nostre commandement en la ville du Puy, iceulx trois estats pour le bien et utilité dudit païs, nous eussent fait ou baillé aucuns articles, requestes et supplications, et entre les autres un article duquel et de la response ou octroy par nous fait, l'en dit la teneur estre telle.

» *Item* (2). Et comme de raison escripte, chascun dudit païs
» puisse chasser à bestes sauvaiges, prendre oyseaulx, et peschier
» poissons, fors que ès lieux deffendus, sans ce que à ceste cause
» doyent estre inquietez ou mis en procès, il plaise au roi leur
» pourveoir que à ceste cause ils ne soient molestez par les lieux-
» tenans des maistres des eaues et des forests, qui toujours sur ce
» font grans extorcions sur le povre peuple et à grant charge d'icel-
» lui, et sur ce donner ses lettres. » Le Roy ordonne que toutes lesdictes commissions cessent, sinon ès rivieres et lieux royaulx, et ez lieux deffendus. Et combien qu'ilz ne feust plus ne ne soit loisible au maistre des eaues et forest en nostredit païs, ou ses

---

(1) Les états de Languedoc (dont le diocèse de Nîmes faisait partie) assemblés au Puy, au mois d'avril 1439, avaient accordé au roi une aide de cent mille livres tournois, pour la guerre, sous certaines conditions et réserves, entre autres, qu'il fût permis aux habitans de chasser et pêcher, excepté dans les lieux défendus (Vaissette, hist. de Languedoc, t. IV, 490.) Le roi avait accepté ces conditions; ce qui n'avait pas empêché *des procès, explois et condamnations, à la grant charge et foule du povre peuple du diocèse qui ne peut bonnement vivre ne payer nos tailles et autres charges ordinaires.* Les lettres ci-dessus ordonnent de cesser toutes poursuites. (Decrusy.)

(2) Nous donnons le texte de cette pièce parce qu'elle rappelle une assemblée d'états corrélative à celle d'Orléans; qu'elle rappelle une pièce importante perdue; et qu'elle consacre un principe du droit naturel, et du droit romain, sur la liberté du droit de chasse. (Isambert.)

lieutenans, donner aucune moleste ausdiz supplians pour l'occasion des choses contenues oudit article, ainçois l'ayons expressément deffendu et ordonné cesser, comme dit est dessus, neantmoins un nommé maistre Jehan Posols, licencié en lois, habitant de Nysmes, soy-disant lieutenant d'icellui maistre des eaues et forestz, venant directement contre la teneur et ordonnance dudit article, de fait n'a gueres est alé par ledit diocese de Nysmes, et soubz umbre de sadicte lieutenance ou commission, a fait certains procès, exploits et condemnations, à la grant charge et foule du povre peuple dudit diocese, qui ne peut bonnement vivre ne paier nos tailles et autres charges ordinaires.

Pour quoy, nous humblement requis de pourvoir sur ce de remede convenable, les choses dessusdictes considérées, vous mandons, commettons et expressement enjoignons que, s'il vous appert deuement dudit article, response ou octroy par nous fait, vous faites ou faites faire de par nous, inhibition et deffense audit Posol et tous autres qui appartiendra et dont vous serez requis, sur certaines grans peines à appliquer à nous, qu'ilz ne molestent lesdiz supplians ne aucuns d'eulx, et ne facent aucuns procès, exploitz ou condemnations à l'occasion dessusdicte, contre la teneur dudit article et response d'icellui; ains se par information faite ou à faire, il vous appert ledit Posol ou autres, avoir fait aucunes extorsions, procès ou condempnations contre la teneur desdiz articles et response, adjournez-les ou faites adjourner à certain et competent jour pardevant nos amez et feaulx les generaulx-conseilliers sur le fait de la justice ou païs de Languedoc, pour apporter iceulx procès ou exploiz et condempnations, iceulx veoir revoquer, et aussi respondre à nostre procureur général, en l'auditoire d'iceulx nos generaulx-conseilliers sur les choses dessusdictes, leurs circonstances et deppendances, proceder et aler en avant en oultre, ainsi qu'il appartendra par raison.

Ausquelz nous mandons, et pour ce que par noz autres lettres patentes (1) données en icelle assemblée du Puy, nous leur avons principalement commis ou ordonné faire enteriner et accomplir les choses par nous accordées et consenties èsdiz articles, comandons que aux parties, icelles oyes, facent bon et brief droit et accomplissement de justice. Mandons et comandons à tous nos

---

(1) ... les a ... , elles étaient probablement rendues dans la forme de l'or... du 2 novembre ci-dessus des états d'Orléans.

ticiers, officiers et subgiez, que à vous et à vos commis et dé-
tez en cette partie obeissent et entendent diligemment.
Donné à Montpelier, etc. Par le roy, à la relation des gene-
ulx-conseilliers sur le fait de la justice en Languedoc.

123. — DÉCLARATION *du Roi contre le dauphin* (1) *et ses adhérens, défendant de lui donner aucune obéissance.*

avril 1440. (Chartier, hist. de Charles VII, p. 103.)

124. — LETTRES *du Roi qui défendent aux habitans du Dauphiné d'obéir au Dauphin son fils* (2).

2 mai 1440. (Bibliothèque du roi, carton 118.)

125. — LETTRES *d'abolition en faveur du Dauphin et de ses adhérens* (3).

juin 1440. (Chartier, hist. de Charles VII, p. 105.)

126. — PROCLAMATION *du Roi au sujet de la paix par lui faite avec le Dauphin (Louis XI) et ses partisans.*

Cusset, 24 juillet 1440. (Monstrelet, fol. 168, v°.)

On vous fait à savoir de part le roi, que monseigneur le Daulphin et monseigneur le duc de Bourbon sont venus devers lui en
très-grande humilité et obéissance; et les a le roi reçus très amia-
blement en sa bonne grace et tout pardonné. Et par ce veut et
ordonne que toutes guerres et voyes de fait cessent : et que on ne
prenne nuls prisonniers, laboureurs et autres gens quelconques,
ne bestail ne autres biens, et que nuls ne fassent nulles extor-
tions l'un contre l'autre, soit en prenant places ou autrement :
et que toutes gens puissent aller et venir surement, faisant leurs

---

(1) Il avait dix-sept ans et avait pris les armes. (Isambert.)
(2) Le dauphin s'était alors ligué avec le bâtard de Bourbon, les ducs d'Alençon et autres, contre le roi, à ce qu'on suppose, à cause de l'ordonnance du 3 novembre 1439; d'autres pensent à cause du refus du roi de se rendre aux états assemblés à Bourges. Ils se proposaient selon Monstrelet de déposer le roi. Cette
menée séditieuse de la haute baronnie fut réprimée par la force des armes; mais
les grands rentrèrent en grâce. V. ci-après la proclamation du 24 juillet. (Isam.)
(3) Le chef de la maison de Bourbon était à la tête de cette rebellion. Le dauphin
fut ensuite envoyé en Dauphiné, où il se révolta de nouveau, et se retira auprès
du duc de Bourgogne, en 1456. (Idem.)

besognes, sans qu'on leur efface aucunement : et aussi que nulles places ne soient abbatues ne démolies es pays de mondit seigneur de Bourbon ne ailleurs, etc.

Donné etc. par le roi en son grand conseil. En outre dedans assez briefs jours après ensuivans, le roi bailla à son dit fils le dauphin le gouvernement du Daulphiné. Si fist assez tost après de partir les gens d'armes des pays du duc de Bourbon, et leur donna congé de tirer vers Orléans et devers Paris.

N°. 127. — LETTRES *qui ordonnent que les sergens à cheval au châtelet de Paris, qui exploitaient en Poitou et en Saintonge avant la reddition de cette province, seront tenus de venir résider à Paris, et qu'on informera des abus et prévarications commises par lesdits sergens, pour être ensuite pris au Châtelet, bon et brief accomplissement de justice, partie ouyes* (1).

Paris, 27 juillet 1440. (C. L. XIII, 315.)

N°. 128. — LETTRES *portant cession du Dauphiné à Louis fils du Roi, dauphin de Viennois* (2).

Charlieu, 28 juillet 1440. (C. L. XIII, 318.) Reg. au conseil Delphinal le 15 aout.

CHARLES, etc. daulphin de Viennoys, etc. Savoir faisons que

---

(1) V. notes sur l'ordonnance de juin 1569, et sur celle du 26 juillet 1595. En 1818 et 1822, on a procédé arbitrairement par voie administrative à cette révision. (Isambert.)

(2) On enregistra à la suite une longue harangue du président. En voici un extrait qui fait voir de quelle façon le Dauphiné est transmis aux fils ainés des rois de France.

« ...... , Reverens peres en Dieu, et mes tres-honorés Seigneurs, il est
« vray que en la translation faite en la maison de France de ce pays du Dau-
« phiné par celui bon prince, M. le dauphin Humbert, à celle fin que sondit
« pays fust en main forte, et pour le conserver et tenir tout ensemble, et qu'il
« ne fust occupé ne desmembré par les voysins ou aultres, fut dit et pourparlé
« entre les autres choses, que le filz aisné du roy de France se appellast
« Daulphin de Viennoys, et eust le tiltre de dauphin, et ainsi est accoustumé de

comme notre très-cher et très-amé fils Loys Daulphin de Viennoys, par la grace de notre seigneur soit venu en aage souffisant pour avoir cognoissance et soy employer ez besoignes et affaires de notre royaume, et d'avoir estat et gouvernement, et aucunes terres et seigneuries dont il se puisse aucunemeut aidier à soustenir son estat et despense;

Nous, ce consideré, voulans à ce pourveoir et eslever et augmenter notredit filz en honneur et estat ainsi qu'il appartient à icellui notre filz, avons baillé, cedé, transporté et délaissé, baillons, cedons, transportons et délaissons par ces presentes, notre pays, terres et seigneuries du Daulphiné de Viennois, avec toutes les villes, cités, chasteaulx et chastellenies, cens, rentes, revenues ordinaires et autre domaine quelconque d'icellui Daulphiné, pour en joyr et user et en prendre doresenavant lesdits cens, rentes, revenues ordinaires et autre domaine, pour lui aidier à soustenir sa despense; en cassant et adnullant tous gaiges, dons, pensions et creues extraordinaires, autres que les gaiges anciens et ordinaires des officiers dudit pays, pourveu toutesvoyes que tous les officiers d'icellui pays qui sont à present,

« faire et observer. Vous l'avez veu et ouy dire de Louis qui fut duc de Guienne
« et dauphin de Viennois, de Jehan son frère qui après le trespassement dudit
« Loys fut daulphin, et après le trespassement dudit Jehan, a esté daulphin nostre
« souverain prince et seigneur le roy de France, qui est à présent, et a esté daulphin jusques au temps de la date des lettres que avés ouy publier; et peut-estre
« que plusieurs ont erré en ce qu'ils cuydoient que le premier né du roy de
« France, pour ce qu'il s'appelloit daulphin, fût vray seigneur et administrateur
« du Dauphiné; mais il ne l'est point jusques à tant que le roy lui remecte et
« transporte la seigneurie et administration d'icellui, comme il a fait à nostre
« très-redoubté seigneur et prince Loys son fils doulphin de Viennoys, ainsy
« qu'avez ouy, par la teneur desdictes lettres, lesquelles ont esté publiées en
« votre veue. . . . . » Ainsi le Dauphiné, apanage nécessaire en vertu du contrat de cession, n'était cependant rien de plus qu'un apanage. Le sceau même du Dauphiné devait être gardé, au nom du dauphin à la vérité, mais par le chancelier de France. Depuis cette translation par Charles VII, les fils aînés de nos rois ont continué de porter le titre de dauphin; mais le titre seul leur a été cédé, et l'administration est restée au roi. Le dauphiné a cependant continué d'avoir son sceau, dont la garde est demeurée au chancelier de France, au lieu que les autres provinces du royaume réunies à la couronne, ont perdu leur sceau à leur réunion. Cette différence peut justifier ce que prétendent quelques publicistes, que le Dauphiné est toujours censé non réuni à la couronne. (Villevault, Préf., 30.)

Aujourd'hui que les apanages réels sont supprimés, le titre de dauphin n'est plus qu'honorifique; quant au Dauphiné, son incorporation définitive a été confirmée par la loi qui supprime les privilèges et capitulations des provinces.
(Isambert.)

demouvement en leurs offices tant comme ils vivront, et n'en pourront aucuns estre despointiez, s'ils ne les forfont, et que les lettres de justice et autres lettres patentes dudit Daulphiné seront séellées du séel d'icellui Daulphiné, que notre chancellier gardera ou nom de notredit filz le Dauphin.

Si donnons en mandement, etc. Par le roy dauphin en son conseil.

N°. 129. — DÉCLARATION *portant défenses de publier ou d'exécuter, dans le royaume et en Dauphiné* (1), *aucunes lettres de citations, suspensions, privations de bénéfices, ou autres semblables à l'occasion des dissensions en l'église.*

Bourges, 2 septembre 1440. (C. L. XIII, 319.) Reg. en parlement, le 29 décembre.

N°. 130. — LETTRES *par lesquelles le Roi déclare ne point adhérer à la déposition du pape Eugène IV, et ne point se départir de son obédience* (2).

Bourges, 2 septembre 1440. (C. L. XIII, 321.)

N°. 131. — SENTENCE *d'une commission nommée par le duc de Bretagne qui condamne le maréchal de Rais Laval à être brûlé vif, comme sorcier et hérétique* (3).

Nantes, 25 octobre 1440. (Lobineau, histoire de Bretagne, t. 1er p. 614.)

(1) Quoique par les lettres précédentes le dauphin parût avoir la pleine et entière administration du Dauphiné, celles ci-dessus, et celles qui suivent, semblent annoncer que le roi eut, postérieurement au 28 juillet, l'exercice, dans ce pays, de la souveraine administration. (Villevault, préface 3o.)

(2) V. l'ordonnance du 21 novembre ci-après, et la bulle du pape d'avril 1439. Par cette ordonnance le roi méconnait la supériorité des conciles généraux sur le pape; toutefois le roi se soumet au concile futur. Le pape à cette époque avait arrêté à Florence le projet de réunion de l'église grecque et de l'église romaine. (Isambert.)

(3) Gilles de Laval, surnommé de Reiz, maréchal de France, après avoir dissipé une fortune immense, crut pouvoir la recouvrer en recourant à la *chimie*, ou à la *philosophie métallique*; mais le dauphin étant alors arrivé à Tiffauge, il fallut rompre les fourneaux et abandonner les opérations chimiques; alors il donna sa confiance à deux escrocs qui se prévalaient d'un crédit particulier auprès du diable. L'un était un médecin de Poitou, et l'autre un Italien, nommé Parletti. Le duc de Bretagne fit arrêter le maréchal, et son procès lui fut fait dans le château de la Tour-Neuve de Nantes, par l'évêque du lieu, chance-

N° 132. — **Lettres** *concernant la levée d'un* 10° (1) *sur tous les ecclésiastiques du royaume, conformément à ce qui avait été résolu à l'assemblée de Bourges.*

Chartres, 21 novembre 1440. (C. L. XIII, 326.) Pub. au Chât., 14 juillet 1442.

Charles, etc. Comme au mois de septembre dernierement passé, à l'assemblée des prélats et gens d'eglise, et des universitez de nos royaume et Daulphiné, par nous convoquez et mandez en nostre ville de Bourges, pour le fait et appaisement des debats, differends et nouvelletez survenües en nostre mere S¹ᵉ Eglise, et du schisme disposé de se ensuir, se par la grâce de Dieu et par le bon moyen et diligence de tous bons catholiques, ne y est secouru, en quoy en ensuivant nos progeniteurs de digne mémoire, desirons de tout nostre cœur nous employer en toute diligence: ait esté par lesdits prelats et gens d'église, tant de religion, universitez, chapitres et colleges, que autres généralement, (considerans que à ceste cause estoit et seroit nécessaire de envoyer plusieurs grans et notables ambassades en plusieurs diverses régions, lesquelles sans grant finance ne se peuvent conduire) consenti, accordé, voulu et octroyé que sur toutes gens d'église de

---

lier de Bretagne, et par frère Jean Blouin, vicaire de Jean Merri, inquisiteur dans le royaume de France, pour les crimes d'hérésie, de sortilége, de sodomie, etc., et au Bouffai, par le président de Bretagne, Pierre de l'Hôpital, pour tout ce qui était de sa compétence.

Il comparut pour la première fois, le 19 septembre 1440, et les procédures continuèrent jusqu'au 25 octobre. Il répondit d'abord très fièrement, disant que tous les ecclésiastiques étaient des simoniaques et des ribauds ; qu'il aimerait mieux être pendu par le cou que de répondre à de tels juges; qu'il savait la foi catholique aussi bien qu'eux, et qu'il s'étonnait que le président de Bretagne permit qu'ils connussent de ces sortes de choses; mais la crainte de la torture lui fit confesser tous ses crimes; il y en avait assez, disait-il, pour faire mourir dix mille hommes. Le 25 octobre, on lui lut sa sentence, et on le mit incontinent entre les mains d'un confesseur. Il fut mené dans le pré de la Madeleine, et attaché à un poteau, avec un escabeau sous les pieds, l'escabeau fut ôté, et le feu fut mis au bûcher qui était autour du poteau. Le maréchal fut moins condamné pour crime de sortilége, que pour ses atroces lubricités, dont les détails font frémir l'humanité et la pudeur. Toutefois son corps fut retiré des flammes, avant d'en être entamé, et inhumé en terre sainte. Le médecin de Poitou avait pris la fuite ; mais Perletti ayant été arrêté, subit le même supplice que le maréchal. (Isambert.)

(1) Le clergé formait un grand corps qui, comme toutes les corporations, était dans l'usage de lever sur ses membres des impôts; mais le recouvrement ne pouvait se faire qu'avec le secours de l'autorité royale. (Isambert.)

nosdits royaume et Daulphiné, bénéficiers tauxez et non tauxez, exempts et non exempts, privilegiez et non privilegiez, de quelque ordre, religion, et de quelque privileige et exemption qu'ils soient, soit de Premonstré, Clugny, Grammont, Saint Jehan de Jerusalem ou autres, jaçoit ce que de leursdits privileges et exemptions ne soit ici faicte expresse mention, feust et soit levé un dixiesme ou subside equivalent à ung dixiesme entier, pour en convertir les deniers esdictes ambaxades et autres choses necessaires et convenables à ce, et non ailleurs; et pour les deniers dudit dixiesme ou equivalent faire mieulx et prestement venir ens, comme il est besoing, nous aient requis iceulx gens d'eglise, que pour aidier à faire venir et payer ens icelui dixiesme ou equivalent, endroit ceulx qui ne vouldroient obéir, leur veuillons donner, et par nos justiciers et officiers faire donner toute aide et faveur, et faire contraindre les refusans ou délayans à payer leur taux d'icelui dixiesme ou aide équivalent, à la requeste des receveurs général et particuliers d'icelui, par prinse et arrest de leurs temporels en nostre main, et exploitation des fruits d'iceulx, et nonobstant quelconques oppositions ou appellations; pour ce est-il que nous, eu sur ce consideration, et à la nécessité qui est d'envoyer lesdictes ambaxades, et de pourveoir aux autres frais qui pour ces causes sont nécessairement à faire, et de pour ce, faire recouvrer les deniers d'icelui dixiesme ou equivalent en toute diligence.

Donnons en mandement à tous nos baillifs, seneschaulx et prevosts, viguiers, chastelains et autres nos justiciers ou leurs lieutenans, en commettant par ces presentes à chacun d'eulx comme à lui appartiendra, que icelles fassent publier et signifier solempnellement ès diocèses de leurs jurisdictions, à ce que aucun n'en doye prétendre ignorance; et se depuis ladicte publication aucuns sont refusans ou contredisans de payer leur taux dudit dixiesme ou aide, ou l'equivalent desdits taux, et dont ils seront requis par les receveurs général et particuliers dudit dixiesme, les y contraignent, et fassent contraindre par la prinse de leursdits temporels en nostredicte main, et exploitation des fruits d'icelui, et par la forme et maniere cy-dessus déclairées, et ainsi qu'il est accoustumé de faire en tel cas, et aussi à payer les frais qui à leur déf... pour ce faire, et nonobstant quelconques oppositions ... appe...tions, exemptions, privileiges et choses à ce con... et de ce faire leur donnons pouvoir, commission et mand... special: voulans aussi ces présentes estre semblableent publiées en nostre cour de parlement, et au *vidimus* d'icelles fait soubz séel royal foy estre adjoustée comme à cet original, auquel en tesmoing de ce nous avons fait mettre nostre séel. Donné par le Roy en son conseil, auquel monseigneur le daulpin de Viennois, monseigneur Charles d'Anjou comte du Maine, connestable, le comte de la Marche, les evêques de Clermont de Magalonne, l'admiral, M° Jehan d'Estampes, et autres estoient.

133. — *Lettres portant que le Roi non suffisamment informé persiste dans son obédience au pape, jusqu'à ce qu'un nouveau concile ait prononcé* (1).

Chartres, 21 novembre 1440. (C. L. XIII, 324.) Pub. en parl., le 29 décembre.

Karolus, etc. Notum facimus quòd dum sentiremus exoriri turbationes, que, proh dolor! extant in sanctâ Dei ecclesiâ, conupientes eas opportunè sedari, ac nobis et populo nostro saluriter consuli et decenter provideri, celeberrimumque morem christianissimorum progenitorum nostrorum, qui divino presidio fuerunt adeò prefulti quòd in catholicâ fide nunquam reperti sunt aberrasse, propriùs imitari ac vestigiis sollertiùs inherere; mandavimus ecclesiam regni et Dalphinatûs nostrorum apud nos super hiis in civitate nostrâ Bituricensi, congregari. Quâ in civitate existentibus et congregatis multis sapientibus, divinarumque et humanarum scienciarum peritis prelatis et aliis ecclesiasticis viris, (non tamen omnibus, ipsarum ditionum nostrarum occasione guerrarum vel aliàs impeditis) et illuc ultrò convenientibus ambaxiatoribus sanctissimi patris nostri Eugenii pape, et etiam ambaxiatoribus concilii Basiliensis, et ipsis ambaxiatoribus separatim per nos in hujusmodi congregatione auditis, ac super hinc indè propositis per ipsos ambaxiatores, et generaliter super omnibus ipsius ecclesie sancte Dei materiam concernentibus, pro commodiùs in eâdem ecclesiâ comparandâ bonâ pace et unione, pluribus consultationibus et opinionibus per ipsam congregationem tentis et habitis, tandem ipsa congregatio certas deliberationes et conclusiones confecit : quas nobis in magno consilio nostro relatas, et per nos debitè consideratas, gratas et acceptas habendo, salubri congregationis hujusmodi freti consilio, decla-

(1) V. la lettre des 2 septemb. 1440, et preuves des libertés gallicanes, I, 2, 200.

ravimus nos et nostrum regnum et Delphinatum perseverare et remansre, perseveraturosque et remansuros in eâ quâ eramus obediencia presenti sanctissimi patris nostri Eugenii pape; adjectis nonnullis protestationibus per ipsam congregationem primitùs advisatis et maturè digestis, quas coram nobis, nobiscum assistentibus pluribus de sanguine et nonnullis aliis de ipso consilio nostro, in eâdem congregatione, in presentiâ priùs dictorum ambaxiatorum dicti sanctissimi patris nostri pape, et paulò post dictorum ambaxiatorum dicti concilii Basiliensis, die secundâ septembris ultimò preteriti, legi et publicari fecimus in hâc formâ.

In primis. Protestatur rex quòd sicut christianissimus princeps, sequendo vestigia patrum suorum, paratus est audire ecclesiam legitimè congregatam. *Item.* Dicit, quòd quia apud multos viros probos et graves, dubitacio est non modica, an suspencio, deposicio et subsequens electio facte Basilee, sint ritè, justè, canonicè et legitimè celebrate; dubium est etiam, si illa congregatio illis diebus quibus hec agitata et facta sunt, sufficienter representaret universalem ecclesiam ad tantos et tam arduos actus exequendos qui de proximo recipiunt totam ecclesiam: ideò rex qui non est sufficienter informatus super predictis, perseverat et manet in obedienciâ domini Eugenii, in quâ nunc stat. Ubi autem debitè informatus fuerit de meritis cause istius, sive per ycumenicum concilium aut aliud generale concilium, seu etiam per congregationes ecclesie sue gallicane meliùs et extensiùs convocande, cum ducibus, baronibus aut confederatis suis, aut in convencione principum christianorum, tunc veritate compertâ et discussâ, stabit cum eâ, et adherebit veritati catholice.

Et ut fomes jam suscitati et in tantam flammam evadentis scandali, in ipsâ sanctâ Dei ecclesiâ extinguatur antequàm fortiùs accendatur et in animos christicolarum ampliùs perturbet, ac tam periculosi scismatis palmites, ne concrescendo indurescant, radicitùs in ortu suo evellantur: proposuimus congruentibus et sollicitis adhortacionibus, litteris et precibus apud ipsum sanctissimum patrem nostrum, et apud illos qui sunt Basilee, ac etiam apud omnes orthodoxos principes cum quibus presertim fedus aut intelligentiam habemus, insistere, ut infra annum convocetur aliud generale concilium, ac in Dei nomine celebretur. Verùm cùm, sicut nostram decet regiam magestatem, obviare occurrereque peroptemus ne pretextu aut sub velamine processuum tam [...] sanctissimo patre nostro Eugenio papa, quàm à di[...] concil[...] Basiliensi confectorum aut emanatorum, subditi nostri graviter molestentur; litteras ordinavimus et fecimus confici super his opportunas. Que omnia et singula ut facilius intelligantur et cognoscantur, ab omnibus subditis et vicinis nostris, quàm recto calle, quàmque sincerâ mente circa fidem catholicam gerere nos intendamus, per totum nostrum regnum et etiam Delphinatum, ac omnia dominia et juridictiones, et ab omnibus incolis eorumdem inviolabiliter et irrefragabiliter teneri et observari volumus. Quocircà dilectis et fidelibus consiliariis nostris, gentibus parlamentum nostrum tenentibus, et qui in futurum tenebunt, necnon universis senescallis, baillivis, ceterisque justiciariis nostris quibuscumque et ubilibet constitutis et eorum cuilibet mandamus et jubemus quatinùs presentes litteras in locis insignibus sue juridictionis solemniter publicari faciant, taliter quòd ad notitiam omnium pervenire, et nullus ignoranciam pretendere possit.

In cujus rei testimonium, sigillum nostrum in absentiâ magni ordinatum, litteris presentibus duximus apponendum. Datum, etc.

Per Regem in consilio suo, in quo dominus dalphinus Viennensis; dominus Karolus de Andegaviâ comes Cenomanie, constabularius; comes Marchie, episcopi Claromontensis et Magalonensis, admirallus; dominus Galasius de Podiofagi, magister Johannes de Stampis, et plures alii erant.

N°. 134. — LETTRES *portant confirmation des priviléges de la ville de Saint-Omer* (1).

Chartres, décembre 1440. (C. L. XIII, 327.) Reg. parlem., Paris, 7 août 1441.

---

(1) Nous donnons le titre de ces lettres pour faire remarquer une forme singulière dans l'enregistrement de celles qui concernent les anciens priviléges de Saint-Omer. Elles portent que les originaux de ces priviléges seront vus par le parlement et qu'il sera fait enquête de l'usage avant de les enregistrer. Voici la note qu'on lit aux registres du parlement :

« Soit adverty que la court n'a point lesdictes lettres originaulx desdiz privi-
« léges, ne fait faire informacion ne enqueste sur l'usage; mais pour ce que
« Mess. le chancelier et maistre Guillaume Letur, président, ont certifié en
« pleine chambre du conseil de la court, les avoir veües et tenües, et qu'ilz se
« sont ou pais esquis, et ledit maistre Guillaume Letur fait informacion qu'il
« bailla audit mons. le chancellier, dont il dit avoir encores la minute, sur ledit
« usage, duquel ilz dient leur estre apparu deuement : la court a fait publier et
« enregistrer lesdictes lettres, et ordonnances. »

N° 135. — **Lettres de Henri roi d'Angleterre portant don d'une pension au sire de Talbot qualifié maréchal de France.**

Rouen, 3 décembre 1441. (Delort, hist. de Charles VII, p. 243.)

Henri, etc. Savoir que pour considération de ce que puis certain temps et où nôtre amé et féal cousin et mareschal de France Jehan sire de Talbot n'a eu de par nous aucune charge de cappitainneries et gardes de places en noz royaume de France ou duché de Normandie et que encore il n'a de present aucune autre cappitainnerie de par nous que celle de Lisieux et la garde de Harfleur et Moustiervilliers, qui baillée lui a esté de nouvel et incontinent après la reddition d'icelles en notre obéissance en attendant qu'il ait autre plus haute et plus ample provision, nous, pour lui aidier à maintenir son etat en notre service plus honorablement lui aider à faire les frais que faire lui conviendra à l'occasion d'icelluy, et affin de l'entretenir ainsi que plusieurs fois a esté avant le jourd'huy par delà la mer en nostre service, lui avons ordonné avoir et prendre de nous la somme de 300 salus d'or pour cinq quartiers d'an commançant à feste S. Michiel derrenier passée, oultre et pardessus les gaiges, pension, ou estat de certains frais joings à icelluy estat qu'il prend de nous; si vous mandons et expressement enjoignons que par nôtre bien aimé Pierre Baille, receveur général de noz dites finances, vous faites payer, et bailler et délivrer des desniers de sa recette, audit sire de Talbot ou à son certain commandement ladite somme de 300 salus d'or en monnaye à valeur près de XXIX sols III deniers pièce pour ledit quartier commençant à ladite S. Michiel, et par rapportant ces presentes et quictance souffisant seulement, tout ce que par ledit receveur aura esté payé à ceste cause sera aloé en ses comptes, et rabatu de sa recette par nos amez et féaulx, les gens de nos comptes, à Rouen, auxquels mandons qu'ainsi le facent sans difficulté ou tardement aucun.

N° 136. — **Lettres portant concession aux habitants de Narbonne de la continuation pendant 20 ans d'un droit sur le sel, et d'un droit sur le barrage pour l'entretien des ponts et chaussées sur la rivière d'Aude** (1).

Loches, 10 avril (avant Pâques) 1440. (C. L. XIII, 329.)

---

(1) V. dans le traité de la voirie l'histoire abrégée des péages, et les règles sur l'entretien des voies publiques. (Isambert.)

N° 187. — États-Généraux (a).

Orléans, 1440. (Historien du Berry, Rec. des états-génér., IX, 160.)

(a) C'est probablement de ces états que parle Alain Chartier, histoire de Charles VII, p. 169.

A ces états comparurent la reine de Sicile, mère de la reine; le comte du Maine; Pierre de Bretagne, son neveu; le comte de Vendôme; le duc de Bourbon; le connétable de Richemont; le comte de la Marche, gouverneur du dauphin.

Les procureurs du duc d'Orléans, prisonnier en Angleterre; savoir:

Le comte de Dunois; l'évêque d'Orléans; l'archevêque de Reims, chancelier.

Les ambassadeurs et les procureurs du duc de Bourgogne; savoir:

L'évêque de Tournai, le sire de Crequi, Simon de la Laing, bailli d'Amiens et le sire d'Auchin.

Les ambassadeurs et procureurs du duc de Bretagne; savoir:

Les évêques de Nantes et de Saint-Brieux, et le sire de Laval.

L'ambassadeur et le procureur du comte d'Armagnac.

Le sire d'Estaing; l'évêque de Beauvais.
Les autres députés de Paris et de l'Isle-de-France, et en général les députés des trois ordres, et de tous les bailliages et pays du royaume en très-grande multitude.

L'assemblée s'était formée dans un lieu particulier de la ville; elle fut mandée à l'hôtel du roi, où les princes étoient demeurés; et ayant été introduite dans une salle disposée pour la séance, le roi Charles y vint prendre sa place: les princes demeurèrent près de sa personne.

Ce qui est observé ici pour la première fois, le chancelier Renaud de Chartres prit la parole au nom du roi; et après avoir dit que, dans l'intention de procurer la paix, il s'étoit tenu à Saint-Omer une conférence où lui chancelier, le comte de Vendôme, l'archevêque de Narbonne avoient été députés, qu'ils en avoient rapporté certaines propositions, sur lesquelles le roi vouloit avoir leur avis particulier sur chacun des articles; il en fit remettre des copies à tous les députés, les priant d'en rendre une prompte réponse.

Il se passa huit jours en délibérations; mais n'ayant pu être d'accord, le roi nomma des commissaires, qui furent le comte de Vendôme, Jacques Juvenal, depuis évêque de Poitiers, le comte de Dunois, le maréchal de la Fayette, Jean Raboteau, président du parlement, et quelques conseillers du même tribunal.

Le rapport des commissaires détermina la résolution des états, qui consentirent à tout: le roi, de son côté, sur les réclamations des états, prit des mesures efficaces pour faire finir le brigandage des troupes, et pour les discipliner et loger dans des garnisons sur les frontières.

Les états consentirent à une taille générale.

N°. 138. — Lettres de *Louis de Luxembourg, comte de Saint-Pol* (1), *s'engageant à ester à droit en parlement où il avait été ajourné.*

20 avril 1461. (Monstrelet, fol. 180, v°.)

N°. 139. — Déclaration *portant que les actes des conciles généraux ne font loi en France que du jour de leur réception* (2).

Saint-Denis en France, 7 août 1461. (C. L. XIII, 332.) Reg. et publié en parlement le 17.

Charles, etc. Nous avoir entendu que soubz umbre ou couleur de nostre pragmatique sanction, par nous faicte du consentement et par la délibéracion des prelatz et autres gens de l'eglise de nostredit royaulme et Daulphiné de Viennois, assemblez en nostre ville de Bourges, par laquelle entr'autres choses fut ordonné que les promotions aux dignités ecclesiatiques, tant metropolitaines, episcopales, que autres ellectives, seroient d'ilec en avant faictes par élections selon l'ordre des droiz et sains canons anciens, et que la collacion des autres bénéfices se feroit par les ordinaires collateurs d'iceulx, sans ce que réservations apostoliques eussent aucun lieu, en recepvant aucuns decretz faiz audit concile de Basle, en tant qu'ilz nous sembloient, et à ladicte assemblée, raisonnables : aucuns ont voulu et se sont efforcés et s'efforcent de interpreter et extandre nostredicte pragmatique sanction, au temps de la date dudit decret fait au concile de Basle longtems paravant nostredicte pragmatique sanction, et de soutenir iceulx decrez de Basle avoir lieu et devoir sortir effect en nozdiz royaulme et Daulphiné avant la date de nostredicte pragmatique sanction, tant en promotions de dignités archiepiscopales, episcopales, que autres ausquelles a esté pourveu, et d'autres bénéfices donnez et conferez par nostre saint pere

---

(1) Il était alors si puissant qu'il pouvait resister au duc de Bourgogne.

(2) Le président Hénault (arbr. chr.) se trompe sur le sens de ces lettres, lorsqu'il dit que l'intention du roi, et celle de l'assemblée de Bourges était que l'accord fait entre Eugène IV et ses ambassadeurs sortit effet du jour de la pragmatique. Leur intention exprimée dans le texte était que cet accord n'eût d'effet que pour l'intervalle entre sa date et celle de la pragmatique. Mais ce qui est plus important, il résulte de cette pièce, que les décrets des conciles généraux n'ont de force en France qu'après avoir été passés par édit de nos rois. (Decrusy.)

Le roi dit dans cette ordonnance qu'il n'appartient qu'à lui d'interpréter ses ordonnances. (Isambert.)

pape Eugène, avant la date de nostredicte pragmatique sanction, et veulent dire que parceque receu avons icellui decret du concile de Basle et nostredicte pragmatique sanction, les promotions faictes par nostredit saint pere pape Eugène, depuis la date d'icelui decret fait à Basle et paravant nostredicte pragmatique sanction, estre de nulle valeur, qui seroit contre l'intention de nous et de toute ladicte assemblée de l'eglise de nosdiz royaulme et Daulphiné faicte à Bourges comme dit est; et mesmement, que jusques au jour de nostredicte pragmatique sanxion les reservations apostoliques, mesmement des eglises metropolitaines et episcopales et autres, avoient lieu et en disposoit et povoit disposer nostredit saint pere, selon la teneur des accors faiz entre lui et noz ambasseurs par nous à lui envoyez; soubz umbre de laquelle interpretacion, pluseurs litiges, debatz et procès pourroient sourdre et advenir, et sourdent et adviennent de jour en jour entre noz subgietz, dont grans maulx et inconvéniens pevent advenir à la chose publique de nostredit royaulme: voulans pourveoir aux difficultez qui pourroient advenir par telles interpretations voulentaires, qui ne loist à quelque personne que ce soit faire, ne nostredicte pragmatique sanction ne autre loy ou ordonnance interpreter ou extandre, sans sur ce nous conseillier, et tendans à éviter et oster toutes voyes et matieres de litiges, débatz et discors d'entre noz subgiez, et y tenir et mettre bonne paix et concorde et venir à la vérité des choses.

Pour ce est-il que nous, eu regart aux choses dessusdictes, et aussi que paravant et jusques au jour de la date de nostredicte pragmatique sanction, nostredit saint pere pape Eugène, notoirement et par l'accord dessusdit fait entre lui et noz ambasseurs, a pourveu aux dignitez ecclesiastiques archiepiscopales, episcopales et autres, et fait les promotions en telz cas necessaires et de telz personnes qu'il a veu estre expedient, et lui avons obei en nozdiz royaulme et Daulphiné, et pluseurs fois l'avons requis de ce faire pour ceulx qui en estoient dignes, en entretenant ledit accord d'entre lui et nosdiz ambasseurs; voulans oster tous doubtes et incertitudes que l'on pourroit alleguer à l'occasion de nostredicte pragmatique sanction, et ycelle estre sainement et certainement entendue selon la voulenté que lors avions, et aussi ceulx de ladicte assemblée de l'eglise de nosdiz royaume et Daulphiné, et selon la vérité, par grant et meure déliberation de conseil:

Avons dit et déclaré, disons et DÉCLARONS par la teneur de ces présentes, que l'intencion de nous et de ceulx qui estoient en la dicte assemblée de l'église de nostre royaulme et Daulphiné à Bourges, estoit et a toujours esté, et encores est nostre entencion et voluntéet est le vray sens et entencion de nostredicte pragmatique sanction, que les promotions faictes par nostredit saint pere pape Eugene, tant d'églises metropolitaines, cathedrales que autres, depuis et selon l'accord dessusdit fait entre nostredit saint pere et nos ambasseurs, jusques au jour de ladicte pragmatique sanction, vaillent et tiengnent sans ce qu'il soit loisible à aucuns noz subgiez, soient juges ou autres de quelque autorité qu'ils soient, de venir au contraire; et en oultre déclarons que l'intencion de nous et de ceulx de ladicte assemblée, en faisant ladicte pragmatique sanction, fut, et est de présent nostre entencion, que l'accord fait entre nostredit saint pere et nosdiz ambasseurs soit et demeure valable et sortisse effect jusques au jour de la date de ladicte pragmatique sanction, sans avoir aucun regart à la date dudit decret fait à Basle paravant la date de nostredicte pragmatique sanction, et qu'il feut par nous receu; et ne volons et n'est nostre intencion que nostredicte pragmatique sanction soit en aucune maniere entendue, et ait ne sortisse aucun effect au temps précédant la date d'icelle; mais est nostre intencion et voulons qu'elle vaille et tiegne et sortisse effect et soit tenue et gardée au temps subséquant la date d'icelle seulement. Si donnons en mandement aux gens de parlement, aux seneschaulx, bailliffs, prevosts, juges, et autres officiers, et à tous les autres justiciers du royaulme.

Donné, etc. Par le roy en son conseil.

N° 140. — ORDONNANCE (1) *sur les formalités d'expropriation, relativement aux maisons de Paris, et aux droits des créanciers, au droit de délaissement, à la purge des hypothèques, à la majorité à 18 ans, au taux de l'intérêt de l'argent.*

Paris, novembre 1441. (C. L. XIII, 339.) Pub. au parlement le 25 janvier, à la Chambre des comptes le 30, et au châtelet le 1ᵉʳ février.

CHARLES, etc. Entre les solicitudes que avons d'entendre au gouvernement des citez, bonnes villes et communaultez de nostre royaume, celles préalablement sont fichées en nostre pen-

---

(1) Cette loi est très importante.

sée, qui touchent et regardent l'utilité et continuation des édifices de nostre bonne ville et faulxbourg de Paris, où noz predécesseurs rois de France, les seigneurs du sang royal et plusieurs autres grans seigneurs, prélatz, barons et chevaliers, pour la plus grant partie du temps ont eu et fait leur résidence ces temps passez, en laquelle aussi la court de nostre parlement qui est cour souveraine et capitale de la justice de nostre dit royaume, et nostre très-chière et très-amée fille l'université de Paris, sont establies; à l'occasion desquelles choses nostredicte bonne ville de Paris a esté cy-paravant moult grandement renommée, habitée et garnie de grant et notable peuple, et aussi décorée de très-nobles édifices et habitations; plusieurs desquels édifices et habitations, depuis aucun temps en ça, à l'occasion, entre autres choses, de ce que en la plus grant partie ils ont esté és temps passez et sont encores trop grandement et excessivement chargiez de rentes et ypotheques, et que plusieurs personnes par defaulte de marchandises, labeurs, pratiques, ouvraiges et autres manieres de vivre, ont esté contrains de plus avant charger de rentes leurs dictes maisons et possessions, et les autres n'ont eu de quoy les soustenir et reparer, ne paier les rentes qu'elles doivent, parce qu'on ne les a peu louer à la moitié prez de la charge d'icelles, au grant dommaige et diformité d'icelle nostre bonne ville, et pourroit plus estre se n'y est brièvement pourveu de remede raisonnable et convenable :

Pour quoy nous desirant mettre toute provision possible sur ce que dit est, pour le bien de la chose publique, emparement et décoracion de nostredicte ville de Paris, et obvier à la ruyne et diminucion d'icelle, par l'advis et deliberacion de nostre amé et féal chancellier et autres gens de nostre grant conseil (1) et de plusieurs notables personnes tant noz conseilliers en nostredit parlement, gens d'église et autres clers, nostre prevost de Paris, le prevost des marchans, eschevins et autres plusieurs bourgois d'icelle nostre bonne ville, de grant prudence et experience, avons fait, voulu, ordonné et estably; et par ces présentes, de nostre plaine puissance et auctorité royal, faisons, voulons, ordonnons et establissons les choses, pointz et articles qui s'ensui-

---

(1) On remarque dans le Répertoire de jurisprudence (v° *chancelier*, p. 192) que c'était une de ses fonctions de dresser, conformément aux intentions du roi, les nouvelles ordonnances, édits et déclarations, et les lettres patentes, relatifs à l'administration de la justice. (Isambert.)

vent, pour estre tenus, gardez et observez doresnavant à toujours inviolablement et sans enfraindre en quelque maniere que ce soit.

(1) *Premierement.* Que le privilege donné et octroyé par feu de très-noble mémoire, nostre progeniteur Philippe roy de France, que Dieu absoille, aux bourgois et habitans de nostredicte bonne ville de Paris, pour faire crier et subhaster les maisons et possessions avecques leurs appartenances, vuides, vagues, ruyneuses et habitées, assises en nostredicte ville et faulxbours d'icelle, duquel la teneur s'ensuit. (1)

Demourra en sa force et vertu, en gardant et observant les usaiges et coustumes dont on a usé le temps passé et use t'on encores de present en icelle nostre ville et chastellet de Paris, joinct avecques ce, les moderacions, ampliacions et additions qui s'ensuivent.

(2) C'est assavoir, que toutes maisons, possessions et leurs appartenances, vuides, vagues, ruineuses et inhabitées, qui seront criées par vertu dudit previlleiges aux bourgois, se pourront louer, et de fait seront louées par auctorité de justicie pendant lesdictes criées se on treuve personne qui icelles veulle prendre à louage, nonobstant et sans prejudice desdictes criées.

(3) *Item.* Que toutes manieres de maisons et autres possessions qui seront habitées et n'y aura point de proprietaire, pourront semblablement estre criées par vertu dudict previlleige, à la requeste de celui ou ceulx qui auront rentes sur icelles maisons et possessions, ainsi et par la forme et maniere que les maisons vuides, vagues et non habitées.

(4) *Item.* Et se il advient que pendant lesdictes criées et avant qu'elles soient parfaites, aucun qui se die proprietaire vienne et se traye pardevers celui ou ceulx qui feront faire lesdictes criées, et les paye de leur deu, jà pour ce lesdictes criées ne cesseront, ou cas toutesvoies que autres pretendans avoir droit de rente sur le lieu crié, et qui durant lesdictes criées se y seroient opposez, vouldront continuer, reprendre et parfaire icelles criées, ou quel cas faire le pourront, tout ainsi que faire l'eust peu cellui qui auroit commencié lesdictes criées, et sans autre evocation pour ce faire.

(5) *Item.* Pour obvier à ce que aucun ne soit fraudé par le

---

(1) C'est l'ordonnance de 1345, tom. 4, p. 480; V. aussi l'ordonnance de novembre 1505, et surtout celle de mars 1587, tom. 7, p. 679. (Isambert.)

moyen desdictes criées qui se feront doresenavant par vertu dudit previlleige desdictes maisons, possessions et appartenances habitées et non vuides, ainsi que dessus est dit, et à ce que ung chacun en ce que dit est, ayant interest, puisse avoir congnoissance d'icelles criées, nous avons ordonné et ordonnons que en faisant lesdictes criées, et pendant icelles, oultre et avecques les croix sera mise une banniere apparant au front ou pignon principal d'icelles maisons ou lieux criez, où il aura escript que ladicte maison et lieux avecques leurs appartenances, sont en criées par vertu dudit previlleige.

(6) *Item.* Pour pourveoir à l'abréviacion des procès qui doresnavant pourront estre meuz et se mouveront pour cause et occasion des oppositions qui se feront ausdictes criées, avons ordonné et ordonnons, que incontinent après que les criées par vertu dudit previlleige seront commencées, nostre prevost de Paris ou son lieutenant nommera et deputera commissaire pour recevoir les lettres, tiltres, cartulaires et autres munimens avec les moyens, preuves et garnisons des opposans; le nom duquel commissaire sera enregistré en la marge du feuillet au commencement de la premiere criée, et pourront lesdits opposans et chacun d'eulx poursuivre l'un l'autre et autres prétendans avoir droit sur le lieu crié, affin de garnir ou quitter.

(7) *Item.* Aussi voulons et ordonnons que ung chacun opposant ausdictes criées sera tenu de mettre et bailler devers ledit commissaire ses lettres, tiltres, cartulaires et autres munimens procedans tant de son chief comme de ses garans ou autrement, ou la coppie d'iceulz collationnez aux originaulx par le dit commissaire qui fera rapporter lesdits originaulx touteffois que partie le requerra avec ses moyens et preuves par tesmoings et autrement, pour fonder et soustenir son droit d'opposition, et aussi sommer ses garands s'aucuns a entention de en sommer en ceste partie, au plus tart dedans demy an après lesdictes criées parfaictes et le decret adjugié : et ou cas que dedans le demy an passé et revolu l'opposant ausdites criées n'aura ce fait, produit et accomply pardevers ledit commissaire, nous icellui dès maintenant et dès maintenant pour lors forcloôns et deboutons de toutes sommacions et preuves, soit par lettres, cartulaires, tesmoings et autres munimens procedans tant de son chief que autrement.

(8) *Item.* Et se aucun opposant ausdictes criées veult prouver son droit de rente par tesmoings et en forme d'enquesté, faire le

pou[rre], en convoquant ou appelant celluy qui aura fait faire l[es]
dictes criées et ceulx qui lors se y seront opposez, au lieu du d[o-]
micille par eulx esleu, en faisant leurs oppositions, pour ve[oir]
jurer lesditz tesmoingz ; laquelle enqueste qui ainsi sera fai[te]
voulons et ordonnons valoir et sortir son effect, tant ou regard [de]
ceulx qui ainsi auront esté appellez, comme des autres oppos[ans]
qui après s'opposeroient à icelles criées, tout ainsi que s'[ils]
avoient esté convoquez ou appellez à veoir jurer iceulz te[s-]
moingz ; sauf toutesvoies à un chacun ses reprouches, contre[ditz]
et salvations.

(9) *Item.* Que tantost le demi an passé, ledit commiss[aire]
sera tenu de apporter et mettre devers la court tout ce que bail[lé]
et produict lui aura esté, et qu'il aura fait et examiné en la m[a-]
tiere, pour au surplus faire par notredit prevost de Paris, ou s[on]
dit lieutenant les condempnacions de garnir ou quitter, selon l[a]
priorité et posteriorité desdictes lettres, tiltres, preuves de te[s-]
moing et autres munimens, et choses qui seront trouvées [en]
court, sauf à chacun ses contrediz, reprouches, et salvations.

(10) *Item.* Et s'il advenoit que pendant l'an desdictes crié[es]
ou ledit demi an après en suivant, aucun opposant feust co[n-]
dempné à garnir le lieu crié, ou quitter son droit dedens q[ua-]
rante jours en la maniere accoustumée, lesdits quarante jou[rs]
ne commenceront avoir cours contre ledit condempné, jusque[s]
au premier jour après ledit demi an passé et revolu.

(11) Que tous les ajournemens qui seront faiz au domici[le]
esleu par les opposans ausdictes criées en faisant leurs oppo[si-]
cions à icelles, vauldront et seront d'autel effet et vertu, comm[e]
se faiz estoient aux personnes d'iceulz opposans, tant au reg[ard]
de celluy qui fera faire lesdictes criées comme desdits oppos[ans]
l'un contre l'autre.

(12) *Item.* Et pour ce que aucuns, pour fouir, delayer o[u]
retarder les causes et procez dependans d'icelles criées, pour[-]
roient de legier interjetter plusieurs appellations, nous avons o[r-]
donné et ordonnons que les appellans ès matieres dessusdictes
seront tenuz de relever leursdictes appellacions dedens quinz[e]
jours après icelles interjettées, et en celluy mesme parlement
s'ils en ont faculté, ou autrement au prochain parlement lo[rs]
advenir, nonobstant que les parties ne soient pas des jours do[nt]
l'en plaidera lors.

(13) *Item.* Que doresnavant on ne pourra charger à pris d'a[r-]
gent ou autrement de rente perpetuelle, maisons ou possessio[ns]

ses en notredicte ville et faulxbourgs de Paris, se ce n'est
ques à la valeur du tiers de ce que lesdictes maisons ou pos-
sions pourroient valoir de rente en commune estimacion, à
prendre en ce les autres charges precedens : laquelle extimacion se fera par l'ordonnance de notredit prevost de Paris, ou du
hault justicier en la justice duquel lesdictes maisons ou possessions seront assises, à l'opcion de celui qui vouldra faire faire
ladicte extimacion, sur peine d'amende arbitraire à nous appli-
quée, à prendre sur les transgresseurs, et avecques ce, demourra
contrat nul en ce qui excedera ledit tiers.

(14) *Item.* Et s'il advenoit que aucun doresenavant vendist
rente, pour laquelle payer il obligast generalement tous ses biens,
soubz laquelle obligacion ainssi generalment faite et passée,
eussent estre et fussent comprinses ses maisons ou autres possessions seans en notredicte ville de Paris et faulxbourgs d'icelle,
et que ladicte rente ainsi generalement vendue excedast la valeur
du tiers d'icelles maisons ou possessions; neantmoins icelles maisons ou possessions ne demourront chargez au moyen et par vertu
de ladicte obligacion, que jusques à la valeur du tiers de la rente
à quoy lesdictes maisons ou possessions seroient appreciez et exti-
mez valoir, ainsi que dit est : en ce comprinses les rentes precedens ladite obligacion s'aucune en y avoit; et en ce cas le vendeur
ne paiera aucune amende.

(15) *Item.* Et s'il advient que les proprietaires desdictes maisons ou possessions achattent ou autrement acquierent rentes
dont icelles maisons ou possessions seront chargez, et depuis ce
ilz renoncent à icelles maisons ou possessions, ou leur soient
evincées par le moyen des criées dudit privilleige ou autrement,
iceulx proprietaires pourront poursuir leursdictes rentes, et les
arrerages escheuz sur lesdictes maisons ou possessions, contre
toutes personnes qui y pretendroient avoir rente, obligacion ou
charge, depuis qu'ils y auront renoncé ou qu'elles auroient esté
evincées, et eulx aidier de priorité comme eussent peu faire les
vendeurs d'icelles rentes, ou ung tiers et estrange personne s'il
eust acheté ou acquesté icelles rentes, nonobstant quelconque
confusion que l'en pourroit arguer ou obicier en ceste partie, et
laquelle confusion nous ne voulons prejudicier à iceulx proprietaires en quelque maniere que ce soit.

(16) *Item.* Que toutes manieres de rentes constituées par achat
et pris d'argent, par accensemens, partaiges faits entre cohe-
ritiers ou autres, par dons, laiz, ou autrement en quelque maniere

que ce soit, sur les maisons et possessions qui selon ledit previ[lege] se pevent faire crier et subhaster, se depuis lesdit accens[e]mens, partaiges, donz ou laiz, elles ont esté vendues ou tra[ns]portées de main en autre, à quelque personne qu'elles appa[r]tiennent, soient eglises, colleiges ou autres personnes, l[es] proprietaires d'icelles maisons, et possessions qui sont à prese[nt] ou qui seront pour le temps advenir, les pourront rachater : c'e[st] assavoir, à denier douze (1), monnoie courant à présent, quo[y] que pris que lesdictes rentes ayent esté vendues ou rachatées.

(17) *Item.* Soubz ledit rachapt de douze deniers n'i sont p[as] comprinses les rentes vendües ou achaptées en foible monnoie, c'est assavoir, depuis le 19e jour de janvier, l'an 1418, jusques a[u] tiers jour de novembre 1421 que forte monnoye eust cours; m[ais] seront rachaptables au priz qu'elles auront cousté, eu regart a[u] priz du marc d'argent, et pourveu que le denier ne excede l[e] pris de douze deniers parisis, monnoye courant à présent.

(18) *Item.* Que toutes rentes constituées par accensement, après le premier accensement, ou après autres rentes, seront r[a]chetables au pris dessusdit.

(19) *Item.* Et au regart des rentes constituées par dons, lai[z], partages ou accensemens, tantost après fons de terre, ne se pour[r]ont rachater, se ainsi n'est que lesdictes rentes soient onereuses, tellement qu'elles excedassent le tiers de la rente à quoi la mai[s]on ou possession seroit extimée valoir de rente, par gens en c[e] congnoissans et par communes années; ouquel cas les proprietaires desdictes maisons et possessions pourront rachater lesdicta[s] rentes, tant que lesdictes maisons et possessions ne demourron[t] chargez que du tiers de ladicte rente à quoy icelles maisons o[u] possessions seront estimez par la maniere devant dicte.

(20) *Item.* Que tous proprietaires de maisons et possessio[ns] assises à Paris et ès faulbours, chargez de rentes excessives e[t] onereuses, se ils veulent renoncier à icelles maisons et posses[s]ions sans rachater lesdictes rentes ou partie d'icelles, ils sero[nt] receuz ausdictes renonciacions faire, en delaissant icelles mai[s]ons et possessions en tel estat qu'elles etoient au temps de l[a] prinse, s'il en peut apparoir dedens ung mois en suivant ladict[e] renonciacion, et sinon, icellui renonçant sera reçu à faire ladict[e] renonciacion desdictes maisons et possessions, en les delaissan[t]

---

(1) Un peu plus de 8 pour cent; la rente fut réduite au denier 16 par Henri IV, au denier 18, par édit de 1634; au denier 20, par l'édit de 1669, et par la loi du 3 septembre 1807. (Decrusy.)

tel estat que en icelle on puisse convenablement demourer et habiter, en en payant les arrerages (1).

(21) *Item*. Que esdits rachatz ne seront point comprinses les rentes admorties.

(22) *Item*. Aussi esdits rachatz ne seront point comprinses les rentes appartenans aux femmes veufves durant leurs viduitez; excepté toutes voies celles qui par elles, ou pour et ou nom d'elles, durant leursdictes viduitez, auroient esté ou seroient acquestées, et aussi celles qui par successions leur echeroient.

(23) *Item*. Et semblablement ne seront point comprinses les rentes des enfans mineurs durant leur minorité, laquelle minorité par ces présentes nous declarons et voulons quant à ce durer jusques en aage de dix-huit ans compliz, lequel aage comply, sera leur rente rachetable au pris et par la maniere que dessus; et seront tenus les rachetteurs de convoquer et appeller par devant notre prevost de Paris ou son lieutenant, quatre des parens, affins, ou amis prochains, en ce comprins les tuteurs et curateurs desdits enfans, s'aucuns en ont, pour veoir consigner par auctorité de justice les deniers desdits rachatz, et au surplus les employer ou prouffit d'iceuls enfans.

(24) *Item*. Se ung proprietaire vouloit aussi rachetter aucune rente, qui si nouvellement auroit esté constituée ou acquise par le rentier, qu'il n'auroit reçu d'arrerages d'icelle rente, qui montassent la valeur des lotz et ventes, saisines et autres loyaulx coustemens, ledit proprietaire sera tenu de le restituer de ce qu'il en aura moins receu.

(25) *Item*. Quant aucun proprietaire vouldra aussi racheter rente constituée sur sa maison ou possession assise en ladicte ville et faulxbours de Paris, se le rentier refuse ledit rachat, disant que icelle rente fut pieçà constituée incontinent après fons de terre, par dons, laiz, partaiges, ou accensement, ledit rentier sera tenu d'en faire apparoir par lettres et tiltres; et s'il ne le monstre ainsi prestement, ou au premier delay à lui sur ce baillé par justice, sans autre procès, sadicte rente sera rachetable comme constituée par achat et pris d'argent.

(26) *Item*. Que chacun desdits proprietaires pourra racheter

---

(1) Le nouveau répertoire (v° *Déguerpissement*, § 1er.) a remarqué l'importance de ce principe, qui se retrouve dans la coutume de Paris, art. 109, et est encore dans notre droit, toutes les fois qu'il n'y a pas obligation personnelle.

(Isambert.)

de chacun tenier prenant rente sur sa maison, ou possession [de]
Paris, ou des faulxbours, à chacune foiz le quart de la rente qu[i]
vouldra rachater; et n'en pourra moins rachater, de vint solz p[a]-
risis à la fois, se elle monte à ladicte somme de vint sols paris[is]
en plus, et au-dessoubz de vint sols, toute à une foiz.

(27) *Item*. Se aucuns proprietaires de maisons et possessi[ons]
desdictes ville et faulxbourgs de Paris, vouloient rachetter aucun[es]
rentes perpetuelles dont lesdictes maisons ou possessions seroi[ent]
chargées de viage, la propriété se pourra rachetter pour les de[ux]
pars, et le viage pour le tiers, au pris dessusdit, dont le propri[e]-
taire aura les deux pars, et le viagier le tiers.

(28) *Item*. Que chascun proprietaire qui vouldra racheter rent[e]
sur sa maison ou possession de Paris ou des faulxbours, pou[rra]
pour sa sureté, faire mettre en criées ou chastellet de Paris, l[a]
rente qu'il vouldra racheter, par les quatre quatorzaines, en signifiant lesdictes criées au commencement d'icelles, à icelui [à]
qui en vouldra racheter, sans autre evocacion faire.

(29) *Item*. Et se durant lesdictes criées aucuns qui auroi[ent]
droit d'ypotheque, rente, obligacion, ou autre charge, ne se [op]-
posoient à icelles criées, ils seront privez et deboutez de leurs y[po]-
theques et obligacions, rentes ou autres charges, au regard d'i-
celle rente (*a*); et sera ladite rente delivrée oudit chastellet franch[e]
audit proprietaire: et se aucuns s'opposent durant lesdictes crié[es]
icelles parfaictes, ledit proprietaire consignera l'argent par l'o[r]-
donnance de justice, en main seure, pour en estre discuté au r[e]-
gard desdits opposans; et parmi ce, ladicte rente sera deliv[rée]
nette audit proprietaire de tout ypotheque, rente, obligacion, o[u]
autre charge, sans attendre la discucion desdits opposans.

(30) *Item*. Et se aucun proprietaire veult rachetter rentes appartenans à aucuns benefices d'eglise, qui ne soient pas admorties, le proprietaire fera appeller pardevant le prevost de Paris o[u]
son lieutenant, le possessour dudit benefice, avecques le patr[on]
et collateur et le donateur de ladite rente, ou ceulx qui de l[ui]
auront cause, se convenablement et sans trop grans fraiz, e[u]
egard à la rente rachetable, ilz peuvent estre convenuz et adjou[r]-
nez; et sinon, par edit general fait par quatre jours de samedy [à]
l'auditoire civil du chastellet de Paris, et signifié au lieu dud[it]

(*a*). Ainsi l'expropriation solennelle purge les hypothèques, ce qui est enc[ore]
douteux dans notre droit actuel, et ce qui paraît même décidé négativem[ent]
par la jurisprudence. (Isambert.)

benefice; et aussi se aucun proprietaire veult rachetter rentes appartenans à colleiges, hospitaulx, hostelz-Dieu, maladeries, marregleries, confrairies ou autres communaultez, qui ne seroient admorties, ledit proprietaire fera semblablement appeller pardevant ledit prevost de Paris, ou sondit lieutenant, les gardians, gouverneurs, ou maistres desdits colleges, hospitaulx, hostels-Dieu, maladeries, marregleries, confrairies ou communaultez, et aussi le donateur de ladicte rente ou ses ayans cause, e convenablement et sans trop granz fraiz, eu egard à ladicte rente rachetable, ilz pevent estre convenus et adjournez; et sinon, par edit general, fait par quatre jours de samedy en l'auditoire civil dudit chastellet, et signiffié au lieu desdits colleiges, hospiaulx, hostels-Dieu, maladeries, marregleries, confrairies, ou communaultez, pour adviser en quoi l'argent desdictes rentes rachetées pourra estre converty; et se iceulz appellez ne comparent pardevant ledit prevost de Paris, ou sondit lieutenant, ledit proprietaire consignera son argent en main de justice, et demourra déchargé de ladicte rente.

(31) *Item.* Et pour ce que plusieurs desdictes rentes ont esté promises, et les autres assignées en seureté de douaire, aux traitez de plusieurs mariages, dont les parties sont encores conjointes, les autres achetées pour estre le propre heritage des hommes ou des femmes ou des enffans qui ystront desdits mariaiges (1), les autres appartiennent aux hommes de leur costé, et les autres appartiennent à leurs femmes de leur costé, pareillement, et d'autres semblables, le proprietaire qui vouldra rachetter telles rentes, fera appeller au regard de ce qui touchera l'omme et sa femme, ensembles leurs peres et meres s'ilz en ont aucuns à Paris, synon leurs freres et seurs, ou autres prochains parens estans à Paris, s'aucuns en ont : c'est assavoir deux, du costé de l'omme et deux du costé de la femme : et quant à ce qui touchera la femme, il fera appeller son mary et elle, et trois personnes du costé d'elle, et du costé de son mary une personne seulement, s'aucuns en ont à Paris, et en défault de parens, autres de leurs cousins et amis demourans à Paris, pour veoir consigner l'argent du rachat de la rente en main seure, et adviser entre eulx à qui ledit argent sera baillé, pour l'employer au prouffit de cellui à qui estoit ladicte rente, pour sortir pareille nature ou condicion que faisoit sadicte rente ainsi rachettée.

---

(1) Voilà la puge des hypothèques légales de la femme et des mineurs.

(32) *Item*. Pour éviter les debaz qui pourroient sourdre entre diverses personnes qui auroient rente sur une maison, masure ou possession, parce que chacun d'eulx en voudroit devenir propriétaire, afin d'avoir la faculté de rachetter les autres rentes sitôt que ledit propriétaire aura renoncé à ladicte maison, mazure ou possession, ou quant aucun ne s'en portera proprietaire : en ce cas, cellui qui aura fait faire les criées par vertu dudit privilege, pourra accepter la propriété; lequel quant ad ce sera preferé aux autres rentiers, pourveu que il sera tenu se declairer au papier et registre desdictes criées en et dedans quinze jours prochains après lesdictes criées parfaictes; et icelle proprieté par lui ainsi acceptée, il aura la prérogative et faculté de rachetter toutes les autres rentes rachetables par la maniere que dit est.

(33) *Item*. Et s'il advenoit que deux ou plusieurs d'iceulx rentiers feissent semblable diligence de faire faire lesdictes criées par la maniere dessusdicte, celuy d'entre eux qui dedens quinze jours après lesdictes criées faites et passées, enseignera et montrera par lettres et tiltres sa rente avoir été constituée la premiere aura la prérogative dessusdicte.

(34) *Item*. Se cellui ou ceulx desdits rentiers qui auront fait faire lesdictes criées, ne declarent leur voulenté par la maniere que dit est, les autres opposans ensuyvamment auront telle faculté et prerogative en lieu d'eulx, selon l'ordre et priorité de la constitucion de leurs rentes ou debtes, dont ilz seront tenus faire foy par lettres et tiltres comme dessus est dit, en et dedans autres quinze jours prochains après ensuivans.

(35) *Item*. Et se durant ladicte derniere quinzaine, aucun ne faisoit ladicte diligence, le premier d'entre eulx qui la fera, la dicte quinzaine passée, aura ladicte prerogative par prevention sans pour ce faire aucune evocacion autrement que dessus est dit.

(36) *Item*. Et se aucun ne se declarroit proprietaire de la maison ou possession ainsi criée en et dedens demy an ensuivant que lesdictes criées par vertu dudit privilleige auroient esté faictes et parfaittes, notre procureur ou chastellet de Paris, ou autre qui faire le vouldroit, pourra faire mettre en criées par les quatre quatorzaines, laditte maison ou possession, en le signifiant par un sergent en la presence de deux tesmoings, du moins, aux opposans des criées faites par vertu dudit previlleige et sans autre evocacion faire; et icelles criées faittes et passées icelle maison ou possession sera baillée au second rapport desdictes criées, lequel rapport sera fait ès jour de mecredi et samedy et la délivrance au second rapport

au jour de samedy, par notre prevost de Paris ou son lieutenant, au plus offrant et dernier encherisseur, à rente, pour icelle tourner et convertir au prouffit de cellui ou ceulx qu'il appartiendra; et paiera cellui au prouffit de qui laditte adjudicacion sera faite, les fraiz desdictes criées, et vauldra ledit bail, et si sera icelle rente rachetable au pris et par la maniere que dit est.

(37) *Item.* Et ou cas que notredit procureur ou autre ne entreprendroit de faire faire lesdictes criées par la maniere que dit est, le seigneur foncier sera tenu de faire mettre en criées par lesdits quatre quatorzaines icelles maisons et possessions, ledit demi an passé, en le signifiant par ung sergent en la presence de deux tesmoings du moins, aux opposans des criées faites par vertu dudit previlleige, et sans autre evocation faire; et icelles criées faites et parfaites, laditte maison ou possession sera baillée au second rapport desdictes criées, lequel rapport se fera ès jours de mercredy et samedy, et la delivrance audit second rapport au jour de samedy par notredit prevost de Paris ou son lieutenant, au plus offrant et derrenier encherisseur, à rente, pour tourner et convertir icelle rente ou prouffit de cellui ou ceulx qu'il appartiendra, sur peine de perdre par ledit seigneur foncier le droit des premieres ventes, et les arrerages de son cens qui en seront deubz jusques à ce qu'il y ait proprietaire, et ledit seigneur foncier recouvrera les depens desdictes criées des quatre quatorzaines, sur icellui au prouffit duquel ladite adjudicacion sera faite, et sera icelle rente rachetable au pris et par la maniere que dessus.

(38) *Item.* Et se lesdictes maisons et possessions avoient esté vuides et vagues par an et jour, et qu'elles eussent esté mises en criées par vertu dudit previlleige, ledit seigneur foncier sera tenu de les faire mettre en criées par vertu dudit previlleige aux bourgois, sur les peines dessusdictes, et d'habondant lesdictes criées faites et parfaites et le demi an passé, fera faire les criées par lesdictes quatre quatorzaines, ainsi qu'il est contenu ou prochain precedent article.

(39) *Item.* Que aucuns ne seront doresenavant receuz à mettre pris de rente ne enchiere sur les maisons et lieux criez, s'ils ne sont tesmoingnez suffisans par gens dignes de foy, de payer la rente pour et à laquelle ilz auront mis et mettront lesdits lieux criez jusques à la valeur du pris d'icelle rente, ou dudit pris bailler caution souffisant. (1)

---

(1) Aujourd'hui les avoués sont responsables de la solvabilité notoire des adjudicataires. (Isambert.)

(40) *Item*. Et ne leur seront baillées aucunes lettres d'icelles adjudicacions, plustost et jusques à ce qu'ils auront estez tesmoingnez souffisans par gens dignes de foy, et qu'ils auront baillé ladite caucion souffisant ; et pour icelle caucion bailler, leur sera donné et prefix temps de quinze jours prochains, en suivant icelle adjudicacion, sur peine d'estre privez et deboutez d'icelle adjudicacion ; ouquel cas lesdits lieux seront derechief, icellui temps passé, rapportez en jugement comme paravant aux prochains jours de mercredy et samedy, et adjugiez au plus offrant à pris de rente ainsi que dessus.

(41) *Item*. Que après lesdictes prinses et adjudicacions faites, les preneurs seront tenus de faire visiter les maisons et lieux criez et adjugiez, par jurez et gens en ce expers et congnoissans; et en faisant ladicte visitacion, sera faite declaracion de la longueur et largeur d'iceulx lieux, et aussi appreciacion de la valeur à pris d'argent pour une foiz, tant à la charge de la rente à quoy lesdits lieux auront esté adjugez, comme sans la charge d'iceulx notre procureur ou ce dit chastellet à present ou appellé, et le seigneur foncier s'il est demourant en la ville ou faulxbours de Paris dont lesdits jurez feront leur rapport par escript, qui sera enregistré par le clerc de la cour en ung livre ordinaire, tout aux despens des preneurs.

(42) *Item*. Que pour faire lesdictes visitacions et appreciacions sera donné et prefix temps dedens quinze jours après ensuivans ausdits preneurs ; et avecques ce leur sera interdit et deffendu en faisant lesdictes adjudicacions, de faire fait de proprieté desdits lieux adjugez, jusques à ce que lesdictes visitacions et appreciations seront et auront esté faites ainsi que dit est, sur peine d'amende arbitraire.

(43) *Item*. Que se lesdiz preneurs, leurs hoirs et ayans cause, vouloient renoncer ausdictes maisons et lieux ainsi adjugiez, ils seront tenus les delaissier en aussi bon estat et valeur comme ils estoient ou temps de ladicte adjudicacion et appreciation, ou autrement ils ne seront point receuz à ladicte renonciation.

(44) *Item*. Et au regard des significations qui se feront aux opposans des criées faictes par vertu dudit previlleige, icelles significacions seront faictes aux hostels et domiciles esleuz par lesdiz opposans durant lesdictes criées dudit previlleige, et vauldront comme se faictes estoient aux personnes d'iceulz opposans.

Toutes lesquelles ordonnances cy-dessus transcriptes et les points et articles en icelles contenuz, voulons et ordonnons estre tenues, gardées et observées à toujours, sans enfreindre en aucune maniere.

Si donnons en mandement par ces mesmes presentes, à nos amez et feaulx conscillers les gens tenans et qui tiendront notre parlement, les gens de nos comptes à Paris, au prevost de Paris et à tous nos autres justiciers et officiers ou à leurs lieuxtenans, que icelles nos ordonnances, les poins et articles en icelles contenuz, ils tiennent, gardent et facent tenir et garder sons enfraindre; et que icelles nos ordonnances ils facent publier et enregistrer ès lieux et registres à ce ordonnez.

Et que ce soit chose ferme et estable à tousjours, avons fait mettre à ces presentes nostre séel.

Donné, etc.

Par le roy en son conseil, ouquel le conte d'Eu, vous (le chancelier), les eveques de Clermont et de Maguelonne, Mess**. Hugues de Noer, Mess** Jehan de Jambes, maistre Regnier de Bouliguy et plusieurs autres estoient.

N° 141. — DOLÉANCE *des états sur la nécessité de la paix avec les Anglais* (1) *et sur la réforme des abus.*

Nevers, 1441. (Monstrelet, fol. 187-191.)

Demande.

(1) Premierement réciterent quatre articles autrefois proposez par les ambassadeurs du roi, par lui envoyez à Nevers devers lesdits seigneurs, avec les réponses servant à un chacun article. (2)

(2) *Item*, remontrerent au roi la nécessité de la paix générale du royaume de France (3), et en ensuivant ce que par lui avoit

---

(1) Ces états paraissent n'avoir été composés que de nobles; le roi, dit Monstrelet, ne fut pas content de ces assemblées que les seigneurs faisaient en son absence; les gens du conseil disaient que les seigneurs s'efforçaient d'attirer de leur parti les nobles hommes de son royaume avec les gens d'église et le commun peuple, pour faire tous ensemble nouvelles ordonnances, et bailler gouvernement en entier du royaume de par les trois etats. Le roi répondit que s'il s'en appercevait, il laisserait toute autre besogne pour leur courir sus. Cette pièce est d'un grand intérêt législatif et politique. (Isambert.)

(2) On ne les connait pas. (Isambert.)

(3) En 1813, le corps législatif fit des remontrances à Napoléon sur la guerre; il fut dissous pour cela. Les chambres ont aujourd'hui le droit de faire de semblables addresses. (Isambert.)

été accordé : il devoit (pour éviter charge) faire entretenir la journée de la paix au lieu accoutumé, sans soy arrêter à la difficulté du lieu, où on ne voit point d'intérêt suffisant pour empêcher ladite journée de paix, et aussi que la journée de Tartas et celle de la paix se peussent bien être entretenues.

Réponse faite par le roi auxdits articles.

(1) Quant est au premier point, il ne s'y faut point arrêter; car il n'a point été récité de réponses faites à Nevers par les seigneurs à monseigneur le chancelier de France, à messire Loy de Beaumont, et aucuns autres envoyés audit lieu de Nevers de par le roi.

(2) Audit second article, touchant les remontrances de la paix, le roi a eu et a toujours bon vouloir d'y entendre et procéder par effet, par tous moyens licites et raisonnables, comme il sçait bien et peut sçavoir que lesdits seigneurs l'entendent; et veuz les grands devoirs qu'il a faits en cette matière, il s'en tient être bien acquitté envers Dieu et le monde : car comme il est notoire quand le traité fut fait d'entre le roi et monseigneur le duc de Bourgongne, en la ville d'Arras, le roi fait par l'avis de monseigneur de Bourgongne, qui désiroit le bien et union desdits royaumes, offres bien grandes, et plus qu'il ne devoit, aux Anglois, qui pour lors étoient envoyez par le roi d'Angleterre pour traiter la paix desdits deux royaumes; lesquelles offres furent par eux refusées; et pour ce autres choses sembla aux cardinaux et autres illec envoyez pour ladite matière par notre saint père le pape, et le saint concile de Basle, aussi aux parens et seigneurs de mondit seigneur de Bourgongne, qui l'avoit assemblez de tous ses pays, en bien grand nombre, que veue la desraison qui étoit en la partie d'Angleterre, refusant telles offres, ledit seigneur de Bourgongne ne se devoit plus tenir à eux par loyauté; mais tant que pour autres causes s'en pouvoit esconduire, et faire paix avec le roi, son naturel et souverain seigneur.

Item, et depuis, le roi, à la requête de monseigneur le duc d'Orléans, et le duc de Bretaigne, et du consentement de mondit seigneur de Bourgongne, sans lequel jamais à ladite paix d'Arras n'a voulu entendre ne procéder à nuls moyens de paix avec lesdits Anglois : jaçoit ce que de leur part aucune ouverture leur en ayant été faite; mais pour toujours soi mettre en son devoir, envoya vers mondit seigneur de Bretaigne ses ambassadeurs solemnels, à tout pouvoir suffisant, pour prendre lieu de convention, où les ambassadeurs solemnels de la part du roi de France et d'Angleterre peussent aller, et mondit seigneur duc d'Orléans, qui devoit être amené à Chierbourg, y peut être; laquelle chose pour lors ne print aucun affet.

Item, depuis la requête de monseigneur le duc d'Orléans et madame la duchesse de Bourgongne, le roi consentit tenir journée entre Gravelines et Calais, pour le fait de ladite paix, à certain jour; auquel lieu et temps il envoya ses ambassadeurs à pouvoir suffisant, nonobstant que ledit lieu de Gravelines et Calais, étoit bien lointain, et en l'obéissance de ses ennemis; mais ce lui fait accorder et consentir la faveur de mondit seigneur le duc d'Orléans, qui, pour cette cause, devoit être amené au dessusdit lieu de Calais; car le roi vouloit et desiroit qu'il fût présent ou auprès du lieu où la cause seroit demenée, pour y avoir son avis, ainsi que bien raison étoit, veu la proximité de lignage, à quoi icelui duc d'Orléans actient au roi : et aussi pour parvenir à aucuns moyens de sa délivrance; et si ne feut pour les causes dessusdites, le roi n'eût point accepté le lieu de Gravelines dessusdit. A laquelle convention fut faite une cédulle par mondit seigneur d'Orléans et madite dame la duchesse de Bourgongne, contenant plusieurs points touchant ladite paix : laquelle cédulle fut envoyée devers le roi Charles, où il avoit là ses trois états, pour la diversité des opinions, aussi pour la faute de mondit seigneur le dauphin, auquel, (comme chacun seoit) touche plus qu'à nul autre après le roi; et aussi que point n'y étoient des seigneurs, et gens des pays de Languedoc, de Vienne et d'autres pays, fut prinse une autre journée à Bourges en Berry, au mois de février en suivant, auquel jour et lieu, le roi avoit intention d'être; mais nonobstant certaines divisions, qui lais survindrent, ne peurent venir à ladite journée.

Item, et néanmoins, en entretenant l'appointement de la journée prinse par mondit seigneur d'Orléans, et madite dame la duchesse de Bourgongne, envoya à la journée entreprise au premier jour de mai, solemnelle ambassade avec pouvoir suffisant, pour besogner au fait de ladite paix, et y furent et demeurerent lesdits ambassadeurs par l'espace de sept ou de huit mois sans rien besogner; et tant seulement fut entreprinse une autre journée au premier jour de mai, en suivant, l'an mille quatre cent quarante-deux : auquel jour de rechef le roi envoya moult notables ambassadeurs ayant pouvoirs suffisans comme de sus, et n'y fut rien besogné pour le déffaut des Anglois, qui n'y avoient envoyé qu'un simple clerc, qui n'étoit point personne suffisante pour traiter de telle et si haute matiere.

Item, et lors de rechef fut fort pourparlé par mondit seigneur le chancellier avec madite dame la duchesse de Bourgongne, d'entreprendre une autre journée au premier jour de ce présent mois de may ès marchés de Bauvais, de Senlis ou de Chartres. Laquelle journée madite dame de Bourgongne fait sçavoir au roy d'Angleterre, et lui fut fait réponse par une lettre, laquelle elle envoya au roy de France, et en effet contenoit, qu'en autre lieu ne tiendroit, ne feroit tenir ladite convention, que audit lieu de Gravelines : auquel lieu le roy n'a délibéré de tenir ladite journée, et mêmement vue que par trois fois le roy avoit envoyé en l'obéissance desdits Anglais, ne devoient iceux Anglais refuser lieu en l'obéissance du roy de France où ils pouvoient seurement et convenablement s'assembler. Et ce que le roy consentit tant de fois assembler audit lieu de Gravelines, a été en faveur de la délivrance de mondit seigneur le duc d'Orléans.

Item, et néantmoins le roy pour toujours de plus en plus montrer, et donner à connoître son bon propos et voulenté, en continuant ce que monseigneur le chancelier avait fait sçavoir à madite dame la duchesse de Bourgongne, est content de tenir journée avec lesdits adversaires les Anglais, pour le bien de paix au vingt-cinquième jour du mois d'Octobre prochain en suivant, ès marchés cy-dessus déclarés. C'est à sçavoir entre Pontoise et Mantes, entre Chartres et Verneuil, entre Sablé et le Mans, jusques à la place moyenne divisée, et prinse par les ambassadeurs commis d'une part et d'autre. Et ne peut le roy plutôt prendre journée qu'audit vingt-cinquième jour, pour deux causes très-raisonnables. La première, si est qu'il vouloit être retourné de la journée de Tartas au temps dessusdit, et être près du lieu où ladite convention se tiendroit accompaigné de messeigneurs de son sang, qui être y voudroient, ou de leurs gens : aussi de prélats, barons et grands seigneurs et autres notables hommes de son royaume, mêmement ceux de la nation de Normandie, sans lesquels avec les autres dessusdits, il n'a intention de procéder, ne besogner en ladite cause et matière de paix, ainsi que raison est, veu qu'ils ont bien acquitté leur loyauté envers le roy son père, et lui et tout y ont souffert qu'ils ont bien desservi d'y être appellés, et d'en avoir l'opinion d'eux et leur conseil, et aussi pour ce que chose leur touche plus qu'à nuls autres. L'autre cause si est pour les anciennes alliances, qui sont entre les nations d'Espaigne et de France, et de celles d'Ecosse : lesquelles jusques à l'heure présente se sont bien entretenues. Le roy envoyera icelui temps pendant devers lesdits roys d'Espaigne et d'Ecosse, et les autres alliez, pour eux signifier la cause de ladite convention, afin d'avoir leur avis, conseil et consentement; car par les anciennes alliances qu'ils ont ensemble, ils ne peuvent, ne doivent faire paix finalle ou prendre longues trêves ausdits Anglais, sans le consentement les uns des autres. Car toujours depuis lesdites alliances faites entre les dessusdits roys de France et d'Espaigne, et d'Ecosse et autres, elles ont été bien gardées et entretenues et de par le roy, qui à l'heure présente les a conservées, ne pour rien ne les voudroit enfreindre, n'aller au contraire : et bien à cause de ce faire, car il a trouvé lesdites alliances entr'eux, bonnes et seures et les gens de leurs pays, et ont fait leurs sujets de grants services à la maison de France. Et pour ce que le roy doit desirer, et desire que les devoirs en quoy il s'est mis et veut mettre, lesquels comme lui semblent devoient être tenus de toutes gens très-licites, et raisonnables soient counus partout, maintenant et pour le temps à venir, et que ce soit son acquit, et décharge envers Dieu et le monde, il a intention de signiffier les devoirs dessusdits, en quoi il s'est mis et l'offre, que de présent il fait de tenir convention avec lesdits adversaires, pour le bien de paix ès lieux dessusdits; qui avant ou plus sont à seureté de partie adverse, comme du roy à notre saint pere le pape, ausdits roys d'Espaigne, et d'Ecosse et autres seigneurs ses alliez. En outre le roy fera sçavoir à la partie d'Angleterre afin qu'ils y envoyent; et requiert le roy à monseigneur le duc d'Orléans, à messieurs les ducs de Bourgongne et de Bretaigne, et madame la duchesse de Bourgongne, qui en cette matiere se sont employez, que devers ladite partie d'Angleterre ils veulent envoyer aucuns de leurs gens, pour exploiter, induire et mouvoir à renvoyer leurs ambassades solemnelles avec bon et suffisant pouvoir au jour, et l'un des dessusdits pour illec besongner au bien de la matiere de paix, auquel temps n'y aura point de faute, que le roy n'y envoye gens notables ayant pouvoir suffisant.

Item, le roy veut dès maintenant ouvrir et descouvrir sa volonté à messeigneurs, comme à ceux de qui il doit être seur et certain, qu'ils veulent l'honneur de lui, et de sa couronne, ainsi comme raison et comme ceux qui en sont descendus, et prochains, touchant certaines paroles qui furent dites dont le roy est informé, qui servent beaucoup à la maniere de paix. Lesquelles sont qu'à la première assemblée qui fut tenue entre Gravelines et Calais, présent madame la duchesse de Bourgongne, et le cardinal d'Angleterre, fut prononcé par la bouche de l'archevêque d'Yorthque, *usque in ultimo statu*, toute la nation d'Angleterre ne souffriroit pas, ne consentiroit que leur roy tint rien en hommage, ressort, ne souveraineté de nul autre roy, ou prince que de lui-même, qui étoit chose mal concordable pour parvenir à quelconque traité de paix, et n'est point chose qui se puisse, et doive faire. Et pour ce le roy est délibéré et arrêté que pour rien il ne baillera, ne délaissera aucunes choses ausdits Anglais que ce ne soit en son hommage, souveraineté et ressorts, comme les autres vassaux de son royaume et ses sujets; car il ne veut pas que ce que ses prédécesseurs ont augmenté, et aura par vaillance et bon gouvernement d'eux, et l'aide de ses sujets, soit aussi perdu : et ne pourroit croire, le roy que pour rien nul de messeigneurs de son sang ne les vaillans et notables hommes de ce royaume, s'y peussent consentir, ne encore, si faire le vouloit, le souffrir, considéré la hautesse et excellence de la couronne de ladite maison de France.

Item, qu'afin que chacun connoisse les devoirs que le roy a faits jusques à présent pour entendre à avoir ladite paix, et que pour le temps à venir, charge ne lui en peut être imputée, il sera pour être eu mémoire enregistrer en sa chambre des comptes cette présente réponse.

Réponse à une demande de pourvoir à la sûreté de l'état.

(3) *Item*, au regard de ce qu'ils ont requis provision convenable devant l'allée du roy à Tartas, aux nouvelles entreprises des Anglais au pays Chartrin et de Beausse, le roy donne remede, et y envoye le bâtard d'Orléans, que lesdits princes ont, et auront bien agréable avec puissance de gens de guerre, pour résister ausdites entreprises.

Demande de conversation du duc de Bretagne. (1)

(4) *Item*, que pour ce que lesdits seigneurs se doivent prochainement assembler à Nevers, ont lesdits ambassadeurs requis au roy, qu'en entretenant toujours ce que par ses ambassadeurs avoit fait sçavoir, aux dessusdits seigneurs, qu'il étoit content que

---

(1) Ceci prouve que cette assemblée était composée des grands seigneurs qui cherchoient à recruter. (Isambert.)

mondit seigneur le duc de Bretaigne, s'assemblât avec eux audit lieu de Nevers avec lesdits seigneurs, en lui envoyant son sauf conduit et seureté; si besoin en est.

Réponse.

Le roy fait sçavoir, par monseigneur le chancelier, et messire Loys de Beaumont, qu'il étoit content de leur assemblée, espérant les voir en sa ville de Bourges, ou quelque lieu qu'ils fussent venus, et leur eut fait bonne chiere et veu voulentiers, comme ses plus prochains parens, et communiqué avec eux sur les affaires de son royaume. Et quant à la venue de monseigneur de Bretaigne à Nevers, le roy s'en merveille de ce qu'il n'en font mention ne plaintes : car le roy étoit en bonne intention, que s'il fut venu par terre, que son plaisir étoit qu'il passât par Tours, pour l'accompagner audit lieu de Bourges à la venue desdits seigneurs se bonnement, et à l'aise de sa personne se pouvoit faire, autrement eust peu sembler audit duc de Bretaigne, que le roy se fust voulu estranger de lui; et néantmoins le roy envoya le sire de Gaucourt avec lettres patentes, lesquelles il a devers lui, pour sçavoir s'il vouloit aller par eau par Blois et Orléans, pour lui compaigner et lui faire ouverture, comme à sa propre personne, et de rechef escrire au dessusdit duc de Bretaigne, de rassembler à Nevers ne semble point au roy, que ce soit chose raisonnable ou convenable, que lesdits seigneurs fassent assemblée pour traiter des faits de ce royaume en l'absence du roy, ou sans son commandement; (1) mais le roy à son retour de Tartas a bien intention de les requerir de leurs aydes, conseils et secours, et mettre armée sus la plus grande qu'il pourra pour entrer en Normandie, à ce qu'il ait meilleur trait de paix, ou qu'il puisse à l'aide de Dieu et d'eux recouvrir sa seigneurie.

Demande pour la nomination aux offices.

(5) *Item*, au regard de justice, ont requis au roi que tant en parlement qu'autres offices de justice de ce royaume, il lui plaise commettre personnes sages et expérimentées au fait de justice, et pourvoir aux offices, et non point aux personnes. (2)

---

(1) C'est cependant ce qui arriverait encore aujourd'hui si le roi n'assemblait pas les chambres annuellement et percevait des impôts. C'est ce qui est arrivé sous Jacques II. Le roi pour éviter ce mal doit convoquer lui-même. (Isambert.)
(2) Expression remarquable. V. l'ordonnance de 1446 sur la candidature et les élections au parlement. (Isambert.)

Réponse.

Le roi à son pouvoir a toujours mis, esleu et constitué en s[on] parlement les meilleurs et les plus sages, et les plus idoines cler[cs] juristes et expérimentés de ce royaume; et en faveur et requê[te] de monseigneur le duc de Bourgogne, le roi a mis douze, tels qu[e] mondit seigneur de Bourgongne lui a voulu nommer; d'aut[res] seigneurs, quant ils ont requis pour personnes qui les vaill[ent] ès autres offices de la justice du royaume, le roy y a mis ge[ns] notables, et suffisans pour exercer bien et deument lesdits offic[es] tant par eux comme par leurs lieutenans: qui sont gens de jus tice et clers, et notables hommes en tel cas eux connoissan[t] pour faire et administrer justice.

Demande pour l'abrégement des procès.

(6) *Item.* Qu'il plaise au roi faire abréger les procès, et admi nistrer justice aux parties, et tant aux sujets desdits seigneu[rs] comme aux sujets du roy, sans moyen en faisant constitution(1) et par effet l'entretenant à ce que, sans avoir regard aux partia lités du temps passé, bonne justice y soit mise et administrée.

Réponse.

Le Roi n'a jamais eu plainte de doléance desdites choses, e[t] desire de tout son pouvoir l'administration de justice, et l'abré viation des procès, sans avoir regard auxdites partialitez: ai[nsi] voudroit punir tous ceux qui feroient le contraire; et l'intentio[n] du roy est écrire à sa cour de parlement, et à ses autres cours [de] justice, que doresnavant ils abregent encore plus qu'ils n'o[nt] accoutumé lesdits procès, et fassent bon et brief droit auxdit[es] parties, sans avoir regard auxdites partialitez.

Demande sur les excès des gens de guerre.

(7) *Item.* Ont remontré au roy l'horreur des roberies, outrage[s] et dérisions que font plusieurs gens de guerre, qui se dient a[u] roy, tant sur les sujets desdits seigneurs, que sur les siens, requé rant sur ce provision, non par lettres(1) ou paroles, mais par eff[et] et aussi ont remontré qu'il seroit convenable que seulement a[u] cuns capitaines notables, qui bien et loyaument ont servi le ro[y] eussent la charge des gens d'armes et de guerre (2).

---

(1) C'est sans doute une allusion à l'ordonnance de 1359.
(2) Cela fut fait plus tard, en 1446. (Isambert.)

Item. Que les gens de guerre fussent payez et souldoyez, et logez ès frontieres, et sans punition on ne leur souffrit tenir les champs, ou vivre sur le peuple; et avec ce, que le roy retienne seulement pour lui servir gens expérimentés de la guerre, et non soy arrêter à la multitude: mais contraigne les gens de bas états, oiseux, noiseux, et non sachans de la guerre, d'eux retourner à leur balances et leurs métiers.

Réponse.

Lesdites pilleries ont toujours despleu au roy, et déplaisent de tout son cœur, et s'est essayé plusieurs fois de vuider toutes gens faisant pilleries; et quant aux loges sur les frontieres, lui etant dernierement à Angiers, l'avoit fait et ordonné, et les avoit établis et souldoyez, mais lors et depuis où lui a levés lesdits gens d'armes, qui a été cause de remettre les pilleries sur les pays; et ont été faites plusieurs traverses, par quoi on n'a point pu exécuter ne donner provision auxdites pilleries, ainsi qu'il avoit proposé et intention de faire; et est le roi de tout délibéré, en suivant le conseil desdits seigneurs d'y pourvoir si convenablement, que lesdites pilleries cesseront, et de casser toutes gens inutiles pour la guerre; si requiert auxdits seigneurs qu'ils ne veuillent accueillir aucuns qui feroient contre ladite ordonnance.

Demande sur les impositions excessives.

(8) *Item.* Ont remontré au roi la pauvreté du commun peuple et excessives tailles, aides, impositions, gabelles, dont les desusdits sujets sont insurportablement foulez, requerant qu'il plaise au roi d'y pourvoir convenablement et modérément.

Réponse.

Le roi est très-déplaisant de la pauvreté de son peuple, en quoi il a très grands intérêts et dommages, et a intention, selon son pouvoir, de les relever et supporter le plus fort qu'on pourra: et pour eux ôter de la pillerie, lui a convenu aller l'an passé ès pays de Champaigne, où il a été et fait cesser ladite pillerie: semblablement le fera ès autres lieux de son royaume, et ne cessera, jusques à ce qu'il ait et fait mêmement comme dessus est dit touchant les gens d'armes qui demourerent esdites frontieres, en leur faisant payement et ordonnance de vivre; en quoi il est délibéré d'entendre et vaquer; autrement connoît la dépopulation et destruction de son royaume et de ses sujets, et au regard des tailles, aides, et gabelles excessives, dont les sujets desdits seigneurs sont insuportablement grevez et foulez : le roy a plus supporté les sujets desdits seigneurs que les siens propres, et sera trouvé que quand en l'année sur lesdits sujets du roi auront été levées deux tailles sur les pays et sujets desdits seigneurs, n'en aura été levé qu'une, que lesdits seigneurs même ont prinse, levée et empêchée ou la plus grande partie. Pourquoi appert que besoin a été au roy avoir autre aide que des pays desdits seigneurs, pour conduire le fait de la guerre et de ses autres grands affaires.

Demande de ne point imposer sans les États.

(9) *Item.* Ont remontré au roy comment telles tailles et impositions se doivent mettre sus et imposer, et appeller les seigneurs et les états du royaume (1).

Réponse.

Les aydes ont été mises sur les seigneurs et de leur consentement : et quant aux tailles, le roy, quant il a été au lieu, les a appellez ou fait savoir combien que de son autorité royalle, veu les grans affaires de son royaume, si urgent, comme chacun scet, et mesmement ses ennemis en occupant une grande partie, et détruisant le surplus, le peut mettre sus, ce qu'autre que lui ne peut faire sans son congé. Et n'est jà nul besoin d'assembler les trois états (2), pour mettre sus lesdites tailles ; car ce n'est que charge et dépenses au pauvre peuple, qui a à payer les frais de ceux qui y viennent (3) : et ont requis plusieurs notables seigneurs dudit pays, qu'on cessât de telle convocation faire (4) et pour cette cause sont contens, qu'on envoye la commission aux eleurs selon le bon plaisir du roy.

Demande sur l'appel des princes du sang au conseil.

(10) *Item*, qu'aux grans affaires de ce royaume, le roi devroit

---

(1) Ceci est très-remarquable ; voyez comme le roi élude la réponse. (Isam.

(2) C'est nier un principe constant de droit public ; aussi *Commines* reproche-t-il au roi, d'être le premier, qui ait mis tailles à son plaisir. (Isambert.)

(3) Les députés recevaient donc alors un traitement. (Isambert.)

(4) Cela peut être vrai, mais qu'est-ce que cela prouve ? défaut de lumière et de patriotisme. (Isambert.)

appeller les princes de son sang(1), plus que nuls autres; et qu'ainsi e doit faire raisonnablement, veu leur grand intérêt; et ainsi st accoutumé de faire par les très-chrétiens roys de France, ses progéniteurs. (*Point de réponse.*)

Demande sur l'appel des pairs au conseil.

(11) *Item*, ils ont requis au roy, qu'il lui plaise entretenir esdits en leurs prérogatives et autorités, lesquelles ils ont, ant à cause des pairies et autres seigneuries qu'ils ont au royaume.

Réponse.

Le roy n'a traité d'aucunes matières hautes, sans le sceu lesdits seigneurs (2), ou de la plus grand partie d'iceux : et encore on intention n'est point d'autrement faire; et son plaisir et sa olonté de les entretenir en leurs prérogatives et autorités, et n'a ien fait au contraire. Ainsi lui fassent les seigneurs, et fassent ire à leurs sujets, en leurs terres et seigneuries, ainsi qu'ils sont eaus de faire.

Demande au sujet des gens du conseil.

(12) *Item*, qu'il lui plaise élire en son grand conseil gens otables cremans Dieu, et non extrêmes, ou passionnez ès divi- ons passées. (3)

Item, qu'il plaise au roi élire lesdits conseilliers en nombre com- étant, et non plus commettre la somme, ou conduit des grans ffaires de ce royaume, à deux ou trois (4), comme il a été fait ar ci-devant.

Réponse.

Le roy, de son pouvoir, a toujours pris et esleu en son conseil es plus notables de son royaume, ne le roi n'a eu égard aux divi- ons passées; il les a et tient pour obligés, et a toujours le roy u bon nombre de conseilliers, par lesquels il a conduit et déli- éré les matières, ainsi que le cas et le temps l'ont requis.

---

(1) Charles X a appelé à son conseil le dauphin; Louis XVIII n'avait admis cun prince du sang; aussi a-t-on regardé cela comme une nouveauté. (Isam.)
(2) Aujourd'hui tous les pairs sont membres de la puissance législative.
(3) Il y avait donc alors réaction; on reproche au roi de n'avoir pas observé s engagemens envers les sujets de Bourgogne, et les autres nouvellement ré- ciliés. (Isambert.)
(4) C'est une plainte dirigée contre les favoris. (Isambert.)

Demande au sujet du duc d'Alençon.

(13) *Item*, qu'il plaise au roy prendre en bien les remon[trances], vues les quatres causes remontrées au roy, qui ont m[u] lesdits seigneurs de ce faire.

Item, ont remontré au roy le fait de monseigneur le d[uc] d'Alençon, en lui requérant qu'il lui pleut restituer la place [de] Nyort, ou lui faire promptement délivrer son argent ou payeme[nt], et aussi le rétablir à sa lieutenance et pension, et lui faire res[ti]tuer la place de Sainte-Suzanne, et un sien prisonnier anglai[s], ou lui administrer bonne et brieve justice. (1)

Réponse.

Quand le roi a été en son pays de Poitou pour y donner prov[i]sion, et faire cesser les pilleries qui s'y faisoient, et mettre e[n] main plusieurs places, par lesquelles se faisoient lesdites pilleries doutant le roy que durant le temps de son voyage de Tartas, [et] en son absence, que par les villes et châteaux de Nyort, fut por[té] dommage au roy et à son pays de Poitou, ainsi qu'aucunes fois autrefois a été, le roy le reprint en sa main, en intention [de] payer et contenter ce en quoi il étoit tenu : jaçoit que toute l[a] depte ne fut point de prêt, et déjà a fait bailler à mondit seigne[ur] d'Alençon six mille écus ; et le surplus à son payement faire [à] bailler aux termes et ainsi une roy l'a écrit à mondit seigne[ur] d'Alençon, et n'y aura point de faute, sans ce que le roy ait [re]gard aux rentes et revenus dudit lieu de Nyort, que mondit se[i]gneur d'Alençon a levées le temps qu'il l'a tenue, touchant [le] rétablissement de sa lieutenance et pension. Quand mondit se[i]gneur d'Alençon se conduira et gouvernera envers le roy a[insi] qu'il doit (2), le roy traitera comme son pareil et sujet, en aya[nt] mémoire de la prochaineté de lignage, et aux services que lui [et] les siens ont faits au roy et au royaume, et toujours l'a fai[t] jusqu'à ce que la faute soit venue par lui touchant le fait [de] Sainte-Susanne. Le roi ne l'a point baillée au seigneur de Bueil, ne de par lui il la detient. Et toutes fois que mondit seigne[ur] d'Alençon requerera au roy justice, il lui administrera et fer[a] administrer tres-volontiers. Et ledit seigneur de Bueil a bien d[it]

---

(1) Ceci prouve que l'assemblée n'était composée presque que de seigne[urs] de haut rang qui stipulaient autant pour eux que pour le peuple. (Isamber[t].)

(2) Il fut depuis mis en jugement. (Isambert.)

quoi répondre, s'il tient de tort à mondit sieur le duc d'Alençon; semblablement du prisonnier qu'il demande lui sera administrée raison et justice.

Demande pour le duc de Bourbon

(14) *Item*, ont parlé du fait du monseigneur de Bourbon, demandant que sa pension lui fut entretenue, laquelle n'est point excessive. (1)

Réponse.

Le roy a tellement fait continuer que rien ne lui en est deu, et sur quatorze cents francs que monte ladite pension sur cette présente année, le roy avoit ordonné, lui être baillé neuf mille fr. que ses gens ne vouloient accepter à Bressure en janvier dernier passé, et ses'merveille le roy comment à présent il en fait mention.

Demande pour le duc de Vendôme.

(15) *Item*, ont parlé du fait de monseigneur de Vendosme en suppliant au roy, qui lui plût lui faire avoir les pensions, et biens qu'il a euz par ci-devant, dont il est bien mestier audit seigneur et n'a point besoin qu'elle lui soient restées; et aussi qu'il plaise au roy qu'il peut venir exercer son office de grand maître d'hôtel comme il avoit de coutume de faire.

Réponse.

Le roy ne l'a point mis hors de son hôtel, lui-même s'en est mis hors : et quand mondit seigneur de Vendosme se gouvernera envers le roy, ainsi qu'il doit, le roy fera ce qu'il appartiendra.

Demande pour le comte de Nevers.

(16) *Item*, et au regard de monseigneur de Nevers, considéré la prochaineté de liguage dont il attient au roy, et que monseigneur son pere mourut en son service, et les services que monseigneur de Nevers peut faire au roy, il lui plaise à faire ôter et cesser les empêchemens à lui mis au garnier à sel d'Arsy-sur-Aube et lui faire avoir les décharges en la maniere accoutumée pour le payement de sa pension faite dessusdite.

---

(1) Ce duc avait été rebelle.

Réponse.

Le roy en contemplation de mondit seigneur de Nevers et [en] faveur de lui (nonobstant les grans charges et affaires que le r[oy] a à supporter pour les frais de sa guerre) est très-bien conte[nt] que mondit seigneur de Nevers ait la dessusdite pension, dont [il] prendra en payement sa composition des Rethelois, pour auta[nt] qu'elle vaut. Et au surplus le roy lui baillera de ses tailles[,] aydes, en faisant et donnant obéissance au roy, ses lettre[s,] mandemens et affaires ès terres de mondit seigneur de Never[s,] autres que jusques à maintenant n'a est fait, et n'est point le r[oy] content que mondit seigneur de Nevers souffre par toute la[dite] comté de Rethelois, ses pays de Champaigne et autres pays v[oi]sins estres fondez, couruz, mangés ne détruits, tant par s[es] gens comme par autres qui y passent, et se retrayent en la[dite] comté de Rethelois, et pour y pourvoir tellement, que le roy [ait] cause d'en être content. Et au regard dudit garnier d'Ars[y-]sur-Aube, le roy veut qu'on envoye en sa chambre des compt[es] sçavoir si mondit seigneur de Nevers doit prendre et avoir le[dit] garnier d'Arsy, et ce qui lui en sera certifié par ladite chambre[,] le roy y donnera provision.

Demande au sujet de la violation des capitulations avec [le duc de] *Bourgogne.*

(17) *Item*, on parle du fait de monseigneur le duc de Bou[r]gogne, sans vouloir faire de présent aucune poursuite ainsi, [et] par la manière qu'il l'a proposé; c'est à sçavoir pour donner connoître au roy, que le traité de la paix entre le roy et lui n'e[st] point encore accompli en plusieurs articles de la part du roy; [et] aussi qu'il y a très-grand nombre d'articles, où on attente directement, et encore fait-on de jour en jour contre ledit trai[té] de paix au grand préjudice de mondit seigneur de Bou[r]gogne. (1)

Réponse.

Le roy a toujours désiré et voulu avoir paix, amour et b[on] accord avec mondit seigneur de Bourgogne, et pour l'avoir [n']a rien épargné, et jusques à présent a toujours entretenu lad[ite] paix et accord à volonté de l'ainsi faire sans rien interrompre

---

(1) Les seigneurs s'autorisaient du duc de Bourgogne; mais il ne paraît p[as] que ce grand feudataire fût dans la ligue. (Isambert.)

pour le mieux former, et entretenir, a le roy bien voulu le mariage de sa fille aller avec son fils monseigneur de Charrolois. Et quant à ce qui reste à accomplir du traité de la paix d'Arras, fait entre le roy et mondit seigneur de Bourgongne : mondit seigneur avec les grans affaires que le roy jusques à présent a eu, et soufferts : pourquoi ne les a peu accomplir, ainsi qu'il eut voulu, mais il a intention, et bon vouloir de les accomplir au mieux, et le plus brief qu'il pourra, et tant que mondit seigneur le duc de Bourgongne en devra être content. Et quant à ce qu'audit article est faite mention que en plusieurs points et articles de ladite paix a été attenté directement de la part du roy et fait en de jour en jour, le roy ne s'est, ne croit, et ne voudroit, que rien de sa part eust été attenté, ne fait, au contraire : mais bien auroit le roy sur ce de quoy soy douloir, dont il se passe de présent.

N°. 142. — LETTRES *qui, vu leur misère et pour repeupler Paris, accordent à ceux du duché de Normandie* (1) *qui voudront s'établir dans ladite ville, exemption pour 3 ans de tous impôts, et de guet et de garde, excepté des droits sur le vin.*

Montauban, 16 janvier 1442. (C. L. XIII, 358.)

N°. 143. — LETTRES *qui réduisent* (2) *à 6 le nombre des consuls de Montauban.*

Toulouse, avril 1442 avant Pâques. (C. L. XIII, 566.)

---

(1) Quelques années après le roi reprit toutes les places de la Normandie ; de sorte que cette province qui avait appartenu au roi d'Angleterre depuis Guillaume le Conquérant, en 1066; qui depuis avait été réunie à la France sous Jean Sans-Terre, en 1203; qui avait été prise par Henri V, sous Charles VI, en 1418; fut enfin réunie pour toujours à la France sous Charles VII, en 1450; la bataille de Fourmigny, où les Anglais furent défaits, acheva cette révolution. Hen. Abr. Chr.

(2) Cette réduction eut lieu sur la demande des habitants qui déclarèrent que six consuls suffisaient pour les gouverner, et que si le nombre en était plus grand, ils ne seraient pas en état de fournir les robes qu'ils devaient livrer tous les ans à chacun de ces magistrats.

N° 144. — LETTRES *portant qu'à l'avenir il ne sera octroyé de lettres de marque* (1) *que par le roi ou son parlement* (2).

Poitiers, 13 juin 1443. (C. L. XIII, 567.) Reg. en parl. (3) le pénultième janvier.

N°. 145. — LETTRES *qui réduisent à sept les offices de général maître des monnaies* (4).

Poitiers, 29 juin 1443. (C. L. XIII, 569.) Pub. ch. des comptes, 16 avril après Pâques.

N. 146. — ARRÊTÉ *du parlement de Paris, portant qu'il ne rendra pas la justice, tant qu'il ne sera pas payé de ses gages arriérés et qu'ils ne seront pas assurés à l'avenir; que cet arrêté sera humblement signifié au Roi par un président ou un conseiller, et que le parlement punira ceux qui violeraient cet arrêté* (5).

Paris, 31 août 1443. (Registres manuscrits du parlement.)

N°. 147. — ORDONNANCE *sur le fait et gouvernement des finances, les comptes des receveurs, les quittances en blanc* (6).

Saumur, 25 septembre 1443. (C. L. XIII, 572.)

---

(1) Depuis l'ordonnance de 1681, on ne compte que trois exemples d'octroi de lettres de représailles, en 1692, en 1702, et en 1778; la convention par décret du 3 février 1793, autorisa une mesure semblable. V. Nouv. Rép., v° *Représailles*. « Et parce que plusieurs marques ont été par ci devant adjugées pour peu de choses et que matière de marque doit être discutée par grand deliberacion et bon conseil. » En effet le droit de marque ou de prise dérive du droit de faire la guerre. (Isambert.)

(2) Le parlement administrait donc alors, aussi bien qu'il jugeait. (*Idem*.)

(3) Lors de l'enregistrement le procureur du roi n'a voulu consentir à la publication si l'on n'y mettait la clause, *en tant qu'il nous touche avons quitté pardonné et aboli certains excès*, etc. et cependant le chancelier a fait faire la publication; la cour a ordonné qu'il en fût fait mention en marge. (Isambert.)

(4) Le roi avoue qu'il les avait multipliés légèrement et par importunité des quérans. Ce règne est remarquable par la prodigalité du prince et la misère du peuple. V. lett. du 26 novembre 1447. (Decrusy.)

(5) Le mécontentement du roi fut peut-être cause de la confirmation définitive du parlement de Toulouse, qui eut lieu le 11 octobre. (Isambert.)

(6) Voir celle plus ample du 10 février 1444.

N°. 148. — LETTRES (1) *portant don du comté de Longueville, au bâtard d'Orléans, à raison des grands services rendus à l'État.*

Saumur, septembre 1443. (Preuves de l'histoire de Charles VII; p. 814.)

N°. 149. — ORDONNANCE *confirmative de l'établissement d'un parlement à Toulouse* (2) *et révocation de la commission de justice qui en tenait lieu.*

Saumur, 11 octobre 1443. (C. L. XIII, 384.) Registré au parlement de Toulouse le 4 juillet 1444 (3).

KAROLUS, etc., Regum sollicitudinem precipuè niti decet, ut in regnis et dominiis eorum, justicia virtutum preclarissima vigeat, et subditorum vexationibus, damnis et laboribus salubriter consulatur, ut sic respublica in pacis dulcedine et tranquillitatis amenitate, celesti favente clementiâ, colletetur. Notum igitur facimus quòd nos ad bonum reipublice patrie nostre Occitane et ducatûs nostri Acquitanie, et aliarum partium circumadjacentium usque ad fluvium Dordonie, vigilanter aspirantes; attendentes etiam longa terrarum spacia, quibus quaquaversùm prefata patria Occitana, necnon ducatus noster Acquitanie predictus, et alie regiones circumadjacentes usque ad predictum fluvium Dordonie, distant à villâ nostrâ Parisiense in quâ suprema nostri parlamenti curia consistit et stabilita est, viarum discrimina, personarum pericula, bellorum turbines, pestes et alias calamitates que hodiernis temporibus regnum nostrum (proh dolor!) concutiunt; considerantes etiam causarum in prefatâ curiâ nostrâ pendentium immensam multitudinem, et que cothidiè, pre-

---

(1) En novembre 1446, il y eut des lettres confirmatives du don du comté de Dunois (*ibid.*, p. 808); ce comté fut érigé en pairie, par lettres données à Lyon, en juillet 1525; les lettres de 1443, furent confirmées à Jumiege, le 15 janvier 1449; le comte de Longueville fut érigé en pairie par Louis XII, à Blois, en mai 1505. (Isambert.)

(2) Les lettres du 18 avril 1437 n'avaient pas été mises à exécution. (Villevault.) Mézerai observe que le premier acte de ce nouveau parlement fut en faveur de la liberté. Quelques serfs de Catalogne s'étant réfugiés dans son territoire, furent réclamés par leurs maitres. Le parlement rendit un arrêt portant que tout homme qui entrerait dans le royaume en criant France, serait dès ce moment affranchi. (Decrusy.)

(3) On lui donne par erreur la date de 1444, note 2, p. 379 de l'autorité judiciaire. (Isambert.)

8.

sertim ex ipsis patriis nostris Occitanâ et Acquitaniâ et aliis regionibus supradictis, diversis modis et mediis inibi confluunt; volentes quantùm possibile est, finem imponere litibus et causis nostrorum subditorum, et ad requisitionem instantissimam et supplicationem humilimam gentium trium statuum patrie Occitane predicte; animadvertentes, inter cetera, villam et civitatem nostram Tholosanam, que inter ceteras patrie Occitane predicte notabilior existere dignoscitur, quibusque civitati ac patrie memoratus ducatus noster Acquitanie contiguus habetur; desiderantes etiam predictam nostram civitatem Tholosanam in honoribus sublimari;

Aliis etiam justis et rationabilibus causis moti, habitâque super his maturâ deliberatione consilii, ex nostris certâ scientiâ, potestate et auctoritate regiâ, instituimus, stabilivimus et ordinavimus, et per presentes INSTITUIMUS, STABILIMUS et ORDINAMUS curiam nostri parlamenti in ipsis nostris villâ et civitate Tholosanâ, in et pro totâ patriâ nostrâ Occitanâ atque ducatu Acquitanie et aliis regionibus et partibus ultra dictum fluvium Dordonie, quamdiù tamen nostræ placuerit voluntati: in quâ quidem curiâ nostri parlamenti, omnes universe curie senescalliarum, balliviarum, rectoriarum, vicariarum, judicaturarum et ceterarum juridicionum quarumcunque, antedictarum patriarum Occitane et Acquitanie et aliarum partium ultra fluvium Dordonie, ut premittitur, suum habebunt ressortum et ultimum refugium.

Quod quidem parlamentum sive curiam volumus inchoari sedere et tenere in crastino festi beati Martini hiemalis proximè secuturi, in predictâ villâ nostrâ Tholosanâ, aut alio vel aliis diebus super hoc à nobis statuendis et ordinandis, per quatuordecim personnas: videlicet, per duos presidentes laïcos, et duodecim consiliarios nostros quorum sex erunt clerici et sex laici, patriarum linguarum d'Oyl et Occitane, et duos grafferios cum octo notariis; quibus quatuordecim presidentibus et consiliariis nostris xii x aut ix ex his, quorum alter presidentium erit unus in civilibus causis, et in criminalibus quinque, videlicet, uni presidentium et quatuor consiliariis, qui si opus sit, vocare poterint de consiliariis nostris laïcis in dictâ civitate residentibus, tales et in tali numero, quantum videbitur eis expedire, dedimus atque damus harum serie plenam potestatem, auctoritatem et mandatum speciale audiendi, cognoscendi, decidendi et determinandi omnes et singulas causas appellationum et ressortorum, et alias quascumque civiles et criminales, ab eisdem patriis in eâdem curià introductas et introducendas, tam in casu ressorti quàm aliàs, quovis modo ; dandi insuper et pronunciandi super his sententias tam interlocutarias quàm diffinitivas, in vim arresti, à quibus quidem sententiis et arrestis nulli licebit quovis modo appellare seu reclamare, vel aliam sedem adire(1); et generaliter faciendi et observandi ea omnia et singula que fieri et observari solita sunt in nostri supremâ parlamenti curiâ Parisius, in quantum concernit dictam nostram patriam lingue Occitane et ducatum Acquitanie ultra dictum fluvium Dordonie ;

Dantes tenore presencium in mandatis. universis et singulis senescallis, baillivis, rectoribus. vicariis et aliis judicibus et officiariis jam dictarum patriarum Occitane et Acquitanie, et aliorum partium ultra dictum fluvium Dordonie sitarum, ac eorum locatenentibus et eorum cuilibet prout ad cum pertinuerit, quatenùs hanc nostram sanctionem et ordinationem proclamare et publicare solenniter ac voce preconis, quilibet in suâ juriditione, locis ad proclamationes et publicationes solennes faciendas solitis, taliter ut nullus indè ignorantiam pretendere valeat imposterùm, faciant; mandantes etiam omnibus et singulis justiciariis, officiariis, et subditis nostris, patriarum sepedictarum, quatenùs sententiis, arrestis, mandatis, et jussionibus curie nostre predicte, et prefatorum presidentium et consiliariorum nostrorum, dictam nostram modo et formâ premissis tenencium obediant, pareant et diligenter ac efficaciter intendant, sub omni eâ penâ quam erga nos in contemptum hujus incurrere possent.

Et quia peranteà à certo tempore citrà. pro relevamine subditorum nostrorum, dictorum patrie et ducatûs, ordinaveramus et commiseramus certos generales commissarios in eisdem nostris patriis, super facto justicie, certis modo et formâ in dictâ nostrâ ordinatione declaratis et expressatis, dictam nostram ordinationem et commissionem, unà cum auctoritate concessâ dictis commissariis, abolivimus, cassavimus et revocavimus. abolemus cassamus et revocamus totaliter per presentes, eisdem commissariis interdicentes ne à cetero dictis ordinatione et commissione

---

(1) Sauf pourtant le recours au roi par voie de cassation. Le président Henrion de Pansey, Autorité judiciaire, p. 586, explique le silence des lois, sur la rareté de ces recours ; ils n'ont pu devenir fréquens que quand les parlemens se sont multipliés. Quand le parlement de Paris était unique, le roi y siégeait, et il se confondait avec le conseil-d'état. Il n'y avait donc pas lieu à un recours proprement dit. L'ordonnance sur les gens de guerre, de 1441, prouve que le recours au roi, contre le déni de justice des magistrats, était admis. (Isambert.)

nostris utantur quovis modo. Verùm quia in multis locis dictarum patrie et ducatûs publicatio presentium erit necessaria, volumus quòd *vidimus* ipsarum, sub sigillo regio debitè factis, fides sit adhibenda, sicut presentibus litteris originalibus, quibus, in testimonium premissorum, sigillum nostrum jussimus apponendum. Datum Salmuri, etc.

N°. 150. — LETTRES *sur les monnaies* (1), *portant entre autres choses défenses de les exporter, et de faire aucuns contrats autrement qu'en sols et livres.*

Saumur, 19 novembre 1443. (C. L. XIII, 386.) Pub. au Châtelet et à son de trompe par les carrefours, le 21 janvier.

N°. 151. — LETTRES *portant défenses d'importer des draps de Normandie et du Bourdelois occupés par l'ennemi, et des draps d'Angleterre.*

Angers, 28 décembre 1443. (C. L. XIII, 389.) Pub. au chât., 23 janvier suivant.

N°. 152. — LETTRES *portant confirmation des privilèges accordés à l'université d'Angers* (2).

Angers, décembre 1443. (C. L. XIII, 390.)

---

(1) Une des plus grandes fautes et des plus grandes plaies de ce règne, fut l'instabilité des monnaies, dont le prix et le titre variaient presqu'à chaque refonte; et ces refontes étaient fréquentes. On décriait alors toutes les monnaies autres que celles qu'on faisait fabriquer. Les lettres ci-dessus interdirent spécialement le cours des monnaies d'Angleterre, de Bourgogne et de Flandre; ce qui causa de grandes pertes aux habitans de Paris, où le séjour des Anglais et du duc de Bourgogne avait rendu ces monnaies fort communes. « *Hélas!* » s'écrie un écrivain contemporain, Journal de Paris sous Charles VII, p. 195.) « *La pauvre* » *peuple n'avoit pour celui temps que celle monnoie, dont il fut tant gret, que* » *c'est grande pitié.......... car il convenoit la nouvelle monnoie à leur volonté* » *acheter; ne nul n'en osoit parler.* » (Villevault, préface 54.)

(2) Par une des clauses confirmées, cette université *pouvait et devait avoir deux bourgeois ordonnés à prêter chacun grosse somme de finance, tant au corps de ladite université, pour les communes affaires, comme aux particuliers indigenes, suppôts d'icelle, jusqu'à certains temps, sans aucun profit en avoir, fors de jouir desdits privilèges.* Ces privilèges étaient donc bien précieux. (Isambert.)

N°. 153. — LETTRES *qui, entre autres dispositions, obligent les boulangers de Bourges de fournir du pain sous peine d'amende et de prison; leur permettent d'acheter en lieux forains des blés et farine, et les autorisent, lorsqu'il en manquerait aux marchés de la ville, à contraindre les habitans qui en auraient chez eux, à leur en délivrer en quantité suffisante au prix commun.*

Angers, décembre 1443. (C. L. XIII, 395.)

N°. 154. — *Loi portant que les biens chargés de censives envers le Roi, qui seront laissés vacans et inhabités seront vendus à l'encan* (1).

Angers, 13 février 1443. (C. L. XIII, 596.) Pub. au Chât., le 21 mars.

N°. 155. — LETTRES *portant concession à la ville de Lyon de trois foires franches par an avec permission d'y user de toutes monnaies étrangères.*

Angers, février 1443. (C. L. XIII, 599.)

N°. 156. — ORDONNANCE *portant* (art. 6) *que le juge dont la sentence aura été infirmée comme absurde,* (tanquam tortionaria et irrationabilis) *sera condamné à l'amende envers le trésor du Roi.*

1443. (Henrion de Pansey (2), autorité judiciaire, p. 255.)

N°. 157. — TRÊVES *entre la France et l'Angleterre pour une année* (3).

Tours, 20 mai 1444. (Monstrelet, fol. 200-201; Rymer, fol. 59 et 70.)

_____

(1) V. ci-dessus l'ordonnance de novembre 1441. (Isambert.)

(2) Le savant président a tiré cette ordonnance de Guenois; il n'y a pas d'ordonnance en cette année qui ait statué ainsi; c'est probablement un article détaché d'une loi d'une autre date que nous n'avons pu trouver, ou plutôt un arrêt du parlement. (Isambert.)

(3) Elles furent ensuite renouvelées, puis la guerre fut reprise; le roi reconquit la Normandie en 1449 et 1450; en 1451, il reprit la Guyenne, qui fut reprise par les Anglais; en 1453, il était redevenu maître de tout le royaume. Monstrelet, f° 55. (Isambert.)

N°. 158. — Traité entre Charles VII, et les gouverneurs et bourgeois d'Épinal, pour la réunion de cette ville à la France (1).

Épinal, 11 septembre 1444. (Corps diplom., p. 132.)

N°. 159. — Lettres portant suppression des nouveaux péages (2) sur les rivières des pays de France, Champagne et Brie, tant au-dessus qu'au-dessous de Paris.

Orléans, 21 juillet 1444. (C. L. XIII, 405.) Pub. au Châtelet le 40.

N°. 160. — Lettre autographe du Roi à Frédéric roi des Romains, par laquelle il déclare n'avoir pas violé les droits de celui-ci, en recevant sous sa protection les habitans d'Épinal qui la lui avaient demandée.

14 octobre 1444. (Carton de la bibliot. du roi, n° 119.)

N°. 161. — Traité de confédération entre le dauphin, gouverneur du Dauphiné, le comte de Savoie, les députés du comtat d'Avignon, et quelques villes impériales et Suisses (3).

Kosisheim, 28 octobre 1444. (Carton de la bibl., n° 119, corps diplom., p. 143.

N°. 162. — Lettres sur le gouvernement des finances (4).

Nancy, 10 février 1444. (C. L. XIII, 414.)

Charles, etc. Comme par nos autres lettres patentes données à

---

(1) Cette réunion a eu lieu à peu près de la même manière que celle d'Avignon, en 1790, c'est-à-dire qu'elle fut volontaire. (Isambert.)

(2) Les péages avaient presque entièrement détruit le commerce intérieur qui se faisait par ces rivières. (Villevault, préface 34.)

(3) C'est la reconnaissance de l'indépendance des Suisses; le roi fit un traité plus ample un peu plus tard. (Isambert.)

(4) Par cette ordonnance le roi prescrit des règles et des formes pour son trésor et la comptabilité de ses revenus. On nommait trésor le domaine de la couronne, parce que ce domaine était en effet le vrai trésor, et dans les anciens temps l'unique trésor de l'état. On nommait trésoriers, ceux qui étaient chargés de veiller sur la conservation, la rentrée et la distribution des revenus de ce trésor. Il n'y avait d'abord qu'un seul trésorier. Il y en eut ensuite jusqu'à sept; mais souvent il n'y en eut que deux ou trois. En 1388, on leur accorda une juridiction par rapport aux débats touchant le domaine; on la supprima en 1400,

[...]umur, au mois de septembre 1443, et envoyées par notre commandement tant en nostre chambre des comptes qu'en la chambre [de] nostre trésor à Paris, nous par meure et grande délibération [de] conseil, eussions fait certaines ordonnances touchant le fait de [n]oz finances et revenus tant ordinaires qu'extraordinaires, et [v]oulu et ordonné icelles estre entherinées, gardées et observées [se]lon leur forme et teneur, tant par noz gens des comptes, trésoriers et changeurs de nostredit trésor, que par noz généraulx-[co]nseillers et receveur général et autres noz officiers, sur le fait [de l']administration de nozdictes finances; et depuis n'agueres, en [e]nvoyant lesdictes ordonnances, nous ait semblé estre expédient [po]ur le bien de nous et de nosditz revenues et finances, icelles [or]donnances amplier, accroistre, et interpreter sur aucuns points [pl]us avant et particulièrement que fait n'avoit esté: pour ce est-[ce] que nous, eu sur tout bon advis avec les gens de nostredit con[se]il, avons de nouvel ordonné, conclud et appointé pour le fait [et] conduite de toutes noz finances et de l'administration d'icelles, [ou]tre et par-dessus nosdictes premieres ordonnances, les points [et] articles qui ensuivent.

(1) **Premièrement.** Pour ce que nostre domaine, à l'occasion [de]s guerres et autrement, est moult diminué, et nostre trésor [fo]rt chargé, tellement que la revenüe d'iceluy, et de noz receptes [et] revenües ordinaires, ne peuvent de beaucoup fournir à payer [le]s fiefs et aumônes, gages d'officiers, œuvres, réparations et [au]tres charges ordinaires qui sont; et que ceux qui par don de [no]us tiennent plusieurs chastellenies et autres terres et posses-[si]ons de nostredit domaine, sont, comme entendu avons, refu-[sa]ns et contredisans de contribuer auxdictes charges: nous vou[lo]ns et ordonnons que les articles contenus en noz premieres [or]donnances faisans de ce et des dépendances expresse mention, [soi]ent par nosdiz gens des comptes et trésoriers, et par autres noz [ju]ges et officiers qu'il appartiendra, mis à plain et entier effet et

---

[...]s elle leur fut rendue. L'université, dit Pasquier, se plaignait dans les états [de] 1413, qu'il y avait six trésoriers de France, sur le fait du domaine, et quatre [sur] le fait de la justice; ils furent depuis encore tantôt réduits, tantôt augmen[tés]. Ceux qui existaient à la mort de Charles VI, furent confirmés par Henri VI, [le] 5 décembre 1422. Leur chambre fut close et scellée par ordre de Charles VII, [lors]que Paris se soumit à lui, en 1436. Le connétable, qui avait pris possession [de] cette ville au nom du roi, nomma des trésoriers pour suppléer à ceux qui [tena]ient leurs pouvoirs de Henri VI, en même temps qu'il changea les officiers [princi]paux. (C. L. XIII, préface 81.)

prompte execution, de point en point, selon leur forme et t[eneur], neur, et à ce contraignent rigoureusement et sans déport les d[é]tempteurs et possesseurs desdictes chastellenies, terres et s[ei]gneuries, ainsy et par la maniere qu'il est contenu en nosdi[ctes] ordonnances, sans plus y différer ou y espargner aucun soin, [en] mettant réaument et de fait icelles terres et seigneuries en no[stre] main, ou autrement y procedent comme ils verront estre à fa[ire] et que le cas le requerra, tellement que besoin ne soit d'y don[ner] par nous autre provision.

(2) *Item*. Et afin que lesdiz fiefs et aumosnes dont nostre tr[ésor] et autres receptes particulieres de nostredit domaine sont ch[ar]gés, se puissent mieux payer, et en especial celles deues [aux] eglises et qui seroient plus privilégiées, voulons et nous plais[t que] après gages d'officiers, réparations et autres choses nécess[aires] iceulx fiefs et aumosnes soient, par l'ordonnance de nosdiz [tré]soriers, préalablement payez eu égard à la valeur et revenue [des]dictes receptes, tant du trésor que autres, et soient préférez a[ux] tous dons et quelconques autres charges extraordinaires; et v[ou]lons que à ce ayent grant regard nosdiz trésoriers, et y tien[nent] la main à tout pouvoir à nostre acquit et descharge, comme [de] bouche leur avons enjoint et recommandé.

(3) *Item*. Et afin que le fait de nostredit trésor, soit tenu [plus] estroit, et que doresenavant ayons plus claire connoissance [que] n'avons eu par cy-devant de toute la despense, mesmeme[nt de] l'extraordinaire que fera ledit changeur d'icelui nostre tr[ésor] avons ordonné, voulons et nous plaist que de toute icelle [des]pense extraordinaire, à commencer du premier jour de ja[nvier] dernierement passé, icelui changeur soit tenu compter en [nos]tredicte chambre des comptes, aux termes accoustumez, [par] roolles ou par mandemens patens signez de nostre main, [ainsi] que doibt faire nostre receveur général du fait et despense d[es] autres finances extraordinaires, et que autrement rien ne l[uy] soit alloué en ses comptes, sinon toutesfois les menus voya[ges et] chevauchées qui par l'ordonnance de nos trésoriers auroient [esté] faites pour le fait de nous et de nostredit domaine, les[quels] voyages ledit changeur, et pareillement les autres receveurs [par]ticuliers de nostre domaine, pourront payer par taxation d[e nos] trésoriers, quand le cas le requerra, jusques à la somm[e de] vingt-cinq livres tournois et au-dessous, pour chacune fo[is que] besoing sera; et au regard de la dépense ordinaire, comme [des]diz gages d'officiers, fiefs, aumosnes et réparations nécess[aires]

dit changeur en pourra bien compter selon l'usage ancien, et la maniere accoustumée, sans ce qu'il soit tenu d'en compter par lesdiz roolles.

(4) *Item*. Et pour ce que par importunité de requérans nous avons aucunes-fois délégué, donné et octroyé à diverses personnes, tant d'eglise que séculiers, nos lettres d'admortissemens, anumissions, légitimations, affranchissemens, nobilitations, dispensations, congiez de tester, exemptions, privileges, rachats, fiefs, quints et requints, deniers, amendes, gardes, régalles, nouveaux acquets, espaves, aubenages, et telles autres choses dont souloit venir grande finance à nostredit trésor, de laquelle se payoient les fiefs, aumosnes, réparations et autres charges ordinaires; et parce que lesdiz octrois se sont faits et font le plus souvent franchement et quittement, n'en vient à présent rien au profit de nous : nous voulons et ordonnons que à toutes telles lettres ne soit doresnavant obtempéré par les gens de nos comptes et trésoriers, ne par eulx expediées, sinon moyennant finance et composition raisonnable, telle qu'ils verront estre à faire eu regard à la qualité du cas et aussi des personnes, supposé ores que par lesdictes lettres, par inadvertance ou autrement, nous eussions donné ladicte finance, ou icelle taxée et modérée à moindre somme que de raison faire se devoit ; auquel cas, les parties après ladicte composition faicte, se pourroient traire, se bon leur semble, devers nous, pour obtenir telle grace qu'il nous plaira leur faire sur le fait de ladicte composicion; et quand par roolle ou mandement patent signé de nostre main, apperera à nosdiz trésorier et changeur dudit trésor, de nostre vouloir sur ce, et du bon que fait en aurons ausdictes partyes, adoncques et non autrement, ils y pourront obtempérer, et en bailler à icelles parties telle expedition ou acquit qu'il appartiendra.

(5) *Item*. Et au regard des amendes de nostre parlement de Paris, que souloient prendre sur leurs gages les gens de nostre parlement, et que prennent à présent par nostre ordonnance les maistres des requestes de nostre hostel : nous voulons et ordonnons que doresnavant icelles amendes soient receues, comme d'ancienneté se souloit faire, par nostre receveur ordinaire de Paris, lequel les distribuera par descharge de nostredit trésor, ausdiz maistres des requestes, pour le payement de leurs gages, jusques à ce que par nous en soit autrement ordonné.

(6) *Item*. Et parcillement voulons que les amendes de nostre parlement de Thoulouse, soient receues par nostre receveur or-

dinaire dudit lieu, pour les distribuer par descharge de nostre trésorier, selon ce que ordonné et commandé luy sera.

(7) *Item.* Et pour ce qu'il est venu à nostre connoissance que par le petit gouvernement et insuffisance de plusieurs noz receveurs, esleuz et autres officiers sur le fait de noz finances, tant ordinaires qu'extraordinaires, icelles noz finances ne sont de telle et si grande valeur et revenue que estre deussent : nous voulons et ordonnons que nosdiz trésoriers au regard desdiz officiers du domaine, et aussi noz généraulx au regard des autres officiers de noz finances extraordinaires, s'informent bien et diligemment de et sur ce que dit est, et que tous les officiers qu'ils trouveront et sauront non estre idoines et suffisans pour l'exercice de leurs offices, ne profitables pour nous, ils suspendent chacun en droit soy : c'est assavoir, lesdiz trésoriers, ceux du domaine, et les généraux susditz, ceux des autres finances extraordinaires; et leur deffendent l'exercice de leurs offices, en y commettant autres bonnes et suffisantes personnes, jusques à ce que par nous, ou leur rapport sur ce, en soit autrement ordonné, soit par desappointement total d'iceux officiers, ou autrement, comme il nous plaira et que verrons estre à faire.

(8) *Item.* Et en suivant l'ancienne coustume et observance avons ordonné et voulons que tant qu'il y aura à Paris aucuns noz trésoriers, et généraux résidens, nosdiz gens des comptes ne doibvent proceder en quelque maniere que ce soit, à la closture des comptes de nos receveurs, grenetiers, et autres officiers chargez de recepte, sans la presence d'iceux trésoriers et généraux ou de aucuns d'eulx, se tous n'y estoient : c'est à sçavoir, au regard des comptes qui touchent nostredit domaine, sans la presence desdiz trésoriers; et touchant nos autres finances, sans la présence desdiz généraux ou de l'un d'eux, afin de veoir et sçavoir par iceulx trésoriers généraux, se lesdiz receveurs et autres officiers de finance se seront bien ou mal gouvernez, et s'ils auront bien tenu ou excedé l'ordonnance à eulx baillée par estat ou autrement, touchant la dépense et distribution des deniers de leurs receptes.

(9) *Item.* Et en tant que touche nostredit receveur-général, nous voulons et ordonnons que comme il est contenu en nosdictes premieres ordonnances, que fait a esté depuis lors jusques à présent, il face et continue la despense de sa recepte par rooles ou mandemens signez de nostre main, sans ce qu'il puisse ne doie aucune chose payer ne assigner autrement que par lesdiz

andemens ou roolles ; excepté seulement les gages ordinaires
qu'il a accoustumé payer, et menus voyages et chevauchées, jusques à vingt-cinq livres tournois et au dessoubz, pour chacune
fois que besoing en sera, par moyen desquelz roolles ou mandemens ainsy par nous signez et expediez, icelui receveur-général
n'aura besoing de rendre sur ses comptes aucuns autres mandemens pour son acquit, pourveu seulement que iceux roolles ou
mandemens ainsy signez, soient faits par ordre et chapitres ; et
où le cas le requerrera, si amplement specifier et déclarer, que
lesdiz gens des comptes puissent entendre et avoir connoissance
suffisante des causes pour lesquelles auront esté meuz de faire
lever les parties qui contenues seront esdiz roolles, toutesfois
que besoing seroit et que le cas le requerreroit d'avoir avec lesdiz roolles autres mandemens d'aucunes parties, ainsi que de
fois à autre pourra advenir, comme en matiere de pensions ou
gages à vie, de dons qui payer se devroient à diverses fois, de
deniers aussi qui payer se debvroient en notre acquit, dont con-
vendroient apporter et monstrer ensignemens suffisans et vieils
mandemens, descharges, cédules de *debentur* et autrement,
nous voulons et entendons qu'en ce cas ledit receveur-général
soit tenu de prendre et rapporter sur ses comptes avec lesdiz
rolles, lesdiz mandemens et acquits, s'ils ne les avoit autrefois
apportez et rendus sur aucuns de ses autres comptes precedens.
Toutesfois pour ce que aucunes fois pourroit advenir que telles
debtes n'auroient les parties aucun enseignement, parce que ma-
nuellement et sans cédules ou autres enseignemens ilz nous auroient fait aucun prest ; en ce cas n'entendons pas que ledit receveur soit tenu d'en rapporter autre enseignement que ledit roolle
et la quittance des parties, pourveu que l'article dudit roolle parlant de cette matiere en fasse expresse mention.

(10) *Item*. Et pareillement voulons cette ordonnance contenue en l'article précédent, estre entretenue et gardée par le receveur-général de Languedoc, tant comme il fera sa despense par
noz roolles ou mandemens signez et expediez comme dessus est dit.

(11) *Item*. Et semblablement entendons estre fait au regard
dudit changeur de nostre trésor, quand le cas le requerrera.

(12) *Item*. Et au regard de la recepte générale dont Mᵉ. Estienne de Bonnay a eu pour aucun temps de par nous la charge à
Paris et en autres diocèses et elections, tant sur, qu'entre les rivieres d'Yonne et Seine : nous avons ordonné et voulons qu'il en
use encore pour ceste présente année, et jusques à ce que par

nous en soit ordonné, ainsy et par la maniere qu'il a fait jusques ici ; sauf et réservé que par vertu des descharges de nostre receveur-général M". Jean de Xaincoins, par lesquelles ledit Bounay est tenu compter en nostre chambre des comptes, ne autrement, pour quelque cause ne en quelque maniere que ce soit, il ne pourra, ne debvra lever aucunes ses descharges sur les receveurs particuliers estant soubz luy et ès mettes de sadicte recepte générale, sinon que icelles descharges seront préalablement signées des seings manuels de nosdiz généraux ou de l'un d'eulx, et aussi controollez de son controolleur, ainsy et pareillement que sont celles dudit Xaincoins ; et se signées n'estoient, comme dit est, ne voulons pas qu'elles soient valables, ne reçûes par nosdits gens des comptes, en la reddition des comptes desdits receveurs particuliers, sur lesquels elles auroient esté faites et levées.

(15) *Item.* Voulons et ordonnons que tous nos receveurs particuliers, mesmement en Languedoc, rendans comptes en nostredicte chambre des comptes, touchant nosdictes finances extraordinaires, soient tenus d'apporter, exhiber et monstrer a la reddition de leursdiz comptes, les estats qui par nous ou nosdiz généraulx leur auroient esté faits et baillez chacun an, touchant la distribution des deniers de leurs receptes; afin que toutes les parties qui contenues seront en leurs estats signez de nous ou desdiz généraux, soient préalablement avant toutes autres charges quelconques, mises et employées en leursdiz comptes, en rapportant avec iceulx estats les descharges suffisantes. Toutesfois si lesdits receveurs particuliers apportoient sur leursdits comptes enseignemens suffisans, comme lettres clauses, cédules signées de nostre main ou desdiz généraux, par vertu desquelles descharges à ce pertinentes et requises, ils auroient payé aucunes sommes non escriptes ne comprises en leursdiz estats, et que icelles cédules ou lettres en fissent expresse mention : nous, en ce cas, voulons et entendons que nosdiz gens des comptes ne facent aucune difficulté de les passer et allouer en leurs comptes, supposé que leursdiz estats, icelles sommes ne fussent comme dit est, escriptes ne comprises. et n'entendons pas pourtant que quand iceulx receveurs particuliers auroient payé préalablement toutes les parties contenues en leursdiz estats, que les autres parties que en outre ilz auroient payez par l'ordonnance de nous ou de nosdiz généraulx par descharge suffisante, ne doibvent estre semblablement passées et allouées en leursdiz comptes, mais serons et sommes contens que en ce cas employées y soient, mesmement quand leur recepte le

pourroit porter ; et entendons cette présente ordonnance estre pareillement gardée et entretenue au regard des receveurs et officiers de nostre domaine.

(14) *Item.* Ne voulons pas, mais par exprès défendons à nosdictes gens des comptes, que sans avoir exprès mandement de nous par roolle signé de nostre main, ils doivent doresnavant recevoir ne employer sur les comptes de nosdiz receveurs ne d'aucuns d'eulx, aucunes vieilles descharges ou contre-lettres données avant le temps de leurs comptes ; mais seulement y employent, comme autrement faire ne se doit, selon l'usage ancien, les acquits et descharges levées sur l'année et du temps dont se rendront iceux comptes, afin que par moyen de telles vieilles descharges et acquits, ne demeurions en debte envers iceux receveurs.

(15) *Item.* Aussi défendons à nosdiz gens des comptes, que doresnavant n'employent ès comptes desdiz receveurs aucunes cédules de *debentur*, dont ils se voudroient aider pour eux ou pour autres, sinon qu'ils ayent sur ce mandement patent de nous, faisant de ce expresse mention, et expédié par nos gens des finances, comme il appartient.

(16) *Item.* Avons ordonné et ordonnons et voulons que doresnavant ne soient faictes ne séellées aucunes commissions touchant le fait des finances, soit par manière de reformation, ou de donner pouvoir à aucuns commissaires de composer avec aucuns qui auroient délinqué, ou touchant autres matières, comme sur le fait des finances, fiefs, admortissemens ou autres choses quelconques, dont pourroit venir aucune finance, sinon qu'icelles commissions et puissances ayent esté par nous commandées, et qu'elles soient venues et expédiées par les gens de nos finances, c'est assavoir, par nosdiz trésoriers, quand la chose touchera le fait de nostre domaine, et par nosdits généraux, quand ce sera pour autres finances extrordinaires, afin qu'ilz en ayent connoissance et facent registre devers eux, pour savoir quelle exécution en aura esté faite par lesdiz commissaires; et que aussi puissent et doivent commettre telles personnes solvables et suffisantes qu'ils verront estre à faire, pour recevoir les deniers qui venir pourront à cause desdites commissions; et défendons à tous nos secretaires, sur peine de privation de leurs offices, que au regard de ce présent article, ne aussi des autres qui pourroient toucher et regarder le fait de leurs offices, et des lettres qui commandées leur seront touchant le fait des finances, ne facent rien au contraire de cesdites ordonnances; sinon toutesfois qu'ils eussent

sur ce descharge de nous par lettres patentes signées de nostre main.

(17) *Item*. Et au regard des dons et rabais que faits avons, et que encore faire pourrons pour aucunes justes causes et considérations, à ceux qui ont tenu, tiennent et tiendront aucunes fermes de nous, tant de celles de nostre domaine que de nos autres revenues et receptes extraordinaires : Nous sommes contens que nos receveurs particuliers en puissent compter, comme il est accoustumé, par vertu de noz mandemens patens deuement expediez, c'est à savoir, ceux du domaine par nosdits trésoriers, et les autres par nosdits généraulx, sans ce que à l'occasion de cette présente ordonnance, ne autrement, ils soient tenus ne abstraints d'en compter par descharges.

(18) *Item*. Et pareillement entendons estre fait au regard des dons par nous faits et à faire aux communautez des villes, touchant la moitié, le tiers, le quart, ou autre portion des aydes d'icelles villes, pour employer à leurs réparations; pourveu que noz lettres faisant de ce mention, soient expédiées ainsy qu'il appartiendra, par nosdits généraux; et que tels dons ainsy par nous faits ou à faire, n'excedent point le terme de dix ans; et se ils l'excedent, ou estoient à vie, voulons et entendons que icelles nos lettres ne soient vallables, sinon qu'elles fussent expédiées par nosdits gens des comptes aussi-bien que par nos généraux.

(19) *Item*. Et semblablement entendons et consentons que nosdiz receveurs particuliers à qui ce touchera, puissent compter sans descharge, par noz mandemens expediez par nosdictes gens des finances, ainsy que de tout temps est accoustumé, des dons et rabais que pourrons faire pour une fois, à aucunes villes et villages ou à aucunes particulières personnes, des sommes en quoy ils auroient esté assis et imposez, et en quoy tenus nous seroient à cause de leur portion de nos tailles et subsides.

(20) *Item*. Et pour ce que grévable et sumptueuse chose seroit aux commissaires, esleuz, receveurs, clers des esleuz, et autres qui auroient aucunes charges de par nous, pour imposer, mettre sus, lever et faire venir ens nosdites tailles et subsides, de venir chacune fois devers nous ou lesdiz gens de noz finances, pour avoir descharge et eulx faire mettre en nostre roolle des sommes que sur les frais desdictes tailles prendre debveront pour leurs peines et salaires d'avoir vacqué en ce que dit est: Nous voulons et ordonnons que se par nos lettres patentes expédiées par nosdits généraux, il appert a nosdits gens des comptes, des taxations que

sur ce faites leur auront, ils les allouent sans difficulté ès comptes des receveurs particuliers dont nosdites lettres seront mention, en rapportant par iceux receveurs, icelles nos lettres avec quittance des parties tant seulement, sans autre descharge ou acquit.

(21) *Item.* Voulons et entendons que icelle notre présente ordonnance ou interprétation doive commencer, au regard des finances de nostre domaine, au premier jour de janvier dernièrement passé, comme dessus est dit; et au regard de nos autres finances, au premier jour d'octobre aussi dernièrement passé. Et touchant les gros voyages et chevauchées que prennent et prendront de nous nosdits tresoriers, généraulx, changeur, receveur-général et autres nos conseillers et officiers, nous voulons et entendons que doresnavant, à commencer comme dessus est dit, ils n'en doivent, ne puissent rien prendre, fors ce que nous leur ordonnerons par nosdits roolles ou mandemens patens signez de nostre main. Et au regard de ce prius et receu ont nosdiz généraux et receveur-général au terme dudit premier jour d'octobre, par vertu de nos lettres patentes faisant mention de leur retenüe et des gages, chevauchées et droits de leurs offices, nous sommes contens qu'icelles lettres sortissent quant à ce leur effet, et tiennent lieu audit receveur-général en la reddition de ses comptes, nonobstant que de leursdites chevauchées pour icelui temps ne soit fait mention ès roolles par nous signez.

Si donnons en mandement par ces présentes à nosdiz gens des comptes et trésoriers etc.

Donné, etc. Par le roy en son conseil.

N°. 163. — LETTRES *qui ordonnent que, sans réquisition des parties, les causes du ressort du parlement de Toulouse devront être renvoyées en ce parlement par celui de Paris* (1). Nancy en Lorraine, 17 mars 1444. (C. L. XIII, préf. 72.) Reg. parlement, 19 avril 1444.

---

(1) Les officiers du parlement de Paris, envoyés à celui de Toulouse, protestèrent, en prenant possession des nouvelles charges auxquelles le roi les appelait, « qu'ils n'entendaient par là renoncer ni préjudicier à leurs vieux offices et « états que premièrement ils avaient tant au dit parlement qu'ailleurs. » Dom Vaissette cite, d'après un registre du parlement de Toulouse, une déclaration du 21 juillet 1444 (que nous n'avons pu recouvrer), qui permet aux officiers du parlement de Toulouse, nouvellement institués, de retenir les offices et charges qu'ils avaient auparavant à Paris ou ailleurs, à condition qu'ils les feraient exercer par personnes capables, et dont ils répondraient. (Histoire du Languedoc, V. 2.)

N° 164. — Lettres qui maintiennent la ville de Toul, frontière, dans ses usages, franchises et libertés.

Loupy en Barrois, 29 mai 1445. (C. L. XIII, 423.)

N° 165. — Lettres touchant la juridiction des élus pour le recouvrement des aides (1).

Sarry-lès-Chalons, 19 juin 1445. (C. L. XIII, 428.)

Charles, etc. Comme par les instructions et ordonnances royaux faites sur et pour le fait et gouvernement des aydes, gabelles et tailles, par noz prédécesseurs et nous ordonnées pour la guerre et deffense de noz royaumes et subjects, la connoissance du fait desdites aydes, gabelles et tailles, au regard de la justice et des choses qui requièrent et doyvent estre traittées et demenées par justice, tant entre nous et nostre procureur pour nous, noz officiers, fermiers, receveurs et collecteurs d'iceux aydes, gabelles et tailles, comme autres noz subjects en tous cas civils et criminels appartienne et soit commise expressément et spécialement; c'est à sçavoir, aux esleus sur ledit fait, à chacun d'eux ordinairement en leurs eslections, et en cas d'appel et souveraineté, à noz amés et feaux les generaux-conseillers sur le faict de la justice desdites aydes, tout ainsi et à la manière que les causes ordinaires nous touchant les faits devantdits, la connoissance en appartient aux prevosts, baillifs, seneschaux et juges ordinaires de nostre royaume, et en cas d'appel et souveraineté, en nostre cour de parlement; et soit la cognoissance du fait desdites aydes, tailles et gabelles ostée et deffendue à tous lesdits juges ordinaires, sans qu'eux ne nostredite cour de parlement en puissent ou doivent cognoistre en aucune manière, par voyes ou manières obliques ou exquises, par gens qui se disent privilégiés ne autrement; aussi quand aucunes causes touchant lesdites aydes, tailles et gabelles et les dependances, par malice ou simplesse d'appellant ou autrement, ont esté introduites en nostredite cour de parlement, elle les a tantost renvoyées pardevant nosdits generaux-conseillers, pour en cognoistre et decider par eux; et pareillement en soit deffendue toute cognoissance et entreprise à tous juges ecclesiastiques et conservateurs des privilèges d'estudes, quels qu'ils soient, royaux

---

(1) Elles consacrent le principe de l'égalité des impôts établi par la Charte de 1814; mais cette déclaration fut stérile jusqu'en 1789; au 15e siècle les registres sont remplis d'exemptions, et l'ordonnance elle-même confirme beaucoup de privilèges de ce genre. (Isambert.)

ou apostoliques; et sur certaines et grosses peines, ausdites aydes, tailles et gabelles ordonnées comme dit est, pour la tuition et deffense de nosdits royaume et subjects, laquelle chose touche chascun d'iceux subjets, autant à l'un comme à l'autre, ayons ordonné et soient tenus de contribuer tous iceux subjects de quelque estat qu'ils soient, tant marchans, mecaniques, laboureurs, procureurs, praticiens, officiers, tabellions, notaires comme autres, excepté tant seulement vrais escholiers estudians et continuellement fréquentans, demeurans et residens ès universités de Paris, Orléans, Angiers, Poitiers, et autres par nous approuvées, pour acquerir degrez ès sciences, nobles vivans noblemant et suyvans les armes, ou qui par vieillesse ne les peuvent plus suyvre, noz officiers ordinaires et commensaux, pauvres et miserables personnes, lesquels sont exempts desdites tailles; et ordonné aussi les dessusdits marchans, officiers, praticiens et autres qui se voudront exempter de payer lesdites aydes, tailles et gabelles, estre à ce contraints par certaines voyes et manières contenues et declarées esdites ordonnances et instructions; et mesmement lesdits officiers, tabellions et notaires par privation de leurs offices et estats, et lesdits praticiens par privation de leurs pratiques en toutes cours et jurisdictions layes, et ceux qui seront clercs et d'église par prise, arrest et exploitation de leur temporel : néantmoins nous avons esté informez que plusieurs autres que lesdits vrays escoliers èsdites universités, sous ombre des priviléges d'icelles universitez, ou autres souz ombre de lettres et par voyes et manières diverses par eux exquises, se sont voulus et veulent de faict exempter desdites aydes, tailles et gabelles, et les ont contredit et refusé, contredient et refusent à payer; et quand nos officiers, fermiers, receveurs et collecteurs les ont voulu et veulent à ce contraindre ou faire contraindre par justice, et les en poursuyvir et mettre en cause et procez pardevant lesdits esleuz comme leurs juges ordinaires quant à ce, les dessusdits ainsi poursuyvis se sont efforcez et efforcent chacun jour de faire renvoyer lesdites causes et procez pardevant lesdits conservateurs layz et ecclesiastiques, et font admonester nosdits officiers et collecteurs, d'eux en déporter sur peine d'excommuniement; et autrefois les ont fait et font citer et adjourner devant lesdits conservateurs, et illec les ont tenus en grand involutions de procez; et pour obvier à telles vexations et travaux, nosdits officiers, fermiers, receveurs et collecteurs, ont esté et sont contraints d'eux cesser et départir; lesquels choses qui de jour en jour et de plus en plus sont commises, ont esté et sont faites en grand diminution de nosdictes aydes, tailles et gabelles, en nostre très-grand dommage et de la chose publique, à la grand charge, oppression et dommage de nos autres subjects contribuans à iceux, et contre les instructions et ordonnances royaux, et plus seroit si par nous n'estoit sur ce pourveu. Sçavoir faisons que nous, ces choses considerées, qui voulons égalité estre gardée entre nos subjects ès charges et frais qu'ils ont à supporter pour la tuition et defense d'eux et de nostredit royaume sans ce que l'un porte ou soit contraint à porter le faix et charge de l'autre, souz ombre de priviléges, clericatures n'y autrement, et voulons aussi lesdictes instructions et ordonnances royaux estre gardées et exécutées selon leur forme et teneur. Avons d'abondant voulu et ordonné, voulons et ordonnons par ces présentes.

(1) Que lesdicts esleuz, chacuns ès mettes de leurs eslections, cognoissent ordinairement de toutes causes et cas civils et criminels, si aucuns en surviennent, touchant lesdictes aydes, gabelles et tailles, et autres subventions qui ont esté, et au temps à venir seront mis sus pour le fait de noz guerres, tuition et défense de nosdits royaume et subjects, leurs circonstances et dépendances, et nosdits generaux-conseillers, en cas de ressort et souveraineté; et en avons deffendu et deffendons toute cognoissance à tous autres juges quels qu'ils soient, ecclesiastiques et séculiers.

(2) Et voulons que si aucuns desdits juges ecclesiastiques et séculiers en avoyent pris et prennent la cognoissance, comment se par quelque maniere que ce fust ou soit, qu'ils soient contraints à eux en cesser et déporter, par prise, arrest et exploitation de leurs biens et temporel en nostre main, suspension de leurs offices, et autres voyes deues et raisonnables.

(3) Et que si des causes qui sont ou seront introduites pardevant lesdits esleuz, aucuns sergens ou autres officiers s'efforçoyent d'en faire renvoy par vertu de quelques lettres que ce fust ou soit devant autres juges que nosdits généraux-conseillers, qu'ils soyent contraints à eux en cesser, par prinse et emprisonnement de leurs corps et privation de leurs offices.

(4) Et pareillement si aucuns s'efforçoient d'admonester nosdits officiers, fermiers, receveurs et collecteurs, par ou sur peine d'excommuniement ou autres censures ecclésiastiques, d'eux cesser et déporter de faire aucunes poursuites; ou pour occasion des dicts aydes, tailles et gabelles, les citer pardevant lesdits cos-

servateurs et juges ecclesiastiques : nous voulons qu'ils soyent contraints comme dessus à tout cesser, rappeller et mettre au néant ; et semblablement lesdits conservateurs, leurs lieutenans ou vicegérens, et ceux aussi à la requeste ou faveur desquels lesdites monitions ou citations seront faites.

(5) Et en outre, voulons et ordonnons tous nosdits subjects de quelque estat qu'ils soient, excepté les desnommez exempts desdites tailles, contribuer ausdites aydes, tailles, gabelles ; et iceux estre à ce contraints par toutes voyes deues, mesmement lesdicts officiers, tabellions et notaires, par privation de leurs offices et tous autres faits, fors ceux à cause desquels ils se disoyent priviligiez et exempts desdites aydes, tailles et gabelles : lesdits praticiens par suspension de tous fait et exercice de pratiques en toutes cours et jurisdictions layes. Et si depuis ladite suspension ils s'efforçoient de pratiquer, nous voulons que pour ce ils soyent condamnes en amende arbitraire, et que sur eux elle soit levée à nostre profit, et que ce soit fait et procedé en telle maniere, que par aucuns de nos subjects ne soient portez les faits et charges des autres, mais soit en toute égalité gardée et faite au mieux que faire se pourra : lesdits marchans par privation de tous faits de marchandise, et d'amende arbitraire à nostre profit.

(6) Et en outre voulons et ordonnons que si aucuns de nosdits officiers, fermiers, receveurs ou collecteurs estoyent, pardevant lesdits conservateurs ou autres juges, citez, admonestez ou poursuyvis, que notre procureur prenne pour eux et chacun d'eux la garentie, et à faire poursuyte de l'execution de ces présentes à nos despens.

Si donnons en mandement aux généraux-conseillers et eslus de publier et faire enregistrer en la chambre des aydes, ès auditoires des eslections, et chacun d'iceux ailleurs où il appartiendra, afin qu'aucun etc.

Par le roi en son conseil.

N°. 166. — Lettres *portant rétablissement des foires de Champagne et de Brie, avec exemption de tous impôts les 10 premiers jours.*

Château de Sarry-lès-Chalons, 19 juin 1445. (C. L. XIII, 431.)

N° 167. — Lettres *qui exemptent les ecclésiastiques de nourriture, entretien et logement des gens de guerre* (1).

Sarry-lès-Chalons, 3 août 1445. (C. L. XIII, 443.)

Charles, etc. Comme pour donner ordre et bonne manière de vivre, ès gens de guerre vivans sur les champs, et faire cesser la pillerie, laquelle par eux a esté longuement tenüe sur nos païs et sujets, à nostre très-grand desplaisir, nous eussions ordonné loger lesdits gens de guerre par ordre en nostredit royaume, tant en nos villes que celles des seigneurs, gens d'eglise, nobles et autres, en chargeant chacun de nos païs de certain nombre desdits gens de guerre, selon sa faculté, et ordonné y estre assis, cueilli et levé certain nombre de vivres, avec aucun port d'argent, pour le soustenement d'iceux, leurs serviteurs et chevaux, comme contenu est plus à plein ès lettres d'ordonnance par nous sur ce faites; et jaçoit que lesdits gens d'eglise de nostredit royaume selon raison ne soient ni ne doivent estre compris à ladite contribution, ce nonobstant, aucuns commissaires et esleus par nous à ce commis, se sont efforcez ou efforcent, comme entendu avons, à faire contribuer lesdits gens d'eglise auxdits vivres, provision et ordonnance, et qui plus est leur empescher leurs habitations et demeures contre nostre intention et volonté;

Pour ce est que nous voulons et desirans lesdits gens d'eglise de nostredit royaume demeurer en leurs franchises et libertez, esquelles ils ont accoustumé estre et leurs prédécesseurs toujours avoir esté du temps de nous et de nos prédécesseurs, par la déliberation des gens de nostre grand conseil, avons voulu, ordonné et déclaré; voulons, ordonnons et déclarons par ces présentes.

Que nostre intention et volonté ne fut onques, ne est, que les personnes desdits gens d'eglise de nostredit royaume, fussent ou doivent estre compris, ne aucunement estre contraints à contribuer auxdits vivres, provision et ordonnance desdits gens de guerre, ne à les loger en leursdites habitations et demeures, ains voulons et nous plaist qu'ils soient et demeurent de ce francs, quittes et paisibles, comme raison est. Toutefois nous entendons en autre manière requérir lesdits gens d'eglise qu'ils aideront à

(1) Guyot a cru que l'ordonnance de Louis XII, du 20 janvier 1514, était la première sur le logement des gens de guerre. V. aussi le titre 15 de l'ordonnance du 1er mai 1768. La loi du 8 juillet 1791, ne contenait pas d'exemption pour les ecclésiastiques. Dans l'usage actuel les ecclésiastiques sont affranchis de ce logement; cependant nous n'avons pas trouvé d'autre texte législatif qui les en exempte que celui-ci. (Isambert.)

supporter les charges de nosdits gens d'armes, et pour celle cause leur escrirons en chacun diocèse lettres particulieres (1).

Si donnons en mandement par ces présentes aux commissaires et esleus par nous sur ce commis et ordonnez, ou qui seront pour le temps advenir, pour faire ledit logis, l'assiete et provision de vivres, et autrement exécuter les ordonnances dessusdites, et chacun d'eux, que de nostre présente déclaration, volonté et ordonnance ils souffrent et laissent jouir et user lesdits gens d'église de nostredit royaume entièrement et paisiblement sans les empescher ne travailler ou molester à cause de ce en aucune manière.

Par le roi, en son conseil, etc.

N°. 168. — LETTRES *qui règlent les fonctions et pouvoirs des trésoriers de France.*

Châlons, 12 août 1445. (C. L. XIII, 444.)

N°. 169. — LETTRES *portant qu'à l'avenir les monnaies d'or et d'argent en Dauphiné ne seront qu'au nom et aux armes du dauphin* (2), *et qu'elles auront cours dans le royaume.*

Châlons, 12 août 1445. (C. L. XIII, 451.)

N°. 170. — LETTRES *de non préjudice accordées à l'église de Saint-Martin de Tours* (3) *pour avoir volontairement consenti de loger quelques personnes notables durant l'assemblée qui se tint à Tours, en 1444, pour traiter de la paix avec l'Angleterre.*

Château de Montils-lès-Tours, septembre 1445. (C. L. XIII, 453.)

N°. 171. — LETTRES *qui permettent aux habitants de Langres d'élire quatre échevins pour son administration.*

Chinon, janvier 1445. (C. L. XIII, 455.)

---

(1) Les ordonnances ne nous apprennent pas ce qui fut réglé en conséquence. (Villevault, préf., 37.)

(2) Il est fait mention dans ces lettres du consentement du dauphin. Ainsi malgré l'ordonnance du 28 juillet 1440, on frappait en Dauphiné des monnaies au nom et aux armes du roi. Si le roi le défend à l'avenir, ce n'est que pour empêcher les abus auxquels cette fabrication donnait lieu. (V. note sur l'ordonnance du 28 juillet 1440.) Ainsi c'est à tort que Villaret (VIII, 205) reproche au dauphin d'avoir fait battre des monnaies en son nom, comme un attentat à la souveraineté du roi son père. (Villevault, préf. 30.)

(3) Un des privilèges de cette église était de n'être obligée de *donner hébergement quelconque* qu'au roi, à la reine et à leur fils aîné.

N°. 172. — *Lettres d'abolition en faveur du duc de Bretagne, des princes de son sang, de ses officiers et sujets.*

Chinon, 1445. (Carton de la bibl., n° 119, reg. du trésor des chartres, coté 177, acte 174. Recueil de Colbert, v. 52, fol. 1132.)

CHARLES, etc. A tous ceux qui ces présentes lettres verront, salut. Comme nostre très-chier et très-amé nepveu François duc de Bretaigne congnoissant les proximité de lignage en quoy il nous atteint, soit puis peu de temps en ça venu en très-bon vouloir devers nous, et il soit ainsi que sous umbre de certaines considérations et pactions que feu nostre frere le duc de Bretaigne dernierement trespassé, son pere luy aussi étant en bas aage et autres leurs parens et subgiez, pour préserver et garder leurs pays, terres, et seigneuries des maux et inconvéniens qui par chacun jour adviennent à cause des guerres et divisions qui long-temps ont esté en nostre royaume, firent avec nos ennemis, et nous desadvouant, et à eux adherant ainsy que on dit, iceluy nostre nepveu se pourroit douter que on temps advenir à cette occasion ou autrement aucune charge peust estre donnée ou imputée à sondit feu pere, luy et leursdits parens et subgiez, et mis ou donné destourbier, ou empeschemens à leurs biens, terres et seigneuries, et vouldroit bien que sur ce, il nous pleust luy pourveoir, et à sesdits parens et subgiez, d'aucun gracieux et convenable remede.

Savoir faisons que réduisant à mémoire les grands, bons, notables, et agréables services que nostredit feu frere, son pere, iceluy nostre nepveu, et leurs parens, vasseaulx, et subgiez nous ont faits par plusieurs et diverses fois, et en maintes manieres, tant ou fait de nos guerres que autrement, et font encore par chacun jour, considérant aussi la proximité de lignage, en quoy nostredit feu frere, et iceluy nostre nepveu nous attiennent, et sont conjoints avec nous, l'adversité aussi du temps qu'à couru durant lesdites guerres, et le bon vouloir que sçavons certainement que iceluy nostre nepveu a à nous, voulans lui montrer par effect la bonne amour et affection que nous avons à sa personne, de nostre certaine science, libéralité, plaine puissance, autorité royale, et grace especiale, et en faveur et contemplation de nostredit nepveu, et des choses dessusdites, tout ce en quoy nostredit feu frère, ses prédécesseurs, et iceluy nostre nepveu, nos cousins le comte de Richemont, nostre connestable, et le comte d'Estampes son frere, aussi nostre très-chier et amé nepveu Pierre de Bretaigne, et tous leurs subgiez, officiers et serviteurs pourroient avoir forfait ou mespris envers nous et justice, soit à cause desdits adveus, confederations et pactions, que de plusieurs entreprises, guerres et voyes de fait faictes allencontre de nous et de nos subgiez, désobéissances, usurpations sur nos droits royaux, pays, terres et seigneuries, prinses et emprisonnemens de nos officiers et serviteurs desquels ou des aucuns d'iceulx mort s'est ensuye, sous couleur de justice ou autrement, emparemens de places et forteresses, assiegemens et démolitions d'icelles ou d'autres, boutemens de feux, violences de femmes, pilleries, roberies, raençons et appatissement ès pays de Poitou, Anjou, et ailleurs, et autres cas, crimes, et excès quelconques par eulx commis et perpetrez lesquels jaçoit ce que cy ne soient déclairez et specifiez, ne aussi les lettres desdits adveus, et quelconques autres pactions, aydes, en faveur de nos ennemis, et autres excès qui requissent plus ample déclaration, tenons pour recitez, et tout ce qui à ceste cause s'en peust estre ensuy à l'encontre d'eux, par procès ou autrement, avons quitté, remis, abolis, et pardonnés, quittons, remettons, abolissons et pardonnons généralement, perpetuellement, et à toujours par ces présentes, sans ce que à l'occasion d'iceux, ou des aucuns d'iceulx leurs appendances, incidences et dépendances ores, ne pour le temps advenir, on leur puisse aucune chose demander, ou imputer en corps ne en biens, ne faire poursuite, accusation, action, reprouche, ou punition, soit à instance de partie, nos procureurs et officiers royaux, ou autrement, en quelque manière que ce soit, et en tant que mestier est, de nostre plus ample grace avons voulu et consenty, voulons et consentons, et nous plaist que nostredit neveu et sesdits parens, subgiez, serviteurs et officiers, tant d'église que séculiers, de quelque estat ou condition qu'ils soient, nonobstant lesdits cas et crimes, ou autres le temps passé jusques à ores par eulx commis et perpetrez, et en quoy ils pourroient avoir mespris et offensé envers nous et justice, jouissent de leursdites seigneuries et autres héritaiges, acquets, rentes, revenües et biens quelconques, meubles et immeubles, paisiblement et sans destourbier; et quant à ce avons icelui nostre neveu, et sesdits parens, subgiez, officiers, et serviteurs restitué en entier, et restituons par ces présentes, tout ainsi comme se lesdits cas ne fussent oncques advenus, en cassant et adnullant tous dons, et octroys faits au contraire, et tous ce que à cause d'iceulx en pourroit estre ensuy par quelque manière que ce soit, et lesquels quant à ce ne voulons valoir ne sortir aucun effect au préjudice de cesdittes présentes; en imposant sur tous les cas, crimes et choses desusdites, silence perpétuel à nos procureurs officiers et autres parties quelconques à qui action, accusation, poursuite, punition ou reprouche en compete ou appartient, ou peut compéter, ou appartenir, sans ce que ores ne pour le temps advenir ou puisse aucune chose obiicer contre ceste présente générale abolition, ne icelle redarguer de subreption, obreption, inutilité, ne autre deffault quelconque.

Si donnons en mandement par ces mesmes présentes à nos amez et féaulx conseillers les gens de nostre parlement, au prevost de Paris, bailliffs de Vermandois, de Sens, de Touraine et du ressort et exemptions d'Anjou et du Maine, aux seneschaulx de Poictou et de Xaintonge, et de la Rochelle, et à tous nos autres justiciers et officiers, ou à leurs lieutenans présens et advenir, et à chacun d'eulx, si comme à lui appartiendra, que contre la teneur de nos présentes grace et abolition, ne viennent, facent, ou souffrent venir ores ne pour le temps advenir en aucune manière; mais en faisant et souffrant joyr nostredit nepveu, sondit frere, nostredit cousin le connestable, leursdites gens, aydans et herans et confortans et autres de leurs pays, terres et seigneuries, qui d'icelles se vouldront aydier, et qui pour les faultes desusdites commises, ou les aucunes d'icelles seroient mis ou detenus en procez pardevant eulx en nostre court de parlement ou autre part, les ottent et mettent hors desdits proces, et leurs mettent leurs terres et biens, se à ceste cause avoient esté ou estoient empeschiez, incontinent et sans délay, à plaine délivrance, car ainsi l'avons voulu et nous plaist.

Donné etc.

Par le roy: le comte de Vendosme, vous les sires de la Varenne, de Precigny, de Maupas, et plusieurs autres présens.

N°. 173. — Mandement *au parlement de connaître des causes de l'université de Paris* (1), *le Roi n'en voulant pas connaître.*

Chinon, 26 mars 1445. (C. L. XIII, 234.) Reg. en parlem., 2 mai 1446.

Charles, etc. A noz amez et féaulx conseillers les gens tenans

---

(1) Deux ans auparavant pour une autre querelle l'université avait fait cesser les leçons et les prédications à Paris, depuis le 15 août jusqu'au 8 décembre d

nostre présent parlement et qui tendront ceulx à venir : salut et dilection.

De la partie de nostre procureur général, nous a esté exposé que puis nagueres maistre Jehan de Gonda, maistre ès ars, et autres escoliers de nostre fille l'université de Paris, pour leurs démérites ont esté pris et mis prisonniers en la prévosté de Paris, lesquielx de Gonda et ses compaignons et complices, nostre amé et féal conseiller le patriarche d'Antioche, evesque de Paris, ou ses officiers pour lui, requisdrent estre renduz audit evesque comme clers; et aussi pareillement le recteur de ladicte université requist lesdiz de Gonda et sesdiz complices lui estre renduz, parce qu'ilz estoient escoliers, par le prévost de Paris, lequel oyant le débat des parties, renvoya ladicte cause en nostredicte court de parlement, avecques lesdiz escoliers prisonniers, pour estre par icelle nostredicte court décidé ladite requisitoire; et assez tost après ledit recteur, maistre Jehan Painecher et autres eulx-disans députez de ladicte université, vindrent en nostredicte court de parlement à ung jour de mardi environ neuf heures, et resquisdrent lesdiz de Gonda et ses complices leur estre renduz promptement, et en cas que nostredicte court ne les leur rendroit promptement, ilz intimerent très-irrévéremment cessacions à nostredicte court; à quoy fut respondu par nostredicte court que lesdiz de Gonda et sesdiz complices ne povoient estre délivrez ne renduz audit recteur, sans ouïr nostredit conseiller l'evesque de Paris, sur l'opposition qu'il avoit faicte que lesdiz escoliers ne fussent renduz audit recteur, et le lendemain jour de mercredi, combien que l'on eust accoustumé de plaider en nostredicte court de parlement, à cellui jour ilz seroient ouïs et nostredit conseiller l'evesque de Paris contraint à dire les causes de sadicte opposition, en leur remonstrant qu'ilz se voulsissent déporter de ladicte intimacion desdictes cessations, dont ilz ne vouldrent rien faire.

Pour laquelle cause, à la requeste de nostredit procureur général, exposé fut de par nous, par nostredicte court, commandé et enjoinct à ladicte université ès personnes desdiz recteur Painecher et autres qui ilecques estoient présens, sur tout ce qu'ilz se povoient meffaire envers nous, qu'ilz procédassent et conti-

---

de rechef en 1444, depuis le 4 septembre jusqu'au 13 mars. Journal de Paris, p. 194 et 197, du Boulay, hist. de l'université de Paris, V, 557. Le roi s'en plaint amèrement. (Decrusy.)

nussent en leurs leçons et toutes autres faiz d'estudes, en leur deffendant sur lesdictes paines, qu'ilz ne fussent si hardis de cesser : mais ce nonobstant ceulx de ladicte université en grant contempt et mespris de nous et de nostredicte justice souveraine et desdictes défenses et commandemens, en mesprenant contre nous grandement, ont cessé et fait cesser de prédications et faire sermons au peuple, de la parole de Dieu, qui est contre raison, et disant que nostredicte court, ne autres quelzconques fors nous en nostre personne, ne povoit cognoistre de causes et affaires de ladicte université, et qu'ils n'estoient en riens subgetz de nostredicte court de parlement.

Et disoit nostredit procureur que périlleuse et sumptueuse chose seroit, si pour chacune cause de ladicte université, il convenoit venir devers nous, mesmement que pour les grans affaires de nostredicte seigneurie et de la chose publique de nostre royaume, nous fault transporter en pluseurs parties de nostre royaume, lointains de nostre dicte ville de Paris, et que par telles voyes de cesser de prescher la parole de Dieu, le peuple de nostredicte ville de Paris a esté maintesfoiz scandalisé, et encore pourroit estre si par nous n'estoit sur ce pourveu de remède convenable et de justice.

Pour quoy, nous, les choses dessusdictes considerées, et que nostredicte court de parlement est souveraine (1) et capital de par nous de tout nostredit royaume, et y respondent et obéissent tous noz parens, les pers, ducs, contes et autres grans seigneurs de nostre royaume, comme à nous et nostre justice souveraine à laquele tous ceulx de nostredit royaume sont subgetz, et aussi que pour les grans et hauls affaires de nostre royaume, en quoy sommes continuelment occupez, ne pourrions vacquer ne entendre en nostre personne à ouyr, discuter et décider des querelles, causes, négoces et questions de nostredicte fille l'université de Paris ne des suppostz d'icelle, et que de plus grans choses de moult que celles de ladicte université, nostredicte court de parlement cognoist, décide et détermine de jour en jour, et en laquele est faicte justice à chascun sans acception de personne.

Voulans pourveoir à ladicte université et aux suppostz d'icelle, et obvier aux inconvéniens et scandales qui pourroient avenir en nostre royaume, et bonne justice et briefve expédition estre faicte

---

(1) Il ne faut pas entendre ces expressions trop littéralement. Il y avait alors un parlement établi en Languedoc. (C. L. XIII, préf., 45.)

administrée à nostredicte fille l'université de Paris et les supposts d'icelle, et rejecter tous délais, longueurs et involucions de procès, et pour autres causes et consideracions à ce nous mouvans, et eu sur ce grande et meure déliberacion de conseil, avons donné et appoinctié, ordonnons et appoinctons

Que vous cognoissez et déterminez des causes, querelles et négoces de nostredicte fille l'université de Paris et des supposts d'icelle, tout ainsi que ferions en nostre propre personne, si présens y estions.

Si vous mandons et commandons que vous cognoissez et déterminez de toutes les causes, querelles, négoces, actions et pétitions quelxconques, tant en demandant que en défendant, de nostredicte fille l'université de Paris et des supposts d'icelle, en les contraignant à ce faire et souffrir et vous obéir, par toutes voies et manières deües et raisonnables, en leur administrant bonne et briefve expédition de justice, rejectez tous délaiz et involucions de procès; et en oultre pour ce que l'en dit plusieurs de ladicte université estre principaulx aucteurs et induiseurs, et qui insistent et commeuvent les supposts de ladicte université à telz voyes de cessations et autres contre justice, informez-vous ou faictes informer diligemment et bien sur ce et autres choses qui vous seront plus à plain baillées par déclaration, si mestier est; et ceulx que par ladicte information, ou autres jà faictes, vous en trouverez coulpables, punissez-les et corrigés ainsi que verrez au cas appartenir :

Car ainsi le voulons et nous plaist estre fait, sans préjudice des priviléges de nostredicte fille l'université de Paris et autres choses. Donné à Chinon, etc.

Par le roy en son conseil.

N°. 174. — SENTENCE *arbitrale et de pacification prononcée par le roi de France au sujet de la succession au duché de Lorraine.*

Reims, 27 mars 1445. (Corps diplom., p. 144.)

N°. 175. — GRIEFS *contre Charles d'Armagnac* (1).

1445. (Bibl. des Célestins, t. VIII, fol. 92.)

(1) V. ci-après les lettres de mai 1446; ce n'est pas le même que celui qui fut condamné en 1460.

Voici ses griefs :
De peccato naturam de quo constat per letras G, M et L inventar. per letras H, I, K, L, M, N, primi inventarii.
De falsa moneta de quo constat per letras B, N et J, secundi inventarii per decem testes.
Qu'il s'intitule par la grace de Dieu per tenorem tertii inventarii, et fait per processum scil. dicit hoc jus habere ab ovo.
Qu'il donne grâces et rémissions et les entérine ; per processum fatetur au donné sureté à ceux de Milan.
Qu'il crée tabellions et notaires.
Qu'il met ses francs archiers en sa terre qui doivent de 6 hommes.
Qu'il met tailles en ses terres deux ou trois fois l'an.
Qu'il a osté la court royal de Marivra et du Viguan.
Qu'il fist prendre prisonnier à Nismes ung huissier du parlement de Tholose qu'on nomme Noël qui venoit d'exécuter contre lui.
Qu'il tient trente ou quarante ribaux de pixes de Maymers et de Saint-Vni et de la Fare, que par force il a osté aux seigneurs, lesquels pillent et rançonnent chacun.
Et pour gens d'église,
Qu'il a destroué les gens de monseigneur de Lodève et osté leurs chevaux, tient leurs places et bénéfices.
Qu'il ne souffre l'évesque de Nismes exercer sa jurisdiction spirituelle en sa terre.
Qu'il a rançonné tous les abbes et prieurs de la terre d'un double 10° et plus deux fois.
Qu'il a emprisonné, battu, pillé et rançonné à 28 escus le curé de Vebru, et pareillement le moine dudit lieu.
Qu'il a pillé le prieur d'Olmessac qui avoit sureté de lui.
Au prieur du Rosier a pris trois ou quatre cents charges de blé et vin, et tous ses meubles. *Per informat. A. secundi inventarii.*
Au prieur de la Parade, deux ou trois cents charges de blé et son bénéfice. *Idem.*
Au prieur de Saint-Marcel qu'il a fait mourir et privé son benefice, pour son bastard et le détient.
De l'abbé Demnat huit ou neuf cents moutons et brebis, et tous ses bœufs et vaches.
Qu'il bat son confesseur, quand il ne le veut absoudre.
Qu'il a souvent battu un sien chapelain nommé messire Pierre quand il lui fuisoit choses secrettes entre eux.
Qu'il a pillé le prieur de Saint-Pergres.
Qu'il a pillé le curé de Treves.
Item le curé de Saint-Salvaire.
A un religieux son cheval et 15 escus en allant de Milleau à Viguan.
Qu'il prent les gens en franchise.
Qu'il a rançonné le prieur d'Ariguac.
Qu'il a prins et pillé le cloistre du prieur de Moudardel, et mis le feu à la porte.
Que par ses pilleries en a fait fouir les prieurs de Saint-Prevat de Valfraisse, de Grabiat, de Sainte-Croix, de Saint-André, de Saint-Flor, de les Balnes et

arre, d'Ormessac del Rozier et plusieurs autres jusques par justice y soit
curvu.

Aux nobles.

Qu'il a cuidé prendre Saint-Chely qui est au seigneur d'Arpajon, et quant il
failly, print le bailly prisonnier et le gehenna plusieurs fois.

Qu'il a pillé le seigneur de Sevaret.

Qu'il a pillé le seigneur de Roscanet et faut qu'il tienne garnison contre lui.

Qu'il a prins et pillé Lafare et y tient garnison, emprisonné le seigneur et lui
oné trois coups de dague.

Qu'il a emprisonné Huguet Flotart et son pere pour les contraindre à avoir
cer terre et lié la teste à cordes et pierres, et cuidé tuer le fils, et par un de ses
vas lui fit bailler un cop de dague par le ventre. *Per informationes A secundi
inventarii.*

Qu'il a eu cinq chasteaux de la détrousse que ses gens avoient fait faire sur le
chemin en droit Saint-Romain à messire Jehan Faure, chevalier de Montpellier
et à M. de Montpellier.

Qu'il impose taille sur les nobles et fait mandemens comme le roy.

Qu'il a prins et pillé Vebron qui est à Mr. de Cadilhac.

Au peuple.

Qu'il tient frontiere pire au peuple que Anglais, et prend vivres, bled, moutons, beufs, vaches, mules, pourceaux, s'ils n'ont sauf conduit de luy.

Qu'il a fait prendre piller et ransonner Marc de Saint-Romain et battre jusques
à la mort.

Et pareillement Etienne Gallen de Francenet.

Et pareillement au Proensal dit le Long. De trois lettres A *tertii inventarii.*

Que par sa commission a fait mettre en sa main toutes les terres mouvans de
lui à ceux et haussé les charges de la moitié et taxé au commissaire 30 sous par
jour, et à son procureur 20 sols, au notaire 15 sols, et pour vacquer demy an.

Que ses gens ont forcé une fille de Saint-André de Maginioles, en la terre dudit
Charles, et l'osterent à la mere. *De hoc in informat. D. secundi inventarii.*

Et semblablement ont forcé une autre à Croissel dont il est seigneur.

Et semblablement une autre à Cornut qui est de sa terre.

Abrégé des conditions sous lesquelles le roy donne au comte d'Armagnac abolition de ses crimes.

Sur les supplications faites à plusieurs et diverses fois par les ducs d'Orléans,
d'Alençon, de Bourbon, le comte du Maine, de Richemont, connestables, de
Foix, de Dunois et autres, le roy lui a accordé aux conditions suivantes :

Qu'il remettra préalablement ès mains du roy les places et chastellenies de
Severac et de Capdenac, avant que lui et ses enfans soient délivrez et restituez.

Qu'on prendra son serment et celui de ses enfans qu'ils seront toujours bons
et loyaux au roy, ne retiendront aucune chose de son domaine.

Qu'ils renonceront à tout service en faveur du roy d'Angleterre, promesses,
appointemens, alliance ou aucuns de par luy, etc.

Que luy et ses enfans promettront de non jamais mettre en leurs lettres, ne
eux nommer par la grace de Dieu, comte d'Armaignac, ces mots emportans
mesconnoissance de fiefs estans comme ils savent sujets de la couronne, et que
leurs terres et seigneuries sont tenues du roy.

En outre ledit comte d'Armaignac et ses enfans bailleront les seurtez et [...] scellés du roy d'Espagne et du duc de Savoye, des ducs d'Orléans, d'Alençon [...] de Bourbon, et des comtes du Maine, de Richemont, de Foix, de Dunois [...] d'autres contenant la forme qui s'ensuit :

Nous tel, comme monseigneur le roy, deuement informé de certains grans [...] et crimes et désobeissances commis par notre très cher et amé cousin le c[...] d'Armaignac eust fait par justice procéder à la prise et détention de sa personne et mettre tous ses biens en sa main, lequel cas par plusieurs fois avoient été p[...] bliquement proposés par devers mondit seigneur par son advocat, puis les [...] hazardous, etc., et proposer les peines tant corporelles que civilles, en qu[...] notredit très-cher et très-amé cousin, à l'occasion d'iceux, pouvoit être ench[...] à la requeste de notredit cousin, et considérans le prochain dégré de consang[...] nité en quoy il nous attient, avons humblement supplié et fait supplier à m[...] dit seigneur qu'il lui pleust avoir pitié et compassion de lui et de ses enfans, [...] lui donner grace et remission de tous lesdits cas et crimes, à quoi mondit s[...] gneur le roy, considérant la qualité de la personne de nostredit cousin, et s[...] les grands et louables services que ses prédécesseurs lui ont faits, et pour pl[...] sieurs autres causes à ce le mouvans, à la requeste dudit roy d'Espagne, du d[...] de Savoye, d'autres plusieurs seigneurs de son sang et de nous, luy a don[...] grace et pardon, et rémission des cas dont il a été trouvé chargé, le restitu[...] ses biens sous certaines retentions plus à plain contenües ez lettres sur ce fait[...] et moyennant ce que mondit seigneur auroit promesse et obligation de tous ce[...] qui lui ont fait lesdittes supplications et requestes que doresnavant par notred[...] cousin, ses officiers et subgez luy seroit obéi à ses officiers et mandemens, q[...] par eux ne seroit faitte aucune chose qui lui put porter deshonneur ou domm[...] à ses droits ne à ses pays et subgez. Et pour ce desirant ladite application que n[...] avons faite à mondit seigneur le roy pour notre cousin sortir son plain effet, et l[...] cas desusdits lui être pardonnés, promettons par nos foy et serment, et sur not[...] honneur et obligation de tous nos biens que doresnavant notredit très-cher cous[...] et ses enfans seront bons et loyaux à mondit seigneur, lui obéiront à sa justice officiers et mandemens, et ne sera fait par eux ne aucun d'eulx, ne par les of[...] ciers et subgetz aucune chose qui puisse apporter préjudice et dommage à mod[...] seigneur le roy, à ses droits, ne à ses pays et subgez, ou s'il arrivoit que p[...] aucun d'eux, de leurs officiers et subgetz, fait aucune chose faitte ; au contrai[...] nous promettons comme dessus que nous les contraindrons à l'amender à mond[...] seigneur le roy, et réparer les forfaiz selon l'exigence des cas par toutes voyes [...] nous possibles, et par puissance et main armée du bon plaisir et congié de mond[...] seigneur le roi, et pour sur ce exécuter et accomplir ce que par luy nous sera [...] chargé, promettons comme dessus à le servir en propre personne et de onze cen[...] hommes de traiz à nos propres cous et dépens, et jusques à ce que les cas, crim[...] et forfaix qu'ils avoient commis et perpetrez soyent amendez et réparez au bo[...] plaisir de mondit seigneur le roy. En tesmoing de ce, etc.

Le comte d'Armaignac est content de bailler tous lesdits scelz, si non au r[...] gard du duc de Bretagne qui n'a fait aucune requeste ni supplication pour luy, et pour ce n'entend point le requérir de bailler son scellé, si c'est le bon plais[...] du roy, dit outre qu'il a jà eu la plupart des autres scellés, esquelz scelles le[...] ducs nommés en iceux doivent servir le roy à cent lances et onze cents archer[...]

N° 176. — Édit général, portant que ceux qui auront tenu leurs offices pendant cinq ans, ne pourront les perdre (1).

Razilly, près Chinon, 27 mai 1446. (C. L. XIII, 462.)

Charles, etc. Comme nous aions esté advertiz que depuis l'entrée faicte par noz ennemis et adversaires en nostre ville de Paris, qui fut l'an mil quatre cens XVIII, nous ayons donné plusieurs de noz offices à diverses personnes, et aucunes fois ung office à deux ou trois personnes, les aucuns desquelx ayent par vertu de nosdiz dons et de leurs lettres sur ce obtenues, esté mis et instituez en possession et saisine d'iceulx offices, et les ont tenus et possedez les aucuns par cinq, dix, douze, quinze, vingt ans, les autres plus, les autres moins, paisiblement sans aucune contradicion; et les autres qui par aventure avoient droit èsdiz offices, ont contempnez ou esté négligens de poursuir lesdiz dons, et ne se sont apparuz, ne fait diligence d'avoir possession et saisine desdiz offices, ne de évincer ceulx qui les détenoient, au moins de long-temps après la possession paisible desdiz possesseurs; mais quant ils ont veu que les détenteurs d'iceulx offices en joyssoient et joyssent paisiblement, soubz umbre des dons par nous à eulx faiz dont ilz n'ont tenu compte ou ont esté négligens comme dit est, ont mis et mettent chacun jour en procés ceulx qui ainsi longue-

---

et messieurs les comtes à cinquante lances et cent hommes de trait, et supplie au roy le faire recevoir en la forme qu'ils sont et s'en contenter.

S'ensuivent ceux qui doivent bailler les seuretez pour le fait dudit comte d'Armignac.

(1) Robert a été loué par les historiens, de ce qu'il n'avait jamais destitué un seul officier, ils le comparent à Antonin, qui *successorem viventi bono judici nulli dedit*. Philippe-le-Bel en 1304 ordonna, après avoir destitué les malverseurs, que les autres ne pourraient être destitués; Charles V, par l'art. 6 de l'ordonnance de mars 1357, révoqua 22 officiers; il les rétablit, par lettres du 28 mai 1359, mais c'était des ministres et non des magistrats. V. l'édit de Louis XI, en 1467 et le serment prêté par Charles VIII, au lit de mort de son père, publié au parlement. Charles VIII, en 1493, institua des officiers, pour exercer *tant qu'il nous plaira*; en 1483 les états de Tours avaient réclamé l'inamovibilité des officiers de justice. V. *Loyseau, des Offices*, liv. 5, chap. 4, n° 70, et *du Domaine*, tom. 3, p. 12, aux notes. En 1807, le sénatus-consulte du 12 octobre, exigea cinq années pour l'inamovibilité des magistrats: c'était une violation de la constitution de l'an 8; la charte de 1814, par son art. 58, déclare les juges inamovibles du jour de l'institution; ce qui n'a pas empêché d'en destituer beaucoup avant cette institution. V. la loi du 16 juin 1824 qui abroge l'art. 59 de la loi du 20 avril 1810. (Isambert.)

ment en ont joy et joyssent par vertu de nosdictes lettres de dons, et à ceste cause se sont meuz et meuvent chacun pour plusieurs débaz et procès, et est en voye qu'il s'en meuve encore ou temps à venir, se cette voye est et demeure ouverte; et par ainsi ne seroient nosdiz officiers qui ainsi ont joy et joyssent desdiz offices, jamais paisibles ou au moins seurs de leursdiz offices et estatz; par quoy les possesseurs d'iceulx offices, et qui en iceulx nous ont bien et loyaument servi, sont et pourroient estre par telz moyens longuement fatiguez, vexez et traveillez, ce qui ne se doit pas faire de raison, ne ne vouldrions tolérer ne souffrir; et pour ce, soit besoing et expédient de mettre et donner sur ce provision et faire édit général :

Savoir faisons que nous voulans à ce pourveoir; et pour obvier à multiplication de procès, qui à ceste cause se sont peu ou pourroient mouvoir, et pourveoir à la seureté des estaz et offices de ceulx qui longuement nous ont servy en iceulx, avons par grant et meure délibéracion eue sur ce avecques les gens de nostre grant conseil, ordonné et déclairé, ordonnons et déclairons par ces présentes et par édict général, de nostre certaine science, pleine puissance et autorité royal,

Que tous nos officiers, qui depuis ledit an mil quatre cens dix-huit ont joy paisiblement de leursdiz offices par le temps et terme de cinq ans continuelz sans interrupcion, et sans ce que à cause d'iceulx, on leur ait fait question ou demande durant ledit terme, ne les avoir sur ce mis en procès, que doresenavant ilz joyront et demoureront en leursdiz estaz et offices, sans ce que en iceulx on leur puisse faire, mettre ou donner aucun empeschement par vertu desdiz dons par nous faiz à autres qui ne s'en seront aidiez dedans ledit temps de cinq ans, ne autrement, en quelque manière que ce soit.

Et oultre et d'aboundant, voulons et ordonnons et nous plaist que tous ceulx qui par leur faulte, négligence, ou autrement, ne se seront aidiez des dons par nous à eulx faiz desdiz offices, dedans lesdiz cinq ans, ou sur ce n'auroient encommencé procès, soient entièrement forcluz et deboutez de leursdiz dons, et des droiz qu'ils pourroient avoir esdiz offices, lesquelx nous en avons ou cas dessusdit, privez, forcluz et deboutez, privons, forcluons et deboutons, et leursdiz dons par nous à eulx ainsy faiz avons revocquez, cassez et aboliz, révoquons, cassons et abolissons, et mettons du tout au néant par ces présentes.

Si donnons en mandement par ces mesmes présentes, à nos

amez et feaulx conseillers les gens tenant et qui tendront nostre parlement, les maistres des requestes de nostre hostel, les généraulx sur le fait de la justice des aides ordonnez pour la guerre, au prévost de Paris, et à tous noz bailliz, séneschaulx et autres justiciers et officiers ou à leurs lieutenans, présens et à venir et à chascun d'eulx, si comme à lui appartendra, que nostre présente ordonnance, volenté, édit et déclaracion ils entretiennent et gardent, et facent entretenir et garder chascun en droit soy, de point en point, sans enfreindre en quelque manière que ce soit,

Car tel est nostre plaisir et volenté. En tesmoing de ce, etc. Par le roy en son grant conseil.

N°. 177. — LETTRE *d'abolition au comte d'Armagnac, portant attribution au daupain de partie des terres sur lui confisquées.*

Razilly, près Chinon, mai 1446. (Trésor des chartes, reg. 176, acte 437, vol. 54.)

CHARLES, etc. Comme par plusieurs grand désobéissances, et autres grans fautes et offenses faites et commises et par un long-temps continuées envers nous, nostre majesté et justice par nostre cousin Jehan comte d'Armaignac, nous, pour procéder à la réparation et punition d'icelles selon l'ordre de justice, avons par grand et meure délibération de conseil et après plusieurs grans informations et enquestes sur ce faites à plusieurs et diverses fois, et par plusieurs de nos conseillers en notre parlement et court souveraine, comme par autres nos conseillers et juges, fait prendre et detenir prisonnier la personne de nostredit cousin et ses terres et seigneuries, villes, forteresses et possessions saisir et mettre en nostre main et de notre justice et sous icelles les régir et les gouverner, et pour l'execution de ces choses et d'autres touchant nostre seigneurie, envoyé en nos pays de Languedoc et de Guienne, nostre très-cher et très-amé fils Louis dauphin de Viennois, avec puissance et authorité sur lesquelles choses et après icelles et sur ce procès et les poursuittes faites et attentées allencontre notredit cousin d'Armaignac et de sesdites terres et seigneuries selon l'ordre de justice, nous ayant de la part de très-haut et très-puissant prince nostre très-chier et très-amé frère et allié roy de Castille et de Léon, et d'autres grans princes nos parens et les siens comme de plusieurs de nos seigneurs de nostre sang et lignage, nos vassaux et sujets de notre royaûme, esté fait plusieurs supplications et requêtes en la faveur de nostredit cousin et de la délivrance de sadite personne, et restitution de sesdites terres et seigneuries, et remonstré plusieurs grans services faits par ses predecesseurs et lui à nostre seigneurie, à nos prédécesseurs et nous; sur les supplications et requestes et en faveur d'icelles et desdits services, desirant toujours traiter favorablement nos feaux et vassaux, et préférer grace à rigueur d'exécution, ayons differé et dilayé lesdits procès et lesdites poursuites, et sur ce fait plusieurs grands moderations et baillé et donné à nostredit cousin nos lettres de pardon et abolition sous certaines conditions declairées eu icelles et fait mettre sadite personne à délivrance et fait faire restitution de ses terres et seigneuries, et d'icelles lever et oster notredite main, retenues et reservées à nous entre autres choses expressement et en special, les terres, seigneuries, places, forteresses et chastellenies de la Gugelle, de Roque-Valseigne, de St-Genyes, de Ribedoc, de Cassejgnes ou pays de Rouergne et les appartenances d'icelles, qui estoient autrefois de nostre domaine; pour ce est que nous reconnaissans les grands dépenses que nostre dit fils a soutenues en cette matière, les diligences qu'il a faites, et les travaux qu'il y pris, nous à celui avons donné, cedé, transporté et délaissé, donnons, cedons, transportons et délaissons par ces présentes, pour luy et ses hoirs masles ou temps avenir, lesdites terres et seigneuries et leurs appartenances et appendances quelconques, bois, forêts, avec tous droits de justice et seigneuriaux, rivières, garennes, pastis et pasturages et autres d'hommages et hommes de foy et de fief, de rachats, reliefs ou quintz deniers et d'autres devoirs quelconques, le droit ou revenu nommé le commun de la paix, et tous autres droits, rentes, revenues sans rien en reserver ne retenir à nous, que les ressorts et souveraineté seulement.

Si donnons en mandement par cesdites presentes à nos amés et féaux gens de nostre parlement et de nos comptes, et tresoriers, à nos séneschaux de Rouergue et de Quercy, le bailly des montagnes d'Auvergne, à nos procureurs et receveurs ordinaires, èsdites seneschaussées et bailliage et à tous nos autres justiciers et officiers qu'il appartiendra, ou à leurs lieutenants présens et avenir et à chacun d'eux en droit soy, que de nos présens don, cession, délay et transport seuffrent et laissent yceluy nostredit fils et sesdits hoirs ou temps avenir joyr et user paisiblement sans trouble, empeschement ou contraire; et affin que ce soit chose ferme et estable à tousjours, nous avons fait mettre nostre scel à cesdites présentes, sauf nostre droit et l'autruy en toutes.

N°. 178. — LETTRES *portant confirmation des privilèges* (1) *accordés par le Roi et ses prédécesseurs au duché de Bretagne.*

Razilly, près Chinon, 16 septembre 1446. (C. L. XIII, 468.)

N°. 179. — ORDONNANCE *touchant le style du parlement, la justice souveraine, la présentation des candidats par les magistrats, le secret des délibérations, la tenue des juges, les devoirs des avocats, etc.* (2).

Montils-lès-Tours, 28 octobre 1446. (C. L. XIII, 471.) Publ. en parlement, 12 novembre.

CHARLES, etc. Comme pour avoir et exercer bonne et briefve expédition de justice en nostre court de parlement, qui est capitale et souveraine de nostre royaume et seigneurie, et subséquemment ès autres cours et jurisdictions qui y sont subjectes, noz prédécesseurs successivement en leur temps ayent fait plusieurs et diverses ordonnances, tant en composant et faisant les aucunes de nouvel, qu'aussi en déclairant, interprétant, corrigeant et adjoustant à celles qui desjà estoient faites, selon les variations des temps et l'exigence des cas ; et il soit ainsi que nos amez et féaux les présidens et conseillers de nostredicte court, estans en icelle, en nostre bonne cité de Paris, considérans que pour les guerres, divisions et autres maux qui ont esté en nostre dit royaume, lesdictes ordonnances n'ont bonnement peu du tout estre gardées et entretenues en leur force et vertu, dont se sont ensuivis plusieurs grands inconvéniens, à la foule de justice et oppression de noz subjects; et pour ce desirans lesdiz présidens et conseillers, le bien et honneur de nous et de nostredicte justice et l'abbrégement des causes et procès de nostredicte court, ayent esté meuz d'eulx assembler en bon et compétent nombre, et de voir et visiter lesdictes ordonnances anciennes ; et après bien songneuse visitation, et grande et meure délibération sur ce par eulx faite et

---

(1) Cette ordonnance ne les spécifie pas en libertés qu'elle appelle privilèges, elle se réfere aux ordonnances du roi Jean ; il y a la réserve du ressort et souveraineté.

(2) *Voir* Fontanon, Néron *et* Girard. Cette ordonnance n'est pas aussi remarquable que celle du mois d'avril 1453. C'est un réglement du parlement, homologué par autorité royale. M. Henrion de Pansey cite beaucoup cette ordonnance, ch. x, du *Devoir des juges*, Autorité judiciaire. (Isambert.)

eue, leur ayt semblé estre expédient et nécessaire pour le bien de nous et de la chose publique de nostredit royaume, de aucunes d'icelles ordonnances rafreschir et réduire à mémoire seulement, et les tenir en leurs termes et teneurs, sans autrement les répéter ou résumer en ce qui ne requiert aucune mutation, et avec ce, de muer, corriger, adjouster ou diminuer et faire déclaration, interprétation, ou modification à icelles, et en ce que les cas le requièrent, et aussi de pourveoir et donner nouvellement remède en ce en quoy semble n'avoir esté aucunement pourveu, par ce peult estre que les cas qui requièrent de présent nouvelle provision n'escheurent ne adviurent lors, ainsi qu'ilz sont de présent, tant en ce que touche les presidens, conseillers et autres officiers de nostredicte court, qu'aussi en ce qui touche le fait des parties plaidoyantes en icelle, et de leurs advocatz et procureurs; et leurs advis sur tout, ayent mis par chapitres et articles, et iceux envoyez par devers nous et nostre grand conseil, pour en estre fait et ordonné par nous, ainsi que verrions estre à faire :

Nous voulans (comme raison est) bon ordre et forme de justice estre tenuz en nostredicte court de parlement, qui est et doit estre vraie lumière et exemplaire à toutes les autres de bonne équité et droiture; et pour ce qu'avons trouvé lesdiz advis desdiz présidens et conseillers de nostredicte court, contenuz et déclairez èsdiz chapitres et articles, estre très-raisonnables, utiles et convenables, pour le bien de nous et de toute ladicte chose publique de nostre royaume, iceux par grande et meure délibération de nostredit grand conseil, avons acceptez et euz agréables, et selon ce et sur iceux ordonné et ordonnons par ces présentes, et fait les ordonnances en la forme et maniere qui s'ensuivent.

(1) *Premièrement.* Pour ce qu'aucunes desdictes ordonnances anciennes font mention d'eslire officiers, conseillers en nostredicte court de parlement es lieux et siéges d'icelles, quand ilz vaqueront; ordonnons que pour mieux et plus seurement y pourveoir dorénavant, quand il viendra à la cognoissance de nostredicte court qu'aucun lieu desdiz officiers vaquera, incontinent et le plus brief que faire se pourra, l'election soit faite par forme de scrutine, en nostredicte court, par toutes les deux chambres assemblées, et présent nostre amé et féal chancelier, s'il est présent à Paris, et il veult et peult estre, d'une, deux ou trois personnes que nostredicte court verra estre plus idoines et suffisans à exercer ledit office; et ce fait, nous en advertissent, et certifient de ladicte élection, et lequel des esleuz leur semblera plus propre, pour icelui

office exercer, afin que mieux puissions avoir advis à pourveoir à icelui office, ainsi que verrons qu'à faire sera (1).

(2) *Item.* A certaines ordonnances faisant mention de la résidence que lesdiz présidens et conseillers doivent faire en nostredicte court, adjoutons et ordonnons que ceux qui ne résideront, ou qui se partiront d'icelle, séant notredit parlement, sans le congé et licence de nostredicte court, soient privez des émolumens et profitz d'icelle, comme sont commissions qui viennent et yssent d'ycelle, pour tout le parlement où ilz auront fait faulte de résider, et pour le parlement ensuivant (2).

(3) *Item.* Et à l'ordonnance autrefois faicte, que nul conseiller en nostredicte court ne puisse prendre office ne pension d'autre quelconque que de nous, y adjoutons et ordonnons peine : c'est à savoir, de privation de son office royal, *ipso facto* (3) et sans autre déclaration, s'il n'a sur ce de nous congé et licence.

(4) *Item.* A certaines ordonnances faictes, afin de céler et non révéler les secretz de nostredicte court, adjoustons et ordonnons que s'aucun officier de nostredicte court, soit président, conseiller, greffier, notaire ou autre, révèle doresnavant en aucune manière les secretz d'icelle nostre court (4), il soit privé pour tout un an entier, de l'émolument de ses gages deuz à cause de son office, et si le cas le requiert (eu égard à icelui cas et à la forme de révéler) il soit privé de sondit office ; et qu'il soit enjoint de par nous et nostredicte court à tous les présidens, conseillers et autres officiers d'icelle, sur le serment qu'ilz ont à nous et à nostredicte court, que s'ilz, ou aucuns d'eux, savent aucuns qui doresenavant révèlent les secrets d'icelle, qu'ilz le dient à nostredicte court ou aux présidens en icelle, le plustost qu'ilz pour-

---

(1) C'est un rétablissement d'élection, mais avec modification. Le président *Henrion de Pansey* (Autorité judiciaire) voudrait voir cette candidature rétablie. (V. ci-après, l'ordonnance de 1467, sur l'inamovibilité qui existait à cette époque.)

(2) Ce principe existe encore. — V. Loi, 27 ventose an 8, art. 5 ; arrêté, 2 pluviose an 9, art. 48 ; loi, 20 avril 1810 ; décret du 6 juillet 1810, art. 25 ; 18 août 1810, art. 29 à 33 ; et ordonnance du 6 novembre 1822. (Isambert.)

(3) Cependant aujourd'hui nos premiers magistrats ne dédaignent pas des places de conseillers des princes avec salaires. C'est probablement à cet art. que fait allusion Dessessarts dans le Répertoire de Jurisprudence, en parlant des incompatibilités. V. aussi un argument assez faible de M. *Merlin*, Répertoire, v° *Gardes des bois*, section 1re, § 3, p. 492. (*Idem.*)

(4) V. ordonnances de 1344 et 1453, Répertoire de Jurisprudence, v° *Opinion*, n° 11, p. 757.

tout, afin de sur ce faire information par aucun ou aucuns de noz conseillers de nostredicte court, qui à ce seront commis par icelle, lesquelz le rapporteront le plus brief qu'ilz pourront, pour en estre ordonné par nostredicte court ainsi qu'il appartiendra; et si aucuns desdiz officiers ou aucuns des huissiers de nostredicte court estoient trouvez avoir révélé lesdiz secretz, qu'ilz en soyent puniz : c'est à savoir, lesdiz huissiers, privez de leurs offices; et les clercs desdiz officiers, soyent bannis de la vicouté et prévosté de Paris, à temps ou à tousjours, selon l'exigence des cas.

(5) *Item.* Et si le cas advenoit que lesdiz secrets fussent révélez par aucuns prélatz ou autres qui ont faculté de venir en nostredicte court, qu'ils soient privez à tousjours de communiquer ou assister et estre aux conseilz d'icelle, et contraints à payer amende arbitraire selon l'exigence des cas.

(6) *Item.* A certaines ordonnances faisant mention que ceux qui tiendront nostredit parlement, ne mangent, ne boivent avec les parties qui ont affaire devant eux, adjoustons et ordonnons que doresenavant soit défendu, et dès maintenant défendons aux présidens et conseillers, sur leurs sermens, que le moins qu'ilz pourront ilz fréquentent et communiquent avec les parties plaidans en nostredicte court, et qu'ilz ne mangent, ne boivent avec elles à leur convy, ne avec leurs procureurs et advocatz quand ilz sauront que lesdiz procureurs et advocatz les convieront à la requeste et aux despens desdictes parties; et aussi que lesdiz présidens et conseilliers se gardent le plus qu'ilz pourront, de prendre et recevoir par eux, leurs gens et familiers, aucuns dons ou présens desdictes parties, autrement qu'il n'est permis de droit, soubz quelque espèce que ce soit, et soit de viandes, vins ou autres choses.

(7) *Item.* A certaines ordonnances faisant mention qu'on ne reçoive aucuns enformemens (1) à part, adjoustons et ordonnons peine d'amende arbitraire contre les infracteurs d'icelles, selon l'exigence du cas.

(8) *Item.* A certaines ordonnances contenans que les seigneurs de parlement doivent venir bien matin, et continuer tant que la court sera, adjoustons et ordonnons que doresenavant tous les jours que les présidens et conseillers de nostredit parlement de-

---

(1) Au lieu de ce mot on lit dans *Fontanon*, fournissemens; et dans *Néron*, conformémens.

ront venir en nostre palays à Paris, pour besogner en nostredit parlement, soit pour plaider ou conseiller, lesdiz presidens et conseillers viennent et entrent en nostredicte court, incontinent que six heures seront sonnées, ou au moins dedans un quart d'heure après, sur peine de privation de leur salaire pour le jour, au regard de ceux qui défaudroient ; et sept heures sonnées, ou le plus tost que faire se pourra après, on commencera à plaider en ladicte court à jour de plaidoirie, et à juger les procès à jour de conseil à ladicte heure ; et entre ladicte heure de six heures et ladicte heure de sept heures, seront expédiez les menuz appoinctemens du registre, et les requestes par la forme cy-après déclairée.

(9) *Item* Adjoustons et ordonnons que doresenavant chascun jour de conseil, l'on vuidera préalablement et seront expédiées les difficultez du registre et des causes plaidoyées ès jours précédens ; et que pour ce faire, le greffier sera tenu chascun jour que l'on plaidera, avertir le président, et lui ramentevoir lesdictes difficultez et le contenu de sondit registre ; et aussi qu'à un chascun jour de conseil, il apporte en la chambre dudit conseil sondit registre, pour requérir lesdictes difficultez estre vuidées et icelles réduire à mémoire.

(10) *Item*. Pour ce que la grande multitude des requestes qui sont baillées chascun jour en nostredicte court, empesche moult les autres besognes d'icelles, ordonnons (en empliant certaines ordonnances faisans mention que quand le président vient en siège pour plaider ou pour conseiller, on ne le doit empescher de requestes ou autrement, pourquoy son office ordinaire et la délivrance du parlement soyent empeschez), que doresenavant toutes manières de requestes ausquelles convient faire réponse, soient baillées au greffier de ladicte court, lequel lira ou fera lire en pleine court les civiles concernans les procès et besognes de la grand'chambre ; et celles qui touchent les procès ès besognes qui sont de la chambre des enquestes, il les portera ou envoyera en icelle chambre, et les criminelles en la tournelle criminelle ou au greffier criminel, pour estre par icelles chambre et tournelle respondues et expédiées ; et jureront lesdiz greffiers, tant civil que criminel, doresenavant non signer ne expédier aucune response à icelles ne à aucunes d'elles, sinon la délibération de la chambre où ladicte requeste sera veue ou rapportée, et lui présent, ou s'il n'y povoit estre pour aucun empeschement necessaire, qu'aucuns des autres greffiers ou des quatre no-

taires y soyent et signent lesdictes requestes en la manière de susdicte.

(11) *Item.* A certaines ordonnances déclairans quelles causes et de quelle condition doivent estre traitées et expédiées en nostredicte court, adjoustons et ordonnons que de nulle cause quelconque introduicte en nostredicte court, la congnoissance du principal ne sera commise par requeste ne autrement, à aucuns des conseillers de nostredicte court; et s'il advenoit que d'icelui principal eschée ou dépende aucun incident, et sur ce soyent requis commissaires pour vuider ledit incident et descharger nostredicte court, faire le pourra, en commettant seulement lesdiz commissaires à ouïr les parties et rapporter en nostredicte court ou en ordonner, et qu'à ce dernier poinct les parties contendans se contentent, et que nostredicte court ordonne que les commissaires donnez à expédier lesdiz incidens, soyent doresnavant ouïs à faire leur rapport en ladicte court, après et sitost que leur registre sera vuydé et expédié, si l'heure le peult porter; et quand lesdiz commissaires feront leurdit rapport, que ce qui aura esté escript et produit par les parties pardevers lesdiz commissaires, soit leu en la court, avant que sur ce donner arrest ou appoinctement par la court.

(12) *Item.* Afin que les procès prêts et en estat de juger soyent visitez, rapportez et jugez en bon ordre, forme et manière, ordonnons que doresenavant les présidens de la grand'chambre s'assembleront en icelle chambre, quand verront que bon sera, avec eux appelez deux des plus anciens conseillers d'icelle, l'un clerc et l'autre lay; et sur leurs sermens, loyaultez et consciences, feront un rolle desdiz procès prets à juger, en gardant le plus que l'on pourra l'ordre des bailliages, prévostez et sénéchaussées; et ce fait, seront lesdiz procès par eux baillés et distribuez ausdiz conseillers, pour estre par eux veuz, visitez, extraitz et rapportez, eu regard à la qualité du procès et du conseiller à qui un chacun desdiz procès sera distribué; et seront lesdiz procès ainsi veuz et visitez, rapportez, jugez et expédiez en gardant le plus que l'on pourra l'ordre desdiz bailliages, prévostez et sénéchaussées, et aussi desdiz conseillers, tellement que chascun desdiz conseillers puisse estre rapporteur et jugeant, sinon que pour grand et évidente cause aucun procès deust raisonnablement estre préféré en décision et expédition; lequel diffini par ce moyen et jugé, l'on reprendra ledit ordre: et pareillement le feront les présidens des enquestes; et sera de

...endu, et dès maintenant défendons ausdiz conseillers qu'autrement ilz ne prennent procès, et aux greffiers qu'autrement ilz ne les baillent, sur peine d'estre réputez parjures, et d'amende arbitraire; et seront lesdiz procès jugez et expédiez sans aucune interruption ou intermission; et sera enjoint à un chascun rapporteur, sur son serment et peine de parjure, que doresenavant ne soit rapporté aucun procès, de quelque grandeur, briefveté ou qualité qu'il soit, sans faire extrait dudit procès (1); et adjoustons ce que dit est, à certaine ordonnance faisant mention que tous les conseillers doivent estre rapporteurs et jugeans.

(13) *Item.* Ordonnons qu'en jugeant lesdiz procès en chascune desdictes chambres, et aussi en la tournelle criminelle, les inventaires des parties seront veuz et leuz tout au long, afin que rien ne soit omis, qui face à la décision du procès que l'on jugera. (2)

(14) *Item.* Que les présidens, tant de la grande chambre que des enquestes, oyent benignement les opinions des conseillers desdictes chambres, en faisant le jugement des procès rapportez en icelles; et ne dient chose pourquoi leur opinion puisse estre apperceue, jusques à ce que tous les conseillers présens au jugement ayent dit leur opinion : sauf toutesfois que si par lesdiz présidens, rapporteur, ou autre estoit apperceu qu'aucun des opinans errast en fait, il l'en pourroit advertir. (3)

(15.) *Item.* Ordonnons que nul desdiz présidens ou conseillers de nostredicte court, qui sera commis à examiner ou interroguer aucun prisonnier d'icelle, ou autre adjourné à comparoir en personne, ne prendra, ne exigera par lui ne par autre, aucune chose dudit prisonnier ou adjourné à comparoir en personne, ne d'autre par lui, pour l'avoir examiné ou interrogué. (4)

---

(1) Cela est observé à la cour de cassation, mais non ailleurs, si ce n'est dans les instructions par écrit, et dans les matières correctionnelles. (Isambert.)

(2) Le chancelier *Poyet* fut condamné, dit-on, pour avoir empêché de lire les conclusions du procureur du roi. Cet article est cité par le Répertoire de jurisprudence. v° Rapport à procès. n° 20, art. 56, ordonnance de novembre 1507, et art. 17, chap. 1er, octobre 1535. (*Idem.*)

(3) Le président Hencion recommande l'exécution de cet article. Poyet fut condamné pour avoir interdit les juges. Le prévôt prévariqua et opina. (*Idem.*)

(4) La même défense se retrouve dans l'ordonnance d'avril 1453, art. 118; dans celle de Blois, art. 114; dans celle de 1629, art. 94. Les Mémoires de Beaumarchais ont, en 1773, appris aux juges combien ils doivent surveiller ceux qui les approchent, et prendre garde que leurs femmes ne reçoivent de présens de la part des plaideurs. V. Nouv. Répertoire, v° *Prévarication*.

(16) *Item.* Et pour ce que plusieurs prisonniers et adjournez à comparoir en personne, pourroient estre délivrez et eslargis *quousque*, et le cas et maléfice desdiz délinquans demeurez impuniz, par faulte d'appeller et ouir nostre procureur avant que faire expédition et provision auxdiz prisonniers: avons voulu et ordonné, voulons et ordonnons que doresenavant lesdiz délinquans ou malfaiteurs prisonniers ou adjournez à comparoir en personne, ne soyent aucunement délivrez ne dépeschez par nostredicte court, sans préalablement appeller et ouir nostredit procureur, pour savoir ce qu'il voudra dire, contre lesdiz malfaiteurs pour l'interest de nous et de justice.

(17) *Item.* Ordonnons que toutes informations soyent premièrement apportées pardevers le greffe, et par le greffier baillées à nostre procureur, lequel icelles veues, fera ses requestes à la court, telles qu'il lui plaira.

(18) *Item.* Que certaines ordonnances faisans mention que nostredicte court par lettres patentes ou closes, ne par rapport ou assertion d'aucun nostre officier, ne face assembler les deux chambres de nostredit parlement, c'est à sçavoir, la grand'chambre et celle des enquestes, pour le jugement d'aucun procès; et que par telles lettres ou rapports, ne soyent aucunement retardez les arrêts à prononcer, ne différée l'exécution d'iceux; voulons et ordonnons estre entendues en la maniere qui s'ensuit: quant audit point de non assembler lesdictes deux chambres, c'est assavoir, qu'à la requeste ou pourchas d'aucune partie ayant procès en nostredicte court, ne s'assembleront aucunement doresenavant lesdictes deux chambres, pour le jugement d'aucun procès; mais si nostredicte court assemblée, de son mouvement veoit qu'aucun procès prest à juger, pour la grandeur de sa matiere ou des parties contendans, ou pour autre cause évidente, se deust juger par lesdictes deux chambres, en ce cas faire se pourroit; demeurant au surplus ladicte ordonnance en ses termes ainsi qu'elle est.

(19) *Item.* Voulons et ordonnons que certaine ordonnance faicte, afin de non différer l'exécution des arrêtz de nostredit parlement par le moyen des appellations, sera gardée et observée en ses termes; et aussi pour ce que, plus souvent qu'onques mais, les parties s'enhardient d'appeller pour empescher lesdictes exécutions, ordonnons que les appellations faictes des exécuteurs desdiz arrestz, seront doresenavant en nostredicte court premièrement expédiées et jugées, nonobstant l'ordre du rolle; et si nostredicte court en les jugeant veoit et apperçoit icelles

appellations avoir esté frivolement faictes pour retarder ladicte exécution, et sans evident grief ; ceux qui seront ainsy appellans, outre l'amende ordinaire de soixante livres parisis, seront puniz d'amende arbitraire, à la discrétion de nostredicte court.

(20) *Item.* Afin que les commissions d'enquestes de nostredicte court, soyent distribuées entre les présidens et conseillers d'icelle, eu regard à la grandeur et qualité des causes, et aux mérites desdiz conseillers ; ordonnons que doresenavant les présidens tant de la grand'chambre que des enquestes, appellez avec eux deux conseillers, l'un clerc et l'autre lay, des plus anciens de chascune desdictes chambres, distribueront lesdictes commissions d'icelle nostre court, en la fin de chascun bailliage, prévosté et seneschaucée, ausdiz présidens et conseillers, en accouplant et accompagnant un des jeunes avec un des anciens, en gardant équalité le plus que faire se pourra ; et promettront lesdiz distribuans faire icelles distributions le plus loyaument et justement qu'ilz pourront en leurs consciences ; et s'aucun desdiz présidens ou conseillers ne vouloit ou pouvoit bonnement, pour aucune cause raisonnable, aller en la commission qui luy seroit ainsy distribuée, il pourra subroguer en lieu de lui, lequel des présidens ou conseillers de nostredicte court que bon lui semblera, pourveu qu'il jure en présence desdiz présidens qu'entre lui et celui qu'il voudra subroguer en ladicte commission, n'a marché fait ou convention aucune de pris ne de somme appréciée, à cause de ladicte subrogation ; et ordonnons que doresenavant aucunes commissions de faire enquestes ne seront baillées ne distribuées à aucun des greffier, notaires ou huissiers de nostredicte court.

(21) *Item.* Ordonnons que les présidens et conseillers de nostredicte court, qui devront aller en commission, puissent commencer à faire les enquestes à eux commises, dès la my-aoust, et continuer selon l'exigence d'icelle, pourveu qu'ilz soyent retournez pour estre au commencement de nostre parlement ensuivant et y faire résidence : sinon qu'ilz eussent congé et licence de nostredicte court de vaquer esdictes enquestes oultre ledit temps.

S'ensuit ce que nous avons adjousté ou diminué, ordonné et ordonnons au regard des parties plaidoyantes en nostredicte court et de leurs advocatz et procureurs, pour l'abbreviation et avancement des procès d'icelle court.

(22) Et premièrement : que les parties qui auront à besongner en nostredit parlement, seront tenues d'eux présenter en la

forme et maniere qu'il est contenu èsdictes ordonnances anciennes ; c'est à sçavoir, dedans les deux premiers jours de leurs bailliages, prévostez ou sénesohaucées, sans espérance d'avoir autre prorogation ; et par le greffier desdictes présentations seront faits les rolles d'icelles présentations, ainsy qu'il est contenu èsdictes ordonnances ; et afin que lesdictes ordonnances touchant ledit rolle soyent bien gardées, les présidens jureront expressément observer et garder l'ordre d'icelui, sans enfreindre ne venir contre en aucune maniere ; et pareillement le greffier desdictes présentations, jurera expressément faire et ordonner icelui rolle selon l'ordre des présentations par lui receues, et la teneur desdictes ordonnances, en regard à la partie qui premièrement se présentera, soit partie demanderesse ou défenderesse, et qu'il ne préposera ou postposera l'une partie avant ne après l'autre, autrement que selon l'ordre de sa présentation ; et que pareillement le premier huissier de nostredicte cour, auquel appartient appeller les parties pour estre expédiées, jurera expressément appeller icelles selon l'ordre dudit rolle, sans préposer ou postposer autrement l'une partie à l'autre, pour faveur, haine, prière, requeste, pour ne commandement qui leur en soit fait par qui que ce soit, pour quelque profit qu'ilz en puissent ou espèrent avoir ; et avec ce, que le greffier qui rapportera, ait copie dudit rolle, et qu'il jure que sitost qu'il appercevra l'ordre d'icelui estre rompu et perverti, qu'il cessera d'escrire et rapporter, jusques à ce que l'ordre d'icelui soit remué et reprins ; et que noz procureurs et advocatz, ausquelz semblablement sera baillée la copie dudit rolle, jureront que sitost qu'ilz sauront ou appercevront aucun faire le contraire en pervertissant l'ordre dudit rolle, ilz prendront prestement conclusions pertinentes contre celui ou ceux qu'ilz verront et sauront avoir fait ou s'efforcer de faire autrement, et requerront qu'ilz soyent puniz par nostredicte court, selon l'exigence du cas, sans espargner personne : sinon toutesfois que par la délibération de nostredicte court, pour aucunes causes et aucuns cas particuliers, eust paravant esté ordonné autrement estre fait.

(23) *Item*. Pour ce que l'ordre dudit rolle, et l'expédition des causes, qui de leur droit doivent estre démenées et déterminées en nostredicte court, sont moult empeschées et retardées par la grant multitude des causes démenées en icelle nostre court, qui ne sont, de leur droit, de l'ordinaire d'icelle nostre court, et qui souventesfois sont introduites ou renvoyées à icelle nostre court par lettres de nostre chancellerie, ou évoquées en nostredicte

...rt, et retenues maintesfois par icelle nostre court, en ce que ...che le principal, mesmement en adnullant les appellations ...pendantes d'icelui principal, ou en les convertissant en oppo-...tion, et autrement : voulons et ordonnons que nostredit chan-...elier et les commis à la garde de nostre petit seel, doresenavant ...introduisent aucunes causes en nostredicte court, s'elles ne sont ...e l'ordinaire d'icelle; sinon que ce soit pour grant et évidente ...use à ce les mouvans, laquelle soit déclairée ès lettres qui sur ...e seront faictes; et que nostredicte court sans grand'cause et ...rgente nécessité ne mette lesdictes appellations au néant ou les ...nvertisse en opposition, mais en cognoissant d'icelles, déclaire ...e plustost qu'elle pourra, bien ou mal avoir esté appellé, en ...nvoyant les parties devant leur juge ordinaire ou pardevant ...stre plus prochain juge, là où elle verra que bon sera; et si ...our aucune juste cause elle veoit estre bon ou besoing aucune ...ppellation estre mise au néant ou convertie en opposition, qu'en ... cas elle ne retienne sans grande cause le principal de ladicte ...use d'appel, ainçois le renvoye pardevant le juge ordinaire des ...arties, ou pardevant nostre plus prochain juge d'icelles parties; ... que les causes jà introduictes, retenues ou évoquées en nostre-...dicte court, qui ne sont de l'ordinaire d'icelle, soyent renvoyées ...ardevant lesdiz juges ordinaires en nosdictes jurisdictions, le ...lustost que faire se pourra eu regard à l'estat desdictes causes; ...t que celles qui pour grandes causes demeureront en nostredicte ...ourt, soit mises et enrollées en leurs jours ordinaires.

(24) *Item.* A certaine ordonnance de nostre parlement, par ...quelle jadis a esté donnée provision à l'encontre des procureurs ...e nostredicte court, qui diffèrent et refusent exhiber et mons-...rer leurs exploitz et autres choses qu'ilz doivent monstrer à leurs ...dverses parties, parquoy souventesfois sont retardez les procès; ...djoustons et ordonnons, en déclairant et y faisant aucunes mo-...ifications, que doresenavant les procureurs des parties plaidans ... nostredicte court de parlement, avant les jours que les causes ...e leurs maistres devront estre appellées au rolle pour estre plai-...ées, monstreront à leurs adverses parties, oultre et avec lesdiz ...xploiz, toutes lettres d'impétrations qu'ilz auront impétrées et ...ont ilz se vouldront aider en leur cause : c'est à sçavoir, le de-...mandeur, toutes celles qu'il aura de date précédant le jour qu'il ... intention de faire sa demande; et le défendeur, celles qu'il aura ...e date précédant le jour qu'il fera ses défenses, soyent requestes ...iviles, anticipations, lettres d'estat, de reliefvement, et pour

convertir appellations en oppositions, ou les mettre au néant, toutes telles ou semblables impétrations et autres lettres et munimens dont en jugement l'on est tenu faire prompte foy; que la partie adverse se puisse appresler, tant de son princi[pal] comme à respondre ausdictes impétrations et autres lettres munimens dessus déclairez; et si par le fait de la partie qui [de]vra montrer lesdictes choses, y est fait faulte, elle sera privé[e] l'effet desdiz exploiz, impétrations et autres choses dessusdic[tes] et aura la partie à qui elles devroient estre monstrées, explo[it] à l'encontre de celle qui aura fait faulte à les monstrer, tel que raison; et si de la partie du procureur seulement est trou[vé] faulte en ce que dit est, nous, en modérant la peine de priva[tion] d'office, pour ce anciennement introduicte, ordonnons que [le] procureur qui aura fait ladicte faulte, en sera puni en quar[ante] solz tournois d'amende, qui seront exigez et levez sur lui s[ans] aucun déport, et si payera les despens de la partie adverse, f[aiz] à cause dudit retardement ou recusement, pour couvertir e[n] masse de nostredicte court.

(25) *Item.* Pour ce que les advocatz de nostredicte court, [en] plaidant leurs causes souventesfois sont trop longs et prolixe[s en] préfaces, réitérations de langages, accumulations de faits et raisons sans cause, et aussi en transcendant souventesfois l[es] metes de répliquer et de dupliquer, et en trop s'arrester en p[lu]sieurs menues fins de petit effect et valeur, autres que fin prin[ci]pale: voulons et ordonnons par nostredicte court leur estre [en]joint sur leur serment, que doresenavant ilz soient briefz le p[lus] que faire ce pourra; et qu'en ce ilz se gouvernent selon l'ancie[nne] ordonnance de feu nostre bisayeul le roy Jehan (1), car s'ilz y fa[i]lte, oultre l'offence de parjure qu'ilz encourront, sitost q[ue] nostredicte court appercevra ladicte faulte, le président et co[n]seillers d'icelle, sur le champ ou le lendemain délibéreront [sur] ce, et puniront ceux qu'ilz trouveront estre trop longs, d'ame[nde] arbitraire selon l'exigence du cas, tellement que ce soit exemp[le] à tous autres.

(26) *Item.* Ordonnons que sitost qu'aucune cause sera enco[m]mencée à plaider, elle soit parachevée sans aucune interrupt[ion] ou interposition d'autre cause (2); sinon entant qu'aucune [...]

---

(1) V. Lettres de décembre 1363.
(2) L'usage contraire qui a prévalu, semble avoir un double inconvenient pour les parties et pour les juges. (Villevault, préface, 76.)

parties, qui à ce ne seroit preste, requist convenablement un délay.

(27) *Item.* Ordonnons que les procureurs des parties, dedans deux jours après les conclusions prinses par les advocatz, seront tenuz venir veoir le registre dudit greffe d'icelle nostre court, pour les faire corriger si besoing est, par le greffier: et si ledit greffier ne les veult corriger, lesdiz procureurs en bailleront sur ce une requeste à la court; autrement les conclusions escriptes et enregistrées par ledit greffier, seront et demeureront ainsi qu'elles auront esté enregistrées.

(28) *Item.* Pour ce que les advocatz et procureurs des parties, qui ont causes et procès en nostredicte court, s'excusent souvent et diffèrent de procéder, tant de la partie des demandeurs que des defendeurs, soubz couleur de ce qu'ilz dient n'avoir mémoires ne instructions; ordonnons que doresenavant lesdictes parties, tant demanderesses que défenderesses, seront tenuz d'envoyer instructions et mémoires suffisans à leur conseil, pour faire plaider leur cause au jour à eux assigné; autrement la partie qui vouldra procéder et en sera preste, aura exploit tel que de raison, contre celle qui aura esté négligente d'envoyer lesdictes instructions et mémoires; mesmement quand noz lettres ou mandemens royaux, par vertu desquelles aucun est adjourné en nostredicte court, contiendront le cas au long pour lequel aucun est poursuivi en icelle; car si nosdictes lettres ou mandemens ne contenoient le cas au long, tellement que le défendeur ne puisse estre instruit par icelles, ou qu'il fust poursuivi du fait d'autruy, ou que la matière fust subjecte à veue, garand, ou autre délay ordinaire, èsdiz cas ou semblables, ledit defendeur pourra demander son délay tel que de raison; et avec ce, s'aucun procureur de nostredicte court reçoit aucune procuration d'aucune partie soit demandeur ou défendeur, et il se présente par vertu d'icelle sans avoir receu de son maistre aucunes instructions ou mémoires audit cas où ilz doivent estre envoyez, ledit procureur en ce cas sera tenu de payer la somme de cent solz parisis d'amende, pour convertir en ladicte chapelle, par l'ordonnance de nostredicte court, sans autre acquit, qui sera levé sur ledit procureur, sans aucun déport ou délay; et ceste ordonnance voulons et ordonnons estre ainsy observée et gardée.

(29) *Item.* Ordonnons que quand aucun appoinctement sera donné doresenavant par nostredicte court, qui contiendra temps et délay de faire aucune chose, les parties seront tenues d'y

fournir dedans ledit temps, soyent demandeurs ou défendeurs, sans attendre ne avoir espérance que ledit délay leur soyent autresfois réitéré ou prolongé; sinon que par la délibération de nostredicte court soit veu estre expédient et nécessaire, que le dit délay soit ainsy réitéré.

(30) *Item.* Voulons et ordonnons que doresenavant soyent espécialement observées et gardées certaines ordonnances anciennes, en ce qu'elles ordonnent qu'après ce que les causes pendans en nostredicte court auront esté plaidoyées par les advocatz des parties le plus brief que faire se pourra, et que par icelle court les parties auront esté appoinctées en faits contraires, ou à bailler en escript par manière de mémoire, lesdiz advocatz escriront par articles, le plus brief et le plus substancieusement que faire pourront, ce qu'ilz auront plaidé; et seront tenuz de bailler pardevers nostredicte court, leursdiz articles par faits contraires et leurs mémoires dedans huit jours après que lesdictes causes seront appoinctées en faits contraires ou à bailler par mémoire, sans espérance d'avoir autre terme ne délay plus long, et lequel de leur commun accord elles ne pourront proroguer, sinon que par meure délibération et pour grande cause nécessaire nostredicte court advisast qu'il le convint faire, et si lesdictes parties ainsy appoinctées que dit est, en faits contraires, veulent bailler aucune raison de droit, faire le pourront avec leurs lettres et munimens seulement, en ensuivant autres ordonnances anciennement sur ce faictes; et qu'elles soyent le plus briefves que faire se pourra, et n'auront les parties plus de délay à les bailler.

(31) *Item.* Voulons et ordonnons que soyent espécialement observées et gardées lesdictes ordonnances anciennes, en ce que par icelles est ordonné qu'incontinent que lesdiz articles par faits contraires seront ainsi mis devers nostredicte court discordez, ils seront signez par le greffier de nostredicte court, et y sera mis le jour quand ilz auront esté baillez discordez: car d'icelui jour en douze jours après ensuivans, lesdiz articles seront apportez pardevers le greffe de nostredicte court tous accordez: et dès lors en autres huit jours seront tous empliz, cloz, séellez et renduz en nostredicte court, pour y estre baillez commissaires sur iceux, qui à ce seront ordonnez en la fin d'un chascun bailliage, prévosté ou séneschaucée; et si lesdiz articles ne sont baillez et accordez par la manière et dedans ledit temps assigné ou prorogué à grande et meure délibération, comme dit est au

précédent article, l'advocat qui en ce auroit fait faulte, en payera dix livres parisis d'amende; et le procureur qui ainsy auroit fait faute, payera cent solz parisis d'amende, pour convertir comme dit est.

(52) *Item.* Pour ce que souventesfois advient, qu'après que les articles par faits contraires des parties sont cloz et séellez, et qu'il ne convient qu'enquérir desdits faits, la partie qui veut fuir et délayer, pourchasse avoir plusieurs fois commissions renouvellées, et ne lui chault de faire diligence valable; ordonnons que doresenavant les parties appoinctées par nostredicte court, en faits contraires et en enquestes, seront tenuës de rapporter lesdictes enquestes devers nostredicte court, aux jours ordinaires de leur bailliage, prévosté ou séneschaucée de nostre parlement ensuivant celui auquel elles auront esté appoinctées contraires, pour toutes préfixions et délais, et toutes excusations cessantes; sinon que par grande et meure délibération de nostredicte court et pour cause évidente ne fust autrement ordonné.

(53) *Item.* Voulons et ordonnons que quand les parties feront faire leurs enquestes, soit à Paris ou ailleurs, elles comparoistront diligemment par elles ou par leurs procureurs, devant commissaires à ce députez par nostredicte court, aux assignations à elles faictes, soit pour venir veoir jurer les tesmoings qui seront produitz, ou pour faire autre chose à quoy elles auront assignation, autrement si la partie à qui a esté faicte assignation est défaillante, défaut sera donné contre elle et en son défaut procéderont les commissaires en l'absence de la partie défaillante, comme si elle eust esté présente; et s'il advient qu'aucune des parties appelle desdiz commissaires en procédant en leur enqueste, néantmoins ilz procéderont à parachever ladicte enqueste, nonobstant ledit appel, ainsi et par la forme et manière qu'il est contenu au stile ancien de nostredicte court, que voulons et ordonnons estre en ce observé et gardé; et ne pourront lesdictes parties produire sur un chascun de leurs articles, que dix tesmoings seulement, selon la forme et teneur dudit stile.

(54) *Item.* Ordonnons que les présidens et conseillers de nostredicte court, qui devront aller en commission pour commencer à faire les enquestes de leurs parties, dès la feste de la my-août et depuis ledit temps, pourront en icelles vaquer et besogner jusques à la saint-Martin d'yver ensuivant, afin que dès-lors ilz soyent audit parlement, pour y faire résidence; sinon qu'ilz

eussent congé ou licence de nostredicte court, de vaquer en leurs enquestes oultre ledit temps.

(35) *Item.* Ordonnons que quand aucune enqueste sera receue par nostredicte court, les parties seront tenues de bailler lettres et reproches dedans trois jours après ladicte réception faicte, s'aucunes en veulent bailler; sans espérance d'avoir autre délay, sinon que par nostredicte court, par grande et meure délibération, comme dit est, y soit autrement pourveu.

(36) *Item.* Ordonnons que doresenavant, quand les parties seront appoinctées à produire, et au conseil, leurs lettres et tiltres et ce qu'elles voudront produire, elles seront tenues de fournir audict appoinctement, dedans trois jours, sans espérance d'avoir autre délay soubz umbre d'avoir compulsoire ou autrement, sinon qu'évidemment y eust grande cause de ce faire, et qu'on l'eût requis en plaidant; autrement lesdiz trois jours passez, seront jugez lesdiz procès en l'estat qu'ilz seront, sans ce qu'il soit besoing, pour ce faire, requérir ou demander autre forclusion.

(37) *Item.* Ordonnons que les parties seront tenues de bailler contreditz à l'encontre des lettres de leurs parties adverses, s'aucunes en veulent bailler, dedans huit jours prochainement venans après la production desdites lettres; et salvations, dedans huit jours après ensuivans : sans espérance d'avoir, pour ce faire, aucun autre délay; et sans ce qu'il soit besoing de bailler doresenavant outre lesdiz termes, aucune requeste pour bailler contrediz ou salvations, ou les en faire forclorre; et que doresenavant ne seront baillés aucuns contrediz ou salvations, sinon, en procès appoinctés en droit sur le principal, récréance ou provision.

(38) *Item.* Voulons et ordonnons estre enjoint par nostredicte court, et dès maintenant enjoignons aux advocats, sur leurs dizseremens, que doresenavant ilz soient briefz en leurs contrediz et salvations, sans réitérer les raisons contenues en leurs escriptures principales ou plaidoyé, ne poser aucunes frivoles allégations: car nous voulons que si nostredicte court en jugeant les procès, y trouve doresenavant la prolixité telle qu'ilz ont accoustumé de faire, elle en punisse ceux qui le feront, de telle punition que ce soit exemple à tous autres. (1)

(39) *Item.* Ordonnons que doresenavant les parties en faisant leurs productions, ne produisent lettres, tiltres ou munimens

---

(1) V. l'art. 25.

qui notoirement ne servent de rien au jugement des procès, et qu'elles ne produisent ou plus ou moins que ce qui sera escript et désigné en leurs inventaires, sur peine d'être puniz de cent sols parisis d'amende contre la partie ou son procureur qui seroit trouvé faire le contraire, à appliquer comme dessus.

(40) *Item.* Voulons et ordonnons par nostredicte court estre défendu, et dès maintenant défendons à tous advocats et procureurs, sur peine de cent solz parisis à appliquer à ladicte chapelle, qu'en leurs inventaires ne mettent raisons de droit, ne autres allégations, pour ce que souvent ilz y en mettent plusieurs, ce qui ne se doit aucunement faire, considéré que la partie adverse ne veoit point ledit inventaire.

(41) *Item.* Voulons et ordonnons qu'ainsy que trouvons estre nécessaire pour le bien et honneur de nous, de justice et de nostredicte court, que les quatre présidens de nostredicte court, ou à tout le moins les trois d'iceux, soyent continuellement résidens en nostredicte court : car à moins ne s'en peult passer.

Si donnons en mandement à nostre amé et féal chancelier, à noz amez et féaulx conseillers les gens tenans nostre présent parlement et qui tiendront ceux advenir, que toutes et chascunes noz ordonnances cy-dessus escriptes et tout le contenu en icelles, ilz tiennent, observent et gardent; et facent tenir, observer et garder de point en point, selon leur forme et teneur, sans enfreindre ne venir aucunement à l'encontre, ne soffrir estre enfraintes en aucune chose en quelque manière que ce soit ou peust estre faicte au contraire; mais si faicte estoit, la facent incontinent réparer, et icelles nos ordonnances et ces présentes facent enregistrer ès livres et registres de nostredicte court; et à ce qu'aucun n'en puisse prétendre aucune ignorance, les facent lire, publier et signifier ès lieux et aux personnes qu'il appartiendra et est accoustumé de faire les ordonnances royaulx en nostredicte court. Et afin que ce soit chose ferme et stable à tousjours, nous avons fait mettre nostre séel à ces présentes.

Donné aux Montils-lez-Tours, etc. Par le roi en son grand conseil.

N°. 180. — LETTRES *portant commission pour faire payer par les notaires et tabellions des pays de droit écrit le marc d'argent dû au Roi à cause du joyeux avènement.*

Montils-lès-Tours, 25 janvier 1446. (C. L. XIII, 491.)

N° 181. — LETTRES *qui ordonnent que les possessions en Languedoc contribueront aux aides et tailles* (1) *dans les lieux où elles sont assises, quoique les possesseurs demeurent en d'autres lieux.*

Montils-les-Tours, 30 janvier 1446. (C. L. XIII, 495.) Pub. en l'audit. d. généraux conseillers des aides au duché d'Aquitaine, le 20 avril 1447.

N° 182. — INSTRUCTION *des compagnies d'ordonnance* (2).

1446.

N° 183. — LETTRES *qui donnent au prevôt de Paris le droit de faire arrêter et punir les malfaiteurs, partout hors lieu saint* (3).

Bourges, 6 octobre 1447. (C. L. XIII, 509.) Pub. au Chât., le 23 novembre.

N° 184. — LETTRES *pour faire fabriquer de la monnaie d'or à Tournay* (4) *à 23 karats et demi.*

Bourges, 27 octobre 1447. (C. L. XIII, 514.)

N° 185. — LETTRES *sur le fait des finances* (5).

Bourges, 26 novembre 1447. (C. L. XIII, 516.)

---

(1) Ces lettres terminent des debats qui s'étaient élevés en Languedoc sur la répartition de l'impôt des tailles qu'on voulait regarder comme purement personnel; de sorte qu'on prétendait le lever, non à la décharge des lieux où les biens étaient situés, mais à la décharge des lieux où demeuraient les détenteurs de ces biens, ce qui n'était pas juste. (C. L. XIII, préface, 85.)

(2) On a perdu les lettres; peut-être que ces lettres n'étaient autres que les commissions données aux capitaines des 15 compagnies. Chacune était composée de 100 hommes d'armes; chacun de ces hommes d'armes devait servir avec 6 chevaux, ce qui composait 9,000 cavaliers. (Hen. ab. chr.) V. ci-dessus, note sur l'ordonnance de 1441, à laquelle l'institution des capitaines donna un complément d'exécution (Isambert.)

(3) Ainsi le droit d'asyle existait encore. (*Idem.*)

(4) Dans le même temps le titre était ailleurs de 23 karats trois quarts. V. lett. du 26 mai 1447. C. L. XIII, 505. Cela prouve bien le désordre et les abus qui régnaient en cette partie.

(5) Par l'art. 8 le roi ordonne de n'avoir aucun égard aux dons qu'il ferait de son domaine, ou de les réduire au moins à moitié : aveu bien singulier d'un penchant invincible à accorder et de la nécessité de refuser; précaution humiliante pour le souverain, réduit à prévenir l'effet de sa grâce en annonçant d'avance le repentir. Villevault, préface, 55. V. ci-dessus les lettres du 10 février 1443.

N°. 186. — LETTRES *qui ordonnent que les bénéficiers de l'église du Mans, canoniquement pourvus, jouiront de leurs bénéfices, nonobstant les dons qu'il en aurait pu faire à droit de régale, sous prétexte que l'évêque n'aurait prêté serment de fidélité au Roi, tandis que le Mans était sous la domination anglaise.*

Bourges, 28 novembre 1447. (1). (C. L. XIII, 518.)

N°. 187. — LETTRES (2) *portant confirmation de l'affranchissement et bourgeoisie des habitans de Boussac.*

Bourges, novembre 1447. (C. L. XIII, 522.)

N°. 188. — LETTRES *de légitimation en faveur de Jean de Bar.*

Bourges, décembre 1447. Regist. des chartes cotté 179, act. 47, v° 55. Man. de la bibliothèque du Roi, carton 120.)

CAROLUS Dei gratiâ Francorum rex.

Illegitimè genitos quos vitæ decorat honestas, naturæ vitium minimè decolorat; nam probitatis honor et virtutis dum in eis coruscant genituræ sibi maculam abstergunt, et morum nitiditate originis pudor in ipsis aboletur, sanè compertum habemus

---

(1) Ces lettres ne furent enregistrées que le 8 avril de l'année suivante, et avec des modifications dont la principale fut que les possesseurs prendraient du roi une nouvelle collation qui couvrirait le défaut de la première. (C. L. XIII. préface, 152.)

(2) Les habitans de Boussac avaient obtenu de Jean de Boussac, 1er du nom, maréchal de France, leur seigneur, des lettres d'affranchissement et de bourgeoisie, au moyen de 1000 écus d'or payés comptant. En 1447 ils s'adressèrent au roi et lui représentèrent que, comme *ils étaient ignorans et non connaissans en telles matières*, ils avaient cru que leur seigneur *avait le pouvoir de les affranchir et manumettre, et leur octroyer les autres privilèges*; que dans cette persuasion, ils lui avaient payé 1000 écus d'or pour les obtenir, et que cet argent avait été employé par le maréchal au service du roi. Ils supplièrent donc le roi, qu'il lui plût de ratifier cette concession; ils demandèrent en même temps que le roi leur remit ce qu'il pouvait exiger d'eux, soit pour les acquêts qu'ils avaient précédemment faits, soit pour avoir fortifié leur ville sans permission, soit pour avoir vendu du sel sans gabelle. Le maréchal de Boussac était mort, son fils Jean, IIe du nom, qui fut aussi maréchal de France deux ans après, était un des favoris de Charles VII, et il contribua sans doute à faire accorder à ses vassaux ce qu'ils desiraient; mais il leur en coûta 700 écus d'or; on regardait donc comme constant alors, que l'affranchissement accordé par le seigneur seul, ne pouvait avoir d'effet qu'à son égard seulement. (Villevault, préface, 41.)

quod, licet Johannes de Bar, ex illicita copula traxerit originem, videlicet ex dilecto nostro Henrico de Bar, mercatore, ejus patre, cum Maria Aubrionne minime conjugata nec in sacris constituta, ejus matre; tamen adeo proborum vestigiis inhæret, et ad virtutes dat operam, quod in ipso supplent merita, quod vetitus ille coitus objecit. Notum igitur facimus præsentibus et futuris quod, nos hæc attendentes, volentes propterea cum favore prosequi gratioso ipsum Johannem de Bar, de certa nostra scientia, speciali gratia, plena potestate, et regia auctoritate legitimavimus et legitimamus per præsentes, ac legitimationis titulo decoramus, ipsumque in judicio et extra ubicumque pro legitimo reputari, censeri, volumus et haberi. Concedentes eidem, et cum eo dispensantes ut tanquam legitimus succedere possit suis parentibus, et amicis carnalibus, ac aliis quibusvis in omnibus et singulis bonis mobilibus et immobilibus, rebusque temporalibus in quibus de jure vel consuetudine succedere posset, si de legitimo thoro sumpserit ortum, dummodo de ipsorum processerit voluntate et nisi alteri sit in re jus quæsitum, quodque bona jure successorio et hæreditario sibi licite vindicare et adipisci ac pacifice possidere, et de ipsis disponere velut heres legitimus et alia bona acquirere, et acquisita jam retinere, et de eisdem inter vivos vel in testamento ordinare prout et libebit. Quodque similiter sui liberi si quos in futurum habeat, et alii legitimi hæredes in bonis suis quibuscumque eisdem succedere valeant, et etiam quod ipse ad quoslibet honores, et actus admittatur, ac si esset de legitimo matrimonio procreatus, nisi tamen aliud quam deffectus natalium quem prorsus abolemus, jure, lege, constitutione, statuto, edicto, consuetudine, usu generali, vel locali regni nostri nonobstantibus quibuscumque, solvendo nobis hac vice tantummodo finantiam moderatam per dilectos et fideles componendam et concordandam.

Quocirca dilectis et fidelibus nostris gentibus compotorum nostrorum et thesaurariis Franciæ, baillivo Viromandensi, cæterisque justiciariis nostris quibuscumque, vel eorum locatenentibus præsentibus et futuris et eorum cuilibet prout ad eum pertinuerit, injungendo, MANDAMUS, quatenus prædictum Johannem de Bar sic per nos legitimatum, nostra præsenti gratia uti et gaudere pacifice et integre faciant et permittant, absque inferendo vel inferri patiendo aliquod impedimentum, turbam vel molestiam in contrarium. Sed secus facta si quæ fuerint, revocent et adnullent indilate.

AVRIL 1448.

Quod ut perpetuæ stabilitatis robur obtineat, nostrum præsentibus apponi fecimus sigillum.

Datum, etc. Per Regem in suo consilio.

189. — SENTENCE *qui condamne une femme a être pendue pour assassinat* (1).

18 avril 1448. (Chartier, hist. de Charles VII, p. 137.)

190. — LETTRES *pour l'institution des francs* (2) *archers, suivies d'instructions.*

Montils-lès-Tours, 28 avril 1448. (C. L. XIV, 1.)

CHARLES, etc. Au prevost de Paris ou à son lieutenant, et aulx ceux sur le fait des aides ordonnez pour la guerre en l'election d'icelui lieu : Salut.

Comme après ce que nous avons osté la grant et désordonnée vie et pillerie qui longuement avoit duré sur noz subjectz, et mis ordre ou fait et entretenement de noz gens de guerre, ayons par grant et meure délibération de conseil, advisé que pour pourveoir à la seurté et deffense de nostre royaume et seigneuries, ou cas que par le moyen de la treve qui est à présent entre nous et nostre nepveu d'Angleterre, ne pourrions parvenir aux biens de paix, soit expédient et convenable mectre et ordonner en nostredit royaume, aucun nombre de gens de deffense, dont nous puissions aider et servir oudit fait de la guerre, sans ce qu'il soit besoing

(1) C'est la première fois qu'en France on ait pendu une femme ; Monstrelet en fait la remarque. (Isambert.)

(2) En 1439 le roi avait créé un corps de gendarmes à cheval, nombreux, bien armé, soumis à une discipline jusqu'alors inconnue et toujours prêt à marcher ; les francs-archers furent ainsi nommés parce qu'ils furent affranchis de toutes tailles ; les élus furent chargés de choisir dans chaque paroisse de leur élection un homme propre au service ; on le choisissait parmi les plus aisés, parce qu'il était obligé de s'équiper ; s'il n'était pas assez riche, sa paroisse en était chargée. (Déc. du 3 avril 1439.)

Ce service était honorable et les privilèges y attachés le faisaient rechercher ; en 1449 on statua, dans le cas où il s'agirait d'un homme riche, que sa paroisse ne serait déchargée que d'une portion de son impôt. On voit par les instructions du 10 novembre 1451, que les francs-archers furent divisés en capitaineries territoriales, et qu'il devait y avoir en France un franc-archer par 50 feux ou environ.

Cette institution avait assez de rapport avec la garde nationale à cheval, ou la milice d'avant la révolution. (Isambert.)

...tenir en l'habillement dessusdit, voulons et ordonnons que ...diz archers et chascun d'eulx feront le serment en voz mains, ... bien et loyaument nous servir en leurdit habillement envers ... contre tous, en eulx exercitant en ce que dit est, et mesme-... ent en noz guerres et affaires toutesfois qu'ilz seront par nous ...andez; et ne serviront aucun ou fait de guerre ne oudit habil-...ment, sans nostredicte ordonnance, sur peine de perdre leurs-...dictes franchises; et en oultre voulons et ordonnons que lesdiz ...rancs-archers soient par vous enregistrez par noms et surnoms, ... les paroisses où ils seront demourans, et que de ce soit fait ...gistre en la cour de vous esleuz, afin que nous en puissions ...der et les recouvrer promptement, toutesfois que par nous se-...ent mandez.

Si vous mandons et commettons par ces présentes, que nostre ...résente ordonnance et voulenté vous mettez à execucion deue, ...dicte prévosté et election, et selon les instruccions à vous baillées ...ur ce; etc.

Donné aux Montilz-lez-Tours, etc. Par le roy en son conseil.

Instructions arrêtes au conseil.

Instruction de la manière que le roy a ordonné estre tenue, ... mettre sus et establir les francs-archers et arbalestriers pour ...tuicion et deffense de son royaume.

(1) *Premièrement.* Que les commissaires et esleuz qui seront ...donnez pour ce faire en chascun pays, verront par les papiers ... l'election, le nombre des paroisses qui sont oudit pays, et co-...noistront par iceulx papiers les plus et les moins puissans; et se-...on ce, asseront et escriront en ung feuillet de papier l'assiette ...desdiz archers par les paroisses.

(2) *Item.* Et pour avoir aucun advis en quelque équalité en ...l'assiette desdiz archers, mettront un archer en chacune paroisse ...insique raisonnablement elle pourra supporter, en aiant regard ... l'assiette de la taille, aulx feuz qui seront plus puissans et à ...ceulx qui seront moins, à leur discrecion.

(3) *Item.* Et pour ce que en l'assiette de ces archers ne peult ...pas estre telle équalité gardée comme en partage d'argent, les-...diz commissaires esleuz, ne prandront pas garde à trois, quatre, ...cinq, six feuz plus ou moins, soit en nombre ou en puissance.

(4) *Item.* Les paouvres paroissiens qui ne sont imposez de la ...taille que à deux, trois, quatre, cinq ou six feuz, ne doivent es-...tre comprins en ce: toutes voyes se trois ou quatre paroissiens

povoient faire un archer, ce demeure à la discretion des commissaires et esleuz.

(5) *Item*. Ce fait, lesdiz commissaires se transporteront par toutes les paroisses où lesdiz archers seront establiz, ou à tout le moins par les chastellenies, et parleront aux habitans d'icelles et sçauront et enquerront lequel d'eulx sera le plus habile et propre pour se aider d'arc ou de arbalestre, et ne les prendra point mye des plus riches ne à la faveur des requerans; et quant ilz l'auront trouvé, ilz diront aulx paroissiens, que le plaisir du roy est, pour la deffense du royaume et plusieurs autres causes bonnes qu'ilz diront, que ledit archer soit franc de tailles du roy, de celle des gens-d'armes, de guet, de garde de porte, et de toute autre subvencion, excepté du fait des aides et de la gabelle; et leur sera fait deffense que, en faisant le partage desdictes tailles et subsides, ilz ne les imposeront dores-en-avant; et pareillement au seigneur, capitaine, chastellain ou autres qu'il appartiendra, qu'ilz ne les contraignent quant à guet ne garde-porte; et ce fait sera receu ledit archier, s'il est à ce propice; et en ce faisant sera tenu icellui archier, de soy entretenir en point de huque de brigandines ou de jaques, de sallade, d'espée, de dague, d'arc et de trousse, ou d'arbelestre garnie, ainsi que l'on ordonnera, et de venir au service du roy touteffois que le roi mandera, en le paiant et soudoyant de quatre livres tournois par mois, selon le temps qu'il demourra au service du roy; et lui sera fait commandement que dedans deux moys il soit prest de tout ledict habillement.

(6) *Item*. Lesdiz commissaires et esleuz bailleront à chascun archier, ung mandement de franchise dessusdicte.

(7) *Item*. Le roy commettra en chascun pays, ung homme de bien qui aura charge de visiter tous les archiers après ce qu'ilz seront ainsi assiz, et de sçavoir s'ilz sont bien en point, et de les assembler toutesfois que le roy les mandera où qu'il lui plaise, auquel homme lesdiz commissaires bailleront les noms et surnoms desdiz archiers, et les parroisses où ilz seront demourans.

(8) *Item*. Que où cas que lesdiz commissaires et esleuz trouveront en aucune bonne parroisse ung bon compaignon usité en la guerre, et qu'il n'eust de quoy se mettre sus de habillemens dessusdiz, et fust propice pour estre archier, lesdiz commissaires et esleuz sçauront aulx habitans s'ilz lui vouldront aidier à se mectre sus dudit habillement, qui pourra redonder à leur proufit, car l'exemption dudit compaignon ne monte gueres, et n'en sera gueres chargée ladicte parroisse; et s'il advenoit que ledit

...paignon allast de vie à trespas ou qu'il fust chargé pour y en
...tre ung autre, en ce cas ledit habillement demourra toujours
...dis habitans, pour en disposer à leur plaisir et le bailler à
...luy qui y sera mis.

(9) *Item.* L'archer esleu sera tenu de tirer de l'arc aulx festes
...soy exerciter d'habillemens qui lui seront ordonnez, avec les
...res qui vouldront tirer pour soy habiliter; et sera tenu ledit
...cher aller ô tout son habillement à toutes les festes non ou-
...rables.

(10) *Item.* Les paroissiens de chascune parroisse seront tenuz
...eulx donner garde de l'archer logé en leur parroisse qu'il n'ose
...s'absenter, vendre ou engaiger son habillement; et se ainsi
...advenoit, seront tenuz de le faire assçavoir aux esleuz; et sem-
...blement s'il va de vie à trespas, que incontinent il soit pourveu
...d'autre.

(11) *Item.* On ne pourra prandre ne faire prandre ou gaiger
...dit archer de son habillement de guerre pour quelque debte que
...ce soit; et s'il advenoit qu'on feist aucune execucion ou prinse
...par icelui habillement, ou que aucune vente en feust faicte par
...edit archer ou par autre, celui qui l'aura acheté sera tenu de
...le rendre et restituer franc et quicte, et en paiera l'amende ar-
...bitraire au roy; et s'il a sergent royal ou autre qui en face execu-
...tion sur ledit habillement, il sera privé de son office, et paiera
...l'amende; et se l'archer le vent, il sera privé de sa franchise.

(12) *Item.* Le seigneur chastellain, ou son capitaine pour luy,
...sera tenu de visiter tous les moys les archers de sa chastellenie;
...et se faulte y trouve, sera tenu de le faire sçavoir aulx commis-
...saires ou esleuz du roy pour y pourveoir.

(13) *Item.* Lesdits commissaires et esleuz feront jurer et faire
...le serment exprès audiz francs-archers et à chascun d'eulx, de
...servir le roy bien et loyaument en leurdit habillement, envers et
...contre tous, en ses guerres et autres affaires, toutes et quantes-
...fois que le roy les mandera et le leur fera sçavoir, et non autre-
...ment, sur peine de perdre ladicte franchise, sans l'ordonnance
...du roy.

(14) *Item.* Lesdiz commissaires et esleuz seront tenuz faire
...registre desdiz francs-archers, de leurs noms et surnoms, afin
...que quant le roy se vouldra aider desdiz francs-archers, il les
...puissent franchement avoir et recouvrer par le papier et registre
...desdiz esleuz, en leur escripvant, et envoyant le double devers le
...roy.

Faict par le roy nostredit seigneur, estant en son conseil, à Montilz-lès-Tours, le xxviii.e jour d'avril, l'an mil IIIIc XLVIII.

N°. 191. — Édit (1) *par lequel on abolit de nouveau les péages établis ou augmentés depuis 60 ans.*

Tours, 27 mai 1448. (C. L. XIV, 7.)

N°. 192. — Lettres *qui accordent aux habitans du Périgord pardon et abolition moyennant finances de tous crimes délits commis durant la guerre à l'exception des crimes de lèse-majesté, hérésie, fausse monnaie, attaques et meurtres sur les grands chemins et rapts de femme.*

Montbason, mai 1448. (C. L. XIV, 16 et 20.)

N°. 193. — Lettres *portant entre autres dispositions que le Roi et le duc de Bourgogne nommeront chacun deux conseillers pour informer au pays de Flandre, tant par témoins que par registres sur les usages, coutumes et droits, touchant les appellations, ressort et souveraineté de ce pays, rédiger ladite information et donner leur avis par écrit.*

Tours, 28 janvier 1448. (C. L. XIV, 41.)

N°. 194. — Lettres *qui permettent au duc de Bourgogne d'ajouter à ses titres :* par la grâce de Dieu (2), *sans préjudice des droits et souveraineté du Roi* (3).

Tours, 28 janvier 1448. (C. L. XIV, 43.)

Charles, — Savoir faisons nous avoir vûes les lettres patentes

---

(1) V. lett. des 15 mars 1430 et 30 juin 1438.

Ces règlemens sont très sages, cependant ils sont en grande partie restés sans exécution quoiqu'on les rappelle sans cesse. (C. L. XIV, préface, 12.) Aujourd'hui on multiplie les péages. (Isambert.)

(2) L'idée d'indépendance absolue n'a été attachée à cette formule que vers le règne de Charles VII ; Jean V, duc de Bretagne, et Philippe-le-bon, duc de Bourgogne, donnèrent lieu d'attribuer à ce titre une façon de souveraineté qui n'avait pas dans son sens naturel. (Traité de diplom. IV, 590.)

En 1463 Louis XI défendit au duc de Bretagne d'user de cette formule. (Decrusy.)

(3) Sur le repli est écrit : *Par le Roi G. Cht.*, et scellé du grand sceau de cire jaune, pendant à une attache de parchemin représentant le roi Charles VII, étant en son siège de justice, et au revers l'écu de France. (Isambert.)

nostre très-chier et très amé frere et cousin le duc de Bourg-
qui de sa part nous ont été présentées et bailliées desquelles
teneur s'ensuit :

« Phelippe, par la grace de Dieu duc de Bourgongne, palatin
Haynnault, de Hollande, de Zellande, et de Namur, marquis
Saint-Empire, seigneur de Frize, de Salins et de Malines,
tous ceux qui ces présentes lettres verront, salut :
Comme après la succession à nous eschëue des duchiez et sei-
uries de Lothier, Brabant et de l'Embourg par le trépas de feu
stre très-chier et très-amé cousin le duc Phelippe de Brabant,
rnier trépassé, dont Dieu ait l'ame, nous ayons en toutes nos
tres patentes au commencement de nostre listre, et après notre
opre nom faict mettre et escrire ces mots, *par la grace de*
ieu, sçavoir faisons que nous connoissons et confessons par ces
esentes que par ce nous n'avons entendu, ne entendons vou-
ir, avoir ou prétendre ès pays et seigneuries que nous avons et
nons ou royaume de France aucun plus grand droit que y avions
paravant lesdits duchiez et seigneuries, à nous eschëues, et
e nos prédécesseurs y avoient et pouvoient avoir, et prétendre,
cognoissons ce nonobstant monseigneur le roy estre nostre
uverain seigneur à cause des terres et seigneuries que nous
ous et tenons en son royaume, sauf et réservé à nous notre
emption à notre vie, selon le contenu ou traittié de la paix
icte entre mondit seigneur le roy et nous.
En tesmoing de ce nous avons fait mettre notre séel à ces pre-
ntes.
Donnée en nostre chastel de Hesdin, le 27ᵉ jour de novembre
48. »
Lesquelles lettres dessus transcrites, nous avons eu et avons
ur agréables, et moyennant ce et pour les causes contenues en
elles avons été et sommes contents que lesdits mots, *par la*
race de Dieu, soient et demeurent ou listre de notredit frere et
usin, ainsy et par la manière qu'il les y a faict mettre et escrire,
ns que cy-après et au temps advenir aucune question en soit
icte à nostredit frere et cousin, et aussy, sans préjudice de nos
oits et souverainété.
Donné, etc.

N°. 195. — LETTRES *qui nomment le batard d'Orléans, [lieu]tenant-général du Roi en ses guerres* (1).

juillet 1449. (Chartier, hist. de Charles VII, p. 144.)

N°. 196. — LETTRES (2) *portant confirmation de la restitut[ion] ordonnée en faveur des sujets fidèles de tous biens occu[pés] par les rebelles.*

Montbason, 28 octobre 1450. (C. L. XIV, 105.) Reg. au parlem. le 15 fe[v.]

N°. 197. — LETTRES *portant injonction aux gens des com[ptes] de procéder au jugement par extraordinaire d'un pr[ocès] criminel, en présence de conseillers au parlement.*

Montils-lès-Tours, 4 février 1450. (C. L. XIV, 122.)

N°. 198. — LETTRES *homologatives d'un traité fait entre [le] lieutenant-général du Roi et les trois états de la Guie[nne], par lequel elle se soumet à l'obéissance du Roi (3), à con[di]tion d'une abolition générale, et d'avoir une ju[stice] souveraine.*

Saint-Jean-d'Angely, 20 juin 1451. (C. L. XIV, 139.)

---

(1) Il y avait alors un connétable; le lieutenant général, dans les cérém[onies] publiques, marchait de pair avec les princes de la famille royale. Cette ann[ée et] la suivante on fit rude guerre aux Anglais, ce qui empêcha de s'occuper de l[a lé]gislation. (Isambert.)

(2) V. l'édit ou loi du 22 août 1429; il n'avait pas été exécuté, sous pré[texte] qu'il n'avait pas été publié au parlement, mais bien plutôt à cause du g[rand] nombre d'acquéreurs de ces biens; au reste, le gouvernement de Henry n'a[vait] pu être considéré comme un gouvernement de fait reconnu, puisque le dra[peau] du souverain véritable n'avait pas cessé d'être levé pour les sujets fidèles, qu[e] leur aversion au gouvernement ne pouvait pas être excusable, au préjudi[ce de] la violation de la loi fondamentale du royaume, et au profit des étrangers. V. loi de 1825. (Isambert.)

(3) Villaret (Hist. de Fr. 248) remarque que c'est ici le plus ancien exe[mple] que notre historien fournisse, d'un traité dans lequel les trois états d'une pro[vince] stipulent un changement de domination; il y a beaucoup de lettres sembla[bles] pour des villes. (Decrusy.)

On y stipula, art. 20, qu'il y aurait justice souveraine à Bordeaux; cepend[ant] selon M. Henrion de Pansey, il ne fut institué définitivement qu'en 1462, [par] Louis XI; Bordeaux se rendit aux Anglais, en 1452, et eut besoin de lettr[es d'] abolition, le 9 octobre 1453. (Isambert.)

N° 199. — ORDONNANCE *faisant défenses aux non-nobles de chasser à grosses bêtes et autre gibier* (1).

Mehun-sur-Eure, 18 août 1451. (C. L. XIV, 237.)

CHARLES, etc. Il est venu à nostre cognoissance par le rapport de plusieurs, tant des seigneurs de nostre sang, nobles, gens de justice, que autres personnes dignes de foy, que pluseurs gens non-nobles, laboureurs et autres, sans ce qu'ilz soient à ce privilégiez, ont et tiennent avecques eulx furons, cordes, laz, fillez, arbalestes et autres engins à prendre grosses bestes, rouges, noires, connilz, lievres, perdris, faisans, et autres bestes dont la chace ne leur appartient ne doit appartenir, parquoy il est advenu et advient souvent que lesdicts non-nobles, en faisant ce que dit est, laissent à faire leurs labourages ou marchandises, et commettent pluseurs larrecins de grosses bestes, connilz, perdris, faisans, et d'autres bestes et oyzeaulx, tant en noz garennes comme en celles des nobles et autres noz subgets à ce privilégiez, dont il est advenu moult de foiz que quant les nobles de nostre royaume ont volu aller en déduit, l'en n'a trouvé en pluseurs lieux que pou ou néant de bestes et oyzeaulx; par quoy, se remede n'y estoit mis, pluseurs discencions, débas et discors s'en pourroient sourdre et mouvoir entre nos subgiez nobles et non-nobles, et s'ensuivroient pluseurs autres inconvéniens; mesmement que lesdictz non-nobles, en persévérant en ce, sont souventesfois emprisonnez et traiz à grans amendes, et demourent oyseulx, délayssent leurs labourages et mestiers, et à la fin deviennent les aucuns, par leursdictes oisivetez, larrons, murdriers, espieurs, de chemins et meinnent mauvaise vie, dont par ce est advenu et advient qu'ilz ont finy et finent leurs vies par mort dure et honteuse, qui est en grant confusion de nostre peuple, et détriment de la chose publique de nostredict royaume, en grand dommage de nous et de noz subgiez, et seroit plus, se par nous n'y estoit deuement pourveu, ainsi que remontré nous a esté.

Savoir faisons que nous voulans à ce estre remedié, avons par l'advis et meure déliberacion des gens de nostre grant conseil, ordonné et ordonnons par ces présentes, que doresenavant aucun

---

(1) Un roi de la 1re race tua l'un de ses favoris pour avoir chassé dans ses forêts. V. préface de la 4e livraison. La chasse est de droit naturel, ou du moins c'est un droit attaché à la propriété. V. l'ordonnance de juin 1321, celles des 7 septembre 1393, 29 juin 1396, surtout celle du 10 janvier 1396 et la note. (Lambert.)

non-noble de nostredict royaume, s'il n'est à ce privilégié, ou s'il n'a adveu, ou s'il n'est personne d'église, à qui touteffois par raison de lignage, dignité de sa personne, de son bénéfice, ou autrement ce doye compéter et appartenir, ou s'il n'est nostre officier en notable qualité, bourgeois, ou autre vivant de ses rentes(1), possessions, qui se enhardisse de chacer ne tendre à bestes grosses ou menues, perdris, faisans ne lievres, en garenne ne dehors, ne d'avoir et tenir pour ce faire, chiens, furons, cordes, laz, fillez, tonnelles, ne autres harnoiz; et ou cas que aucun desdictz non-nobles, autre que ceulx dessus declairés, seront trouvés ayans en leurs maisons chiens, furons, cordes, laz, fillez et autres engins ou tendent aux bestes, faisans et perdris dessus déclarés et advisés, nous voulons et mandons que le noble seigneur de la justice soubz qui il sera demourant, ou soubz qui il chacera, les puisse oster sans aucune répréhencion.

Toutesvoyes ou temps que les pors et autres bestes sauvages vont aux champs pour mangier les blez, il nous plaist bien que les laboureurs puissent tenir chiens pour garder leursdictz blez, et chacer les bestes d'iceulx, et aussi pour la garde de leur bestail, sans ce que pour ce ilz doient perdre iceulx chiens, ne paier aucune amende. Et afin que lesdictes faultes et abus dessus déclarés soient mieulx actains, nous voulons et ordonnons que ceulx qui accuseront ou démonceront lesditz abuz, aient la tierce partie des amendes qui sur ce seront ordonnées. Si, donnons mandement au grant maistre, et aux maistres et enquesteurs des eaues et forestz et aux séneschaulx, bailliz, et s'ilz treuvent aucuns faisans ou avoir fait le contraire, ou contredisans à ce, ilz les contraignent à les tenir, par amendes et autres voyes et manieres deues et raisonnables, ainsi que de raison ilz verront come il sera affaire etc.

Donné à Mehum-sur-Eure, etc. Par le roy en son conseil.

---

(1) La chasse n'était donc interdite qu'à ceux qui n'étaient pas propriétaires: c'est donc une erreur de dire que les nobles seuls avaient ce droit. Si les ordonnances parlent plus souvent des nobles, c'est qu'ils étaient presque seuls propriétaires. (Isambert.)

N° 300. — LETTRES *portant que dans les villes, châteaux, ou forteresses ayant droit de guet et de garde et qui ne sont pas sur la frontière, les habitans ne seront tenus d'y faire le guet qu'une fois par mois, et ne paieront que dix deniers s'ils y manquent* (1).

Poitiers, 1ᵉʳ décembre 1451. (C. L. XIV, 186.) Pub. à Paris, en l'église Notre-Dame le 5; et au Chât., le 12 avril 1454.

CHARLES, etc. Comme à l'occasion des guerres qui derrenièrement ont eu cours en nostre royaulme, plusieurs seigneurs, capitaines, chastelains et gardes de villes, chasteaulx et fortresses, soubz umbre de la garde et seureté d'icelles, aient contraint et fait contraindre les subgetz et habitans esdictes villes, chasteaulx et fortresses, et és chastellenies et seigneuries d'icelles, à y faire guet et garde de jour et de nuyt, très-souvent et plus que faire ne devoient; et pour les deffaulx qu'ilz faisoient de faire ledit guet, les ont fait condempner et executer en grosses amendes, ou les ont composez pour lesditz guetz, à leur païer par chascun an vint ou trente solz ou plus, avec foings, avoines, poulailles et autres choses; et quant lesdis subgetz et habitans ont esté reffusans ou délayans de les paier desdictes compositions, ilz ont esté executez rigoreusement, tant par emprisonnement de leurs personnes, que par prinse de leurs biens, ou autrement : et combien que graces à nostre seigneur, ayons conquis et réduit en nostre obéissance et seigneurie noz païs et duchez de Normandie et de Guienne, et presque tous noz autres païs, villes, chasteaux et forteresses qui estoient occupez par noz anciens ennemis et adversaires les Angloix, par quoy nostredit royaulme et nosdiz subgetz, et habitans en icelluy, ne sont de présent en si grant crainte ne dangier de nosdiz ennemys, comme ilz ont esté par cy-devant, et par ainsi n'est pas besoing de faire si grans guetz ne gardes, comme on a acoustumé : néantmoins les seigneurs, capitaines, connestables, chastellains et autres officiers commis à la garde esdictes villes, chasteaulx et fortresses de nostredit royaulme, ne cessent point desdictes rigoreuses contrainctes, composicions et exacions, dont nous avons eu et avons chascun jour plusieurs grans plaintes,

---

(1) C'es une espèce de garde nationale ; les gendarmes et francs archers formaient l'armée active ; dans les crises, on convoquait de plus la milice féodale, et le service n'était pas régulier. (Isambert.)

Pour quoy nous, ces choses considérées, desirans nostre pou[vre] peuple deschargér et préserver de violences et oppressions [de] gardes, comme acoustumé a esté le temps passé, avons ordonné et ordonnons par l'advis et délibéracion de plusieurs de nostre sang et lignage, et des gens de nostre grant conseil, par manière de provision, et jusques à ce que sur ce soit par nous autrement ordonné, que doresenavant les subgetz et habitans ès chastellenies où aura villes, chasteaux ou fortresses, èsquelles a droit d[e] guet et garde, qui ne sont ou ne seront en la frontière, ou da[n]gier de nosdis ennemys, ne seront tenus d'y faire guet et garde, se non une fois le mois au plus; et pareillement les subgetz e[t] habitans des chastellenies où n aura villes, chasteaux ou pla[ces] fortes et remparées, ne seront tenuz de faire ledit guet aux cha[s]teaux et places dont ilz sont tenus et mouvans, se non une fo[is] le mois au plus, jusques à ce que les places d'icelles chastellenies soient reffaictes et mises en point convenable; et pour chasc[un] deffault qu'ilz en feront, ne seront tenus de paier au seigneur [ou] à son capitaine ou commis, que dix deniers tournois seulement, sans ce que nosdiz subgetz et habitans soient, ores ne pour l[e] temps advenir, autrement contrains ne excutez à l'occasion de[s]diz guetz et gardes.

Ainçois voulons que toutes autres contrainctes, exécucions [et] exacions, dont on a acoustumé de user par cy-devant, cesse[nt] du tout; et s'aucuns procès estoient introduiz et pendans en nos[tre] court de parlement ou ailliers, entre les seigneurs, chastel[ains] ou autres, et les subgetz et habitans èsdictes chastellenies ou s[ei]gneuries, à l'occasion dudit guet et garde, nous ne voulons q[ue] pendant lesdiz procès, lesdiz habitans soient et ne puissent e[stre] contrains à faire plus grant guet que une fois le mois, ne à pa[ier] pour deffault, plus que ladicte somme de dix deniers tourne[is]. Sy donnons en mandement par cesdictes présentes, à noz am[és] et féaulx les gens qui tendront nostredit parlement, nostre co[urt] souveraine de Bordeaulx, et nostre eschiquier à Rouen, et à to[us] noz bailliz, seneschaulx et autres noz justiciers et officiers, [que] nostre présente ordonnance facent observer et garder selon s[a] forme et teneur, sans enfraindre, en pugnissant les transgresse[urs] ou venans au contraire, de telles peines et amendes, que ce s[oit] exemple à tous autres. En tesmoing de ce nous avons fait m[ettre] nostre séel à cesdites présentes.

Doné à Poitiers, etc.

N° 201. — Édit du Dauphin (1) *qui défend les guerres particulières, nonobstant toutes coutumes contraires en Dauphiné.*

Latour-Dupin, 10 décembre 1451. (Manuscrits de la biblioth. carton 122), pub. à son de trompe dans la place du grand conseil à Grenoble, le 5 mars suivant.

Ludovicus regis Francorum primogenitus, delphinus Viennensis, comesque Valentinensis et Diensis, universis et singulis hujusmodi litteras inspecturis, visuris, lecturis, ac etiam audituris sit notum :

Quia teste Justiniano non erubescimus ut si quæ à præ!ecessoribus nostris vel nobis sancita aut confirmata emendationem pro tempore necessariam exigant, eis ipsis competentem componamus correctionem; utilitati et quieti subditorum nostrorum prospicientes, omnemque cum Dei auxilio agentes providentiam, ut subditi ab ejus clementia nobis traditi in pace ac tranquillitate vivant, et ab omni bello civili et nefando congressu, justitiæ viribus potiusquam viis facti legibus vetitis annitentes de cætero abstineant. Attendentes igitur quod olim per bonæ memoriæ prædecessorem nostrum Humbertum delphinum fuit inter alia per eumdem facta in nostra patria delphinali concessum et confirmatum certis respectibus et considerationibus eum ad hoc moventibus et necessitatibus nunc forte urgentibus. Quod de guerris, discordiis et debatis quas et quæ contingeret oriri et fieri inter nobiles patriæ Delphinatûs, per dicta statuta nulla fieret ex officio inquisitio seu persecutio, neque tales inquietarentur illo prætextu, nisi priùs, de guerra vel debato non fiendo foret facta inhibitio specialis, prout latius in eodem statuto inter libertates delphinales inserto continetur, cujus quidem statuti prætextu cum plures ex post exortæ fuerint rixæ, portus armorum, violentiæ, insultûs, aliique gravissimi excessus, ex quibus omnibus conflari poterunt scandala non modica, aliaque ad reipublicæ et justitiæ, superioritatisque nostræ maximam læsionem vergentia, contingerent in futurum, verisimiliter similia vel pejora, nisi per nos super hoc de remedio provideretur opportuno;

Volentes hujusmodi abusionibus providere et latissimam viam

---

(1) Cet édit est un acte de souveraineté (puisqu'il abroge une loi antérieure des souverains du Dauphiné), et non un acte de simple administration. Le dauphin n'était donc pas seulement un lieutenant; il avait la plénitude du pouvoir royal. (Isambert.)

derelinquendi hujus statuti occasione præcludere, subditosque nostros sub bonis legibus, statutis et ordinationibus in bona politia convenientibus vivere, hoc consultissimo EDICTO statuimus et ordinamus.

Prædictum statutum seu libertatem, quæ magis corruptela quàm libertas dici debet (1), cum ejus viribus cassari et annullari, quod et per præsentes cassamus et annullamus; ea propter dilectis et fidelibus nostris gubernatori aut ejus locum tenenti, gentibus consilii nostri Gratianopoli residentis, ac etiam omnibus aliis justiciariis et officiariis nostris tam Dalphinalibus quam prædictorum comitatuum et cuilibet ipsorum, prout ad eum pertinuerit in solidum tenore præsentium præcipimus et mandamus, quatenus omnibus subditis nostris sub pœna confiscationis et aliis pœnis à jure statutis et in hoc casu spectantibus inhiberi faciant, ne de cætero unus contra alium occasione assumptâ prorumpat ad guerram vel diffidentias in formâ hostilitatis, congregationemque gentium armorum faciant, et has pœnas contra facientes ipso facto incurrere decernimus, prædictis statuto, libertate aut consuetudine nonobstantibus : mandantes ulterius hujusmodi nostram consuetudinem, legem et ordinationem per omnia loca insignia Delphinatus et comitatuum nostrorum publicari atque inter statuta Delphinatus registrari ad perpetuam memoriam.

Volentes insuper transcripto seu *vidimus* hujusmodi litterarum tantam fidem adhiberi quanta adhiberetur præsenti originali; quod ut firmum stabileque sit, sigillum nostrum præsentibus duximus apponendum.

Datum in Turre pini, etc. Per dominum delphinum in suo magno consilio.

N° 202. — DÉCLARATION *portant que la régale sur les évêchés vacans, restera ouverte jusqu'à ce que les nouveaux évêques aient prêté en personne serment de féauté* (2).

Montils-lès-Tours, 14 février 1451. (C. L. XIII, 190.)

CHARLES, etc. A noz amez et féaux conseillers les gens tenans et

---

(1) Dans le droit féodal, la faculté d'armer et de venger ses querelles était un droit, et la meilleure garantie de l'indépendance des barons. Cela prouve que le système féodal était mauvais, nous en convenons. (Isambert.)

(2) Cette ordonnance, unique en son espèce, dit Pasquier, vint à l'appui de celle de 1449; l'étendue du droit de régale fut depuis déterminée par l'édit de 24 janvier 1682. V. Pasquier, Recherches de la France, et preuves des lib. de l'ég-

qui tendront nostre parlement à Paris, les maistres des requestes de nostre hostel, au prévost de Paris, baillifs de Vermandois et d'Amiens et à tous noz autres officiers et justiciers : Salut et dileccion. Il est venu à nostre cognoissance, qu'à l'occasion de ce que nous octroyasmes à feu le cardinal évesque de Térouenne, qu'il nous peust faire le serment de féauté dudit évesché de Térouenne, par procureur, ce qu'il fit, et par ce moyen luy délivrasmes les fruicts et revenus de la temporalité d'iceluy évesché, que paravant tenions, en nostre main, à cause et par le moyen de nostre droict de régale; ledit feu cardinal, ou ses vicaires, sous couleur et au moyen de ladite délivrance par nous à luy faicte desdicts fruits, combien qu'il ne nous eust fait le serment en personne, eust donné et conféré plusieurs prébendes et autres bénéfices vaquans à la collacion dudit évesque, depuis la réception dudit serment de féauté par procureur, et la délivrance desdits fruits, et pareillement les avons donnez et conférez à autres, par le moyen de nostredit droict de régale; surquoy se sont meuz et assis plusieurs procès pardevant vous, avec ceux qui ont eu collacion dudit cardinal et de ses vicaires, et à cette occasion sont plusieurs desdites prébendes et autres bénéfices contentieux, en grande involucion de procez, ou grand préjudice et détriment de ladicte église et du service divin. Et pour ce que nous voulons et desirons pourvoir à la confusion et détriment desdicts bénéfices, et multiplicacion desdits procez, et aussi pourvoir à l'entretenement dudit service divin et à la conservation de nosdicts droicts de régale, et qu'avons esté advertis et acertainez des droicts de nostre couronne, et à l'usage ancien avoir esté et estre, que ès archeveschez et éveschez où avons droict de régale, mesmement quant à la collacion des bénéfices, ladicte régale demeure tousjours ouverte, jusques à ce que les nouveaux évesques nous ayent faict en personnes les sermens de féauté, quelque serment qui nous en soit fait par procureur, et quelque délivrance que fassions des fruicts de la temporalité :

Avons déclaré et déclarons, que par la récepcion du serment de féauté dudit cardinal par procureur, et par la délivrance à luy faicte des fruicts du temporel dudit évesché, nous n'avons entendu, ne n'entendons nous estre départis, ne désistez de la col-

---

gall., t. 1, part. 2, p. 122. On y cite plusieurs arrêts et autres actes antérieurs et postérieurs, qui prouvent que la régale n'est close que par le serment fait en personne conformément aux lettres ci-dessus. (De Bréquigny.)

lacion des bénéfices dudit évesché, comme vaquans en régale, ne la transférer audit cardinal.

Ançois, estoit et est nostre intencion, de donner et conférer lesdits bénéfices, comme vaquans en régale, jusques à ce que ledict cardinal nous eust fait en personne le serment de féauté, ainsi qu'il est accoustumé de faire en tel cas.

Si vous mandons et expressément enjoignons, que nostre presente déclaracion vous entreteniez et gardiez, et faictes entretenir et garder selon sa forme et teneur, sans aucunement venir au contraire etc.

N°. 203. — LETTRES *portant* (art. 4) *que les avocats ne pourront plaider en l'auditoire des élus, les causes pouvant s'y expédier sans subtilité de droit.*

Montils-les-Tours, 20 mars 1451.

(4) *Item.* Que lesdits élus et lieutenans ne souffrent, ne devront souffrir, que avocats viennent en leur auditoire pour plaider les mêmes causes qui surviennent entre lesdits fermiers et les marchands ou pauvres gens, et pareillement au fait desdites tailles, attendu que sans avocats et subtilités de droit, se peuvent expédier; et s'il étoit besoin aux parties d'avoir du conseil, comme s'il étoit question de privilège de noblesse ou autre grande matiere, si ne voulons-nous que lesdits élus et lieutenans permettent que l'on fasse nulles écritures, mais seulement le registre du greffier, avec les actes du procès, sur peine d'amende arbitraire par lesdits élus ou leurs commis qui souffriront le contraire; à ce faire seront contraints, et aussi les transgresseurs desdittes ordonnances condamnés; c'est à savoir lesdits commis par les élus, et lesdits élus par les généraux de la justice.

N. 204. — INSTRUCTION *du Roi en son conseil sur la levée de l'impôt du sel* (1).

1451. (C. L. XVI, 199.)

---

(1) Cet impôt existe encore, en vertu d'une loi de 1806; et il y a des peines contre les faux sauniers. (Isambert.)

N° 205. — Lettres *qui enjoignent au parlement de renvoyer aux juges ordinaires les causes dont la connaissance leur appartient, ne retenant que celles désignées en ces lettres* (1).

Montbason, 12 avril 1452, après Pâques. (C. L. XIV, 202.) Reg. en parlem. 24.

Charles, etc. A nos amez et féaux conseillers les gens tenans et qui tiendront nostre parlement à Paris : salut et dileccion.

Comme par plusieurs de nostres sang et lignage, prélaz et barons, et autres nos subgiez, tant nobles que autres, et aussi par aucuns de noz bailliz, séneschaulx et justiciers, nous ayons esté averti et nous ait esté remonstré qu'à l'occasion de la grant charge et multitude de causes qui, de long-temps a, sont pendans et introduictes en nostredicte court, et qui chascun jour se introduisent, tant par évocations ou rétentions de nostredicte court, lesquelles elle retient ou évoque devant nosdiz bailliz et séneschaulx et autres juges ausquels la congnoissance ordinairement en doit appartenir, et d'autres qui par lettres de nostre chancellerie y sont renvoyées, que autrement, les causes ordinaires, desquelles nostredicte court doit principalement et de son ancien droit ordinaire et par les ordonnances anciennes de nos predécesseurs congnoistre, comme de celles qui touchent nostre domaine, les cause des pers de France, et de plusieurs églises qui sont de nostre fondation, les causes de régale, de grosses églises et baronies, qui par privilège ou par grant et évident cause sont introduictes en ladicte court, demeurent assoupées, dont s'ensuivent destructions et ruynes, tant d'églises, monastères, chasteaulx, forteresses et autres héritaiges, et n'y peuvent les parties avoir expédition, pour la grant charge que a nostredicte court, des autres causes qui ne sont du droit ordinaire d'icelle, dont elle ne doit congnoistre, desquelles elle entreprent et retient court et congnoissance pardessus noz bailliz, séneschaulx et autres justiciers en la jurisdiction desquelx lesdictes parties sont demourans, ou les choses dont est question sont

---

(1) Le code de procédure a fixé les cas où les cours peuvent retenir la connaissance des causes. Les deux degrés de juridiction sont une invention moderne; ils sont inconnus en Angleterre, où le jugement du fait est séparé du droit. Il en a été de même en France, tant que la loi salique a été en vigueur. Les deux degrés de juridiction viennent du régime féodal, lorsque saint Louis introduisit l'appel. (Lambert.)

assises, ausquelz la congnoissance en doit raisonnablement appartenir ; parquoy et par le moyen desdictes évocations, nosdiz bailliz et séneschaulx et autres justiciers n'ont en leurs jurisdictions, la pluspart du temps que besoigner ; pour la charge desquelles causes dont lesdiz bailliz et sénéchaux et autres justiciers doivent congnoistre, les causes d'appel et autres dont ordinairement nostre dicte court doit avoir congnoissance, sont et demeurent assoupées immortelles ; et à ceste cause, plusieurs qui ne quièrent que retarder et délayer leurs causes, et empescher le droit de leurs parties adverses, pour la grande longueur qu'ilz voyent estre en l'expédition des causes et procès introduictz en nostredicte court, et que des causes qui y sont introduictes n'est faicte aucune briefve expédition, sont meuz et enclins les aucuns d'appeller, les autres de trouver moyens d'y faire renvoyer et évoquer leurs dictes causes, à la grant foule et dommage de nosdiz subgiez qui en la poursuite et longueur desdiz procès se consument, despendent et emploient leur temps et chevances, et aussi ou détriment et désolacion de plusieurs églises de nostre royaume, lesquelles aussi pour la longueur desdiz procés sont destruictes et vont en ruine ; et souventesfois commectez aucuns de vous pour congnoistre et discuter de plusieurs causes d'appel, et autres grosses causes qui ne se doivent plaider ne juger se non en nostre dicte court, ainsi que de ce remonstré nous a esté :

Pour quoy nous, attendu ce que dit est, desirans abréger les plaiz et procès d'entre nos subgietz, et les jurisdictions de nostre royaume estre gouvernées chacune en ses termes et limites sans entreprendre l'une sur l'autre, et obvier aux grant dommaiges qui pour la longueur desdiz procès pendans en nostredicte court chascun jour surviennent à nosdiz subgiez, et les relever de vexacions et despenses, et aussi à noz justiciers et autres, estre rendu et baillée la congnoissance des causes qui leur appartiennent en leurs jurisdictions ; vous mandons et expressément enjoignons que toutes et chacunes les causes et procès menz et pendans en nostredicte court, lesquelles par lettres de la chancellerie ou autrement ont esté renvoyées, introduites ou évoquées, et qui ne touchent nostre dommaine ou les pers de France, ou causes d'appel, de régale ou autres, lesquelles nostredicte court doit de son droit ancien par privilége ou pour grant et évident cause congnoistre, y seront introduictes, renvoyez en quelque estat qu'elles soient, pardevant les bailliz, séneschaulx ou autres justiciers ausquelz la congnoissance en appartiendra, pour les procéder èsdictes causes, et y estre décidées et déterminées ainsi qu'il appartiendra par raison ; en cas toutesvoies qu'elles ne seront appoinctées en droit, ou que les enquestes ne seront faictes, ou encommencées : en retenant tant seulement en nostredicte court lesdictes causes d'appel, celles qui touchent nostre domaine, de régale, de pers de France, des églises cathédrales, et autres dont nostredicte court de son droit et ancien ordinaire, par prévilleiges, ou pour grant et évident cause doit congnoistre.

Et pour ce que souvent nostredicte court est fort chargée de causes, qui par le moyen de plusieurs causes d'appel qui sont faictes d'exécuteurs de complainte en cas de saisine et de nouvelleté et d'exécutions faictes par sergens, de sentences et autres exploitz, sont évoquées, introduictes et comme assoupées en nostredicte court, avec lesdictes causes d'appel, parce que aucune expédition n'en a esté faicte, qui est donner occasion de légièrement appeller en nostredicte court ; voulons que lesdictes menues causes d'appel, vous vuidiez et expédiez diligemment, ou, icelles mises au néant, renvoyez lesdictes causes dont dépendent lesdictes causes d'appel, par-devant noz justiciers ordinaires, ou autres ausquelz la congnoissance en appartient, et par le greffier de nostredicte court les vous faites bailler par déclaracion et par roole, se mestier est, pour en avoir prompte congnoissance, et y faire plus briefve expédition, en procédant de par vous diligemment à l'expédition des causes dont d'ancienneté nostredicte court doit et peut congnoistre de son droit ancien et ordinaire, par rooles et aux jours ordinaires des bailliages et séneschaucées, en rejectant tous subterfuges, délaiz et prolixitez, et tout ainsi que on faisoit anciennement, et que faire se doit selon les stilles et ordonnances anciennes de nostredicte court, sans commettre doresenavant aucunes causes desquelles la congnoissance appartient et doit appartenir à nostredicte court, à commissaires en aucune manière, ausquelx nous interdisons et défendons par ces présentes toute court et congnoissance ; et faisant sur icelles aux parties si bonne et si briefve expédition de justice, que nosdits subgez n'aient cause d'en retourner plaintifz par devers nous : car ainsi nous plaist-il estre fait.

Donné à Montbason, etc. Par le roi en son conseil.

N°. 206. — LETTRES *portant que les taxations ordonnées par* les *trésoriers de France aux généraux des finances devront* être *signées de leur seing manuel.*

Chissé, 2 juin 1452. (C. L. XIV, 225.)

N. 207. — LETTRES *sur la justice des élus, pour le recouvrement des impôts* (1).

Bois-Sire-Amé, 26 août 1452. (C. L. XIV, 238.)

CHARLES, etc. Comme pour obvier aux vexations et travaux que plusieurs de noz pauvres subjectz ont supportés le temps passé à l'occasion de ce que les fermiers des aydes, collecteurs et receveurs des tailles, les faisoient souventesfois convenir devant les esleuz sur le fait des aydes, lesquels en diverses elections de nostre royaume, tiennent leurs sièges si loings des fins et extremités d'icelles, qu'il convient aux pauvres laboureurs et autres gens de faire grands despens et perdre plusieurs journées pour aller comparoir devant lesdits esleuz ès lieux de leurs sièges, qui sont communément en aucunes des principales villes de leursdites eslections où ils font continuelle résidence; nous, pour y pourveoir lors promptement et jusques à ce autrement en fust ordonné eussions n'aguerre fait certaines nouvelles ordonnances, contenant en autres choses, que en chacune chastellenie où il y aura justice, fust réale ou des sieurs particuliers, les chastelains et juges ordinaires desdites chastellenies fussent commis desdits esleuz pour cognoistre de tous les procez et débats qui surviendront tant à cause desdites aides que des tailles ordonnées pour le vivre et entretenement des gens de guerre et autrement, et que lesdits habitans ne puissent estre traits ne convenus pour la première instance hors de ladite chastellenie et sieges ordinaires, sauf en aucuns cas exceptez par lesdites ordonnances : depuis lesquelles ordonnances ainsi faites, nous ayent été remontrez plusieurs grands inconvéniens qui à cause de ce s'ensuyvent et estoient en voye de plus ensuyr prochainement en plusieurs eslections, tant pour ce que plusieurs juges desdictes chastellenies champêtres ne sont pas experts ne cognoissans en telles matieres, ainçois sont les aucuns, simples gens méchaniques qui tiennent à ferme desdits sieurs particuliers les receptes, judicatures et prévostez

(1) Maintenant ces contestations se vident administrativement par le préfet d'abord, et ensuite par le conseil de préfecture et le conseil d'état. (Isambert.

de leursdites seigneuries, et lesquels, soubs ombre de l'autorité qui par ce moyen leur seroit donnée, se voudroient par avanture affranchir, avec les métoyers et autres famillers serviteurs, du payement desdites tailles et aydes, qui tourneroit à grande folle et charge des manans et habitans desdistes chastellenies, lesquels seroient de tant plus chargez en leur taux, desdictes tailles, parce qu'il y auroit moins de personnes contribuables, que aussi pour ce que lesdits juges et chastelains ne tiennent communément leur judicature que de quinzaine en quinzaine, ou autre bien long temps, et ne voudroyent laisser leurs autres affaires pour vouloir vacquer à l'expédition desdites causes, se ils n'avoient gaiges ou salaires pour ce faire, pour quoy l'expédition des procès desdites tailles et aydes, qui, selon les anciennes ordonnances sur ce faites, doibvent estre abregez et decidez sommairement et de plain, seroit de bien grande longueur, et noz deniers en voye d'estre beaucoup retardez, mesmement pour ce qu'un fermier desdites tailles qui auroit des fermes ès diverses chastellenies, ne pourroit fournir à comparoistre en chacune d'icelles, à l'expédition des parties qu'il auroit fait adjourner, pour ce que plusieurs desdits juges subjects tiennent communément lesdis assises en un mesme jour, et pourroit la grande multiplication desdits juges plutost engendrer confusion et charge au peuple, que donner ordre. Pour quoy, nous, les choses dessusdites considérées, volans de tout nostre pouvoir soulager et descharger nostredit paouvre peuple des peines et travaux qu'il a eus le tems passé, à cause de la longue distance des siéges desdits esleus, et de la multiplication et prolixité desdits procez; aussi réprimer aucunement les fautes et abus qui se commettent chacun jour touchant le fait desdites tailles et aydes, tant en nostre préjudice et diminution de noz deniers, que à la charge et oppression de noz subjects, et obvier aux inconvéniens dessusdits : avons par grande et meure délibération des gens de nostre grand conseil, des gens de noz comptes et trésoriers, de ceux de noz finances, des généraux conseillers sur le fait de la justice de nosdites aydes, et autres noz officiers, ordonné et ordonnons par ces présentes sur les choses dessusdites en la manière qui s'ensuit.

(1) *Premièrement.* Que en aucune eslection de nostredit royaume, mesmement en celles qui sont de grande estendue, soient ordonnez et establis certains lieux pour tenir les siéges desdits esleus : lesquels siéges n'auront de ressort à l'entour d'eux que cinq ou six lieues ou environ, pour le soulagement de nos-

tredit peuple, tellement que ceux qui seront adjournez ausdits siéges, puissent aller et retourner en leur maison, et comparoir à leurs assignations tout en un mesme jour; lesquels siéges seront choisis, ordonnez et establis par noz baillifs, séneschaux, prévosts ou gouverneurs des séneschaucées, bailliages et provinces de ce royaume, ou leurs lieutenans ès mectes de leursdictes provinces, et des pays qui sont soubz leur ressort, et aussi par lesdits esleuz en leursdictes eslections et lieux plus convenables qu'ils verront estre à faire pour l'aise et soulagement de nosdits subjects, appellez avec eux noz advocat et procureur desdits lieux, tant de domaine que des aydes, et aussy les receveurs desdites aydes, lesquels chacun en leurs provinces et eslections, comme dit est, limiteront et déclareront l'estendue du pays et des bourgs, villes et villages, qui ressortiront en chacun desdits siéges, asseoiront et ordonneront ès villes à nous appartenans, et qui sont sous nostre justice sans moyen; en tant que besoin sera gardées les limitations dessusdites.

(2) *Item.* Là où il ne seroit possible de trouver lieux propices pour ordonner et establir lesdits siéges, qui fussent en nostre domaine et justice sans moyen, comme dit est, les commissaires dessusdits ordonneront iceux siéges ès autres lieux qu'ils adviseront estre plus expédients et convenables pour le proufit et utilité de nous, et soulagement de noz subjects, et gardant toutesvoyes les limitations au plus près que faire se pourra.

(3) *Item.* En chacun desdits siéges qui seront ainsy ordonnez, lesdits esleuz seront tenus de seoir judiciairement, et expédier les causes desdites tailles et aydes, deux jours en chacune sepmaine, ou un pour le moins, selon qu'ils adviseront estre expédient et nécessaire: eu regard à la quantité des causes qui peuvent survenir audit siége. Et s'il y a aucuns siéges ès lieux où lesdits esleuz ne puissent vacquer ni demourer continuellement en leurs personnes, ils seront tenus d'y avoir et tenir à leurs périls et fortunes, commis idoines et souffisans pour ce faire, lesquels commis cognoistront des causes de partie à partie seulement; mais quand il sourdroit question à cause du bail desdictes fermes desdites aydes, ou de l'affranchissement ou exemption de bourgs, villes et communaultez, ou d'aucunes personnes, soit par priviléges, par noblesse ou autrement, sur l'entérinement des chartres, lettres, priviléges ou graces de nous impétrées ou à impétrer, et semblablement des rebellions, fautes et abuz qui seroyent commis et perpétrez touchant le fait desdites aydes

tailles, en iceluy cas, lesdits commis n'en pourront aucunement cognoistre ne décider; ainçois en auront la cognoissance lesdits esleuz seulement, par la détermination desquels toutes telles matières seront décidées.

(4) *Item*. Et semblablement les greffiers desdites aydes en chacune eslection seront tenuz d'avoir et tenir à leurs périls et fortunes, en chacun desdits sièges, un commis idoine et souffisant pour enregistrer les actes et appoinctemens des causes et procès qui s'expédieront ausdits sièges devant les commis desdits esleuz.

(5) Et pour ce que souventesfois est advenu, le temps passé, que aucuns sergens adjournoyent par-devant lesdits esleuz ou leurs commis, plusieurs paouvres personnes, gens ignorans, qui après ne trouvoyent personne qui rien leur demandast, quand ils comparoient à leur assignation, et ne sçavoient sur qui demander leurs dépens et les intérests et vexations à eux donnez, parce que lesdits sergents ne leur avoient baillé, ne vouloient bailler relation ne enseignement desdits adjournements : pour obvier à telles fraudes et abus, nous avons voulu et ordonné, voulons et ordonnons par ces présentes, que tous les sergens qui d'ici en avant feront aucuns adjournemens par-devant lesdits esleuz ou leurs commis, soyent tenus de bailler à ceux qu'ils adjourneront, une petite cédulle signée de leur main, s'ils savent escrire, ou sinon, scellée de leur petit signet, contenant seulement par-devant quels juges, par qui, à quelle requeste, et quel jour ledit adjournement sera fait, et le nom de la personne adjournée ; sans tenir et garder par ladite petite cédule, forme de relation, mais les plus briefves et succinctes paroles que faire se pourra ; de laquelle petite cédule ne pourront rien prendre, avoir ny exiger de ceux qu'ils adjourneront, attendu qu'ils sont communément payez de leursdits adjournemens par ceux qui les requierent de faire. Toutesvoyes les parties requérans lesdits adjournemens, pourront recouvrer ce qu'ils auront payé pour ledit adjournement, avecques les autres despens de la cause, au cas que la partie adjournée en décherroit, et non autrement.

(6) *Item*. Et aussi avons voulu et ordonné, voulons et ordonnons, que tous les fermiers qui auront fait adjourner aucunes parties, soient tenues d'icelles faire appeler et expédier au jour de leur assignation, sans aucunement les délayer ne amuser ; et si ausdits jours iceux fermiers ne faisoient appeler lesdites parties et ne demandoient leur audience, nous voulons et ordonnons que lesdits fermiers soyent condamnez et contraints de payer les

despens, et la journée des parties qu'ils auront ainsi fait ajourner.

(7) *Item.* Et seront lesdits esleuz ou leurs commis, tenus d'expédier les parties qui seront adjournées par-devant eux, incontinent qu'elles seront arrivées, sommairement et de plain, sans figure de jugement et sans forme de playdoyerie; ne recevoir lesdites parties à faire aucunes escritures en la cause, sinon seulement le registre du greffier, afin que lesdites causes et procès se puissent plustot et à moindres frais déterminer; et seront tenus esleuz ou commis d'expédier préuierement et avant tous autres les partyes qui seront venues de la plus lointaine distance du pays, et les autres selon ce qu'elles seront demeurans plus près dudit siége.

(8) *Item.* Ne pourront lesdits fermiers desdites aydes, collecteurs ne receveurs des tailles ne autres, faire adjourner quelques parties par-devant lesdits esleux ou leurs commis, fors seulement en dedans de leurs limites et aux jours qui seront establis pour tenir ladite jurisdiction, sur peine de l'amender arbitrairement envers nous, et payer les despens à la partie, selon la distance du lieu dont elle sera venue, et la fatiguation que l'on luy aura donnée.

(9) *Item.* Et lesquels jours pour tenir la jurisdiction desdits esleuz en chacun des sièges, seront assignez et establis au jour qu'il y aura marché au lieu dudit siège, s'il est possible; ou autrement, ès jours que lesdits esleuz verront estre plus expédient et convenable pour le soulagement du peuple, considérée la qualité de chacun siège, afin que lesdites parties ayent moins de dommage et de charge pour comparoistre à leur assignation.

(10) *Item.* Et ausquels jours ainsi assignez, les esleuz ou leurs commis, seront tenus d'estre et assister sans faillir à leursdits siéges, pour tenir lesdites jurisdictions, et expédier toutes les causes desdites tailles et aydes qui seront ainsy pendans à chacun jour, comme dit est, et afin que par faulte ou absence de juge, lesdites partyes ne perdent leurs journées, et n'ayent couleur d'excuse de procéder à aller avant.

(11) *Item.* Et aussi ne pourront les fermiers desdites aydes faire convenir quelque partye devant lesdits esleuz ou leurs commis, sinon que préalablement lesdits fermiers l'aient sommé et requis de le payer, et de faire serment sur ce qu'il luy demande à cause desdites aydes, par-devant le juge ordinaire du lieu de demeure de la partye, s'il y a juge ordinaire qui soit présent; mais en l'ab-

sence dudit juge ordinaire, ou s'il n'y en avoit point audit lieu; ledit fermier fera ladite sommation et requierra ledit serment devant le curé de la paroisse ou son chappellain, en la présence d'un tesmoin, ou se ledit curé ou son chappellain n'y estoient, en la présence de deux tesmoins dignes de foy : afin que, se la partie de luy-mesme se veut mettre à raison, ledit fermier ne luy donne point de vexation de partir de son hostel pour aller devant lesdits esleuz ou leur commis audit siége ne ailleurs.

(12) *Item.* Se la partye estant refusant de payer ce qu'il debvroit audit fermier ou de faire ledit serment, ou si ledit fermier vouloit prouver qu'il n'auroit pas juré la vérité, en iceluy cas ledit fermier le pourra faire adjourner devant lesdits esleuz ou commis à leurs siéges; et se lesdits fermiers font adjourner aucunes parties autrement qu'en la manière dessusdite, ils seront tenus de l'amender, et de desdommager les parties, à l'ordonnance d'iceux esleuz ou commis.

(13) *Item.* Et quant aucune partie aura juré en la manière que dit est, nostre procureur ne pourra plus tenir en procez devant lesdits esleuz ou commis, celuy qui aura ainsi fait ledit serment, pour prouver le contraire de ce qu'il aura juré, se ledit fermier ne l'en requiert, et qu'il se rende partie, promouvant avec nostre procureur : pour laquelle preuve faire ils n'auront qu'un seul délay de huict ou dix jours sans plus; sinon toutesfois que lesdits fermiers moustrassent causes évidentes pour lesquelles ils n'auroient peu faire ladite preuve dans ledit temps, auquel cas lesdits esleuz ou commis pourront iceluy terme proroger selon qu'ils verront estre raisonnable; pourveu que préalablement lesdits fermiers seront tenus payer les despens faits par la partie jusques audit terme, lesquels despens seront réputez préjudiciables quant à ce. Et se ledit parjurement qu'on aura prins à prouver, ne se prouve et monstre clairement dans les termes en la maniere dessusdite, ledit fermier sera condamné et contrainct de payer à la partie tous les interests, despens et dommages qu'il aura faits et soustenus durant ledit procez et occasion d'iceluy, et dillecques en avant ne pourra plus estre molesté par nostre procureur, ne autrement, à cause dudit parjurement.

(14) *Item.* Et si ledit parjurement se preuve, celuy qui sera parjuré sera condamné en l'amende arbitraire envers nous et envers ledit fermier, telle que la discrétion du juge advisera, et pareillement ès despens et interests par ledit fermier faits et soustenus en la poursuite de ladite cause, pour raison et occasion

d'icelle, et en outre à restituer les despens préjudiciables, se aucuns en avoient esté payez par ledit fermier.

(15) *Item*. Et pour ce que, le tems passé, la valeur desdites aydes a esté beaucoup moindre, par faute d'icelles avoir bien baillé et livré à nostre proffit; nous voulons que lesdits esleuz advisent la forme et maniere de bailler lesdites aydes, et les lieux là ils verront qu'elles pourront mieux estre enchéries et livrées au plus haut prix pour nostre profit; tellement que doresenavant lesdites aydes puissent mieux valoir, et que par faute desdits esleuz la revenuë d'icelles ne se diminue; et sur ce pourront avoir advis avec notre advocat, procureur, receveur sur le fait d'icelles aydes ès lieux de leursdites eslections.

(16) *Item*. Et quant à l'assiete desdites tailles, tous les esleuz lors présens en leurdite eslection, seront tenus d'estre ensemble pour icelle asseoir et imposer, afin que plus justement ils les puissent esgaler ès lieux qu'ils verront estre plus convenables pour ce faire.

(17) *Item*. Et en outre avons voulu et ordonné, voulons et ordonnons que les sergens tant ordinaires que autres, qui feront les exécutions et adjournemens à cause desdites tailles et aydes, ne puissent prendre pour chacun adjournement que quatre den. tournois, et pour chacune exécution xii deniers tournois; et s'il advenoit qu'ils feissent en un mesme jour si grand nombre d'adjournemens ou executions, que au prix dessusdit ils montassent plus de vii sols vi deniers tournois, ce néanmoins ils ne pourront avoir ne prendre que ladite somme de vii s. vi deniers tournois pour chacun jour, quelque nombre d'adjournemens ou exécutions qu'ils fassent.

(18) *Item*. Défendons expressément que nuls sergens qui auront et tiendront des fermes desdites aydes, ne puissent exécuter ne exploiter en ce qui toucheroit lesdites fermes qu'ils auroient prinses.

(19) *Item*. Et pour ce que par cy-devant, à l'occasion des exécutions qui sont faites, tant de tailles que desdites aydes, le menu peuple a esté fort oppressé et grévé, parce que les exécuteurs portoyent et menoyent vendre les biens, meubles et gaiges par eux prins, en loingtaines villes et marchez, par quoy ceux à qui estoient lesdits gaiges ne pouvoyent estre présens à la vente d'iceux, ne sçavoir combien ils estoient vendus, en quoy avoyent grand dommage et vexation: nous voulons et ordonnons que d'icy en avant, quand aucune exécution sera faite, l'exécuteur sera tenu

de mener ou de faire mener et porter les biens desdites exécutions, soit bestail ou autres biens-meubles, au plus prochain marché du lieu où il aura faite icelle exécution, afin que celuy ou ceux à qui lesdits biens appartiendront, puissent porter les deniers audit exécuteur, et recouvrer lesdits biens; et se c'est bestail vif qui ait esté prins pour ladite exécution, que lesdits sergens, en attendant le jour de la veute, soyent tenus de le mettre en garde au plus prochain lieu seur du lieu où il aura esté exécuté, tellement que celuy sur qui ladite exécution aura esté faite, puisse porter de la provision pour vivre et entretenir ledit bestail, et s'en retourner en un même jour en son hostel.

(20) *Item.* En ensuivant les ordonnances royaux, défendons expressément et voulons que défense générale soit faite de par nous, que nul esleu ne receveur, ne autres officiers, ne soit marchand, ne se puissent mesler du fait de marchandise, sur peine de privation de leurs offices; et dès-à-présent avons révoqué et révoquons par ces présentes, toutes lettres de congez, qui auroyent esté obtenuës de nous, ou que pourrions avoir donné à ce contraires, et mesmement ès marchandises dont nous avons accoustumé d'avoir et prendre imposition, gabelle, quatriesme, et autre subside; et avons ordonné et ordonnons terme préfix et limité ausdits esleuz, receveurs et autres noz officiers, qui auroient de nous lesdits congez, jusques au premier jour de Décembre prochainement venant, de exercer le fait de marchandises, et entre eux choisir et délibérer s'ils veulent exercer leurs offices, ou eux tenir à leursdites marchandises.

(21) *Item.* Et n'auront plus doresenavant lesdits juges et chastellains desdits seigneurs particuliers ne autres juges ordinaires, la congnoissance desdites tailles et aydes; mais les auront seulement lesdits esleuz ou leurs commis, et les appellations qui seront faites d'iceux commis desdits esleuz, se releveront par-devant noz amez et féaux conseillers les generaulx sur le faict de la justice des aydes, comme si faites estoient desdits esleuz, et ne payeront iceux aucune amende, s'il est dit bien appellé, ainsi que ne payent iceux esleuz.

(22) *Item.* Et pour ce que pour défrauder nous et nos receveurs et fermiers ou fait desdides aydes, plusieurs gens qui ont fait par ci-devant plusieurs transportz de leurs vignes et autres héritages à leurs enfans, ou autres qu'ils disoyent estre escholiers ès universitez de Paris, Orléans, Angers, Poictiers, Tholouze, et autres de nostre royaume, afin que par ce moyen ils fussent et demou-

rassent francs de payer lesdits aydes des fruits croissans esdits héritages ainsi transportez, souz ombre de privilége de scholarité, par quoy nosdites aydes ont esté et sont de beaucoup moindre valeur: nous, attendu les fraudes et abus qui se commettent chacun jour en nostre préjudice, avons voulu, establi, constitué et ordonné, voulons, constituons et ordonnons par édict général par ces présentes, que tous les héritages qui par ci-devant ont esté transportez, ou seront pour le temps advenir ausdits escholiers et autres officiers de quelque université qu'ils soient, ou se disent estre, soit par leurs peres et méres, ou autres personnes conjointes ou non conjointes, et par quelque maniere de cessions ou transports que ce soit, et souz quelque couleur qu'ils soient fondez, soit prins royaument et de fait le droict desdites aydes par noz officiers et fermiers sur tous les fruits croissans esdits heritages qui seront vendus, revendus ou eschangez, sans que personne quelconque s'en puisse ou doye exempter sous ombre desdits transports ne dudit privilége de scholarité.

(23) *Item*. Et aussi voulons, constituons et ordonnons par édit général, que tous ceux qui vivent loyaulement par marchandise, par pratique, ou autrement, et qui ne sont continuellement occupez pour suivre et servir l'estude esdites universitez privilégiées, ne jouyssent et puissent jouyr aucunement des priviléges desdites universitez, mais soyent contrains réaument et de faict à payer lesdites tailles et aydes, sans aucuns en excepter.

(24) *Item*. Que nuls officiers desdites universitez ne puissent jouyr des priviléges d'icelles, s'ils ne sont continuellement demourans et résidens au lieu et en la ville où est l'université dont ils se disent estre officiers.

(25) *Item*. Que tous les officiers desdites universitez qui ne sont pas de l'estat et profession consonnant à leursdits offices, ou qui ne les pourroyent et scauroient exercer bien et deuëment en leurs personnes, ne jouyssent et ne puissent jouyr des priviléges desdites universitez.

(26) *Item*. Et aussi avons voulu et ordonné, voulons et ordonnons que pour chacune commission des fermiers desdits aydes ne soit prins, levé, ne exigé des fermiers ne autre, pour sed parchemin, escriture, ne autres choses quelconques, que la somme de douze deniers, sans plus.

(27) *Item*. Avons voulu et ordonné et ordonnons que dore

navant les receveurs ou commis à recevoir le payement de nosdits gens de guerre, ne prendront pour quittances au long de l'an, pour chacune paroisse, que quatre petits blancs, c'est-à-savoir, pour chacun quarteron, un petit blanc, valant cinq deniers tournois, sur peine de privation de leurs offices et d'amende arbitraire.

(28) *Item.* Et pour ce que l'en dit que en aucuns lieux de ce royaume, les esleuz ou leurs clercs et greffiers d'aucunes eslections ont contrainct les fermiers des aydes ou impositions, à prendre et payer tant de commissions comme il y avoit eu d'enchères sur chacune ferme, ou de chacun enchérisseur prendre certain devoir : nous avons ordonné et ordonnons, que d'une mesme ferme ils ne puissent prendre qu'une seule commission du dernier enchérisseur auquel elle sera livrée et demourée; et pour icelle commission, comme dit est, XII den. tournois tant seulement, sans autre chose quelconque prendre pour la livraison desdites fermes, ne pour quelque enchere qui se fasse sur icelles.

(29) *Item.* Et pour ce qu'en aucunes eslections de ce royaume n'y a aucuns commis ordonnez pour faire la visitation et recherche des vins qui sont aux maisons et celliers des marchands, taverniers, ou autres qui vendent vin en gros et en detail, nous voulons qu'il soit loisible et permis aux fermiers du quatriesme du vin vendu à destail, d'estre présens à faire la visitation et recherche, se estre y veulent, avec lesdits commis et taverniers publics, et là où ils ont accoustumé d'estre.

(30) *Item.* Et n'est point notre intention de aucunement déroger par ces présentes, aux anciennes ordonnances faites sur le faict desdictes aydes, sinon en tant qu'elles seroient contraires directement à ces présentes ordonnances, ainçois lesdites anciennes ordonnances voulons estre et demourer en leur force et vertu.

(31) *Item.* Voulons et ordonnons que tous les esleuz et clercs ordonnez sur le fait desdites aydes par tout nostre royaume, recouvrent par devers eux le double desdites anciennes ordonnances, sur peine de l'amender arbitrairement afin qu'ils sçachent eux mieux gouverner touchant le fait desdites aydes.

Si donnons en mandement aux généraux des finances, et des aydes à tous noz baillifs, séneschaux, gouverneurs, prévosts, juges et officiers ou à leurs lieutenans, et à chascun d'eux en droit soy, que avec lesdits esleuz, et appellez noz advocat et procureur tant du domaine que des aydes, et nos receveurs d'icelles aides, ils advisent et choisissent le plus tost et le plus convenablement que faire se pourra, les lieux qu'ils avizeront et congnoistront estre plus propres et convenables pour tenir lesdits siéges, au soulagement de nosdits subjects, selon et ainsi que le portent et contiennent les articles cy-dessus insérez, faisant mention de ce, en contraignant à toutes les choses dessusdites et chacune d'icelles faire et souffrir tous ceux qu'il appartiendra, rigoureusement et sans déport, nonobstant oppositions ou appellations quelconques, pour lesquelles ne voulons en ce cas estre différé. Et afin qu'on puisse plus promptement et en tous lieux estre informez de nostredite ordonnance, nous voulons qu'elle soit chacun au publiée par tous les auditoires desdites eslections, et illec enregistrée, etc.

Par le roy en son conseil.

N°. 208. — LETTRES *portant nouvelle fondation* (1) *de l'université de Caen et de ses cinq facultés.*

Pommereux en Forès, 30 octobre 1452. (C. L. XIV, 249.)

KAROLUS, Dei gratiâ, Francorum rex.

Sicut ad arduos et salubres actus, reges et principes, more veterum patrum virtutes imitando, se pronos et liberales reddere consentaneum censetur, sic ad ea virtutum opera exequenda frequentiùs inducimur per que viciorum fomenta precipuè compiuntur, virtutes seruntur, et fidei orthodoxe religio virtuosorum conditione adaugetur, ut christicolarum merita ferventi devocione crescant, et eterna ipsorum salus subsequatur indè. Notum igitur facimus universis presentibus pariter et futuris, quòd cùm à dive recordationis precessoribus nostris Francorum regibus nonnulla studia generalia, magnis et speciosis privilegiis, franchisiis et libertatibus communita, diversis in partibus regni nostri ad Christi fidelium condicionem, heresium extirpacionem et catholice fidei exaltacionem creata et erecta fuere, ipsorum nempè precessorum nostrorum vestigia sectantes, ipsumque tam

---

(1) V. l'ordonnance de janvier 1451, sur l'enseignement du droit. L'université avait été créée par lettres du 30 juillet 1450; mais elles sont perdues. La nouvelle fondation fut faite sur la demande des trois états. (Isambert.)

salubre et eximium bonum, quod sui ipsius est diffusivum, volentes multiplicari, ea rursùm que sincerè nobis dilecti et fideles viri ecclesiastici et nobiles Burgenses patriote et alii incole nostri ducatûs Normanie ad id exequendum bonum enixiùs exposuerunt, considerantes, videlicet, quòd ipsa patria nostra, que inter ceteras regni nostri porciones magnam obtinens protensionem, gente plebanâ multùm actutu floret, cenobiorum copiâ atque victualibus innumeris abundat, patulusque sibi fluminum et portuum marinorum aditus inest; quòdque felicis recordationis Eugenius papa, predicta, que conformiter ad erigendam seu creandam universitatem uno in loco haud dubium concurrere debent, propensiùs considerans, intuensque villam nostram Cadomensem, que à proximiori studio generali quinquaginta leucis distat, circiter medium seu centrum Neustrie sistere, superque suo opulento situ, aëris temperie, habitacionum et librariorum copiâ, portuque marino, et victualium aditu continenti sufficienter informatus, universitatem atque studium gerale, quinque facultatibus, theologiâ videlicet, legibus, decretis, medicinâ et artibus compositam, ad bonum statum predicti nostri ducatùs, instantem requestam, inibi solenniter creavit pariter et erexit, ipsamque privilegiis apostolicis, è quibus sustentari nequibat, suâ inclitâ bonitate amplissimè communivit atque dotavit, dilectos et fideles consiliarios nostros Lexoviensem et Constantiensem episcopos, dictorum privilegiorum conservatores ordinando, concedens insuper, ut, more aliarum universitatum, ad eam confugientes et in eis facultatibus sufficienter eruditi, gradûs honorem adipisci, ceteros que actus scolasticos et exercere et explere valerent; postremò verò sanctissimus Nicolaus papa noster modernus, perpendens ipsam universitatis ac studii generalis erectionem, seu creationem, per suum predecessorem ritè, justè sanctèque factam, nedum approbavit, quinymò libertates, franchisias et privilegia priùs eidem concessa ampliando confirmavit: nos insuper volentes de predictis, ipsius que universitatis et loci statu, meritis et perseverantiâ peramplius informari, eam diurno temporis lapsu in statu quo post reductionem nostri ducatûs Normanie sistebat, toleravimus.

Quibus siquidem omnibus longè ac digestè perpensis, attendensque ipsam universitatem per sepefatos sanctissimos patres nostros summos pontifices, ad Dei laudem, decus ecclesie, honorem regni nostri et ejusdem incolarum salutem, creatam et erectam extitisse, prospiciens insuper predictam villam nostram

Cadomensem extensam valdè, portu marino consitam, quòdque, pro sui tuitione, minutiosâ gente multùm egere cernitur, prelibatorum trium statuum nostri ducatûs Normanie supplicationibus et requestis inclinati, consilii nostri maturâ super hoc deliberatione prehabitâ, et nostrâ regiâ auctoritate et gratiâ speciali, cum plenitudine potestatis, universitatem et studium generale cum quinque facultatibus preinsertis, in prefatâ villâ nostrâ Cadomensi denuô creavimus et ereximus, creamus pariter et erigimus per presentes: utque inibi residentes et venturi litterarum studio liberiùs atque commodiùs vacare valeant, eidem universitati, gratiâ et autoritate quibus suprà, concessimus denuòque concedimus privilegia, franchisias et libertates, aliis universitatibus regni nostri solita dari; pro quibus manutenendis et conservandis deputavimus et deputamus, ordinavimus et ordinamus sincerè nobis delectum et fidelem baillivum nostrum Cadomensem, premissorum privilegiorum regalium conservatorem, qui regentes, scolares et supposita ejusdem, ut à litterarum studiis nullatenùs distrahantur, quin potiùs eisdem liberiùs et quietiùs valeant intendere, in causis, personalibus et possessoriis, extra muros predicte ville nostre Cadomensis quovis modo trahi non permittat, sed de prefatis causis, deffendendo duntaxat, valeat cognoscere; causas verò reales predictorum regentium, scolarium et suppositorum, coram judicibus ordinariis agitari ac diffiniri volumus, earum cognitionem ac decisionem prefato conservatori penitùs inhibendo: intendentes preterea quòd pretextu supradictorum privilegiorum, in quibusvis causis realibus, possessoriis et personalibus, prefati scolares, regentes et supposita, quempiam à suâ jurisdictione ordinariâ trahere possint. Nolumus insuper supposita, scolares et regentes etiam veros, si eos aut alios pro ipsis nomine contingat vinum, ciceram, aut alia quecumque pocula publicè seu minutatim vendere, à solutione quarti denarii aut alterius cujuscumque subsidii eximi quovis modo, quinimò ipsum plenè et integraliter quâcumque semotâ difficultate persolvent.

Quamobrem dilectis et fidelibus gentibus nostris camere nostre compotorum, thesaurariis, ceterisque justiciariis et officiariis nostris damus in mandatis quatenùs presenti indulto et concessione nostris sinant et permittant predictos scolares, regentes et supposita uti et gaudere pacificè et quietè, quibusvis aliis edictis, ordinationibus et consuetudinibus non obstantibus quibuscumque: quoniam sic fieri volumus et nobis libet. Concedimus ulteriùs eisdem, ut vidisse presentium litterarum tanta fides adhibeatur sicut originali.

In cujus rei testimonium, etc.

Datum Pomeriis etc.

N°. 209. — ORDONNANCE *du roi René, comte de Provence qui établit la juridiction* (1) *des pécheurs sur la police de la pêche maritime.*

1452. (Nouv. répert., v° pêche, sect. 2, § XI, p. 195.)

N°. 210. — LETTRES *portant que les réserves faites par le parlement sur l'enregistrement d'un édit relatif aux offices de Normandie, seront considérées comme nulles, et que l'édit sera exécuté purement et simplement.*

Montferrant en Bordelais, 25 août 1453. (C. L. XIV, 261.)

N° 211. — ACTE *public par lequel le duc de Bourgogne fait vœu d'aller combattre les Turcs, devenus maîtres de Constantinople* (2), *si le roi de France s'engage à tenir ses états en paix.*

Lille, février 1453. (Monstrelet, fol. 56.)

N°. 212. — LETTRES *portant rétablissement de la chambre des requêtes du palais.*

Montils-les-Tours, 15 avril 1453. (C. L. XIV, 276.) (3).

---

(1) Cette juridiction, confirmée par Louis XII, François Ier, Henri II, Charles IX, Louis XIII, Louis XIV et par Louis XV, existe encore. V. outre les preuves citées au Répertoire, l'ordonnance du 31 mai 1820, supplément au Recueil complet des lois et des ordonnances, p. 543, et celle du 18 août 1819. (Lambert.)

(2) Cet événement mémorable notifié par le pape consterna l'Occident. La croisade du duc de Bourgogne n'eut pas de suite.

(3) La mention d'enregistrement est ainsi conçue :

Die secundâ Julii, anno Domini millesimo cccc°. liiii°. Lictere in albo scripte lecte fuerunt in parlamento, et super nonnullis oppositionibus in registris dicti parlamenti registratis, appunctatum fuit ad consilium. Die veré III dicti mensis viis per curiam litteris et titulis dictorum opponentium ac dictis litteris in dicto parlamento lectis, ordinatum et exindè pronunciatum extitit judicaliter in dicto parlamento, quòd super litteris scribatur : lecta, publicata et registrata, etc., quòd officiarii ad requestas palatii tenendas in dictis litteris retro scriptis nominati, sua exercebunt officia, sine prejudicio dictorum opponentium, et quousque per regem aut curiam aliter fuerit ordinatum. Actum et datum prout supra.

N° 213. — ORDONNANCES OU ÉTABLISSEMENS *pour la réformation de la justice* (1).

Montils-les-Tours, avril 1453, avant Pâques. (C. L. XIV, 284.) Reg. en parl. 17 juin.

CHARLES, etc. Savoir faisons, que nostre royaume ait esté moult opprimé et dépopulé par les divisions et guerres qui ont esté en iceluy, et au temps que veinsismes au gouvernement de nostre dict royaume, nous trouvasmes nostredict royaume occupé en la plus grant part d'iceluy par noz anciens ennemys et adversaires les Anglois; et que depuis, par la divine Puissance, avons les pays et provinces de Champaigne, Vermandois, Picardie et France, et nostre bonne ville de Paris, délivrez des mains de nosdicts ennemys les Anglois, et iceux réduicts et remis en nostre obéissance, et en leur liberté et franchise, et qu'à l'occasion desdictes guerres et divisions, en nostredict royaume se faisoyent et commettoient plusieurs roberies et pilleries par les gens de guerre, tant nostres qu'autres, tenans les champs et vivans sur nostre pauvre peuple, dont tout nostredict royaume et tout nostre pauvre peuple d'iceluy estoient en grande affliction et désolation.

Pourquoi nous ayans pitié et compassion de nostre peuple, par l'ayde et providence de Dieu nostre créateur, avons mis bon ordre en tous noz gens d'armes (2), et osté toutes les pilleries et roberies qui estoyent en nostredict royaume; et après, par la grace de Dieu tout-puissant, avons conquis et réduictz noz pays et duché de Normandie, pays du Maine et du Perche, en nostre obéissance, et en expellez et déboutez par armes nosdictz anciens ennemis les Anglois, qui longuement les avoyent tenuz et occupez, et remis noz subjectz d'iceux en leurs libertez et franchises; et après ce, avons noz citez et villes de Bordeaux et ses pays et duché de Guyenne conquis, et en déboutez nosdicts ennemis les Anglois, qui par l'espace de sept à huict ans les avoyent détenuz et occupez, et délivrez nosdicts pays et subjectz de leur servitude; et que depuis, nostredicte ville de Bordeaux, et grande partie de nostredict pays de Guyenne, ayent, par le moyen d'aucuns seigneurs et autres dudict pays, esté derechef occupez par

---

(1) Monumens très-précieux de la sagesse de nos pères. C'est notre premier code de procédure (Henrion de Pansey, Aut. judic., p. 100.)
(2) Par l'ordonnance de 1439. (Isambert.)

nosdicts anciens ennemys les Anglois, qui y sont venus à grande puissance d'armes, et lesquelz nous avons derechef expulsez et déboutez de nostredict pays et duché de Guyenne, de nostredicte ville de Bordeaux, et iceulx remis et réduictz en nostre obéissance, dont nous rendons louanges et graces à Dieu nostre créateur; et que par le moyen desdictes guerres et divisions, qui longuement ont esté en nostredict royaume (comme dit est), la justice d'iceluy nostredict royaume a esté moult abaissée et opprimée, et ayent les bonnes ordonnances de nos prédécesseurs rois de France, qui avoient esté faictes sur l'entretenement et gouvernement de la justice de nostredict royaume, esté délaissées, tant en nostre justice souveraine de nostre court de parlement, qu'ès autres justices de nostre royaume, et que du nombre des gens qui d'ancienneté avoient accoustumé estre en nostredicte court de parlement, en failloyent plusieurs, et que la court des requestes de notre palays, qui moult estoit et est secourable et nécessaire au secours et entretenement de nostredicte justice souveraine d'icelle nostre court de parlement, ayt esté par longtemps délaissée, et qu'on n'en a point usé :

Considérans que les royaumes, sans bon ordre de justice, ne peuvent avoir durée ne fermeté aucune (1), eu esgard au grand' graces que Dieu nous a faictes, comme dessus est dit, dont nous le regracions et mercions, voulans pourveoir à noz subjectz de bonne justice, eüe sur ce grand et meure délibéracion avec plusieurs seigneurs de nostre sang et lignage, et plusieurs prélatz, archevesques et evesques, barons et seigneurs de nostre royaume, et les gens de nostre grand-conseil, et aucuns des présidens et autres gens de nostredicte court de parlement, et autres juges et prud'hommes d'iceluy nostre royaume, par nous sur ce assemblez (2), en ensuyvant les ordonnances de noz prédécesseurs roys de France, avons fait et faisons les ordonnances, statuz et établissemens sur le faict de nostredicte justice, qui s'ensuyvent.

Composition du parlement.

(*Art.* 1.) Et premièrement, nous avons ordonné et décrué,

---

(1) Le président *Henrion* a pris ces mots pour épigraphe de son excellent ouvrage de l'*Autorité judiciaire*. (Isambert.)

(2) Ainsi, cette ordonnance a été provoquée et délibérée par une assemblée de notables. V. ci-dessus les remontrances de l'assemblée de Nevers, en 1441. Cette ordonnance est donc l'expression des besoins de la nation. (Isambert.)

et par ces présentes ordonnons et décernons, qu'en nostre cour de parlement, aura en la grand'chambre quinze conseillers-clercs et quinze lais, en oultre les présidens qui ne sont comprins audict nombre; et en la chambre des enquestes, autra vingt et quatre clercs et seize lais; et aux requestes de nostre palays, seront cinq clercs et trois lais, comprins en ce le président desdictes requestes, et lesquelles requestes de nostre palays, nous ordonnons estre mises sus, ainsy qu'elles estoient au temps passé.

Résidence.

(2) *Item.* Que les présidens et conseillers de nostredicte court de parlement, tant en la grand'chambre, en la chambre des enquestes, qu'aux requestes du palays, feront résidence continuelle en nostredicte court durant le parlement, et demeureront continuellement en nostredicte court pour faire leurs offices, et ne s'en partiront durant le parlement, si ce n'est par la licence dudict parlement (1); et voulons que ce soit gardé et observé sans enfraindre.

(3) *Item.* Que les présidens et conseillers dudict parlement et desdictes chambres viendront et s'assembleront bien matin : c'est à sçavoir, depuis Pasques jusqu'à la fin dudict parlement, seront assemblez à six heures ès chambres dont ils seront, et depuis le lendemain de la feste Saint-Martin d'yver (auquel jour on a accoustumé de commencer le parlement), jusques audict jour de Pasques, ils seront assemblez en leurs chambres incontinent après six heures; et la messe qu'on a accoustumé à célébrer au matin avant l'entrée du parlement, sera dicte et célébrée depuis ladicte feste de Pasques, jusques à la fin du parlement, avant six heures, et depuis le commencement dudict parlement jusques à ladicte feste de Pasques, ladicte messe sera commencée à célébrer incontinent après six heures.

Tenue de l'audience.

(4) *Item.* Et qu'incontinent que lesdictz présidens et conseillers seront entrez auxdictes heures en leurs chambres, ilz se mettent à besongner ès besongnes et affaires dudict parlement, sans ce qu'ilz entendent à autre chose; et prohibons que depuis que lesdictz présidens et conseillers seront entrez audit parlement (2),

---

(1) V. ci-dessus note sur l'ordonnance de 1446. (Isambert.)
(2) Cela est incompatible avec la publicité des audiences; aussi cette dispo-

qu'ilz ou aucuns d'eux ne se levent pour aller parler et conseiller avec autres, de quelque chose que ce soit, sinon par l'ordonnance de ceux dudict parlement. Et avec ce, défendons qu'aucuns desdiz présidens ou conseillers, depuis qu'ilz seront entrez audict parlement, ne puissent saillir dehors iceluy parlement, pour aller tournoyer ou vaguer aval la salle du palays, avec quelque personne que ce soit; et voulons et ordonnons que ceste ordounance soit gardée, tant aux jours de plaideries qu'aux jours de conseil.

Compétence du parlement.

(5) *Item.* Et comme avons sceu que pour la grant multitude de causes qui durant les guerres et divisions ont esté mises en nostredicte court de parlement, et pour autres causes, les procez n'ont peu estre expédiez, ne jugez, dont avons eu plusieurs plainctes et clameurs des subjectz de nostre royaume : nous, par l'advis et délibération des dessusdictz, avons décerné et ordonné, et par la teneur de ces présentes, décernons et ordonnons par loy et ordounance perpétuelle, que doresenavant ne seront introduictes en nostredicte court de parlement, sinon les causes et procez qui de leur nature et droict y doivent estre introduictes et traictées, c'est à sçavoir, les causes de nostre domaine et de noz droictz et de noz régales, et les causes esquelles nostre procureur sera principale partie (1).

(6) *Item.* Les causes des pairs de France, et leurs causes touchant leurs terres tenües en pairies, et aussi en appanage, et les droictz d'icelles.

(7) *Item.* Les causes des prélatz, chapitres, contes, barons, villes, communaultez, eschevins et autres, qui par priviléges ou anciennes coustumes ont accoustumé d'estre traictées en ladicte court.

(8) *Item.* Les causes d'appel, lesquelles de leur droict doivent estre traictées et décidées en nostredicte court de parlement, et qui ailleurs ne peuvent estre déterminées.

Retenue des causes en appel.

(9) *Item.* Et ensuyvant les ordonnances de noz prédécesseurs

---

...tion paraît faite pour les chambres des enquêtes ou les jours de conseil. (Isambert.)

(1) C'est-à-dire les affaires du grand criminel. (Isambert.)

rois de France, enjoignons et commandons que toutes causes d'appel de sentences diffinitives ou interlocutoires ou d'exécution, ou exécuteur, sergent, ou autre, relevées ou à relever, introduictes ou à introduire en nostredicte court de parlement, délaissé le juge moyen par-devant lequel elles devoient estre relevées et introduictes de droict et de coustume, soyent renvoyées devant les juges moyens où elles deussent avoir esté relevées. Il nous plaist toutesfoys et voulons que les gens tenans nostredict parlement puissent telles causes retenir par-devers eulx, s'ils voyent que la matière de la cause le requiere (1), et sur ce en chargeons leurs consciences.

(10) *Item.* Voulons et ordonnons que s'il y a attemptat contre aucune cause d'appel relevée en nostredicte court de parlement, dont l'appellation aura esté faicte formellement en nostredicte court, qu'icelle nostre court en puisse retenir la cognoissance; et prohibons et défendons qu'aucun n'allegue avoir esté faict attemptat, si véritablement il n'a esté fait, et qu'il ne le monstre promptement par information deüement faicte; et en cas que par information il ne moustrera avoir esté faict attemptat, que le procureur qui aura allégué attemptat, soit condemné en l'amende, et pareillement la partie qui aura faict faire l'adjournement sur l'attemptat; et la cause soit promptement renvoyée devant le juge auquel de droict et de coustume la cognoissance en appartiendra, et sans en faire difficulté.

Exécution des jugemens nonobstant appel. Dans quels cas?

(11) *Item.* Et pour ce que souventesfois plusieurs, par fraude et malice, ont au temps passé interjecté plusieurs appellations pour empescher les exécutions des sentences ou condemnations de juges, ou exécutions de nos lettres, ou des lettres des juges, ou des cas de complaincte en matière de saisine et de nouvelleté, d'applégemens, contreplégemens, de requestes, de lettres de garnison de main par vertu d'obligations faictes soubz séels authentiques, d'adjournemens ou autres exploictz, tant en matières simples que privilégiées en causes civiles, et icelles appellations ont relevées en nostredicte court de parlement, et par le moyen desdictes appellations, les exécuteurs cessoyent de plus

---

(1) Aujourd'hui le Code de procédure spécifie avec précision le petit nombre de cas, où les cours supérieures peuvent retenir les causes qui n'ont pas subi le premier degré de juridiction. (Isambert.)

vant procéder en leur exécutions, adjournements ou exploictz
obstant lesdictes appellations le principal desdictes parties y a
esté assopy, et tellement que plusieurs en ont perdu leurs bons
droictz : nous voulans obvier à telles fraudes et malices, avons
ordonné, décerné et déclaré, ordonnons, décernons et déclarons,
que les exécuteurs de sentences diffinitives ou interlocutoires, ou
d'autres appoinctemens judiciaires, dont il n'a esté appelé, procéderont à l'exécution desdictes sentences, jugemens ou appoinctemens judiciaires, sans faire toutesvoyes aucune aliénation ou
distraction des biens prins par ledit exécuteur, nonobstant que
la partie contre qui est donnée la sentence, jugement ou appoinctement, appelle d'iceulx exécuteurs, et duquel appel desdictz
exécuteurs, la cognoissance appartiendra aux juges dont procèdent les sentences et jugemens; et seront relevées icelles appellations par-devant eux : lesquelz juges s'ilz trouvent que les
sergens ou exécuteurs ayent excédé les termes de leur commission ou ayent délinqué au faict de leur exécution et de leurs
offices, puniront et corrigeront iceux exécuteurs ou sergens, et
les condamneront ès dommages, intéreslz et despens des parties
blessées, et en amendes selon l'exigence des cas : et ainsi le commandons et enjoignons à tous juges, et sur peine d'en estre reprins
par nous et noz juges.

(12) *Item.* Et quant aux exécutions de complainctes en cas de
saisine et de nouvelleté, d'applégemens et contreplégemens, de
requestes, de lettres de garnison de main pour obligations faictes
soubz seaux antentiques; et de simples adjournemens en matieres
civiles, l'exécuteur ou sergent, pour quelconque appellation
faicte de luy, ne cessera de faire son exécution, quant à faire les
adjournemens devant les juges ausquelz la cognoissance en appartient ou est commise, de séquestrer verbalement les choses
où il appartiendra séquestration, et sur peine d'estre condemné
ès despens, dommages et interestz de la partie qui requiert l'exécution ou adjournement, et d'estre puni et corrigé par le juge,
selon l'exigence du cas. Et en oultre avons ordonné, décerné et
décreté, décernons et décrétons, que la cognoissance d'icelles
causes d'appel faictes du sergent ou exécuteur, appartiendra au
juge auquel appartiendra la cognoissance de la cause principale,
sinon que la cause fust relevée en nostre court de parlement; auquel cas nous avons ordonné et ordonnons que ladite cause d'appel soit promptement et sans aucun délay par nostredicte court
décidée ou renvoyée par-devant le juge auquel la cognoissance

du principal appartiendra ou sera commise, pour en décider comme il appartiendra, sans différer ne délayer la cause du principal.

Causes criminelles.

(13) *Item*. Et quant aux causes criminelles, ésquelles plusieurs par frivoles appellations s'efforcent d'éviter les corrections et punitions des crimes par eux commis, et appellent des exécuteurs de noz lettres, et des autres justiciers de nostre royaume, nous, voulans obvier à telles fraudes et abuz, et extirper les crimes et maléfices de nostre royaume, avons ordonné et décrété, ordonnons et décernons que quand aucun sera accusé de aucun crime où il chet prinse et détention de personne, et que par information il sera trouvé chargé ou véhémentement soupçonné d'icelui crime, que l'exécuteur, sergent, ou autre, procède à la caption et détention de la personne, nonobstant appellation quelconque; à laquelle ne voulons que il deffere, ne que pour icelle il délaye à la caption et détention de la personne. Et en outre, ordonnons que ledit exécuteur mene ou face mener le délinquant par-devers le juge auquel la cognoissance en appartient ou est commise, lequel juge, en cas que le délinquant ou accusé n'appelleroit de luy, ne cessera de procéder à faire le procès d'iceluy délinquant ou accusé, pour l'appellation faicte de l'exécuteur.

(14) *Item*. Et és causes criminelles, ésquelles il n'y aura qu'adjournement personnel ou simple, nous voulons et ordonnons que l'exécuteur ou sergent facent l'adjournement personnel ou simple, par devant le juge devant lequel lui est commandé ou ordonné le faire; et qu'il ne cesse de faire l'adjournement pour quelque appellation faicte de luy exécuteur ou sergent, voulans que le juge procède en la cause principale, nonobstant l'appel faict dudict sergent ou exécuteur; et qu'aucunes lettres ne soyent octroyées en noz chancelleries, ne en nostre court de parlement, pour empescher la cognoissance du principal, ne pour faire défenses au juge qu'il ne cognoisse d'icelui principal, et face le procès du criminel, sinon que la partie eust appelé dudict juge. Et commandons et enjoignons aux gens de nostre parlement et à tous noz autres justiciers et juges, et à tous les autres justi-

---

(a) Cette formule est encore usitée à l'égard des sentences criminelles des [...] française; arrêt de la cour de la Martinique, 12 janvier 1824, affaire des [...] parties. (Isambert.)

ciers de nostredict royaume, que s'ilz trouvent que les sergens ou executeurs facent aucuns abuz ou excez, ou commettent dol ou fraude en l'exécution des choses et affaires criminelles ou autres, qu'ilz les corrigent selon qu'il appartiendra et l'exigence des cas.

Désertion d'appel.

(15) *Item*. Et pour ce que plusieurs souventesfoys appellent de noz baillifz et séneschaulx et autres juges, et des juges des pairs de France et autres justiciers de nostre royaume, prélats, barons et autres, et ne relèvent leurs appellations en parlement, ne autre part, dedans le temps des trois moys introduictz à relever les appellations en nostredicte court de parlement, et lesdictz bailliz, séneschaulx et autres juges de nostre royaume, n'osent mettre ne faire mettre à exécution leurs sentences, appoinctemens et autres actes judiciaires, pour doubte d'attempter contre lesdictes appellations (en grand dommage des parties et en esclandre et lésion de justice); nous, voulans obvier à telz inconvéniens et dommages, en ensuyvant les ordonnances de noz prédécesseurs rois de France, avons ordonné, déclaré et décerné, ordonnons, déclarons et décernons, que si les appellations faictes et émises de noz baillifz, séneschaux, prévostz et autres juges, tant des pairs de France qu'autres justiciers de nostre royaume, qui de leur droict ressortissent en nostre court de parlement, sans moyen, ne sont relevées dedans le temps de trois moys ordonnez à relever les appellations en nostredicte court, nostredict séneschal, baillif ou prévost, ou le juge de qui aura esté appellé, fera et pourra faire mettre à exécution sa sentence, jugement ou appoinctement, nonobstant ledict appel, lequel dès-à-présent par ceste nostre ordonnance, nous avons déclaré et déclarons désert (1). Et en oultre, avons ordonné et ordonnons qu'iceux appelans, qui ainsy n'auront relevé comme dit est, soyent adjournez en nostredicte court de parlement envers nostre procureur, pour veoir dire et déclarer eux estre encourus en l'amende de soixante livres parisis, pour l'appellation déserte; et seront tenuz lesdictz baillifz, séneschaux, prévostz, nôz procureurs de noz domaines, et les juges des pairs de France, et autres qui

---

(1) Cette disposition a été révoquée depuis la révolution. V. Sirey, tom. III, Ire partie, p. 134 et 198; et p. 369, IIe partie. *Merlin*, Nouveau Répertoire, v° *Appel.* (Isambert.)

sans moyen ressortissant en nostredicte court, et leurs procureurs, de bailler aux jours de leurs bailliages ou séneschaulcées en nostredicte court de parlement, et à nostre procureur général, la déclaration des appellations qui auront esté faictes desdictz baillifz, séneschaux, prévostz ou juges, tant de celles qui seront désertes, comme dit est, que des autres qui seront relevées; et sur peine d'en estre puniz et corrigez à l'ordonnance de nostredicte court. Et quant aux appellations émises tant de noz juges que des autres justiciers de nostre royaume, qui de leur droit doivent estre relevées par-devant autres juges qu'en nostredicte court de parlement, s'elles ne sont relevées dedans le temps introduict de la coustume du pays, qui doivent relever devant le séneschal, baillif, ou autre juge moyen, le juge de qui aura esté appellé, sera et pourra faire mettre sa sentence à exécution après le temps passé de relever ordonné selon la coustume du pays, et déclarons ladicte appellation déserte; et en oultre, l'appellant sera adjourné devant le baillif, séneschal ou autre juge, pour veoir déclarer l'amende, selon ladicte coustume du pays, pour ledict appel, désert; et en cas qu'aucun appelleroit frivolement en nostredicte court de parlement, desdictz juges, qui ressortissent devant les baillifz, séneschaux ou autres noz juges ou autres justiciers, autre que nostredicte court de parlement, et n'auroient relevé dedans les trois moys, comme dit est, l'ordonnance dessus déclarée des appellations faictes de nosdictz baillifs et séneschaulx, y sera gardée et observée.

(16) *Item.* Et pour ce que souventesfoys après qu'aucuns est appellé, ilz desirent délaisser leur appellation, et que aucunesfoys iceux appellans ne sçavent ou ne trouvent à qui délaisser leurdictes appellations, nous ordonnons, en ensuyvant les ordonnances de noz prédécesseurs roys de France, que quand aucun aura appellé d'aucun juge, que celuy qui aura appellé, puisse dedans huict jours après prochain ensuyvans, renoncer à sadicte appellation, et qu'il aille par-devers le juge de qui il aura appellé, ou le greffier de la court d'icelui juge, et se délaisse de sadicte appellation, lequel délay soit enregistré ès registres du greffier; et s'il advenoit que le juge ou greffier s'absentast du lieu où la sentence ou jugement, dont aura esté appellé, aura esté donnée, iceluy juge ou greffier seront tenuz de laisser personnes audit lieu, ausquelles icelles appellations seront délaissées afin que quand le juge verra icelles appellations laissées, qu'ils puisse mettre ou faire mettre sa sentence ou appoinctement à exécution

Défense aux juges de changer les sentences après le prononcé à peine de faux.

(17) *Item.* Et pour ce que souventesfoys les juges, tant nostres qu'autres, après leurs sentences prononcées dont aucunes des parties appellent, après l'appellation faicte, corrigent leurs sentences, et les mettent par escrit en autres formes qu'ilz ne les ont prononcées (1), dont les parties sont moult vexées et travaillées, et en advient de grands inconvéniens; nous voulans relever nos subjectz des despens et charges inutiles, avons ordonné et ordonnons que tous les juges et justiciers de nostre royaume, tant nostres qu'autres, avant qu'ilz prononcent leurs sentences diffinitives ou autres, dont les parties seront appoinctées en droict, bailleront au greffier de leur court, en escrit le brief ou dictum de leur jugement, telz qu'ilz le prononceront, lequel brief ou dictum dudict jugement ou appoinctement, ledict greffier sera tenu de garder par devers luy, et l'enregistrer; et ne signera la sentence ou appoinctement du juge, après qu'elle sera prononcée et mise en forme, sinon qu'icelui brief ou dictum dudict jugement ou appoinctement tel qu'il lui aura esté baillé, soit mis en escript en ladicte sentence, de mot à mot, sur peine d'en estre puny comme de crime de faulx; et pareillement le juge sera tenu de mettre en sadicte sentence ledict jugement ou appoinctement, et sur ladicte peine; et sera tenu ledict greffier, incontinent après ladicte sentence prononcée, bailler aux parties qui le requerront, la copie du brief dudict jugement ou appoinctement, tel que le juge luy aura baillée, soubz le seing manuel d'iceluy greffier. Et pour ce que plusieurs appellans souventesfoys s'efforcent de calumnier les sentences ou appoinctemens des juges, parce qu'ilz dient que les juges n'ont escriptes leurs sentences ainsi qu'ilz les ont prononcées, par quoy souventesfoys les parties sont tenues en grandz procez; nous voulans obvier à telz abuz, avons ordonné et ordonnons, que foy sera adjoustée aux sentences et appoinctemens faicts en la forme dessusdicte, sinon que l'une des parties veuille arguer icelles sentences ou appoinctemens, de faulx.

---

(1) Cet abus existe encore, et les plaintes dont il est parlé en fin de cet article, sont souvent renouvelées. La loi accorde à la cour de cassation 20 jours pour régler les arrêts; ce qui lui permet de changer les considérans. Dans l'affaire du chevalier Desgraviers, on a réclamé contre une substitution de la cour de renvoi, à

Délai de l'appel.

(18) *Item.* Nous avons entendu que les procureurs de plusieurs, après que les sentences sont prononcées par nos juges autres, en pays coustumier, en acquiesçant à icelles sentences, reprennent leurs sacs et procès des greffiers; et un, deux, trois, quatre ou six moys après, que les juges envoyent pour exécuter leurs sentences, les parties principales sur qui se doibt faire l'exécution, en appellent ou font appeller, comme de nouveau venu à leurs cognoissance, combien que par la coustume de nostre royaume, en pays coustumier, l'on doibt appeller incontinent après la sentence ou appointement prononcé, autrement, ja mais on y est receu; décernons et déclarons que doresenavant nul ne soit receu à appeller, s'il n'appelle incontinent après sentence donnée (1), sinon que par dol, fraude ou collusion de procureur qui auroit occupé en la cause, iceluy procureur n'eust appellé, ou qu'il y eust grande et évidente cause de relever l'appellant de ce qu'il n'auroit appellé incontinent; et enjoignons aux parties, qu'ilz instruisent leurs procureurs et conseillers de leurs cas et de leurs matières, et leur donnent et baillent puissance suffisante pour conduire leur matière et appeller, si bon leur semble : Et en oultre, enjoignons à nostredicte court, et tous noz autres juges, qu'ils punissent et corrigent le dol et fraude qu'ilz trouveront avoir esté commis par la partie ou son procureur, soit en reprinses des sacs et procez ou autrement, ainsi qu'au cas appartiendra, et en telle manière que ce soit exemple aux autres.

(19) *Item.* Et pour ce qu'en nostredicte court de parlement durant lesdictes guerres et divisions de nostredict royaume, et

---

ce qui avait été prononcé. Cette réclamation n'a pas eu de suite; si elle était prouvée, ce serait une prévarication criminelle, semblable à celle reprochée à chancelier *Poyet*. Nouveau Répertoire, v° *Prévarication* (Isambert.)

(1) V. Beaumanoir, coutume de Beauvaisis, ch. 61; le président *Henrion Pansey*. Autorité judiciaire, p. 257.

Charles VII, dit qu'il apprend que des parties font appel, 3, 4 et 6 mois après le jugement, contre la coutume du royaume en pays coutumier, il ordonne qu'on appellera incontinent, à moins qu'il n'y ait fraude ou dol de la part du procureur (on pouvait punir le procureur, sans qu'il fût nécessaire de troubler l'ordre public), ou qu'il n'y ait grande et évidente cause de relever l'appellant. La fin de cette loi détruit le commencement; et elle le détruisit si bien que dans la suite on a appelé pendant trente ans. (L'ordonnance de 1667 a fait des règlemens là-dessus.) (Mont. 29, 16, 28-30.)

esté commises et retenuës grandes multitudes de causes, par quoy expédition n'en peult estre faicte en nostredicte court, et demeurent les droicts des parties à disouter, qui est grand dommage à noz subjectz; avons ordonné et décerné, ordonnons et décernons, que toutes les causes introduictes en nostredicte court de parlement, qui de leur nature ne doyvent estre traictées en icelle nostre court, et dont les enquestes n'ont esté faictes par les gens de nostredicte court, ou que par icelles ne soient appoinctées en droict, soyent par nostredicte court renvoyées par-devant les juges ausquelz la cognoissance en appartient, sinon que, pour certaine grande cause, nostredicte court ayt retenu la cognoissance d'aucunes d'icelles causes.

(20) *Item.* Et pour ce que souventesfois soubz umbre de l'adjonction d'aucuns des pairs de France, ou tenans en pairie, ou d'autres qui par priviléges ou coustumes anciennes, ont leurs causes commises en ladicte court avec parties principales, plusieurs causes ont esté commises et introduictes en nostredicte court, en laquelle les droicts des parties demeurent indécis, nous avons ordonné et declaré, ordonnons et déclarons que toutes telles causes, qui par l'adjonction seront introduictes en nostredicte court de parlement, qui principalement et directement ne touchent lesdiz pairs de France, ou seigneurs tenans pairie, ou autres, qui de leur droit ont leurs causes commises en ladicte court, ou leurs droits, et qu'ils y ayent intérest évident et notoire, soyent renvoyées par-devant les juges ordinaires et ausquelz la cognoissance en appartient de droict et de coustume.

(21) *Item.* Et pour mettre à exécution lesdictz renvois desdictes causes introduictes en nostredicte court, avons ordonné et ordonnons qu'aucuns des présidens et conseillers de nostredicte court, en bon nombre, appellez avec eux les greffiers et clercs des greffes, visitent, quièrent, et cerchent ou facent quérir, visiter et cercher tous les procez estans en nostredicte court, en quelque manière qu'ilz soient mis; et qu'iceux ils visitent, et les mettent ou facent mettre en certains lieux, chascun bailliage et séneschaucée à part, et que les causes qui devront estre renvoyées par-devant les juges ordinaires, soient renvoyées selon ce que dessus est dit.

(22) *Item.* Et que les causes, et procez qui ne pourront estre renvoyées, soyent baillez et distribuez à visiter aux conseillers de nostredicte court, à chascun, ainsi qu'il appartiendra, pour l'expédition et judication d'iceux, en préférant les plus piteux

et nécessaires aux autres, et ceux qui de plus long-temps sont introduictz en ladicte court.

(23) *Item.* Il est très-expédient et nécessaire que pour juger iceux procez qui sont de présent en nostredicte court, que la chambre des enquestes, en laquelle a deux présidens, soit divisée en deux parties, et qu'en chascune d'icelles parties n'ayt moins de quinze ou treize personnes pour juger et expédier les procez qui sont en droict en ladicte court, tant d'appellations de sentences et jugemens interlocutoires, que de plusieurs petits procez en diffinitive.

(24) *Item.* Et qu'en la grand'chambre on expédie ou juge desdictz procez le plus que l'on pourra.

(25) *Item.* A la Tournelle criminelle, soyent expédiez les procez criminels, le plus brief et diligemment que faire se pourra: toutesfoyz si en diffinitive, convenoit juger d'aucun crime, qui emporte peine capitale, le jugement sera faict en la grand'chambre : et voulons que tant que le jugement du cas criminel se fera en ladicte chambre, que l'un des présidens et les conseillers clercs, aillent en une autre chambre, pour besongner aux autres procez et besongnes du parlement.

(26) *Item.* Il est expédient et nécessaire pour l'expédition et jugement desdictz procez jà introduitctz en nostredicte court, et dont il y a grant multitude, que les présidens et conseillers de nostredicte court, viennent en nostre parlement après disner, pour iceux procez juger et expédier, mesmement lesdictz petits procez d'appellation de sergens ou exécuteurs de jugemens, sentences ou appointemens interlocutoires, défaux, reprinses de procez et autres menues provisions, et que lesdictz présidens et conseillers, expédient et jugent iceux procez tant en la grand' chambre, des enquestes qu'autres chambres, qui pour ce faire seront ordonnées, jusques à un ou deux ans, ou jusques à ce que l'on voye que nostredicte court soit expédiée de la grande multitude des procez estans en icelle.

Préférence est due aux procès criminels.

(27) *Item.* Seront en toute diligence expediez les prisonniers et les causes criminelles.

(28) *Item.* Ne voulons que les gens de nostredict parlement cognoissent d'aucunes causes criminelles en premiere instance, dont la cognoissance appartient ou doibt appartenir aux baillifs et séneschaux, ou autres juges de nostre royaume : ains voulons

qu'ilz les renvoyent par-devant lesditz baillifz, séneschaux ou autres juges, sinon que pour grande et évidente cause, nostredicte court en retienne la cognoissance, dont nous en chargeons leurs consciences.

(29) *Item.* Et que souventesfoys est advenu, que plusieurs, pour délayer et différer la punition et correction des crimes par eux commis et perpétrez, et qu'ilz ne soyent punis par les juges ordinaires, ausquelz la correction et punition en appartient, appellent en nostre court de parlement, des jugemens et appoinctemens interlocutoires de leurs juges; nous voulans extirper les crimes et maléfices de nostre royaume, et bonne et briefve expédition et correction en estre faicte, avons ordonné et décrété, ordonnons et statuons qu'incontinent qu'aucun criminel aura appellé d'aucun de nos baillifz, séneschaux ou autres juges de nostre royaume, dont les appellations doivent de leur droict estre traictées en nostredicte court de parlement, que le juge de qui aura esté appellé, baille à l'exécuteur de l'adjournement, en cas d'appel, les informations, charges et procez faicts contre icelui criminel, pour le porter en nostredicte court, et avec ce ledict criminel, s'il le requiert, ou autre pour luy, pour en estre ordonné par nostredicte court ainsi qu'il appartiendra par raison; et voulons que si par nostredicte court est trouvé que le juge de qui l'on aura appellé, ayt bien jugé et appoincté, que nostredicte court renvoye le tout par-devant ledit juge, afin que les crimes soyent puniz là où ilz auront esté commis (1) sinon que pour grande et évidente cause nostredicte court en retint la congnoissance, dont nous chargeons leurs consciences.

(30) *Item.* Voulons et ordonnons qu'incontinent qu'un criminel sera amené en nostredicte court de parlement, qu'il soit mené tout droit ès prisons de nostredicte court de parlement, sans aucunement arrester en nostre ville de Paris, ne le tenir en l'hostellerie, n'autre part; et sur peine à l'exécuteur qui le menera, de perdition d'office et d'amende arbitraire.

(31) *Item.* Et qu'incontinent que ledict criminel sera mis ès prisons de nostredicte court, que ceux qui l'auront amené mettent par-devers icelle nostredicte court, les informations, confessions, charges et procès touchant la matière d'iceluy criminel

---

(1) Cela est maintenant de principe certain, sauf les cas de renvoi pour cause de suspicion légitime ou de sûreté publique. (Isambert.)

on prisonnier, lesquelles informations, procez et confessions, nous ordonnons promptement estre par les présidens baillez et distribuez à aucuns de nos conseillers en nostredicte court, ou à nostre procureur général, ainsi qu'ilz verront estre à faire, pour iceux veoir et rapporter en nostredicte court, pour sur ce estre ordonné, comme il appartiendra par raison.

(32) *Item.* Défendons au geolier des prisons de nostredict parlement, qu'il ne seuffre aucune personne parler à icelui prisonnier ainsi mis esdictes prisons, sans l'ordonnance de nostredicte court, et sur peine d'en estre griefvement puni. (1)

(33) *Item.* Et que s'il est ordonné par nostredicte court, que celuy prisonnier criminel soit interrogué par aucuns de nostredicte court, qu'iceux qui y seront ordonnez, procèdent à faire iceux interrogatoires le plus diligemment que faire se pourra, tant au matin, qu'après disner.

(34) *Item.* Et ordonnons que ceux qui seront adjournez à comparoir en personne, en nostredicte court, soyent le plus diligemment expédiez et délivrez que faire se pourra; et s'il estoit ordonné ou appoincté par nostredicte court, qu'iceux adjournez à comparoir en personne fussent interroguez par aucuns des conseillers de nostredicte court, nous voulons que ceux qui seront ordonnez à faire lesdictes interrogatoires, les facent le plus diligemment que faire se pourra, et y procèdent tant au matin comme après disner : car quand ceux qu'on interrogue ont delay de penser ès interrogatoires qu'on leur faict, souventesfois ilz se conseillent, et forgent leurs matières et leurs réponses en telle manière qu'à grand peine et difficulté en peut-on avoir la vérité. (2)

---

(1) Voilà le *secret* remis au pouvoir discrétionnaire des juges comme aujourd'hui. (Isambert.)

(2) Il est étonnant que le motif qu'on apporte ne soit pas celui que l'humanité devrait regarder comme le principal, le désir de procurer plus vite la liberté à l'homme injustement accusé. C'est au contraire afin que l'accusé n'ait pas le loisir de préparer ses réponses, comme font souvent les coupables, qui empêchent par là de découvrir la vérité; mais l'innocent n'a-t-il pas quelquefois besoin, autant que le coupable, de préparer ses réponses? de fatales expériences ne l'ont que trop souvent appris. Dans tous les temps la procédure criminelle, en France, semble avoir présumé l'accusé coupable, et s'être occupée du soin de lui enlever les moyens de cacher son crime, sans songer qu'il pouvait avoir besoin de ressources pour démontrer son innocence. Nous sentons combien de nouveaux crimes peut commettre un criminel échappé; à combien de crimes peut enhardir l'exemple fréquent de l'impunité; et nous pensons qu'il faut empêcher qu'il n'échappe

(35) *Item.* Et prohibons et défendons à tous ceux de nostre court et autres quelsconques, qui seront commis au temps advenir à interroguer prisonniers criminels, ou gens adjournez à comparoir en personne, ou autres, que si pour la peine desdictz interrogatoires il y chet salaire, que ceux qui auront interrogué lesdictes personnes ne prennent, n'exigent aucunes choses desdictz prisonniers criminels ou adjournez à comparoir en personne, n'autres qu'ilz auront interroguez; sur peine d'en estre puniz et corrigez, et de privation d'office.

(36) *Item.* Et voulons et ordonnons que si aucun salaire doibt estre baillé aux commissaires qui auront fait lesdictz interrogatoires, qu'il soit resonnablement taxé par les présidens, appellez avec eux aucuns des conseillers de ladicte court, et qu'icelui salaire soit prins sur la partie dénonçant, accusant ou poursuyvant le crime; sinon que par nostredicte court autrement en fust ordonné. Et voulons et ordonnons que les advocats, procureurs et solliciteurs, jurent que par eux, ne par autres, ilz ne bailleront, payeront, ne promettront, ne feront bailler, payer, ne promettre aux commissaires commis à interroguer les personnes dessusdictes, n'autres quelzconques pour eulx, sinon que la taxation ait esté prémicrement faite par lesdictz présidens comme dessus, et que ledictz salaire ainsi taxé, soit baillé au greffier, pour être baillé auxdicts conseillers, en la manière dessusdicte. Et pour ce mieux garder, ordonnons que nulle requeste en matière criminelle ne soit baillée pour rapporter, à autre qu'au greffier criminel, lequel greffier sera tenu la rapporter à la court, sans la monstrer à personne quelconque, et ainsy le luy commandons et enjoignons. Et oultre, prohibons et défendons aux parties, qu'ilz ne donnent, baillent ne promettent, ne facent donner, bailler ne promettre par eux, ne par autres, pour les causes dessusdictes n'autrement, à aucuns de noz conseillers de nostredicte court ne autres, et sur peine, c'est à sçavoir, les accusez, d'estre réputez et tenuz atteints et convaincus des cas de crimes dont ilz seront accusez; et les accusans, dénonçans ou promouvans, sur peine d'estre descheux de l'office de leurs causes, et d'en estre puniz griefvement à l'ordonnance de nostredicte court.

(37) *Item.* Et quant aux présentations, nous ensuyvant les or-

---

aucun coupable, à quelque prix que ce soit, mais excepté au prix d'un seul innocent sacrifié : c'est de cette sage combinaison que doit resulter la perfection de la procédure criminelle. (C. L. XIV. Préface, 32.)

donnances de nos prédécesseurs rois de France, avons ordonné et ordonnons que tous ceux qui auront affaire en parlement, seront présentez dedans le premier jour, ou le second au plus loin, de la présentation de leur bailliage ou sénéchaussée ou autrement, sans nulle espérance de grace; et sans demander défault, ilz ne seront plus receuz, ainçois seront tenuz pour pur deffaillans, et sera le défault puis là en avant baillé à leur partie.

(38) *Item*. Que ceux qui se présenteront, facent espéciale présentation en chascun bailliage ou sénéchaucée en laquelle ilz auront affaire; et s'ilz ont affaire en divers bailliages ou sénéchaussées, ou en une seule, qu'en chacune présentation, ilz facent écrire tous ceux contre qui ilz se présenteront; ou autrement, de tout le parlement ilz ne seront receuz encontre aucun autre que contre ceux contre lesquelz ilz se seront présentés.

Des rôles.

(39) *Item*. Que toutes manières de parties, selon ce qu'elles seront présentées, soient délivrées par l'ordre des présentations, sans nul advantage de donner audience à une autre personne quelconque que selon l'ordre qu'ilz se seront présentez: et bien se gardent les parties qu'elles soient trouvées à l'huis de la chambre, présentes et garnies de leur conseil, quand elles seront appellées; car les parties présentes seront tantost délivrées sans délay, et si l'une est présente et l'autre absente, la présente emportera dès-lors telz proffiz comme si elle ne se fust point présentée; et si toutes les deux parties sont déffaillans, reviennent à l'autre parlement, si la court ne voit qu'ilz l'eussent fait en fraude d'aucune chose qui nous touchât: et ainsi se délivrera chascune baillie ou sénéchaussée avant que commencer l'autre.

Des devoirs des avocats.

(40) *Item*. Que la partie qui ne seroit ouye, et délivrée par le défault de son advocat qui devroit plaider sa cause, et où seroit certain que ce seroit par défault de l'advocat, seroit après ouye, mais l'advocat en payeroit dix livres d'amende avant qu'il fut ouy en autres causes; et est à entendre des advocatz résidens en nostre parlement, car nulle partie ne sera excusée pour attente d'advocat estrange de son pays (1), et commandons que celle peine soit levée sans déport.

---

(1) Aujourd'hui il faut une permission du ministère pour plaider hors du ressort. (Isambert.)

(41) *Item.* Que nulle cause ne prendra délay contre quelconque personne que ce soit, qu'elle ne soit délivrée selon l'ordre desdit : sinon pour cause d'absence, pour cause de la chose publique, ou autre grande, urgente et nécessaire cause ; et enjoignons aux advocats et procureurs, que contre ceste présente nostre ordonnance ne facent requeste.

(42) *Item.* Et pour l'ordre desdictz rolles plus convenablement garder, voulons et ordonnons que le greffier des présentations, en faisant son rolle, mette prémièrement noz causes èsquelles nostre procureur est principale partie ; et subséquemment il mette en sondict roolle par ordre, toutes les autres causes introduictes en nostredict parlement, ainsi qu'elles luy seront présentées, sans préposer l'un à l'autre : car en jugement ne doit avoir acception de personnes, et est nostredicte court de parlement ordonnée pour faire droict aussitost au pauvre comme au riche, aussi a le pauvre mieux besoing de briefve expédition que le riche ; et par l'huissier soit faicte la vocation sans quelque faveur ou fraude, selon ledict ordre, et sur peine de privation de leurs offices.

(43) *Item.* Et pour obvier aux délays que les advocatz et procureurs prennent de jour en jour ès causes, voulons et ordonnons les ordonnances anciennes sur ce faictes par noz prédécesseurs touchant les procureurs de nostredicte court, estre estroictement gardées et observées ; c'est à sçavoir, que nul procureur ne prenne procuration en cause, sans avoir mémoire et instructions servans à leurs matières et à tout ce qui est introduict en nostredicte court.

De la taxe des procureurs.

(44) *Item.* Et afin que doresenavant les procureurs de nostredicte court gardent loyaulté et diligence ès causes qui leur seront baillées, en ce qu'ilz sont tenuz de garder et tenir, et qu'ilz ne donnent charge ou despense aux parties pour leur salaire ou autrement, qui soyent déraisonnables ou importables, voulant obvier à plusieurs inconvéniens et abuz qui sont advenuz en ceste matière, voulons et ordonnons les salaires des procureurs estre doresenavant taxez, et réduictz ès taxations de despens qui se feront en telle modération et honnestetez selon la qualité des personnes et des causes et qualités des labeurs, que nul n'ait cause de soy plaindre de charge ou exaction indûe, et de ce chargeons

les consciences de nosdiz conseillers. Et ordonnons à noz présidens et conseillers de nostredicte court, que diligemment ilz s'enquièrent des anciennes observances qui estoient paravant les guerres et divisions de nostredict royaume, et icelles de plus en plus modèrent et ordonnent selon la charge et pauvreté qui de présent est au peuple de nostredict royaume. Et défendons ausdicts procureurs qu'ilz ne retiennent les lettres et titres des parties, soubz couleur de leursdictz salaires (1) ; et s'aucuns des familliers ou procureurs retiennent ou veulent retenir lesdictz titres, nous voulons diligente inquisition et punition en estre faicte, par privation de leurs offices et autres grandes amendes, tellement que ce soit exemple à tous autres ; et voulons et ordonnons que si aucun des procureurs de nostredicte court va de vie à trespas, que les lettres et tiltres des parties soyent incontinent par aucun des huissiers de nostredicte court, veuz et visitez, et mis, clos et séellez par-devers le registre de nostredicte court, à la plus petite et modérée despense que faire se pourra. Et pour ce que souventesfoys advient qu'après le trespas des procureurs, leurs héritiers demandent grands restes et salaires ; et aussi les héritiers demandent souvent ce qui a esté payé ausdiz procureurs, voulons et ordonnons que doresenavant lesdicts procureurs facent registre (2) de ce qu'ilz auront et recevront des parties, et qu'ils ne soient recouz à faire demande, mesmement de paravant un an ou deux, sans grande et évidente cause ou présumption ; et si telles questions adviennent, qu'elles soyent légèrement décidées, et sans charge ou despense des parties.

(45) *Item*. Et pour obvier aux fraudes, feintes et recellement que pourroyent faire les procureurs, tant pour le salaire des advocatz et autres despenses et mises, qui sont à faire pour la déduction des causes, et lesquelles despenses désirous estre rescindées et modérées le plus que faire se pourra ; nous voulons et ordonnons qu'un chascun procureur soit tenu de bailler et montrer l'estat de ce qu'il aura receu de ses parties, en prenant certification et quictance de tout ce qu'il aura baillé oultre la somme de vingt solz tournois, en faisant foy d'icelles, tant auxdictes parties, qu'à ceux qui taxeront lesdictz despens ; et défendons audictz procureurs, qu'ilz ne demandent, exigent ou reçoivent

---

(1) Ce point de discipline est important par l'usage ; les procureurs retiennent les pièces jusqu'à paiement. (Isambert.)
(2) Cela est encore prescrit aujourd'hui, quoique pas observé. (*Idem*.)

aucunes choses desdictes parties, soubz couleur de divers dons ou autres despenses extraordinaires qui ne seront nécessaires ne justes pour la déduction de la cause; et ne voulons par les parties ou procureurs estre faictz payement aux advocatz pour escriptures, salvations ou contredictz, avant la cause plaidée et deument introduicte, pour procéder auxdictes escriptures et autres choses nécessaires. Et pareillement voulons et ordonnons les salaires desditz advocats, tant pour plaidoiries, escriptures, qu'autrement, estre réduictz à telle modération et honnesteté (eu regard aux ordohnances et observances anciennes, et pauvreté de nostre pauvre peuple), que nul n'ait cause de s'en plaindre envers nous ne nostre dicte court (1).

(46) *Item*. Et pour ce qu'aucunes foys plusieurs procureurs sont conjoints en affinité, proximité ou lignage, comme de pere à filz, frere à frere, oncle à neveu, ou sont demourans ensemble en une commune maison et habitation, qui reçoivent souvent les procurations des deux parties en une mesme cause, parquoy les secretz desdictes causes sont communiquez et révélez au préjudice des parties; nous voulons et ordonnons que doresenavant telz ainsi conjoinctz de lignage, ou demourans en une mesme habitation, ne puissent recevoir les procurations des deux par-

---

(1) Dessessarts (Nouveau Répertoire, v° *Honoraires*, p. 717) conclut de cette disposition que les avocats n'ont pas d'action pour leurs honoraires contre leurs cliens; mais s'ils ne sont pas payés d'avance, ils perdent leur salaire. On sait que les avocats se sont révoltés lorsqu'on a voulu leur faire donner quittance de leurs honoraires; c'est là une fausse et puérile délicatesse: la rétribution accordée au travail de l'avocat est le gain le plus honorable. Il ne peut y avoir indélicatesse à le recevoir ni même à le demander des personnes autres que les indigens. Cependant l'usage est contraire; peut-être cela tient-il à ce que les avocats influans, ne veulent pas que l'on sache ce qu'ils ont reçu pour honoraires dans certaines affaires. Il n'en est pas ainsi en Angleterre: toutes les fois qu'il s'agit de leur intérêt, les avocats doivent sans doute se montrer plus réservés que d'autres, à cause de la noblesse de leur profession; mais on ne peut adresser aucun reproche à celui qui attache à son travail un prix proportionnel à la tâche. Il est de fait que le plaideur, race en général peu délicate, ne se fait pas scrupule de ne pas payer son avocat; il en est tout autrement du procureur qui peut les contraindre par exécutoire. N'y a-t-il pas dans tout cela un juste milieu à prendre?

V. du reste l'ordonnance de 1274; l'art. 161 de l'ordonnance de mai 1579; l'art. 100, titre 31 de l'ordonnance de 1667; l'art. 48 de l'ordonnance de 1520; l'art. 13, ch. 18 de l'ordonnance de 1525; le décret de 1810. L'ordonnance du 20 novembre 1822 se tait à cet égard. (Isambert.)

tées (1)] de occuper en icelles; et enjoignons à tous les procureurs de nostredicte court, de doresenavant garder deuement et convenablement les secrets des causes de leurs maistres, et iceux ne souffrent estre révélez aux advocatz, procureurs ou solliciteurs de leurs parties adverses, sur peine d'en estre puniz de telle amende que le cas le requerra.

Capacité des procureurs.

(47) *Item.* Que nul ne soit receu procureur en nostredicte court, ne faire le serment en icelle comme procureur, jusques à ce qu'il ait esté deuement examiné par nostredicte court, et trouvé suffisant et expert en justice, et de bonne et loyale conscience.

(48) *Item.* Et pour ce que souventesfoys nostredicte court a condemné les advocats et procureurs pour les causes dessusdictes, et pour autres fuittes, délays, abus et faultes, en amendes, lesquelles amendes aucunes foys n'ont point esté levées, mais tenues en surséance par requestes qu'ilz baillent après, ou autrement; nous, voulans pourveoir auxdictz abus, voulons et ordonnons que doresenavant, incontinent que nostredicte court aura condemné lesdictz advocatz et procureurs pour les causes dessusdictes, le greffier sera tenu icelles condemnations enregistrer, et le receveur des amendes exiger et lever, sans que de ce leur soit faicte aucune rémission, grace ou pardon, en croissant les peines par nostredicte court, selon ce qu'elle verra les fautes desdictz procureurs et advocatz en fuittes déraisonnables.

(49) *Item.* Et que s'il advient que le procureur reçoyve mémoires avec la procuration, et qu'il ne soit diligent de les bailler en son sac à son advocat, de si bonne heure qu'il puisse estre prest de la cause à son tour de rolle, nous voulons et ordonnons qu'en ce cas ledict procureur soit condemné en l'amende; mais que sa partie qui n'en pourroit mais, n'auroit aucun dommage de congé, défault ou autre.

Injonction aux avocats d'être courts.

(50) *Item.* Et pour ce que par la subtilité et invention des advocatz, par la longueur de leurs plaidoiries, fuites, délays, et

---

(1) Cet abus existe toujours. (Isambert.)

prolixitez de leurs escriptures (1), les causes des parties sont moult retardées en expédition, tant en nostredicte court souveraine comme ès autres justices de nostre royaume; establissons et ordonnons qu'il soit enjoint et par serment, ausdictz advocatz, et espécialement à ceux de nostredicte court, qu'ilz soient briefs en leurs plaidoiries, par espécial ès causes d'appel, en proposant leurs griefs seulement, sinon que les griefs fussent telz que nullement se pussent entendre, sans parler du principal; et qu'en leurs plaidoiries ne facent aucunes redictes.

(51) *Item.* Et pour obvier aux grands inconvéniens qu'on veoit souventesfoys advenir, tant en nostre court souveraine qu'ès autres de nostre royaume, à cause de la longueur des escriptures, contredictz et salvations, qui se baillent par lesdictz advocatz, tant ès causes et procez en cas d'appel, qu'autres procez qui viennent en première instance: voulons et ordonnons qu'en toutes causes èsquelles les parties seront appoinctées en faictz contraires, que les parties baillent leurs faictz seulement, et sans aucunes raisons de droictz, dedans quinze jours du temps de l'appoinctement en faictz contraires, et sur peine d'estre décheuz; et que sur les advocatz qui feront le contraire de ceste présente nostre ordonnance, soit levée, sans rémission ne pardon, la somme de dix livres parisis, et outre soyent tenus de rendre à la partie tout ce qu'ilz auront receu de leurs salaires, et qu'ilz se signent en leurs escriptures afin qu'on sache dont viendra la faulte.

(52) *Item.* Et si les parties sont appoinctées à écrire par manière de mémoires, elles seront tenues bailler leurs mémoires dedans trois semaines, avec leurs lettres et tiltres; et sur peine d'en estre décheuz, et d'amende sur les advocatz et procureurs qui feront le contraire.

(53) *Item.* Voulons et nous plaist pour les causes dessusdictes, que lesdictz advocatz soyent briefs en leurs contredictz et salvations, sans raisonner en iceux, n'escrire chose qu'ilz ayent estripte en leurs escriptures et qu'ilz ne proposent faictz nouveaux en leursdicts contredictz et salvations; sinon que les faicts procèdent de la teneur des lettres: toutesfoys si les parties vouloient bailler aucuns motifs de droict en conclusions de cause, pour

---

(1) Alors et plus tard, les avocats instruisirent les causes par écrit, comme font les avocats de la cour de cassation. (Isambert.)

esmouvoir le courage des juges, faire le pourront, ainsi qu'un
faisoit anciennement.

Défense aux avocats d'injurier leurs parties.

(54) Item. Et pour ce qu'avons esté informez que les advocats
en leurs plaidoiries ont accoustumé dire plusieurs injures et opprobres de leurs parties adverses, et qui ne servent de rien en
leurs cas, laquelle chose est contre raison et contre toute bonne
observance et en grande esclande de justice; défendons et prohibons ausdictz advocatz de nostredicte court et de toutes autres
courts de nostre royaume, sur peine de privation de postuler, et
d'amende arbitraire, laquelle voulons par nostredicte court et
autres juges estre déclarée incontinent contre ceux qui feront le
contraire, que doresenavant ilz ne procèdent par quelzconques
paroles injurieuses, ou contumélieuses à l'encontre de leurs parties adverses, en quelque forme ne manière que ce soit, ne dire,
alléguer ou proposer aucune chose qui chée en opprobres d'autruy, et qui ne serve ou soit nécessaire aux faicts de la cause qu'ilz
plaident (1).

Nullité des lettres d'état.

(55) Item. Et pour ce que souventesfoys plusieurs matières
privilégiées, comme de fournissement, de complainctes, d'applégemens, et où il chet provision, comme de douaires, d'assemens et productions de tesmoings, sont retardées, et différées
par le moyen des lettres d'estat impétrées de nostre chancellerie,
pour empescher lesdictes provisions; nous voulons et ordonnons
que doresenavant ès matières dessusdites, que lettres d'estat
n'ayent point de lieu, et que nostredicte court ni autres juges
n'y obtempèrent aucunement, mais se facent lesdictes provisions
nonobstant lesdictes lettres d'estat, ainsy que faire se devront,
sans préjudice desdictes lettres d'estat ou autres choses.

(56) Item. Et pour ce aussi que souventesfoys, pour empescher les défautz qui se donnent en nostredicte court contre ceux
qui sont adjournez à comparoir en personne, les congez qui se
donnent contre les appellans, ou autres semblables appoinctemens, les procureurs de nostredicte court se vantent d'avoir

---

(1) Le Nouveau Répertoire, v° Audiences, § 3, p. 439, transforme cette disposition en une ordonnance, à laquelle il donne la date de 1440, et qui est sans doute décisoire. (Lambert.)

lettres d'estat ou de grace, ou d'estre receuz par procureur, ou autres semblables, combien qu'ilz ne facent prompte foy desdictes lettres, mais souventesfoys advient que lesdictes lettres qu'ilz alléguent avoir, sont encores à séeller et expédier en nostre chancellerie, et les font séeller le jour et le lendemain; voulons et ordonnons que nostredicte court ne reçoive lesdicts procureurs à proposer avoir aucunes telles lettres de nous, sinon qu'ilz les ayent en la main, et en facent prompte foy eu jugement; et défendons auxdicts procureurs que doresenavant ilz n'alléguent, ne facent alléguer avoir lesdictes lettres, sinon ce qu'ilz les ayent, et en facent prompte foy; et sur peine d'amende arbitraire, laquelle voulons sur eux estre levée sans aucune grace.

(57) *Item*. Et aussi pource que souventesfoys les procureurs et advocatz demandent délays frustatoires, ès-causes de leurs parties, et sur iceux délays troublent et empeschent nostredicte court par longues plaidoiries; nous ordonnons que doresenavant les procureurs des demandeurs monstrent aux procureurs des parties défenderesses, incontinent après la présentation faicte, leurs ajournemens et exploictz, et sur peine de cent solz d'amen de qui sera levée sans déport.

(58) *Item*. Et avec ce, pour ce que les procureurs de nostredicte court, différent et refusent monstrer leursdictz exploictz et autres choses, qu'ilz doivent monstrer à leurs parties adverses, dont souventesfoys sont retardez les procez; nous ordonnons que doresenavant les procureurs des parties plaidans en nostredicte court, avant les jours que les causes de leurs maistres devront estre appelées au rolle pour estre plaidées, monstreront à leurs parties adverses, oultres et avec lesdictz exploictz, toutes lettres d'impétrations qu'ilz auront impétrées et dont ilz se vouldront aider en leurs causes (1); c'est à sçavoir, le demandeur, toutes celles qu'il aura de date précédent la demande qu'il a intention de faire, et le défendeur, celles qu'il aura de date précédent le jour qu'il fera ses défenses, soyent requestes civiles, anticipations, lettres d'estat, de reliévement, et pour convertir appellations en opposition, en les mettre au néant, et toutes telles ou semblables impétrations, et autres lettres et muniemens dont en jugement l'on est tenu faire prompte foy, afin que la partie adverse se puisse apprester, tant de son principal, comme à rest

---

(1) Cette communication est aujourd'hui pratiquée entre les avocats, et ne peut être refusée sans blesser les règles de la profession, ce qui peut être un abus. (Imnbert.)

pondre auxdictes impétrations et autres lettres et munimens dessus déclariez.

(59) *Item.* Et si par le faict de la partie qui devroit monstrer lesdictes choses, y est faicte faute, elle sera privée de l'effect desdictes lettres et exploictz, impétration et autres choses dessusdites; et aura la partie à qui elles doivent estre monstrées exploict à l'encontre de celle qui aura faict faultes à les monstrer, telz que de la raison: et si de la partie du procureur seulement estoit trouvé faulte en ce que dit est, nous ordonnons que le procureur qui aura faict ladicte faulte, en sera puny à la peine de soixante solz parisis d'amende, qui seront levez sur luy sans deport, et payera les despens de la partie adverse, faicts à cause dudict retardement.

(60) *Item.* Commendons et enjoignons aux advocatz et procureurs de nostredicte court, que lesdictz exploictz et autres lettres et munimens veuz, ensuyvant les bonnes meurs et usages du temps passé, qu'ilz prennent hors jugement leurs délays, telz que les natures des causes le requièrent, sans retenir la court pour telz délays; et si par cautelle ou malice, ilz sont trouvez délayans de prendre leursdictz délays, ilz en seront puniz et corrigez à l'ordonnance de nostredicte court.

(61) *Item.* Commendons et enjoignons aux advocatz et procureurs, qu'en telles matières de délays, ilz procèdent sommairement et de plain en nostredicte court, et n'entrent en la matière principale afin de délayer, et sur peine de l'amende sur l'advocat qui fera le contraire de ceste présente ordonnance.

Les avocats ne doivent proposer que des faits et moyens pertinents.

(62) *Item.* Et pourceque souventesfoys les advocatz en leurs plaidoiries proposent faicts et raisons impertinens et qui de riens ne servent à la cause, et par ce moyen detiennent et occupent la court de nostredict parlement, en telle manière qu'on ne peult que très-peu de chose expédier; nous enjoignons et commandons à tous advocatz et procureurs de nostre royaume, et mesmement de nostredicte court de parlement, qu'ilz ne proposent faicts ne raisons inutiles et impertinentes, et qu'ilz ne proposent stiles, coustumes, usages, n'ausssi faicts qu'ilz sçauront estre non véritables, sur leur honneur, et sur peine d'amende.

(63) *Item.* Ordonnons qu'en causes de complaincte en matière

de saisine et de nouvelleté, dont les exploicts contiendront le cas, et aussi en matière d'appel, les parties, dès ce que la journée de l'adjournement sera escheue et après la présentation faicte, soyent prestz de plaider les causes, sans demander délay en la matière; car en telles matières les parties doivent estre instruictes de leurs faictz.

(64) *Item.* Ordonnons que quand aucune cause d'appel d'appoinctement ou sentence interlocutoire ou d'exécution soit de sentence diffinitive ou d'autre chose, sera plaidée, que le procureur de la partie intimée ait promptement en jugement les actes et mémoriaux de ladicte cause, et aussi les exploicts et lettres de l'exécution, pour en faire prompte foy en jugement, afin que, s'il est possible, la cause d'appel soit sur le champ vuidée et expédiée.

Lettres de délais ou de reliefs de laps de temps.

(65) *Item.* Et que durant les guerres et divisions de nostre royaume, les parties ont demandé plusieurs délays de garand, de veue, ou de sommation de garand, ou autres sommations, et disent qu'au dedans des délays qui leur avoient esté baillez, ils n'avaient eu faire lesdictes sommations ou veues, ainsi qu'avait esté appoincté par nostredicte court, parquoy les procez ont esté moult alongez et différez; nous, voulans abréger les litiges et procez d'entre noz subjectz, considérans que par la grace de nostre Seigneur, nous avons expellez et déboutez noz ennemys de nostre royaume, et que l'on peut aller par nostredict royaume seurement, avons ordonné et ordonnons que doresenavant en nostre court de parlement ne sera donné qu'une dilation pour garand, pour veue, ou pour sommation de garand, et que temps et espace sera baillée suffisante aux parties pour faire adjourner leurs garands, ou faire lesdictes sommations ou veue; durant lequel temps la partie à qui sera donné ladicte dilation, sera tenue faire les adjournemens et exploictz en tel cas appartenans, autrement en sera escheue de tous poincts, s'il n'y a grant et urgent empeschement, ou cause qui doive mouvoir nostredicte court à donner autre délay. (1)

Nullité des lettres de chancellerie.

(66) *Item.* Et que plusieurs, souventesfoys obtiennent de nous

---

(1) Les reliefs de laps de temps sont abolis, sauf les cas de force majeure. V. nouveau Répertoire, hoc v°.

et de noz chancelleries plusieurs lettres, mandemens et impétrations, par importunité de requérans et autrement, par quoy les parties sont souventesfoys mises en grands involutions de procez, et souventesfoys en sont les bons droicts des parties retardez et empeschez, et doubtent souventesfoys les juges de juger et donner appoinctemens contre noz lettres, combien qu'elles soyent inciviles et desraisonnables; nous, voulans obvier a telz inconvéniens, avons décerné et déclaré, décernons et déclairons que nostre intention n'est que les juges de nostre royaume obéissent, n'obtemperent à noz lettres, sinon qu'elles soyent civiles et raisonnables: et voulons que les parties les puissent débattre et impugner de subreption, obreption, et incivilités, et qu'à ce les juges, tant en nostre court de parlement, qu'autres, les oyent et reçoivent, et que si les juges trouvent lesdictes lettres estre subreptices, obreptices ou inciviles, que par leurs sentences ils les déclairent subreptices, obreptices et inciviles, ou telles qu'ilz les trouveront estre en bonne justice; et si les juges, soit en nostredit parlement ou autres, trouvent que par dol, fraude ou malice, ou par cautelle des parties, lesdictes lettres ayent esté impétrées pour délayer la cause, qu'ilz punissent et corrigent les impétrans, selon ce qu'ilz verront au cas appartenir (1).

Nullité des lettres d'abolition.

(67) *Item.* Et que nous avons entendu que souventesfoys quand aucun délinquant ou criminel est détenu prisonnier en aucunes de noz prisons ou d'autres justiciers de nostre royaume, et que l'on ne peut obtenir la rémission des crimes commis par icelui criminel ou délinquant, l'on impètre lettres d'estat, et surséances d'aucunes de noz chancelleries, et pour faire défense au juge qu'il ne procède au procez ne à l'exécution du délinquant, jusques à deux ou trois moys, ou autre temps, pendant lequel on faict poursuivre par-devers nous d'avoir et obtenir la grace, rémission ou pardon (2) du délinquant, qu'aucunefoys par impor-

---

(1) Cette disposition serait bien utile aujourd'hui que par des conflits on entrave le cours de la justice, affaire du cœur de Grétry, succession Cambacérès, etc. (Isambert.)

(2) Pourquoi priver le coupable de la ressource du pardon, si son délit en est susceptible? Charles VII semble sacrifier tout à la crainte de l'impunité. (De Brequigny. Préface 23.)

Ce sont des lettres d'abolition; en 1770, la cour des Pairs refusa d'y

tanté l'on obtient, parquoy les délictz et crimes demeurent impunis : nous, voulans obvier à telles fraudes et malices, avons ordonné et ordounons que doresenavant telles lettres ne soyent passées en noz chancelleries; et en oultre, que si par importunité telles lettres d'estat estoyent données et passées, nous ordonnons et commandons à tous nos baillifz et séneschaux, et à tous les justiciers de nostre royaume, qu'à icelles lettres ilz n'obéissent ne obtemperent en aucune manière (1); et leur enjoignons que nouobstant icelles lettres ilz fassent justice, raison, punition et correction des crimes, ainsi qu'au cas appartiendra, et sur peine d'en estre corrigez et puniz.

Heures des audiences.

(68) *Item*. Voulons et ordonnons que doresenavant l'on commence à plaider en nostre parlement à sept heures du matin, tout du long du temps du parlement, et jusques à dix heures, fors au karesme, qu'on commencera à plaider à huict heures jusques à onze heures.

(69) *Item*. Et combien que par l'usage ancien de nostredicte court, l'on a accoutumé de plaider après disner depuis la Pencouste jusques en la fin du parlement, deux foys la sepmaine, c'est à sçavoir au mardy et vendredy; nous, voulans pourveoir à l'expédition des causes pendans en nostredict parlement, statuons et ordonnons que doresenavant, depuis Pasques jusques en la fin de nostredict parlement, on plaidoyra deux fois après disner, la sepmaine : c'est à sçavoir, èsdictz jours de mardy et vendredy ; et commenceront les plaidoiries à l'heure de quatre heures et jusques à six.

Des actions possessoires.

(70) *Item*. Et pour ce que plusieurs grandes fraudes et abus se commettent de jour en jour ès causes de complainctes en matière de saisine et de nouvelleté, et que souventesfoys les com-

---

gard dans l'affaire du duc d'Aiguillon. Une ordonnance du 18 août 1814 (supplément au Bulletin des lois, 1824, p. 3.), déclare qu'elles ne sont plus autorisées; cependant il en a été accordédepuis aux généraux compris dans l'ordonnance du 24 juillet 1815. V. Legraverend, Législation criminelle, du droit de grâce (Isam.)

(1) Voilà une belle maxime, dit le président *Henrion de Pansey*, Autorité judiciaire, p. 370 : cela est vrai ; mais comme il n'y avait pas de responsabilité de ministres et que le roi était absolu, il n'y avait pas sûreté à refuser d'obéir. (Idem.)

plaignants, après qu'ilz ont fait exécuter leurs complainctes et séquestrer la chose contentieuse, ilz obtiennent de nous lettres de relievement, par ce qu'ilz n'ont prinse leur complaincte dedans l'an et le jour du trouble qu'ilz prétendent poursuyvre et conduire leur complaincte; comme s'ilz eussent faict exécuter leurdicte complaincte dedans l'an et jour dudit trouble; nous, pour obvier ausdictz abuz, avons ordonné et ordonnons qu'incontinent que tel relievement sera présenté au juge, soit en nostre court de parlement, ou par-devant quelconque autre juge de nostre royaume, que le juge remette l'opposition en l'estat qu'elle estoit paravant la séquestration, et l'en laisse jouir jusques à ce que, parties ouyes, autrement en soit ordonné par récréance ou diffinitive; et en oultre, que si le juge trouve que par fraude ou dol, icelle complaincte ait esté exécutée, ou relievement impétré, qu'il punisse le délinquant, ainsi qu'il verra estre à faire par raison.

(71) *Item*. Ordonnons que si les complainctes contiennent relievement, que les exécuteurs d'icelles ne procèdent à séquestration réelle des choses contentieuses, ains facent les ajournemens par-devant les juges ausquels la cognoissance en appartient ou est commise; lesquelles parties oyes, appoincteront sur le tout ainsi qu'il appartiendra par raison.

(72) *Item*. Avons ordonné et ordonnons que doresenavant ne soyent baillées lettres en noz chancelleries pour conduire le pétitoire et possessoire en matière de nouvelleté ensemble (1); et si par inadvertance aucunes lettres estaient octroyées au contraire, que les juges n'y obéissent en aucune manière, et voulons que les impétraus d'icelles soyent puniz d'amende arbitraire.

(73) *Item*. Ordonnons qu'en cause de complainctes en matière de saisine et de nouvelleté, en causes d'applégemens et contreplégement et d'appel, nul ne soit receu à plaider par retenue, mais plaideront les parties à une fois, à toutes fins.

(74) *Item*. Et pour ce qu'en telles matières de saisines et de nouvelleté, qui sont matières possessoires, puis aucun temps en ça l'on a procédé comme l'on feroit en matière pétitoire, et que telles matières possessoires et de nouvelles dessaisines, doivent estre traictées et décidées le plus brief et péremptoirement que faire se peut (car après, les parties, si bon leur semble

---

(1) Le Code de procédure defend de les cumuler. (*Idem*.)

peuvent procéder sur le pétitoire), et que par les fuites et délaiz que les parties prennent en telles matières, et la longueur des plaidoiries, les procès sont comme immortelz, et les héritages séquestrez souventesfois en tournent en ruine et désolation, dont en advient souventesfoys grand dommage à nous et à la chose publique de nostre royaume et à tous noz subjectz; et aussi puis aucun temps en çà l'on a prins une forme ésdites matières de nouvelles dessaisines, que l'on ordonne examen de tesmoings estre faicts sur la créance, (combien que les parties en telles matières se puissent expédier par lettres) dont les procès sont moult retardez, et les parties grandement endommagées: nous, voulans pourveoir ausdictz inconvéniens, avons ordonné et décerné, ordonnons et décernons, que doresenavant en toutes telles matières possessoires de nouvelles dessaisines, tant complainctes qu'applégemens, afin que les choses séquestrées ne viennent en ruine et désolation, comme au temps passé, que la récréance ou joyssance des choses contentieuses sera adjugée par les lettres et tiltres des parties, sans les mettre sur ce en aucune preuve, sinon que ce soit cause où il n'ayt nulles lettres ne tiltres, et que sans preuve de tesmoings ne puisse estre expédiée en récréance.

Matières bénéficiales.

(75) *Item.* Et pour ce qu'ès procès et matières de bénéfices, les droicts des parties apparent et doyvent apparoir par leurs lettres et tiltres; nous voulons qu'iceulx procès soient expédiez, décidez et déterminez le plus brief et sommairement que faire se pourra, par lettres et tiltres des parties, et par un seul appoinctement, sur la détermination dudict possessoire, si faire se peult; et si par lettres et tiltres, le tout dudict possessoire ne se povoit promptement adjuger, que la récréance soit adjugée par les lettres et tiltres; et le surplus dudict possessoire soit le plus briefvement et diligemment expédié que faire se pourra.

(76) *Item.* Et pour ce que plusieurs èsdictes matières bénéficiales s'efforcent chascun jour, soubz couleur et moyen de nostre pragmatique sanxion, obtenir plusieurs mandemens et impétrations, dont s'ensuyvent grandes involutions de procès, et grande multitude de causes en nostre court de parlement et autres noz cours: nous, voulans pourveoir à l'indemnité de noz subjectz et à ladicte multitude de causes, et réprimer en ceste partie tous inconvéniens et abus, voulons et ordonnons qu'ès impétrations qui seront doresenavant baillées en noz chancelleries ou ès com-

missions qui seront requises par devant noz séneschaulx et baillifz, les impétrans et requérans soyent tenus déclarer certainement les qualitez des bénéfices et causes, et les moyens èsquelz et par lesquelz ils prétendent nostredicte pragmatique sanxion estre enfraincte, et que les mandemens ou commissions ne soyent octroyées, sinon que la matière, selon es choses données à entendre, touche nostredicte pragmatique sanxion; et voulons et ordonnons que selon la grandeur des matières et les difficultez qui par vraysemblable peuvent cheoir en icelles, elles soyent commises en icelle nostredicte court, au regard des grands bénéfices, difficultez et matières, et par-devant noz séneschaulx et baillifz quant aux autres, en leurs siéges principaux, et èsquelz aura affluence de notable conseil. Et en oultre ordonnons que les exécutions de noz mandemens ou commissions de noz juges en ceste matière, soyent faictes en toutes honnestetez et modérations, et deue information précédente faicte par noz juges; sinon que la matière requist grand célérité pour doubte d'absence ou fuitte de personnes, transports de tiltres, ou publication scandaleuse au préjudice de nostredicte pragmatique sanxion; èsquelz cas les informations et exploictz pourront estre faictz par noz sergens, lesquelz tantôt et sans délay seront tenuz icelles informations bailler ou envoyer par-devers nostredicte court ou noz juges, pour en estre promptement décidé et déterminé, en punissant très-estroictement les impétrans, si par faux donner à entendre ou autrement, vexation est donnée aux parties sans cause, et les sergens, si dol ou fraude ou autre faute est trouvé en leurs informations et exploictz. Et voulons le principal desdictes matières estre sommairement et brief déterminé, en jugeant et décidant sur la transgression et infraction de nostredicte pragmatique sanxion, et punissant les transgresseurs; et s'il appert par la discussion du procez, la matière ne toucher nostre pragmatique, supposé qu'en icelle chéent autres difficultez, nous voulons les parties estre mises hors des procès, et remises pour procéder où il appartiendra; et les impétrans estre puniz et condamnez ès interestz des parties, et amende selon l'exigence des cas et qualitez des personnes, pourveu qu'il n'y ait matière de régale, ou autre dont la cognoissance appartienne seulement à nous et à nostredicte court.

Causes d'appel.

(77) *Item.* Et pour ce que, quand aucune cause d'appel a esté

plaidée en nostredicte court, les parties sont aucunesfois long temps sans produire leurs lettres, actes et autres choses, qui sont nécessaires pour le jugement d'icelles causes d'appel, et par ce moyen demeurent icelles causes d'appel, longtemps sans estre jugées ne décidées : nous ordonnons que doresenavant en telles causes d'appel qui seront plaidées en nostredicte court de parlement, les parties produysent leurs actes et procez dedans trois jours prochains ensuyvans la plaidoirie, sinon qu'ilz ayent demandé en plaidant autre délay, lequel la court leur ayt octroyé ; et enjoignons aux procureurs des parties, qu'incontinent la journée de la présentation de la cause d'appel escheuë, ilz facent leur inventaire de leurs registres, actes et procès en cas d'appel, et les baillent avec leurs mémoires à leur advocat, afin qu'au jour de la plaidoirie, les parties en plaidant leurs causes puissent faire prompte foy de leurs actes et procès, afin que si ladicte cause d'appel peut estre décidée et déterminée promptement par nostredicte court, qu'elle le soit, ou que si elle n'estoit jugée, et icelles parties fussent appoinctées en droict sur icelles causes, d'appel qu'incontinent les parties produysent leurs lettres, actes et procès en ladicte cause d'appel, afin qu'icelle cause d'appel soit briefvement expédiée. Et pour ce que de tant que ladicte cause d'appel sera plus brief jugée après la plaidoirie, de tant auront les présidens et conseillers meilleure et plus fresche mémoire (1) des choses dictes et proposées par les parties en leur cause d'appel, nous mandons et enjoignons à ceulx de nostredicte court, qu'ilz jugent et décident les causes d'appel le plus brief que faire se pourra ; et en cas que les procureurs desdictes parties n'auront produit dedans lesdictz trois jours, le procez sera jugé en l'estat qu'il sera trouvé ; et voulons et ordonnons que si par négligence du procureur, la partie perd sa cause, qu'icelle partie ayt son recours contre son procureur pour ses dommages et interestz.

(78) *Item.* Pour ce que nous avons entendu que plusieurs, après qu'ilz ont produict et conclu en cause, et que jour à ouyr droict leur est assigné par noz baillifz, séneschaulx, ou leurs lieutenans ou autres juges de nostre royaume, et qu'à iceluy jour à ouyr droict, le juge est prest à proférer sa sentence, l'une des parties, pour fuir et délayer, demande délay d'absence ou

---

(1) Cette raison est la meilleure critique de l'usage adopté presque généralement aujourd'hui, de séparer les plaidoiries d'une cause par des intervalles de huit et quelquefois de 15 jours. (Decrusy.)

attente de conseil ou autre délay, ou appelle d'iceluy juge, ou défault pour empescher qu'iceluy juge ne profère sa sentence: nous, voulans pourveoir à telz inconvéniens, avons ordonné et décerné, ordonnons et décernons que quand les parties auront conclu en cause et auront eu jour à ouyr droict sur leurs productions ou ce qui est ès sacs, que le juge ne diffère, ne délaye de prononcer sa sentence, souz umbre de ce que l'une des parties demanderoit délay d'absence ou attente de conseil ou autre délay, ne aussi pour quelque appellation qui soit faicte de luy ce jour, pour empescher le jugement et sentence dudict procez, n'aussi pour l'absence ou défaulx de l'une des parties; et enjoignons à tous les juges et justiciers de nostre royaume, que nonobstant telz délaiz requis, ou appellation émise, ou le default ou absence des parties, ilz procèdent à donner et proférer, donnent et profèrent leurs sentences; sinon que par noz lettres nous ayons donné puissance à aucune des parties, pourquoy doibt estre différée la judication d'iceluy procez. Toutesfois nous n'entendons pas que pour lettres d'estat par nous octroyées à l'une des parties, le jugement de ladicte cause doyve estre différé; et si le juge trouve que par fraude ou malice de la partie, et pour frustratoirement délayer ledict procez, icelle partie ayt impétré noz lettres, nous commandons et enjoignons au juge, qu'il condamne icelle partie en amende, en oultre le principal, et ès intérestz et despens de la partie pour iceluy procez retardé.

Jugemens par commissaires, prohibés; nombre de juges requis (1).

(79) *Item*. Et que pour la multitude et affluence des causes qui estoient et sont en nostre court de parlement, il a convenu souventesfoys au temps passé, commettre plusieurs causes à plusieurs conseillers de nostredicte court, pour ouyr les parties, ordonner et juger, ou rapporter par-devers la court; dont avons eu plusieurs grandes plainctes de plusieurs de noz subjectz, disant que par le rapport des commissaires, par arrest de nostre-

---

(1) Il est à remarquer que tous les procès faits aux grands ont été jugés par commission. Le ministre des finances J. Cœur venait d'être jugé ainsi, ainsi que la Pucelle d'Orléans. On connait le mot de François I*er*, visitant le tombeau de Montaigne, à Marcousey, ce qui n'a pas empêché depuis les procès par commission. Les jugemens militaires aujourd'hui, qu'est-ce autre chose que des jugemens par commission. (Isambert.)

dicte court, iceux procez ainsi commis (comme dit est) estoyent jugez et determinez; nous, voulans oster les clameurs, rumeurs et esclandres, que nostre justice soit gouvernée et reiglée en honneur et révérence, prohibons et défendons aux gens de nostredit parlement, que doresenavant ilz ne commettent aucuns des conseillers de nostredicte court, à ouyr, cognoistre, déterminer et rapporter en nostredicte court, aucunes causes, soyent grandes ou petites; mais si ce sont telles causes qui de leur nature ne doybvent estre traictées en nostredicte court de parlement, nous mandons et enjoignons aux gens de nostredict parlement, qu'icelles ilz renvoyent par-devant les juges auxquelz la cognoissance en appartient; et si c'estoyent causes qui deussent estre traictées en nostredicte court de leur nature, ou que par grand cause nostredicte court en eust retenu la cognoissance, nous voulons et ordonnons que par nostredicte court les parties soyent ouyes, et la cause décidée; ou que si c'estoit petite cause qui puisse estre commise par-devant lesdiz maistres des requestes de nostre palais, que par nostre court icelles causes soyent mises et commises par-devant lesdictz maistres des requestes de nostre palais. Et en oultre nous prohibons et défendons aux gens de nostredict parlement, que doresenavant en nostredicte court de parlement aucune cause grande ou petite ne soit jugée ne déterminée par icelle nostre court, par ne sur le rapport d'aucuns des conseillers de nostredicte court, de quelque autorité qu'ilz soyent; et voulons, ordonnons, prohibons et défendons que nulle cause grande ou petite ne soit jugée ne déterminée par arrest de nostredicte court, sinon qu'ilz soyent dix conseillers assemblez, et un des présidens de nostredicte court ou des enquestes, présens (1).

(80) *Item.* Et pour ce que souventesfoys nostredicte court de parlement est moult travaillée ou empeschée aux jugemens des procez, par les requestes impertinentes et inciviles, baillées par les parties ou leurs procureurs, ou advocatz, voulans obvier à telles fraudes, prohibons et défendons aux parties et aux advocatz et procureurs, que doresenavant ilz ne travaillent nostredicte court de telles requestes inutiles et impertinentes, et ne les baillent, si en leurs consciences elles ne leur semblent justes et rai-

----

(1) Cela n'existe plus qu'au comité du contentieux du conseil d'état et à la cour de cassation; dans les cours royales, il suffit de sept juges; dans les cours d'assises et tribunaux supérieurs des colonies, de cinq. V. Répertoire de jurisprudence, v° *Arrêt.* (Isambert.)

sonnables ; et ce leur enjoignons sur peine d'amende arbitraire, et sur le serment qu'ilz ont à nous et à nostredicte court ; et en oultre voulons et ordonnons que les requestes qui seront baillées par lesdictz procureurs, soyent signées de leur main au bas de ladicte requeste, autrement qu'elles ne soyent receües par nostredicte court.

Comparution des baillis et sénéchaux.

(81) *Item.* Et pour ce que de louable coustume au temps passé, noz baillifz et séneschaulx ou leurs lieutenans, et noz procureurs en iceulx bailliages et séneschaucées, avoient accoustumé de venir en nostre court de parlement, et faire apporter par les greffiers de leurs courtz les procez par escript dont il avoit esté appellé d'iceulx baillifz et séneschaulx, et aussi la déclaration de toutes les appellations faictes d'iceulx baillifz ou séneschaulx ou leurs lieutenans, et estoient présens à la réception d'iceulz procez en nostredicte court, et aussi à l'expédition des causes, durant les jours desditz bailliages et séneschaucées, et iceulx jours informoyent nostredicte court et noz advocatz et procureurs généraulx, des surprises qui etoient faictes contre noz droictz, et aussi des excès des officiers et autres, commis et perpétrez en leursdictz bailliages et séneschaucées, ce que durant les guerres a esté délaissé, au grand dommage de noz droictz et de noz subjectz : nous, voulant donner remède aux choses dessusdictes, en ensuyvant les ordonnances de noz prédécesseurs et approuvant lesdictes louables coustumes et usages, ordounons et voulons que noz baillifz et séneschaulx ou leurs lieutenans et noz procureurs èsdictz bailliages et séneschaucées, comparoissent en nostredicte court de parlement, aux jours de leurs séneschaucées ou baillages, et y facent apporter par leurs greffiers les procez par escript dont il aura esté appellé en nostredicte court, et qu'ilz soyent présens à la réception d'iceulx procez en icelle nostredicte court, et aussi aux plaidoiries des autres causes d'appel, qui auront esté faictes d'iceulx séneschaulx et baillifz, durant les jours de leursdictes séneschaucées ou bailliages ; et en oultre voulons qu'iceulx noz baillifz, séneschaulx et procureurs, baillent par déclaration en nostredicte court de parlement, et à noz advocatz et procureurs généraulx, toutes les surprises qu'ilz sçauront avoir esté faictes, contre et sur noz droictz et domaine ; et avec ce tous les excès, abus et maléfices qui auront esté commis en leursdictz bailliages et séneschaucées, et ès fins et limites d'iceulx.

tant par noz officiers que par autres quelzconques, pour y estre pourveu et donner tel remède et provision qu'au cas appartiendra, tant par nostredicte court que par noz advocatz et procureurs généraux, auxquelz nous enjoignons et commandons qu'ainsi le facent.

Institution des baillis et autres officiers.

(82) *Item.* Que par les guerres et divisions qui ont esté en nostre royaume, l'on n'a peu garder l'ordre que l'on avoit accoustumé garder à instituer noz baillifz, selon l'ordonnance de noz prédécesseurs rois de France; en suyvant icelles ordonnances de noz prédécesseurs, voulons et ordonnons que doresenavant, quand aucun bailliage ou séneschaulcée, ou autres de noz offices de judicature vaqueront, qu'à iceulx offices soit pourvu (1) de preud'hommes sages, prudens et suffisans à iceulx gouverner.

(83) *Item.* Et pour ce que souventesfoys advient que nous ne pouvons avoir entière cognoissance, n'aussi les gens de nostre grant-conseil, des personnes demourans en noz bailliages et séneschaulcées, ne de l'idoineté, preud'hommie et suffisance d'icelles : nous ordonnons et décrétons, que quand aucun office de judicature vaquera, soit juge, advocat, procureur ou autre, que noz officiers et gens de nostre conseil en iceulx bailliages ou séneschaulcées, en leurs consciences regardent et advisent ceux qui seront les plus propices, idoines et suffisans à iceulx offices obtenir, et nous en nomment jusques à deux ou trois, en nous déclarant les plus idoines, preud'hommes et suffisans; afin que par délibération des gens de nostre conseil, puissions mieux pourveoir à iceluy office : et voulons et ordonnons que nosdictz officiers et conseillers èsdicts bailliages et séneschaulcées, avant qu'ilz procèdent à dire leurs advis de ceulx qui sembleront idoines et suffisans ausdictz offices vacans, qu'ilz jurent sur le livre les sainctes évangilles de Dieu touchées, que bien et loyaument ilz nous conseilleront ceulx qui en leurs consciences leur sembleront estre les plus propices, idoines, suffisans et prud'hommes pour obtenir iceux offices vacans.

Vénalité des offices interdite.

(84) *Item.* Et pour ce que nous avons entendu que plusieurs pour avoir et obtenir de nous aucuns offices de judicature, au

---

(1) Apparemment par élection. (Isambert.)

temps passé durant les guerres et divisions, ont offert et payé plusieurs sommes de deniers à plusieurs de noz officiers et conseillers, et par ce moyen ont obtenu lesdictz offices, dont plusieurs maux et inconvéniens sont advenuz à noz droictz, à noz subjectz, et à la chose publique de nostre royaume : nous (1), en ensuyvant les ordonnances de nos prédécesseurs rois de France, prohibons et défendons à tous noz officiers et conseillers, et à tous noz subjectz, que doresenavant nosdictz officiers et conseillers ne reçoivent aucune promesse ne don d'aucune chose meuble ou immeuble, pour faire avoir, n'obtenir aucun desdictz offices de nous, sur peine à noz officiers et conseillers de payer à nous le quadruple d'autant comme leur auroit esté promis, donné ou baillé, et d'encourir nostre indignation, et d'en estre puniz griefvement ; et à noz subjectz, sur peine de perdre l'office qu'ilz ouront obtenu, et d'estre à jamais privez de tous offices royaux, et de nous payer semblablement le quadruple de ce qu'ilz auront promis, donné ou baillé, pour avoir iceluy office : et voulons et ordonnons qu'iceulx noz offices soyent donnez et conférez à gens suffisans et idoines, libéralement et de nostre grace, et sans aucune chose en payer, afin que libéralement et sans exaction aucune, ilz administrent justice à noz subjectz (2).

(85) *Item.* Et pour ce que souventesfoys sommes travaillez par plusieurs et par grant importunité de requérans qui nous demandent offices, bénéfices, eschoites, amendes et confiscations, avant qu'ilz vaquent ou qu'ilz soyent crééz ou nous soyent adjugez : nous ensuyvant les ordonnances de noz prédécesseurs rois de France, voulons et ordonnons que plus ne soyons travaillez de telles requestes, et ne donnerons, ne conférerons aucun office, bénéfice, eschoite ou autre chose quelconque avant qu'ilz vaquent ou soyent crééz, et amende et confiscation avant qu'elles soyent adjugées et déclairées à nous appartenir ; et voulons que si par importunité ou inadvertance nous faisions ou avions faict le contraire, que le don ou collation qu'en aurions faict ou ferions, soyent nulz et de nulle valeur.

Résidence des baillis et sénéchaux.

(86) *Item.* Nous ordonnons que noz baillifz et séneschaulx su-

---

(1) V. le Répertoire de juriprudence, v° Office, n° 1er, p. 726, énonçant par erreur la date de 1450.

(2) Ici la vénalité des charges est proscrite par de bonnes raisons ; plus tard Louis XII l'introduira pour se procurer de l'argent. Decrusy.)

cent résidence continuelle en leurs bailliages et séneschaulcées, pour pourveoir à noz subjects, et leur administrer justice, ainsi que les cas le requerrent ; sinon qu'ilz fussent empeschez en leurs personnes, comme en nostre guerre, ou autour de nostre personne, comme chambellans couchant devant nous.

(87) *Item.* Que quand nos baillifs et séneschaulx commettront leurs lieutenans, nous voulons et ordonnons qu'ilz mettent preud'ommes idoines et suffisans, et qu'ilz soient hors de mauvaises souppesons; et afin que plus seurement nosdiz baillifs et séneschaulx puissent prendre et eslire leursdictz lieuxtenans, nous voulons et ordonnons qu'iceux baillifz et séneschaulx prennent et eslisent leurs lieutenans, par le conseil de noz officiers et gens de nostre conseil, et autres preud'hommes des courts d'iceulx bailliages et séneschaulsées.

(88) *Item.* Et pour ce que nous avons entendu qu'aucuns de nos baillifz et séneschaulx ont, au temps passé, prins et exigé aucunes sommes d'or ou d'argent ou autres choses, de ceulx qu'ilz institnoyent leurs lieutenans, qui est chose de très-mauvais exemple ; nous prohibons et défendons à tous nos baillifz, séneschaulx, et à tous les justiciers de nostre royaume, que d'oresenavant, pour commettre et instituer leurs lieutenans, ilz ne prennent ne exigent aucune sommes d'iceulx lieutenans ; et aussi ausdiz lieutenans, qu'ilz ne baillent, donnent, ou promettent aucune chose, pour avoir office de lieutenans, d'aucuns de noz baillifz ou autres juges, par eulx, par interposées personnes, ne autrement, sur peine de l'amende du quadruple envers nous, et le baillif ou séneschal de perdre son office de bailliage ou séneschaucées, et ledit lieutenant d'estre privé à jamais de tous offices royaulx, et les fauteurs et adhérans, de pareilles peines.

(89) *Item.* Et afin que lesdictz lieutenans puissent mieulx faire et administrer justice à nos subjectz, nous voulons qu'iceulx lieutenans soyent salariez et prennent gages, ainsi qu'ilz ont accoustumé d'anciennité.

(90) *Item.* Et que les gages d'iceux lieutenans leur soient payez et baillez par les mains de noz receveurs.

Baillis, sénéchaux et autres officiers.

(91) *Item.* Ordonnons et décernons, que nul de noz baillifz, séneschaulx, ou aussi noz procureurs, ne leurs lieutenans, ne prennent aucuns gages ou pensions des subjectz de leurs séneschaulcées ou bailliages, et que nulz de nosdictz baillifz, sénes-

chaulx, ou juges, ou leurs lieutenans ne soyent juges, chastellains ou baillifz, des justices subjectes et ressortissans à leurs siéges.

(92) *Item.* Voulons et ordonnons que noz baillifz et séneschaulx, après ce que leurs auront donné iceulx bailliages ou seneschaulcées, avant qu'en prendre possession ne qu'ilz puissent exercer aucune juridiction, facent le serment en nostredicte court de parlement, ainsi qu'accoustumé est de toute ancienneté : sinon qu'ilz fussent empeschez en leurs personnes, au fait de nostre guerre ou à l'entour de nostre personne, comme chambellans couchant devant nous.

(93) *Item.* Ordonnons que nos baillifz et séneschaulx tiennent ou facent tenir leurs assises en chascuns de leurs siéges de leursdictz bailliages et séneschaulcées, et qu'ils ne trayent leurs subjectz hors des siéges dont ilz sont subjectz, ne d'un siége à l'autre.

(94) *Item.* Prohibons et défendons que noz baillifz et séneschaulx, ne leurs lieutenans, n'exigent ne preignent aucune chose pour les exécutoires de noz graces, rémissions ou pardons; toutesfoys n'entendons pas que les clercs desdictz baillifz, séneschaulx, ou juges, ou de leurs lieutenans, ne soyent payez de leurs salaires pour l'escripture desdictz exécutoires.

Enquêtes par commissaires.

(95) *Item.* Et pour ce que les commissaires envoyez en nostre court de parlement, pour faire les enquestes sur les procès des parties, où elles ont esté appoinctées contraires, les parties ont esté et sont souventesfoys grévées de grandes mises et despenses, voulans obvier à icelles, avons ordonné et ordonnons que dorenavant ès causes traictées en nostredicte court, moindres que de baronies, chastellenies, ou autres plus grandes causes que la court verra estre de grant poix, les enquestes soyent commises à bonnes personnes, sages et loyaux, des pays dont les parties sont, lesquelz par commission de nostre court, pourront procéder à faire les enquestes des parties, séant ou non séant le parlement: mais si les parties requéroyent avoir commissaires de la court, ilz les auront. Et au cas que l'une des parties vouldroit commissaires du pays, et l'autre du parlement, nous voulons et ordonnons que desusdictes moindres que de baronnies, chastellenies, ou autres plus grandes causes, la commission s'adresse à un des conseillers de nostredicte court, tel que la court ordonnera, adjoinct avec luy un prud'homme du pays; et si toutes les parties vouloyent avoir

commissaires de nostredicte court, ilz les auront. Et outre ordonnons que les présidens et conseillers de nostredicte court, qui devront aller en commission, puissent commencer à faire les enquestes des parties à eux commises, de la feste de la my-Aoust, et continuer durant la vacation du parlement jusqu'à la Saint-Martin d'yver; pourveu qu'ils soyent retournez pour estre au commencement de nostre parlement ensuyvant, et y faire résidence: sinon qu'ilz eussent congé de nostredicte court, de vaquer à faire et parfaire lesdictes enquestes oultre le temps dessusdit.

(96) *Item.* Voulons et ordonnons qu'ès causes esquelles les parties auront esté appoinctées contraires, après que les articles auront esté baillez devers le greffe de nostredicte court discordez, que le greffier d'icelle nostre court signe lesdictz articles, et mette le jour qu'ilz auront esté baillez discordez ; et que dudict jour en quinze jours ensuyvans, lesdictz articles soient apportez par-devers nostredicte court, tous accordez, et ès huict jours ensuyvans tous empliz, cloz et séellez, et renduz à nostredicte court, pour les bailler aux commissaires sur ce députez et ordonnez par nostredicte court. Et si lesdictz articles n'estoient baillez accordez, par la manière et dedans le temps, l'advocat qui en ce aura failli, en payera la somme de dix livres d'amende, et le procureur qui aura failli, en payera cent sols, que voulons sur eux estre levez sans déport.

(97) *Item.* Voulons et ordonnons que quand les parties feront faire leurs enquestes, elles soient tenues comparoir diligemment par elles ou leurs procureurs, devant les commissaires ordonnez par nostredicte court, aux jours et termes à eux assignez, soit pour veoir ouvrir les articles, ou jurer les tesmoings, ou pour autre chose faire à quoy elles auront assignation ; autrement si l'une des parties au jour de l'assignation est défaillant, défault sera donné contr'elle ; et en son default, procéderont les commissaires en absence de la partie défaillant, comme si elle eust esté présente.

(98) *Item.* Voulons et ordonnons que s'il advenoit qu'aucune desdictes parties appellast des commissaires, en procédant à faire leurs enquestes, que nonobstant ledict appel, lesdictz commissaires puissent besongner et procéder à faire et parachever l'enqueste de l'autre partie; et en oultre ordonnons que lesdictes parties ne pourront sur un chascun desdictz articles faire examiner que dix tesmoings seulement.

(99) *Item.* Ordonnons qu'après l'enqueste desdictes parties receues pour juger, lesdictes parties seront tenues de bailler leurs

reproches dedans huict jours après ladicte réception, s'aucuns en veulent bailler, sans espérance d'avoir autre délay, sinon que par nostredicte court pour grande et évidente cause y feust autrement pourveu.

Productions de pièces.

(100) *Item.* Prohibons et défendons aux parties que d'oresnavant en faisant leurs productions, elles ne produisent lettres, tiltres ou munimens qui de rien ne servent au jugement et décision de leurs procez, et qu'elles n'emploient et ne produisent autre chose en leur inventaire que ce qui sera escrit et désigné en icelluy, et s'ilz veulent produire ou employer autres lettres, ou autres choses, qu'ilz le puissent faire extraire, et que temps suffisant et modéré leur soit donné pour ce faire; et ce leur défendons sur peine de cents solz parisis d'amende au procureur qui sera trouvé avoir faict le contraire.

(101) *Item.* Et en oultre défendons à tous les advocatz et procureurs de nostredicte court, et sur peine de cent solz parisis d'amende, à appliquer à nous, que doresnavant, en leurs inventaires ilz ne mettent, n'alléguent raisons de droict ne allégations quelconques, mais qu'ilz déclarent seulement en leurs inventaires la fin à laquelle ilz produisent chacune lettre.

Greffiers civils et criminels.

(102) *Item.* Et qu'il est venu à notre cognoissance que depuis l'an mille quatre cens dix-huict, les greffiers civil et criminel de nostredicte court de parlement, ont prins et exigé des parties qui ont eu à besongner en icelle nostre court, or et argent pour leur bailler et expédier les arrestz et jugemens de nostredict court, et pour plusieurs autres choses dont les greffiers qui estoyent en nostredicte court paravant ledict temps, ne prenoyent et n'avoyent accoustumé prendre aucune chose desdictes parties; nous voulans préserver nos subjectz de tous frais et mises desraisonnables, et régler lesdiz greffiers au train et ordre ancien, avons ordonné et ordonnons que lesdictz greffiers civil et criminel, ne prendront, n'exigeront doresenavant des parties qui auront affaire en nostredicte court, or, argent, ne autre chose quelconque pour leur bailler et délivrer les arrestz et jugemens d'icelle nostre court, ne d'autre chose quelconque, dont de tout temps et d'ancienneté, et paravant ledict temps, de l'an mille quatre cens dix-huict, les greffiers qui lors estoyent, n'avoyent accoustumé aucune chose prendre ne exiger, et ce leur enjoignons sur peine de pri-

vation d'office et d'amende arbitraire; et oultre enjoignons aux présidens, qu'appelez avec eux aucuns des conseillers de nostredicte court, ils s'informent diligemment des anciennes observances et usages qu'on souloit garder en telles matières, et qu'ilz les mettent par escript, et facent garder et observer estroictement et sans enfreindre.

(103) *Item*. Et afin que les causes plaidées en nostredicte court puissent estre seurement jugées et déterminées, lesquelles par le stile notoire de nostre court, doyvent estre jugées par le registre auquel l'on adjouste foy, avons ordonné et ordonnons que les advocats qui auront plaidé lesdictes causes, pourront, si bon leur semble, veoir le registre du plaidoyé de leurdictes causes, le jour, ou quoy que soit le lendemain qu'ilz auront icelles plaidées; et lesquelz greffiers, à leur assertion ou affirmation faicte par serment, appelée la partie ou son procureur, seront tenuz chacun en droict soy, de corriger ledict registre.

Notaires du parlement.

(104) *Item*. Et pour ce qu'anciennement les lettres de commission et autres de nostredicte court estoyent commandées aux quatre notaires d'icelle nostre court, continuellement résidens en icelle, lesquelz depuis trente ou quarante ans en çà n'y ont point résidé, et par ce ont esté les commissions et mandemens émanés de nostredicte court, expédiez par lesdictz greffiers civil et criminel, en grand retardement des procez et dommage de nos subjectz; avons ordonné et ordonnons que lesdictz quatre notaires se tiendront doresenavant et feront résidence continuelle en nostredicte court, et expédiront les commissions et mandemens aux parties, ainsi qu'il leur sera ordonné, sans en prendre d'icelles parties aucune chose, le plus diligemment qu'ilz pourront, ainsi et par la forme et manière qu'ilz avoyent accoustumé les expédier au temps passé.

(105) *Item*. Prohibons et défendons ausdictz greffiers civil et criminel de nostredicte court; qu'ils ne baillent aucuns procez à visiter aux conseillers d'icelle nostre court, sinon que ce soit par le commandement exprès d'aucuns des présidens d'icelle nostre court.

(106) *Item*. Et afin qu'outre les ordonnances dessusdictes et l'ordre par icelles mis sur l'introduction et déduction des procez en nostre court de parlement, ordre soit premièrement mis sur les appoinctemens, jugemens et décisions desdictz procez; et qu'ainsi que de présent réintégrons nostredicte court en son an-

cien nombre de conseillers, icelle nostredicte court soit pareillement réintégrée et remise en son ancien ordre, représentation et auctorité, à l'honneur de nous et de nostre royaume, et au bien de la chose publique et de nos subjectz, tant en honnesteté, science, auctorité et bonne renommée de noz présidens et conseillers, qu'en l'ordre et manière d'appoincter et juger les procez en nostredicte court; nous en ensuyvant les ordonnances de noz prédécesseurs, avons ordonné ce qui s'ensuit.

Règles à observer par les officiers du parlement (1).

(107) *Item.* Et premièrement, voulons et ordonnons que les présidens ordonnez de par nous en nostredicte court, et ausquelz principalement appartient la conduicte et ordre d'icelle, ayent doresenavant singulièrement regard de délaisser toutes autres occupations à l'honneur et conduicte d'icelle nostre court, en bonne et briefve expédition de justice, gardant premièrement cestes noz présentes ordonnances, et icelles facent garder à tous noz autres conseillers, greffiers, huissiers, advocatz et procureurs, et souventesfoys s'enquièrent des infracteurs et transgresseurs d'icelle, remonstrant et reprenant les faultes, et les facent punir par icelle nostre court, selon l'exigence des cas, en nous advertissant pour y donner provision par privation d'offices et autrement, et tellement que ce soit exemple aux autres de garder doresenavant sans enfreindre nosdictes ordonnances.

(108) *Item.* Voulons et enjoignons ausdictz présidens, que diligemment ilz entendent aux plaidoiries qui seront faictes devant eux, pour incontinent après les plaidoiries appoincter les matières qui se peuvent appoincter en pleine chambre, et au regard des appoinctemens qui seront remis au conseil, notent bien les difficultez d'icelles, et se facent, si besoin est, advertir par le greffier, afin qu'au premier jour de conseil, avant quelque autre expédition d'autre matière, le registre des plaidoiries prochaines soit despesché et appoincté, tant que les conseillers ont présente et fresche mémoire des plaidoiries; et enjoignons et commandons audit greffier, que le prochain jour de conseil après les plaidoiries, il rapporte son registre desdictes plaidoiries, afin que briefve expédition soit donnée sans confusion d'autre matière, comme dessus est dit.

(109) *Item.* Pour garder de plus en plus grand'honnesteté en nostredicte court, et obvier à toute suspection et présumption de

(1) V. ci... l'ordonnance de 1446, et les notes.

mal, voulons et enjoignons à nosdictz présideus et conseillers, qu'ilz s'abstiennent, au regard des parties ayant procez en nostredicte court, de toutes communications, desquelles puisse estre causée vraysemblable présumption et suspection de mal; et mesmement de tous disners ou couvis qui seroyent faictz au pourchas desdictes parties et à l'occasion desdictz procez; et spécialement ayent nosdictz présidens et conseillers regard que lesdictes parties ne sachent ou cognoissent celui qui devra rapporter leur procez; et s'il vient à la coguoissance des présidens et conseillers, que les parties ayent cognoissance de ce, que tantôt et sans délay le procez soit baillé et commis à autre, afin d'éviter en ce toute suspection et présumption de mal.

(110) *Item.* Et pour ce que par révélation des secrets de nostredicte court, se sont ensuivys et ensuyvent plusieurs maux et esclandres, et en a esté et est empeschée la liberté de délibérer et juger en icelle nostre court, et qu'à faire tenir les conseils de nostredicte court secretz, noz prédécesseurs ont eu grande et singulière considération, ainsi qu'il appert par leurs ordonnances, et grandes peines corporelles et civiles imposées contre les révélateurs au temps passé; nous, en ensuyvant lesdictes ordonnances, voulons et ordonnons que si aucuns présidens, conseillers, greffiers et notaires, noz advocats et procureurs généraux ou autres sont trouvez coupables en ce, qu'ilz soyent puniz estroictement selon lesdictes anciennes ordonnances, par privation de gages, offices ou autrement, ainsi que nostredicte cour verra estre à faire, selon la gravité du cas : et enjoignons à tous nosdiz présidens et conseillers, et sur leur serment, que ceux qu'ilz trouveront ou sçauront suspectionnez ou coupables en ceste matière, ilz révèlent en nostredicte court, pour en faire punition convenable. Et s'aucuns des huissiers d'icelle nostre court, clercs du greffe, ou notaires fréquentans icelle, sont trouvez en ce coupables, que lesdictz greffiers, huissiers et notaires soyent privez de leurs offices, et puniz d'amende arbitraire, et les clercs desdictz greffiers soyent bannis de la vicomté de Paris, à temps ou à tousjours, selon l'exigence des cas, et en amendes arbitraires. Et s'il advenoit que lesdictz secrets fussent révélez par aucuns prélatz, qui ont faculté de venir en nostredicte court, qu'ilz soyent privez à tousjours de communiquer et estre au conseil d'icelle.

(111) *Item.* Et afin que plus convenablement soit procédé à la judication et détermination des procez, qu'on dict estre de pré-

sent en très-grant nombre en nostredicte court, en estat de juger, voulons et ordonnons qu'après la visitacion desdictz procez, dont dessus est faicte mention, et lesquelz nous voulons estre rédigez selon les séneschaucées et bailliages en aucun registre, et la distribution d'iceulx procez faicte pour rapporter par lesdictz présidens, appellez avec eux aucuns des conseillers, comme dessus est dict, lesdictz présidens, à tous le moins de deux mois en deux mois, voyent diligemment quelz procez ont esté expédiez et quelz restent à expédier, pour tousjours donner ordre d'ancienneté au rapporteur, selon les cas plus piteux et nécessaires, sans faveur ou acception de personne; et que si faute y a, ou négligence de la partie desdictz rapporteurs, qu'ilz soyent blasmez et puniz, selon que nostredicte court verra estre à faire par raison.

(112) *Item*. Et pour donner ordre convenable à ceux qui doresenavant auront à rapporter lesdictz procez en nostredicte court, en quelque chambre que ce soit, voulons et ordonnons que nul ne s'ingère doresenavant à rapporter lesdicts procès léans, sans avoir deuement sur iceux faict son extrait de lettres, tesmoings, ou production des parties, et cotté deuement ses articles et poincts, pour sur iceux appliquer convenablement lesdictes productions; et soit ledit extrait escrit de la main dudict rapporteur, ou autres de nosdicts conseilliers ou greffiers, sans communiquer les secretz de nostredicte court aux serviteurs de nosdiz conseilliers ou autres, hors de nostredicte court. Et enjoignons aux conseilliers, que de présent mettons en nostredicte court, et à tous autres, qu'ilz soyent curieux de veoir et visiter les arrestz anciens de nostredicte court, et les stiles et observances d'icelle, de sçavoir et cognoistre la forme de dicter et ordonner lesdictz extraictz; et s'aucuns estoyent de tous poincts incurieux de ce, que noz présidens les admonestent et induisent à ce faire, ou si besoing est, nous en advertissent, pour y donner provision telle qu'il appartiendra par raison, et sans faveur ou acception des personnes.

(113) *Item*. Nous voulons et ordonnons que nosdictz conseilliers ausquelz les procez seront baillez à rapporter, comme dessus est dict, que tant pour le bien de justice, que pour leur honneur, ilz soyent bien curieux de veoir et ouvrir les poincts et difficultez de leurs procez, sans rien omettre à leur pouvoir, et sans superfluité ou redicte (1); et s'il semble après l'ouverture de rapport,

---

(a) V. le président Henrion de *Pansey*, Autorité judiciaire, pag. 168, 170, 172; il lui donne par erreur typographique la date de 1454. (Isambert.)

que la matière ait besoing d'avoir ouverture plus ample, soyent par les présidens demandées les opinions à ceux qu'on verra estre plus expédient et convenable, selon la matière subjecte, qui pourront plus amplement ouvrir ladicte matière, en soy gardant, comme dessus est dict, de toute superfluité ou réitération des choses devant dictes.

(114) *Item*. Et pour plus seurement procéder audit rapport, et que par inadvertance ou autrement ne soit aucune chose célée ou omise, voulons et ordonnons les inventaires des parties estre dedement et entièrement leues par autre que le rapporteur, et aucuns de noz conseilliers pour assister audict rapporteur, pour faire lecture des lettres et productions, et sur icelles vérifier l'extraict dudict rapporteur; et voulons nosdictz présidens et conseilliers estre curieux de bien et véritablement faire vérifier les extraicts, mesmement en grandes matières, et qui en briefz jours ne se peuvent expédier, afin que besoing ne soit en la conclusion des opinions de revoir et visiter les lettres et productions des parties. (1).

(115) *Item*. Et pour garder en icelle nostre court, en délibérant et jugeant, l'honnesteté et gravité qui doit estre gardée en une court de si grande auctorité, gravité, honneur et renommée, nous voulons et ordonnons les anciennes ordonnances et observances de nostredicte court, tant sur la révérence qu'un chascun doit faire et exhiber aux présidens, en soy levant à la venüe et entrée d'iceux, qu'en bénignement et patiemment escoutant sans interruption ou empeschement ce que lesdictz présidens voudront ouvrir et mettre en délibération, ou de quoy ilz voudront advertir nostredicte court, estre deuement gardées, et les infracteurs estre reprins et puniz; pareillement au regard des conseilliers délibérans en icelle nostre court, voulons et ordonnons iceux estre ouys bénignement, et patiemment sans interruption aucune, sinon qu'ilz errassent évidemment en faict, auquel cas le rapporteur, ou en son défault les présidens ou autres conseillers, les pourront advertir. Toutesfois si nosdictz présidens voyent qu'aucuns en leurs délibérations ou opinions, réitérassent souvent les choses devantdictes par eux où par autres, ou allégassent ou dissent faictz ou choses non alléguées ou contenues au procez, ou qu'ilz usassent de trop grand superfluité ou longueur imper-

---

(1) V. ci-dessus l'ordonnance de 1446, et le Répertoire de jurisprudence, v° *Rapport de procès*, énonçant par erreur la date de 1452. (Isambert.)

tinente, laquelle doit estre singulierement évitée en nostredicte court qui est chargée de grand multiplication de causes; ilz pourront advertir lesdictz conseilliers, et faire cesser lesdictes superfluitez et réitérations, lesquelles sont contre l'honneur desdictz délibérans et de la court, et peuvent donner réitération ou empeschement aux autres délibérans et à l'expédition des matières. Et prohibons et défendons à tous les présidens et conseilliers de nostredicte court qu'en jugeant aucuns procez, ilz ne dient ne proposent aucuns faictz, soit à la louenge ou vitupère des parties ou de l'une d'icelle, ou de la matière de quoy l'on traicte, n'autres faictz (1) par les faictz proposez par les parties aux procez; car les parties savent ou doivent mieux savoir leurs faictz qu'ilz ont à proposer, que ne font les juges, et s'aucun faisoit le contraire en disant son opinion ou autrement, ce sembleroit estre plus d'affection que de raison.

(116) *Item.* En ensuyvant certaines anciennes ordonnances par nous renouvellées sur l'assemblée des chambres, qu'aucunes fois les parties, par requestes ou noz lettres closes ou patentes, poursuyvent ou requièrent estre assemblées pour le jugement de leurs causes; voulons et ordonnons qu'à la requeste ou poursuite de partie, lesdictes chambres ne soyent assemblées, mais soyent jugez les procez ès chambres où ilz seront ordonnez; sinon que la court, pour la grandeur des matières, ou des parties contendans, ou autres causes évidentes et raisonnables, ordonnast pour le jugement desdiz procez, les chambres estre entierement assemblées: auquel cas voulons les procez estre diligemment et sans interruption visitez et jugez, afin que les chambres ne soyent longuement empeschées de l'expédition qui doit estre faicte en icelles chambres.

(117) *Item.* Et si ès procez qui sont jugez et déterminez ès chambres séparément, survenoit en délibérant en jugement, aucune difficulté notable, ou telle diversité en opinion, que conclusion ne peult estre prinse sans avoir le conseil et délibération des autres chambres, soyent envoyez le rapporteur, ou deux des conseillers des opinions différentes, et soyent par eux en ladicte chambre communiquées les difficultez, et sur icelles faicte délibération le plus brief et convenablement que faire se pourra, et soyent ouys bénignement et traictez ceux qui ainsy seront envoyez par lesdictes chambres, et sans interruption despeschez,

---

(1) Lisez *que les faits.*

afin qu'ilz puissent rapporter le conseil et opinion desdictes chambres, à ceux qui ainsi les auront envoyez, pour donner conclusion ou détermination ès procez par eux encommencez à juger ès chambres dessusdictes (1).

Les juges doivent refuser dons.

(118) *Item.* Et pour ce que singulièrement desirons que tous noz subjectz et officiers en nos cours et justices, et spécialement en nostredicte court souveraine, qui sur toutes les autres doit estre exaltée en bonne renommée, et qui est et doit estre exemple et lumière des autres, ayent devant les yeux et en continuelle mémoire l'obligation qu'ilz ont à Dieu, à nous et à nostre chose publique, de loyaument juger, et soy garder de tous dons et promesses corrompables, et qui puissent ou doyvent pervertir ou mouvoir le courage des jugeans, et de toute suspection et présomption de mal, ayans en grand detestation et horreur, que par dons et promesses, justice soit ou doyve estre pervertie ou retardée en nostre temps; voulans obvier à l'indignation de Dieu et aux grandes esclandres et inconvéniens, qui pour telle iniquité et pervertissement de justice adviennent souventesfoys ès choses des royaumes et seigneuries : en ensuyvant les anciennes ordonnances de noz prédécesseurs rois de France, défendons et prohibons à tous juges et officiers, tant en nostredicte court de parlement qu'en toutes autres cours et justices de nostre royaume, que nul ne prenne, ne reçoive, par soy ne par autres, directement ou indirectement, telz dons corrompables, et qui puissent ou doyvent mouvoir ou pervertir le courage des jugeans, et sur peine de privation de leurs offices; et en oultre voulons estre puniz selon l'éxigence des cas et la qualité des personnes, et tellement que ce soit exemple à tous autres (2).

(119) *Item.* Et pour ce que souventesfoys les parties aujourd'huy s'efforcent pervertir justice, et accomplir leurs intentions mauvaises par moyens indirectz, et des dons, promesses, conversations, et fréquentations désordonnées avec les juges, voulons et ordonnons que si aucune partie ayant procez en nostredicte court ou ès autres courts et justices de nostre royaume, faict aucun desdictz dons et promesses aux jugeans, pour jugement,

---

(1) C'est de là sans doute que viennent les arrêts, dits, *consultis classibus*. (Hambert.)
(2) V. Répertoire de Jurisprudence, v. *Postulation* et *Prévarication*.

retardation ou expédition par eux ou par autres, elle soit entièrement privée de ses droictz; et d'abondant soit très-estroictement punie d'amende arbitraire, selon l'énormité et grandeur du cas, et qualité des personnes et procez.

Défense aux avocats et procureurs d'en être médiateurs.

(120) *Item.* Et quand aux advocatz, procureurs et solliciteurs qui feront doresenavant telz dons ou promesses, ou seront médiateurs d'iceux, nous voulons et ordonnons iceux procureurs et advocats estre à tousjours privez de patrociner, plaider et procurer; et iceux advocats, procureurs, solliciteurs et autres médiateurs quelzconques, estre déclarez à jamais inhabiles à tous offices, mesmement de judicatures, et autres concernans justice, et estre puniz de peines arbitraires, selon l'énormité et exigence des cas et qualité des personnes, comme dessus est dict. Et enjoignons et ordonnons à noz bailliffs et séneschaulx quant aux cours et justices subjectes de leursdictes bailliages et séneschaucées, et à noz présidens quant à icelle nostre court souveraine, qu'ilz facent doresenavant diligente inquisition desdictz cas, au regard de tous les dessusdictz, pour y donner provision convenable, et en faire punition sans dissimulation ou délay, comme dessus est dict, et sans faveur ou acception de personne, et sur peine d'encourir nostre indignation, et d'en estre puniz. Et enjoignons à iceux noz présidens, baillifs et séneschaux, de garder premièrement et en eux mesmes cette notre présente ordonnance, et d'icelle avoir souvent considération et mémoire; car d'eux esdiz cas nous entendons estre faicte punition pareille, ou plus grande si mestier est et leur baillons charge spéciale de par nous et à la descharge de nostre conscience, de ceste présente nostre ordonnance faire entretenir et garder sans dissimulation ou infraction aucune.

Jugements passés d'accord.

(121) *Item.* Voulons et ordonnons que noz procureurs et advocatz voyent et visitent les accords qui seront apportez pour passer à noz courts, tant à nostre court de parlement, que de noz baillifz, séneschaux et autres, et les passent et consentent franchement ou les débatent, s'ilz voyent que faire se doyve, sans aucune chose en prendre des parties ne d'aucune d'icelles.

Des fins de non recevoir.

(122) *Item.* Voulons et ordonnons que les procez qui pourront

...re expédiez et jugez par droict et par fin de non-recevoir, soyent ...pédiez et jugez par tous les juges de nostre royaume, tant en ...stre court de parlement, que par noz séneschaux, baillifs et au... ...noz juges de nostre royaume, par droict et par les fins de non-...cevoir dont il apperra promptement, sans appoincter icelles ...ties en faictz contraires en iceluy procez.

(123) *Item*. Que nous avons entendu que plusieurs juges de ...stre royaume, tant nostres qu'autres, donnent et font leurs ...gements et sentences si obscurs et douteux, qu'à peine les peult-...entendre, et jugent par expérience, sans avoir regard expres-...ment aux choses alléguées et prouvées par les parties; parquoy ...r l'interprétation et exécution d'icelles sentences et jugemens, ...parties sont constituées en aussi grand procez comme para-...nt, en grands frais et despens, et en sont les parties souventes-...ys moult endommagées. Nous, voulans pourveoir à telles cho-..., ordonnons et décernons que tous les juges de nostre royaume, ...t ceux de nostre parlement, que noz baillifz, séneschaux et ...tres noz juges de nostre royaume, jugeans certainement et ...lon les choses alléguées et prouvées (1) par devant eux par les ...ties, donnent et profèrent doresenavant leurs jugements, ar-...stz et sentences certaines et claires; et enjoignons et comman-...ons à tous les juges de nostre royaume, tant à ceux de nostre ...urt de parlement, qu'autres, qu'ainsi le facent sur leur honneur, ...sur peine d'en estre reprins par nous et noz juges.

Défense aux juges de concourir à l'exécution.

(124) *Item*. Et que souventesfoys advient que, quand aucune ...artie a obtenu arrest de nostredicte court contre sa partie ad-...rse, pour fouler et charger sadicte partie de fraiz et despens, ...ur exécuter iceluy arrest il prend un des conseillers de nostre-...icte court de parlement. Nous, voulans relever noz subjectz ...fraiz et despens superfluz, ordonnons et décernons que les ...estz de nostredicte court, et aussi les sentences des juges de nostre ...oyaume, tant nostres qu'autres, soyent doresenavant exécutées ...r les huissiers de nostre court de parlement, ou noz sergens, ...aux moindres fraiz et despens que faire se pourra; et prohi-...ons et défendons que pour exécuter lesditz arretz et sentences

---

(1) Pour cela, il faut qu'ils soient motivés en fait et en droit, ce qui n'a lieu ...e depuis 1790. (Isambert.)

les parties ne prennent aucun des conseillers de nostre cour [de] parlement, n'autres juges, et s'ilz le faisoyent, les parties co[n]demnées ne soyent tenues de payer plus grands fraiz et des[pens] pour ladicte exécution, qu'un sergent ou huissier de nostre[dicte] cour devroit avoir : sinon toutesfoys qu'en l'arrest ou sente[nce] eust aucune chose à exécuter, qui requist cognoissance de ca[use,] auquel cas les parties pourront prendre aucuns de noz conseill[ers] ou aucun juge, pour exécuter l'arrest ou sentence; et enjoi[gnons] à nosdictz conseillers de nostredicte court de parlement, et à [noz] noz autres juges, que pour leur honneur ilz s'abstiennent [de] prendre les exécutions de telz arretz et sentences où il ne [a] aucune cognoissance de cause.

De la rédaction des coutumes (1).

(125) *Item.* Et que les parties en jugement, tant en no[stre] court de parlement que par-devant les autres juges de no[stre] royaume, tant nostres qu'autres, proposent et allèguent plusie[urs] usages, stiles et coustumes, qui sont divers selon la diversité [des] pays de nostre royaume, et les leur convient prouver, par qu[oi] les procez sont souventesfoys moult allongez, et les parties co[ns]tituées en grands fraiz et despens; et que si les coustumes, us[ages] et stiles des pays de nostredit royaume, estoient rédigez par e[s]crit, les procez en seroient de trop plus briefz. et les par[ties] soublevées de despenses et mises, et aussi les juges en jugero[nt] mieux et plus certainement : (car souventesfoys advient que [les] parties prennent coustumes contraires en un mesme pays[;] aucunesfoys les coustumes muent et varient à leur appétit, d[ont] grandz dommages et inconvéniens adviennent à noz subjectz[.] Nous voulans abréger les procez et litiges d'entre noz subjectz[,] les relever de mises et despens, et mettre certaineté ès jugeme[ns] tant que faire se pourra, et oster toutes matières de variation[s et] contariétez, ordonnons, et décernons, déclairons et statuons q[ue] les coustumes, usages et stiles de tous les pays de nostre royau[me] soyent rédigez et mis en escrit, accordez par les coustumi[ers,]

---

(1) Cette disposition a donné lieu à la rédaction des coutumes qui compo[sent] 8 vol. in-folio; auparavant on ne pouvait y suppléer que par des enquêtes, [des] actes de notoriété, comme au reste il s'est encore pratiqué depuis dans les [cas] prévus par la coutume. On en a vu un exemple en 1824; la cour de cassation, [par] arrêt du 14 avril (supplément au Bulletin des lois, 1824, p. 52), a annulé [cet] arrêté, comme disposant par voie réglementaire. (Isambert.)

...ticiens et gens de chascun desdiz pays de nostre royaume, les-
...els coustumes, usages et stiles ainsi accordez seront mis et
...critz en livres, lesquelz seront apportez par-devers nous, pour
... faire veoir et visiter par les gens de nostre grand conseil, ou de
...tre parlement, et par nous les décréter et conformer; et iceux
...ages, coustumes et stiles ainsi décrétez et confermez, seront
...ervez et gardez ès pays dont ilz seront, et ainsi en nostre court
... parlement ès causes et procez d'iceux pays; et jugeront les
...ges de nostredict royaume, tant en nostre court de parlement,
...e noz baillifs, séneschaux et autres juges, selon iceux usages,
...oustumes et stiles, és pays dont ilz seront, sans en faire autre
...euve que ce qui sera escript audit livre; et lesquelles coustumes,
...iles et usages, ainsi escritz, accordez et confermez, comme dict
...t, voulons estre gardez et observez en jugement et dehors.

Toutesfoys nous n'entendons aucunement déroger au stile de
...ostre court de parlement (1) et prohibons et défendons à tous
...s advocatz de nostre royaume, qu'ilz n'allèguent ne proposent
...tres coustumes, usages et stiles, que ceux qui seront escriptz,
...ccordez et décretez comme dict est; et enjoignons ausdictz
...ges qu'ils punissent et corrigent ceux qui feront le contraire,
... qu'ilz n'oyent, ne reçoyvent aucunes personnes à alléguer,
...roposer, ne dire le contraire (2).

Si donnons en mandement à nos amez et féaux conseillers les
...ens tenans nostre présent parlement, et qui tiendront ceux adve-
...ir, au prévost de Paris, et à tous les autres justiciers de nostre
...oyaume, et à leurs lieutenans, et chascun d'eux, si comme à
...y appartiendra, que noz présentes loix et ordonnances cy-des-
...s escrites, ilz tiennent, observent et gardent, facent tenir,
...bserver et garder par tout, en jugement et dehors, sans enfrein-
...re. Et afin que ce soit chose ferme et stable, nous avons ci faict
...ettre nostre séel

Donné aux Montilz-lès-Tours, au mois d'avril, l'an de grace

---

(1) Cet article est peut-être celui qui fait le plus d'honneur à la législation de
...rles VII; mais ce projet ne commença que sous son successeur à recevoir son
...ution. (De Brequigny. Préface.)
C'est une erreur. V. ci-après les lettres patentes du 26 avril 1459. Ces coutu-
...s furent rédigées dans une forme presque législative avec le concours des
... états. (Isambert.)
(2) Ainsi cette cour avait le pouvoir législatif; c'est pourquoi la jurisprudence
... cours a prévalu contre le texte des coutumes. (Idem.)

mil CCCC LIII, avant pasques, et de nostre regne le [...]

Par le roy en son conseil, auquel les comtes d'Eu et de Cler[mont] le connestable, le comte de Foix, vous (le chancelier), les ar[che]vesques de Tours et de Narbonne, les évesques d'Angoulesme, [de] Maillezets, de Paris, de Coustance, de Chaalons, le comte [de] Dunois, le mareschal de Loheac, l'admiral, les Sires de T[...] de la Tour, de la Varenne, de Vauvert, du Monteil, et de [Mon]soreau, maistres Yves de Sepeaux, Robert, Thiboust, et He[lie] Thorrectes, presidens, maistre Jehan Barbin, Jehan Simo[n,] plusieurs autres estiez.

N°. 214. — *Arrêt d'une commission présidée par le roi* (1), [qui] *condamne J. Cœur,* (2), *lui fait grâce de la vie, et confis[que] ses biens.*

Château de Lusignan, 19 mai 1453. (Enreg. au parl. de Toulouse, le 5 a[oût] Manusc. de la bibl. du roi, carton 122. Man. de Dupuis, vol. 225.

CHARLES, etc. Sçavoir faisons que veu lesdits procès et confessions dudit Jacques CUEUR, et tout ce que, pour la justification [et] décharge d'icelui Jacques CUEUR a esté produit par devers no[s] commissaires, et veu et considéré ce qui faisoit à voir et consi[dé]rer en ceste partie, et eue sur ce grand et meure délibération [de] conseil.

Avons par nostre arrest, jugement et a droict dict et décla[ré,] disons et déclarons que ledit Jacques Cueur est encheu ès crim[es] concussions et exactions de nos finances et de nos pays et subje[ts,] de faux, de transport de grande quantité d'argent aux Sarra[sins] ennemis de la foi chestienne et de nous, transport de billon [d'or] et d'argent en grand nombre hors de nostre royaume, transgression des ordonnances royaux, crime de leze majesté et autres cri[-] mes, et que par ce il a commis et forfaict envers nous corps et bie[ns.] Toutesfois pour aucuns services à nous faicts par ledit Jacq[ues] Cueur, et en contemplation et faveur de nostre saint pere le pa[pe] qui nous a pour luy rescrit et faict requeste, et pour autres ca[u]ses et considérations à ce nous mouvans, nous avons remis [et] remettons audit Jacques Cueur la peine de mort, et l'av[ons] privé et déclaré inhabile à tousiours de tous offices royaux et p[...]

---

(1) Le roi n'a été dépouillé du droit de prendre part au jugement de ses suj[ets] que par la loi de 1789; jusque-là, et depuis Louis XIII, il s'abstenait volon[tai]rement. V. le Nouveau Répertoire, v° *Pouvoir judiciaire*. (Isambert.)

(2) Les chefs d'accusation allégués à sa charge, étaient, 1° d'avoir com[mis]

lics : et avons condamné et condamnons ledit Jaques Cueur à faire amende honorable en la personne de nostre procureur teste sans chaperon ni ceinture, à genoux, tenant en ses mains une torche ardente de dix liures de cire, en disant que mauuaisement, induëment et contre raison il a enuoyé et faict présenter harnois et armes au soldat ennemy de la foi chrestienne et de nous, aussi faict rendre aux Sarrazins ledict enfant, et faict mener et transporter ausdits Sarrazins grande quantité d'argent blanc, et aussi transporté et faict transporter grande quantité de billon d'or et d'argent hors ce royaume contre les ordonnances royaux et qu'il a exigé, prins, levé, recélé et retenu plusieurs grandes sommes de deniers, tant de nos deniers que de nos pays

plusieurs concussions et exactions en Languedoc ; 2° d'avoir fait transporter sur ses galeres, des armes en Egypte, dont il avait fait présent au soudan, qui depuis avait obtenu victoire contre les chrétiens ; 3° d'avoir fait passer au même soudan une grande quantité de cuivre, d'or et d'argent, tant monnayés qu'en lingots, et des harnois, pour exporter d'Alexandrie deux ou trois cents charges de poivre, sans payer de droits; 4° d'avoir fait empoisonner Agnès Sorel (maîtresse de Charles VII); 5° d'avoir, dès l'année 1450, étant compagnon à la ferme des monnaies de Bourges, fait fabriquer des écus à moindre prix et alloi, et, gagné par ce moyen vingt et trente écus pour marc, au lieu de dix ; 6° d'avoir, en 1446, fait rendre au soudan d'Egypte, un enfant du pays qui, voulant se faire chrétien, s'était enfui de chez son maître, et réfugié sur une galere appartenant à Jacques Cœur, et qui était alors à Alexandrie sous la conduite de Michelet Tainturier ; 7° d'avoir transporté hors du royaume une grande quantité de billon, tant d'or que d'argent; 8° d'avoir escroqué deux mille écus aux seigneurs de Canillac et de La Fayette, sous prétexte que le roi en avait besoin pour jouer aux dés, pendant les fêtes de Noël ; 9° enfin d'avoir volé au trésor 2,450 livres sur le prix de la location des foires.

Il paraît que malgré la condamnation, la culpabilité de Jacques Cœur ne résulta point de preuves bien évidentes. Pasquier dit : « Quant à son procès, si les « juges n'y eussent passé, je dirois presque que c'estoit une calomnie ; mais je ne « mentiray point quand je diray que la jalousie des grands, qui estoyent près de « Charles septiesme, luy trama cette tragédie. »

L'arrêt ne fut pas sitôt prononcé contre lui, que l'on procéda, par voie de saisie, sur ses biens meubles et immeubles, dont la plus grande partie fut vendue. Depuis, il s'enfuit de sa prison, où il n'était pas trop étroitement enfermé, et il mourut quelque temps après. On trouve aux registres de la chambre des comptes de Paris, la composition que fit le roi Charles VII avec Renaud et Jacques Cœur, ses enfans, le 5 août 1457, par laquelle il leur remit une bonne partie des biens de leur père, à charge 1° d'acquitter toutes les dettes dont ce dernier pouvait être tenu envers le roi ; 2° de renoncer à tous les biens saisis et mis sous la main du roi, encore qu'ils eussent prétendu qu'une partie venait de leur mère. (Isambert.)

et subjects en grande désolation et destruction de nosdits pays et subjects, en requerant de ce mercy à Dieu et à iustice (1).

Et aussi l'avons condamné et condamnons à racheter des mains des Sarrazins ledit enfant, et de le faire ramener et restablir en nostre ville de Montpellier où il fut prins, si faire se peut, et si non, racheter un chrestien des mains desdits Sarrazins et le faire amener audit lieu de Montpellier:

Et auons déclaré et déclarons ledit seellé et obligation de la somme de deux mille escus baillée par lesdits seigneurs de Cauillac et de la Fayette, nulle et de nulle valeur, et faussement et mauvaisement avoir été prins et exigé desdits seigneurs de Caulac et de la Fayette par ledit Jaques Cueur.

Et en outre avons condamné et condamnons icelui Jaques Cueur à nous rendre et restituer pour les sommes par lui recelées et retenues induëment sur nous, et aussi pour les sommes extorquées, prinses et exigées induëment sur nos pays et sujects, en la somme de cent mille escus, et en amende profitable envers nous, de la somme de trois cens mille escus, et à tenir prison iusques à pleine satisfaction. Et au surplus avons déclaré et déclarons tous les biens dudit Jaques Cueur confisquez enuers nous, et avons icelui Jaques Cueur banny et bannissons perpétuellement de ce royaume, reserué sur nostre bon plaisir. Et au regard des prisons, pource que le procez n'est pas en estat de juger pour le présent, nous n'en faisons aucun iugement et pour cause. En tesmoing de ce nous avons faict mettre nostre seel à ces présentes.

Ainsi signé par le roy en son conseil.

N°. 215. — LETTRES *portant création par le dauphin du parlement de Grenoble à la place du conseil Delphinal* (1).

1453. (Henrion de Pansey, Aut. jud., p. 579.)

N°. 216. — LETTRES *portant injonction au parlement de Paris de s'assembler en nombre suffisant, nonobstant les vacations pour visiter les procès accumulés, faire arrêt d'appointement et les prononcer à la rentrée.*

Breuil-d'Oyse, 15 septembre 1454. (C. L. XIV, 331.)

---

(1) Elles furent ratifiées 2 ans après par le roi. (*Henault*, abrégé chronologique.) Nous n'avons pas trouvé cette pièce.

N° 217. — LETTRES *touchant la fraternité* (1) *des officiers du parlement de Toulouse avec ceux du parlement de Paris.*

Mehun-sur-Yèvre, 14 novembre 1454. (C. L. XIV, 332.)

CHARLES, etc. Comme pour le bien de justice, et relever nos subjets des vexations et travaux, nous ayons ordonné nostre parlement être tenu pour notre cour souveraine, tant à Paris comme à Toulouse, par nos amez et féaux les présidens et conseillers par sous instituez et ordonnez pour ce faire en chacun desdits lieux de Paris et de Toulouse, lesquels y ont de nous telle puissance et authorité les uns comme les autres; et par ce, doivent iceux présidens et conseillers de chacun desdits parlements, estre tenus et réputez unis et recueillis et honorez les uns les autres, et comme faisant un même parlement, et néantmoins pour les termes et limites par nous donnez et ordonnez et constituez à iceux parlemens, en pourroient avoir entr'eux différence telle, que quand aucuns de nos présidens ou conseillers de l'un de nosdits parlemens voudroit ou viendroit en l'autre, comme ceux de notre parlement de Toulouse, pour leurs affaires particulières, ou autrement, se trouveroient à Paris, que ceux de notre parlement de Paris fissent difficulté de les recevoir avec eux, et de leur bailler et donner lieu et voix, et notredit parlement de Toulouse, à ceux de notre parlement de Paris qui se trouveroient à Toulouse, ce que ne voulons aucunement souffrir ne tolérer:

Sçavoir faisons, que nous voulans nosdits présidens et conseillers de chacun de nosdits parlemens, et de chacun d'eux estre tenus et réputez tous uns, et y demourer en notre service en bonne union et fraternité, sans souffrir, pour causes des limites d'iceux parlemens, avoir entr'eux aucune différence : avons voulu et ORDONNÉ, voulons et ORDONNONS par ces présentes, que toutes et quantes fois que aucuns de nos présidens et conseillers de notre parlement de Toulouse se trouveront en notre ville de Paris pour leurs affaires, ou autrement, et se présenteront en notre parlement de Paris pour y être reçeus en leursdits offices, que ceux de notredit parlement de Paris soient tenus de les y recevoir, et leur bailler lieu entr'eux, selon le temps de leur institution faite à

---

(1) Sous Louis XV, les parlemens se liguèrent pour délibérer des remontrances, prétendant qu'ils étaient frères. Il y eut une déclaration contraire pour éviter une confédération générale. (Isambert.)

Toulouse, et dont il apparoîtra par certification qu'ils en apporteront de notredit parlement de Toulouse, sans ce toutefois, que pour ce doivent ne puissent prendre ni demander aucuns gages de nous; et que semblablement fassent nos présidens et conseillers de notredit parlement de Toulouse à nos présidens et conseillers de notredit parlement de Paris, qui pour leurs affaires, ou autrement, se trouveront en notredite ville et en notredit parlement de Toulouse.

Si donnons en mandement, etc.

Donné à Mehun-sur-Yevre, etc. Par le Roy en son conseil.

N°. 218. — LETTRES *portant règlement pour la chambre des comptes.*

Mehun-sur-Yevre, 23 décembre 1454. (C. L. XIV, 341.) Pub. ch. des comptes 28 janvier.

CHARLES, etc. Comme soit venu à nostre cognoissance que jaçoit ce que ès comptes passez, tant du temps et regne de feux de bonne memoire noz très-chers seigneurs ayeul et pere, cui Dieu pardoint, comme aussy autres leurs prédécesseurs et nostres, roys de France, ayent esté faictes et enregistrées en nostre chambre des comptes à Paris, à diverses fois, plusieurs grandes et bonnes ordonnances touchant l'ordre, conduite et gouvernement qu'auroient à tenir les présidens, maistres, clers, greffiers et autres officiers d'icelle chambre, en besoignant à cause de leurs offices, tant sur le faict et reddition des comptes généraulx et particuliers, comme sur aultres affaires que chacun jour et en se traicteroient et survenir pourroient en ladicte chambre, et nonobstant, pour la diversité du temps depuis entrevenu, à l'occasion des guerres et divisions qui ont esté en nostredit royaulme, icelles ordonnances ne se sont toujours entretenues, et n'ont esté du tout jusques ici gardées et observées comme besoing fust pour le bien de nous et de nos officiers et affaires, à laquelle cause avons puis n'agueres enjoinct et ordonné à noz amez et féaulx conseillers les présidens et maistres de nostredicte chambre des comptes, qu'ils se trouvassent tous ensemble en icelle chambre, pour veoir et adviser les dessusdites ordonnances, en prendre et rédiger par escript ce qui leur sembleroit estre au bien de nous et de nosdictes affaires, et au surplus, eu esgard au temps qui à présent court, en adviser de nouvelles, et tout mettre en forme par articles, pour nous estre envoyées, affin d'en ordonner à nostre plaisir, ce qu'ils ont faict en grande diligence, et en obéissant à nostre commandement ont soigneusement vacqué et entendu à ce que dit est, et nous ayant présentement envoyé par l'un d'eulx, les poinctz et articles par eulx advisez touchant celle matiere, le tout soubz nostre correction et bon plaisir, desquelz articles cy incorporez la teneur s'ensuyt.

(1) Et premierement a esté advisé, et tout soubz le bon plaisir du roy, que doresenavant l'huyssier de la chambre des comptes mettra à poinct depuis la Saint-Remy jusques à Pasques, la grande chambre, le grand bureau et les autres chambres; et ordonnera par chacun jour, tout ce qu'il est tenu de faire esdites chambres, avant qu'il soit sept heures sonnées au matin; et depuis Pasques jusques à ladicte Saint-Remy, ordonnera et mettra à point tout ce que besoing sera esdictes chambres touchant son office, avant six heures du matin.

(2) *Item*. Et que depuis que ledit huyssier aura faict ce que dict est cy-dessuz, il se tiendra hors tous les huys de la chambre, et là attendra la venue des présidens, maistres, clercs et greffiers, et leur ouvrera l'huys, et pareillement aux officiers qui auront à compter, ou leurs procureurs, et non à aultres sans le congé et licence de ceulx du grand bureau; et ne laissera ledit huyssier, entrer aulcun desdits officiers comptables ou leurs procureurs, se leurs auditeurs ne sont premierement venuz et entrez en ladicte chambre.

(3) *Item*. Et depuis que lesdits présidens et maistres, ou trois d'iceulx seront venuz et entrez, ledit huyssier se tiendra continuellement entre ou hors les huys de ladite chambre, ayant une verge en sa main, jusques après que dix heures seront sonnées au matin, et après disner cinq heures.

(4) *Item*. Que tous les clercs et greffiers de ladicte chambre viendront pour besoigner en icelles, depuis la Saint-Remy jusques à Pasques par chacun jour à sept heures du matin, et lesdicts présidens et maistres à sept heures et demye au plus tard: et après disner lesdits clercs et greffiers viendront à deulx heures durant le temps dessusdict, et lesdicts présidens et maistres à deulx heures et demye.

(5) *Item*. Et depuis Pasques jusques à la Saint-Remy lesdicts clercs et greffiers viendront par chacun jour en ladicte chambre à six heures, et lesdicts présidens et maistres à six heures et demye au matin; et après disner lesdicts clercs et greffiers durant

ledict temps viendront à doulx heures et demye, et lesdicts présidens et maistres à trois heures au plus tard.

(6) *Item*. Et depuis que lesdicts présidens et maistres ou aulcuns d'eulx seront assiz au bureau de la grande chambre, nul desdicts clercs et greffiers pourra ou devra yssir hors d'icelle chambre, sans le congé et licence de ceulx qui seront au bureau, et jusques par l'ordonnance de ceulx d'iceluy bureau la cloche aura esté sonnée, soit au matin ou après disner.

(7) *Item*. S'aulcun desdicts présidens, maistres, clercs ou greffiers défault de venir aux heures dessusdictes et il n'a excusation raisonnable, laquelle il sera tenu envoyer dire, il payera l'amende selon l'ordonnance de ceulx dudit bureau.

(8) *Item*. Que lesdicts clercs et greffiers, et aussy les officiers comptables et leurs procureurs, ou autres quelz qu'ilz soient, qui auront à besoigner en ladicte chambre, quand ilz seront entrés en icelle chambre, ne s'y arresteront, mais yra chacun à son affaire, et en la chambre où il aura à besoigner : si aynsi n'estoit que par ceulx dudit bureau fût à aulcun ordonné y demeurer, et qu'on y eust à besoigner et affaire de luy.

(9) *Item*. Que des requestes qui se devront présenter doresnavant en ladicte chambre, nulz desdicts présidens, maistres, ou clercs, n'en prendront ou recevront aulcune, mais seront receues par lesdicts greffiers ou l'un d'eulx, si on les apporte avant que ceulx dudit bureau soient assis ; et si on les apporte depuis, ledit huyssier les pourra recevoir ; et incontinent que lesdictes requestes auront esté receues tant par lesdicts greffiers que par ledit huyssier, ilz seront tenuz les apporter sur ledit bureau, sans aulcune en retenir devers eulx, ne en prendre aulcun loyer et salaire de ceulx qui présenteront lesdictes requestes, sur peine d'amende arbitraire.

(10) *Item*. Et pour l'expédition desdictes requestes et pour ouyr les playdoiries, vacqueront et entendront lesdicts présidens et maistres en toute diligence, aux jours de mercredy et sabmedy ; et si tost qu'ils les auront expédiés, ilz vacqueront le surplus desdicts deulx jours, à oyr et clorre les comptes, et expédier les aultres affaires de ladicte chambre : toutesfois s'il advenoit qu'ès autres jours n'y eust aucun compte à clorre, et il y avoit aulcunes requestes ou playdoiries à expédier, ou aultres choses qui requerroient hastive expédition, en ce cas les dessusdicts pourront vacquer à l'expédition des choses dessusdictes.

(11) *Item*. Que toutes les requestes qui seront présentées au

bureau, et aussy toutes lettres d'expéditions et autres quelzconques, seront leuës à l'oye de tous ceulx qui assisteront audict bureau, et délibérées par la pluspart des assistans; et autrement ne soit faict, ne lesdictes lettres d'expédition signées des signetz, sinon audit bureau; ne aussy lesdicts greffiers ne devront signer de leur seing manuël, aulcunes lettres, si commandé ne leur estoit par ceulx qui seront séans audict bureau, sur peine d'amende arbitraire.

(12) *Item*. Que nul de ladite chambre prenne ou reçoive charge d'aulcunes personnes, quelles qu'elles soient, de poursuyr ne solliciter aulcune besoigne ou affaire (1) qu'ilz ayent à expédier en icelle chambre; mais bailleront lesdictes personnes leurs requestes contenant leurs faictz, se bon leur semble, comme dessuz a esté dict, pour leur estre pourvu comme de raison sera.

(13) *Item*. Et pour ce que les faiz et escriptz de ladicte chambre doivent estre tenuz secretz, et plus que nulz autres, ce qui n'a pas toujours esté bien gardé jusques à cy, a esté advisé qu'il doibt estre par exprez enjoint aux suppostz de ladicte chambre, de tenir lesdicts faictz et escripts secretz, sur peine de privation de leurs offices; et pareillement les consultations, opinions et délibérations d'icelle chambre, sur les peines dessusdites.

(14) *Item*. Que quand lesdicts clercs seront entrez par chacun jour en ladicte chambre, ils entendront dilligemment à examiner les comptes des officiers qui seront devant eulx; et s'il advenoit qu'aulcun d'iceulx clercs n'eust à examiner aulcun compte, celuy en toutte diligence entendra à faire ses escriptz, corrections, et autres choses nécessaires, pour faire tousjours le proffict du roy.

(15) *Item*. Que nulz desdit présidens, maistres ou clercs, ne pourront amener dedans ladicte chambre, ne ou pourpris d'icelle, aulcuns clercs, familiers ou autres, ne serviteurs quelz qu'ilz soient, pour y séjourner ou y résider, sans le congé de ceulx dudict bureau; et mesme les procureurs d'icelle n'y feront résidence, si ce n'est tant comme ils rendront les comptes de leurs maistres devant lesdicts clercs, ou quant on fera la closture d'iceulx audict bureau, ou quand ils prendront leurs arrests lesdictz clercs présens.

(16) *Item*. Lesdictz clercs et greffiers ne bailleront aulcuns ex-

---

(1) Aujourd'hui et depuis la suppression des procureurs, les référendaires à la cour des comptes, passent pour solliciter les affaires près de leurs collègues. (Lambert.)

traitz des escripts, ne feront collation d'aulcuns registres ou autres enseignemens de ladicte chambre, pour quelconque personne ou cause que ce soit, sans le congé et ordonnance de ceulx dudict bureau, et sur la peine dessusdicte. Et quand lesdicts clercs partiront de leurs chambres pour aller autre part, ils ne laisseront personne, soit officier comptable, procureur, ou autre personne estrange, en leurdicte chambre, mais les mettront tous hors, et fermeront l'huys jusques à leur retour, sur peine d'amende arbitraire.

(17) *Item*. Que tout officier comptable, estant à Paris et ayant ses comptes en ladicte chambre, rendra son compte en personne; aultrement ne luy sera taxé ne ordonné aulcune chose pour son voyage, ne pour la reddition de sondict compte; ains pour sa négligence, et pour le contemnement et mespris que en ce cas seroit de l'auctorité de ladicte chambre, à laquelle tout officier comptable doibt honneur et obéissance par serment, sera condamné en amende arbitraire.

(18) *Item*. Que aulcun *traditus* ne soit escript en compte principal d'un officier comptable, quel qu'il soit, se il ne présente ensemble le double d'iceluy compte; et que le clerc à qui ledit compte sera commis à examiner, escrive au commencement, *inceptus examinari tali die*; et aussy quand examiné sera, *finitus examinari, etc.* Et sitost que ledit compte sera examiné, ledit clerc sera tenu de le venir dire audit bureau, affin d'expédier ledit officier, par cette manière qu'il ne puisse séjourner ou attendre longuement la closture d'iceluy compte aux despens du roy, ou à tout le moins faire l'estat dudit compte *ut jacet*, si aynsi estoit que ledit officier ne voulsist clorre : car au délay le roy pourroit avoir grand dommage, parce que lesdicts officiers comptables, maintesfois quand ils ont veu que ils pourroient devoir par la fin de leursdicts comptes, ont différé la closture d'iceulx soubz quelque apparence ou coulourée excusation, et ont quis nouveaux acquitz et décharges, dont comme l'on dict se font souvent garnir à bon marché, au très-grand dommage du roy.

(19) *Item*. Que lesdicts présidens et maistres ne taxent à aulcun officier comptable, aulcun voyage, ne aussi ils ne souffrent prendre gaiges sur le roy, se prémierement quand il aura présenté son compte et avant qu'on procède à l'examen d'iceluy, il n'a deschargé tous ses comptes précédens ; et le jour que ledit officier comptable aura deschargé sesdicts comptes, sera tenu son

auditeur le venir dire au bureau, affin que de ce jour soient taxez le voyage et vacation dudit officier, et non plus tost.

(20) *Item.* Jaçoit que par les ordonnances ne soit point déclaré que les receveurs ordinaires doivent venir compter en personne, et néantmoins est très-nécessaire qu'ils soient présens à la reddition et closture de leursdicts comptes ; affin de parler et responde du faict de leurs receptes, ce qu'ilz peuvent mieulx faire que leurs procureurs ; aussy affin qu'on les puisse advertir et instruire de la maniere qu'ilz doivent tenir, et comment ilz se doibvent gouverner au faict de leursdictes receptes : advisé a esté que doresenavant lesdicts receveurs ordinaires du domaine seront tenuz de compter dedans le temps préfix par les ordonnances, et en personne, se ilz n'ont essoyne et excusation raisonnable, de laquelle ils seront tenuz certiflier, à la présentation de leurs comptes, ceulx dudit bureau, par lettre de la justice des lieux où sont lesdictes receptes.

(21) *Item.* Que doresenavant quand aulcun officier comptable ou son procureur viendra audit bureau présenter son compte pour estre examiné, lesdicts gens des comptes lui feront faire préalablement serment solennel, qu'en soudit compte il fait entière recepte et despense, et qu'il ne baillera aulcuns acquitz ou lettres, qu'il ne cuyde en sa conscience estre bons et loyaulx, et que touttes les parties couchées en la despense de son dit compte, auront par luy entierement esté payées ; et s'il est trouvé qu'aulcun face le contraire, qu'il en soit puny par lesdicts gens des comptes, par suspension d'office, ou d'autre telle peine comme ils verront estre à faire selon l'exigence du cas.

(22) *Item.* Qu'ausdicts officiers comptables ne soit taxé d'oresenavant, quand ils viendront à compter en ladite chambre, par chascun jour de leur vacation faicte à la reddition et closture de leurs comptes, ne aussy pour leur venir ne leur retour, plus de vingt sols tournois ; et si lesdicts officiers envoyent lieutenantz, il n'aura que dix solz tournois : et là où il aura seulement procureur pour rendre lesdicts comptes, demeurant à Paris, il n'aura que cinq sous tournois par jour tant seulement, pour la vacation qu'il fera à la reddition et closture d'iceulx comptes.

(23) *Item.* Que les douze clercs d'embas soient muez de l'une chambre en l'autre, quand lesdits présidens et maistres verront estre expédient, et au plus tard de trois ans en trois ans, affin qu'un chascun d'eulx puisse mieulx et scaiche cognoistre et sçavoir les faictz et estatz des comptes et escriptz de touttes lesdictes

chambres; et quand ilz seront meuex, recolleront les inventaires et les parfairont, aynsi qu'il se souloit faire le temps passé, et comme les anciennes ordonnances le portent.

(24) *Item.* Qu'aulcun desdicts clercs, greffiers ou huyssiers, ne pourra ne devra partir, ne aller hors Paris, sans demander et obtenir congé et licence de ceulx dudit bureau, sur peine d'amende arbitraire; sinon ès jours de festes esquelz l'on ne va point en ladicte chambre.

(25) *Item.* Que toutes et quantesfois qu'il conviendra ausdits clercs, ou autres de ladite chambre, extraire des comptes ordinaires ou extraordinaires, aulcunes debtes descendans desdicts comptes, tant du temps passé comme pour le temps advenir, et pour icelles bailler à ceulx à qui il appartient; que après que lesdictes deptes auront esté extraictes; et bien collationnées et corrigées par celuy qui en aura faict l'extraict, icelles soient apportées audit bureau, affin qu'elles soient baillées, pour les faire venir ens au proffict du roy; et que de ce, soit faicte mention en la fin d'un des comptes, dont lesdictes debtes descendront; et semblablement ou livre des mémoriaux de ladite chambre, pour plus grande seureté; et seront tenuz ceulx à qui on les baillera, d'en respondre, rendre bon compte et reliqua en temps et lieu, et en bailleront lettres de récépissé.

(26). *Item.* Que les correcteurs desdis comptes feront bien et diligemment les corrections, et après ce que aynsi faictes les auront, les apporteront audit bureau, pour lesdictes debtes faire recevoir par le changeur du trésor, selon les ordonnances faictes sur le faict des finances; et seront curieulx de remettre les comptes sur lesquelz ilz auront faict lesdictes corrections, en leurs chambres et aulmoires, et aussy leurs lettres en leurs sacs.

(27) *Item.* Extrairont et rédigeront par escrit touttes les debtes qui par iceux comptes pourront estres deues au roy; et ce faict, les apporteront audit bureau sans les anuncier ou révéler ailleur par escript, ne autrement, sur peine de privation de leurs offices.

(28) *Item.* S'aulcune erreur, ou deniers induëment prins sur le roy estoyent trouvez en faisant lesdictes corrections, que sans faveur ou délay les officiers sur lesquelz seront trouvées lesdictes faultes et erreurs, soient par le procureur du roy en ladicte chambre mis en cause; et que par ceulx dudit bureau soit tout corrigé et amendé, selon raison, droit, et le style de ladite chambre.

(29) *Item.* Soit bien expressément deffendu à tous les officiers de la dite chambre, sur peine de privation de leurs offices, de prendre aulcuns dons corrompables, de personne quelle qu'elle soit, qui ayt à besoigner en ladite chambre, ne pension ou gaige d'aultre personne que du roy; et tout sur peine de privation et amende arbitraire.

(30) *Item.* Qu'aulcun de ladite chambre ne prendra doresenavant aulcune chose pour escriptures, extraits, régistres, auditions de comptes, collations de dénombremens, de lettres royaux ou *vidimus*, ne de quelconques autres collations, visitations de procez, informations ou autres besoignes qu'ilz face en ladite chambre, sinon ce que taxé leur sera par ceulx dudit bureau.

(31) *Item.* Quand aulcune requeste aura esté présentée audit bureau, et après que sur le contenu en icelle auront esté veuz auscuns comptes, et le rapport fait par l'un desdicts clers à ce commis par ledit bureau, et depuis iceluy rapport fait, sera respondu ou escrit sur ladite requeste, *auditâ relatione certifficetur*, ledit clerc qui fera ladite certiffication, avant qu'elle soit baillée à la partie, sera tenu de l'apporter à ceulx dudit bureau, pour veoir si elle sera en bonne forme, ou s'il y a mis chose qui n'y doye estre : car c'est la chambre qui certiffie et non pas le clerc; et ce sur la peine dessusdicte.

(32) *Item* Semblablement sera faict, des comptes examinez et clos, dont lesdicts clercs seront tenuz signer les doubles des comptes par eulx examinez; et escrivent en la fin et après l'estat, *ac est in fine consimilis computi*, etc.... qu'ilz seront tenuz d'apporter audit bureau le compte original qui doit demourer en ladite chambre, pour faire collation au double de l'estat dudit compte, et puis après signer, et ce pour la cause ou prouchain précédent article touchée; et ne sera baillée aucune cédulle de *debentur*, sans le congé et licence de ceulx dudit bureau; et ce sur la peine dessusdicte.

(33) *Item.* Qu'en examinant les comptes par lesdicts clercs, et singulièrement ceulx du domaine, ils ayent toujours un compte ancien devant eulx, pour la vériffication des receptes, et aussy pour garder l'ordre des chapitres selon le stile de ladite chambre, pour mieulx veoir, cognoistre et sçavoir garder qu'alcunes charges nouvelles ne soient mises ne introduittes sur ledit domaine, si ce n'estoit par l'ordonnance du roy, auquel cas ils seront tenus d'en parler audit bureau, et mettre leur *loquatur* sur la partie.

(34) *Item.* Que lesdicts clercs, en faisant lesdictes collations desdictes receptes de chaque compte en matière d'aydes ou de tailles, ou aultres comptes particuliers, les feront avec l'un de leurs compagnons, et non pas avec les officiers comptables ou leurs procureurs; car ensuyr s'en pourroient plusieurs faultes et erreurs, parce que lesdicts officiers comptables et procureurs, comme l'en a plusieurs fois veu, se sont subtilliez et subtillient de plus en plus, à decevoir et circonvenir leurs auditeurs.

(35) *Item.* S'il advient qu'aulcun compte soit apporté pour clorre audit bureau, et en procédant à la closture d'iceluy, sur viennent lettres patentes ou closes du roy, ou autres urgentes affaires, parquoy convienne interrompre la closture dudit compte, en ce cas, ou semblable, sera renvoyé ledit clerc qui tiendra ledit compte, en sa chambre, pour besoigner jusques à ce qu'appelé sera; mais le plus que possible sera, ceulx dudit bureau se garderont de telles interruptions.

(36) *Item.* Que nulz desdicts clers, en examinant les comptes à eulx commis, souffrent ou permectent aulcunes parties rayées par l'auctorité de ceulx dudit bureau en quelque compte que ce soit, doresenavant rescrire icelles, ne les mettre en ligne de compte, sans le congé dudit bureau, supposé qu'il y eust lettre de reliefvement du roy de ladite radiation.

(37) *Item.* Qu'aulcun de ladite chambre ne permecte ou seuffre en son hostel et domicile ou autre lieu à luy appartenant, en quelque manière que ce soit, par quelconques personnes, soient grenetiers, receveurs ou autres officiers comptables, ou pour eulx (1), faire dresser ou escrire aulcuns comptes, sur ladite peine.

(38) *Item.* Que à aulcun des officiers de ladite chambre ne sera licite ou permis de loger en son hostel ou maison à Paris, aulcun officier comptable, ou son commis ou lieutenant, durant le temps qu'il sera audit Paris venu pour compter, quelque affinité, proximité de lignage, ou faveur qui y peust estre, sans congé obtenir de ceulx dudit bureau, et sur la peine dessusdite.

(39) *Item.* Que aulcuns respitz ou souffrances ne soient doresnavant prins par aulcun de ladite chambre, pour en faire registre ou expédition, se premier n'est aynsi ordonné estre faict, par ceulx dudit bureau.

(40) *Item.* Que tous les officiers comptables qui jà sont ou se

---

(1) Cet abus existe encore. (Isambert.)

et adjournez pour venir rendre leurs comptes à certain jour, * peines*, et ne sont venuz ou viendront aux jours à eulx assignez, seront par ceulx dudit bureau condamnez ès peines indictes, ou autres telles amendes comme ilz verront au cas appartenir, *ordre* et le stile sur ce accoustumé en ladicte chambre gardé et *observé*, et à icelles peines et amendes payer seront tous con-*vaincz* sans depport; et par ceulx dudit bureau sera commise *personne* souffisant et solvable, à les recevoir; et en sera faict *tellement*, que l'argent qui en viendra sera tourné au prouffit du *Roy*. Toutesfois l'on ne donnera aulcun default contre les adjour-*nez*, sinon ès jours de mercredy et samedy; mais lesdicts ad-*journez* ou leurs procureurs, seront tenuz eulx présenter ès jours *à eulx* assignez.

(41) *Item.* Que nul desdicts présidens ou maistres assiste audit *bureau*, quand aulcun de son lignaige ou affinité prouchaine y *sera* à besoigner, mais se levera et s'en partira celuy à qui il sera *parent*, affin, ou prouchain, et aussy aulcun desdicts clercs ne *examinera* compte de personne qui luy soit des conditions des-*susdictes*.

(42) *Item.* Que lesdicts officiers comptables feront doresena-*vant* ou fairont faire par leurs procureurs ou clercs, leurs comptes *de* bon et souffisant volume, et y escripront, ou feront escrire, *aussi* serré qu'ilz n'ont faict par cy-devant; et pour ce faire, auront *en* un lieu de ladite chambre, un exemplaire de la grandeur et *du* volume, tant en escripture comme en espace, tel qu'il sem-*blera* estre de faire à ceulx dudit bureau; et ne sera taxé dorese-*navant* pour chacun feuillet de leurs comptes renduz en ladite *chambre*, que deulx solz tournois au plus, tant pour les comptes *qui se* font à parisiz comme de ceulx à tournois.

(43) *Item.* Que doresenavant aulcune taxation ne soit faicte, *sinon* en plain bureau, présent l'un des présidens et trois des *maistres* au moins; et quand elle sera faicte, elle sera signée de *la main* de l'un desdicts présidens, et non d'aultre, et enregis-*trée* par l'un desdicts maistres, tel comme par ceulx dudit bu-*reau sera* ordonné; et autrement ne sera ladite taxation valable.

(44) *Item.* Qu'aulcune taxation ne soit faicte, sinon à bonne *et juste* cause; et que tout homme qui demandera taxation en *ladite* chambre, soit tenu d'apporter et monstrer audit bureau *sa déclaration*, ce qu'il aura faict, soit escriptures, voyages, ou *aultres* choses; aultrement ne soit taxé.

(45) *Item.* Que doresenavant aulcun *vidimus* de lettres royaux

addressans ausdicts gens des comptes, trésoriers et généra[ux]
soient receuz en ladite chambre, se le *vidimus* n'a esté prem[iè]
rement collationné par les clercs et greffiers d'icelle chambre, [ou]
par les greffiers desdicts thrésoriers et généraulx, selon que le [cas]
le requerra.

(46) *Item*. Et en tant que touchent les lettres de commiss[ion]
envoyées de par le roy aux esleuz ou autres commissaires s[ur le]
faict des aydes, pour asseoir ou imposer aulcune taille, les[dicts]
commissaires ou esleuz seront tenus d'envoyer en ladite cha[mbre]
l'original de ladite commission, ou le *vidimus* duement col[la]
tioné et signé par deulx notaires; au dos duquel *vidimus* [chas]
cuns desdits esleuz ou commissaires sera tenu certiffier so[ubs]
son seing manuel, le contenu dudit *vidimus* estre vray.

(47) *Item*. Que se aulcun officier particulier qui a accoust[umé]
compter par estat, vient en ladite chambre pour rendre et cl[orre]
ses comptes, et il n'apporte avec sesdicts comptes aulcuns e[stats]
faictz par lesdicts thrésoriers et généraulx, comme à faire s[e doit]
il ne sera tenu à clorre, s'il ne fournist lesdicts estatz, mesm[e]
ment depuis les ordonnances faictes à Saulmur et Nancy; et [tout]
de temps qu'il mettra à enseigner desdicts estatz, il ne pre[ndra]
aulcuns gaiges ou voyages sur le roy.

(48) *Item*. Pour ce que tous les officiers comptables ou la p[lus]
part sont négligens et délayent de venir compter, et mesme[ment]
dedans le temps à eulx ordonné par lesdictes ordonnances d[ernières]
faictes à Saulmur et Nancy, au grand préjudice dudit seig[neur]
et du faict de ses finances, a esté advisé qu'ilz seront contra[ints]
de venir compter dedans le temps desdictes ordonnances; [et]
ceulx qui y défauldront, seront contraintz par suspensio[n d'of]
fice, ou aultrement, comme ilz verront estre à faire, nonob[stant]
oppositions ou appellations quelzconques, ausquelles ne ser[a de]
féré; et par ledit seigneur en sera deffendue la cognoissance [aux]
autres juges, et mandé aux ayans la garde des sceaulx du [roy]
tant à Paris, Normandie, comme en Languedoc et ailleu[rs]
qu'en ce cas ilz ne donnent ou scellent aulcuns adjourneme[nts]
en cas d'appel : car autrement on ne pourroit sçavoir l'estat [des]
finances dudit seigneur.

(49) *Item*. Pour garder et entretenir lesdictes ordonnances, [et]
aussy contraindre les officiers à rendre leurs comptes en la[dite]
chambre, dont plusieurs sont fort négligens, et s'en est ensuy[vi]
cy-devant grand dommage et préjudice au roy, est bien ex[pé]
dient et nécessaire ordonner un procureur du roy en ladite ch[ambre]

...e et au thrésor, qui soigneusement vaque et entende à ce, ...tte autre pratique et pension délaissée; et ont advisé lesdites ...s des comptes, soubz le bon plaisir du roy, qu'il y en aura un ...n'aura aulcune pratique en la cour de parlement ne ailleurs; ... prendra de gaiges par chacun an, deulx cens livres parisiz, ...t pour l'exercice dudit office en ladite chambre, comme audit ...trésor.

Sçavoir faisons, que après ce que avons veu et faict veoir au ...g par les gens de nostre grand conseil estans devers nous, iceulx ...articles aynsi faictz et advisez par nosdits gens de comptes, qui ...us ont semblé et semblent bons et proffitables pour le bien de ...us, l'augmentation de nostre domaine, et d'aultres noz fi... ...nces et affaires, nous, après meure délibération sur ce eue ...vec lesdits gens de nostredit grand conseil, tous iceulx articles ...lon leur forme et teneur, avons de nostre certaine science, ...uez, approuvez et auctorisez : et par ces présentes louons, ...prouvons et auctorisons, comme se faictz et advisez avoient ...té par nous-mesmes; et voulons qu'ilz soient entretenuz et gardez ...violablement et perpétuellement par manière d'édict, d'or... ...donnance et constitution par nous faicte. Toutefois nous n'en... ...tendons pas par ce, déroger à l'auctorité et juridiction de ladite ...chambre; mais voulons, entant que l'on pourroit dire que lesdits ...gens des comptes ont autrefois procédé en aulcune des matières ...dessusdictes par privation d'offices, qu'ilz en puissent user aynsi ...qu'ilz ont acoustumé.

Si donnons en mandement aux gens des comptes, etc.
Donné à Meheun-sur-Yevre.
Par le roy en son grand conseil, auquel vous (le chancelier de France), les évesques d'Angoulesme, d'Alet, de Coustances, l'amiral, les seigneurs de Torcy, de Dampmartin et de Monteil, maistre Henri de Marle; Estienne le Febvre, Pierre d'Oriolle et aultres plusieurs estoient.

N° 219. — ORDONNANCE *portant défense aux marchands et aux gens de métier d'étaler leurs marchandises à Paris, les jours de marché, ailleurs qu'aux halles.*

Mehun-sur-Yèvre, 28 janvier 1454. (C. L. XIV, 348.)

N°. 220. — ORDONNANCE *sur l'armement et l'équipement des nobles à cheval et à pied pour la guerre, ainsi que le traitement* (1).

Mehun-sur-Yèvre, 30 janvier 1454. (C. L. XIV, 350.)

CHARLES, etc. Au séneschal de Beaucaire ou à son lieutenant, salut. Comme puis n'a guerres pour mectre et donner ordre au fait des nobles de nostre royaume, et leur donner couraige et moyen d'eulx entretenir en estat ou abillement convenable, chascun selon son estat ou faculté, pour nous venir servir pour la deffense ou recouvrement de nostre seigneurie et autrement, touteffois qu'ilz seront mandez, nous ayons par l'advis et délibéracion des gens de nostre conseil, ouquel estoient aucuns des seigneurs de nostre sang et plusieurs chiefz de guerre, chevaliers et autres, faictes certaines ordonnances lesquelles vous envoyons attachées à ces présentes, soubz nostre contre-seel, signées de l'un de noz secretaires; et pour ce qu'il est besoing et expédient qu'elles soient mises à exécucion, et publiées par toutes les séneschaussées et bailliaiges de nostredit royaume, nous vous mandons et commectons par ces présentes, que nosdictes ordonnances vous publiez et faictes publier en et par tous les lieux de votredicte seneschaucée où l'en a coustume de faire cris et publicacions, en faisant ou faisant faire exprès commandement de par nous, à tous les nobles demourans ès fins et mectes d'icelle vostre seneschaucée, qu'ilz se mectent dès maintenant sus, et entretiengnent, c'est assavoir, chascun en tel estat que leur possibilité pourra porter, et en l'abillement plus à plain contenu et declairé èsdictes ordonnances; et que dedans ung mois après ladicte publication et lesdiz commandemens à eulx faiz, ilz viengnent par devers vous pour dire en quel abillement ilz vouldront ou pourront servir, en faisant faire bon régistre de ce que dit est, et des noms et seurnoms desdiz nobles, et en quel abillement ilz seront; et nous en certifiez deuement le plustost que bonnement faire se pourra, selon le contenu èsdittes ordonnances, et à ce faire et souffrir contraignez et faictes contraindre lesdiz nobles et chascun d'eulx, par toutes voyes deues.

---

(1) Première ordonnance sur la solde et l'équipement. Elle se réfère à une grande ordonnance que nous n'avons plus; elle est extrêmement précieuse. C'est le complément des ordonnances sur la force armée permanente, etc. (Isambert.)

De ce faire vous donnons povoir, commission et mandement espécial ; mandons et commandons à tous noz justiciers, officiers et subgietz, que à vous et à vos commis, en ce faisant, obéissent et entendent diligemment. Donné à Mehun-sur-Evre, etc. Par le roy en son conseil.

Ordonnances faictes par le roy, pour envoyer aux baillis et séneschaux de son royaume, afin que selon le contenu d'icelles ordonnances ilz advertissent les nobles desdiz bailliages et séneschaucées, de l'abillement en quoy chascun d'iceulx se tendra, selon ce qu'il leur semblera que ilz le puissent faire ; et aussi quelz gaiges, selon ledit habillement, ung chascun deulx prendra, quant il les mandera pour la défense ou recouvrement de sa seigneurie et autrement ; et que sur ce ilz leur ordonnent que ung chascun en droit soy se fournisse de tel harnois et habillement qu'il semblera ausdiz bailliz et séneschaulx, en ensuivant la forme et manière cy-après déclairée, que ung chascun d'iceulx le doye faire, selon ce qu'il sera fondé, affin que quand le roy les mandera, ilz en soient plutost prestz, et aussi pour eschever la despense qu'il leur conviendroit supporter quant ilz attendroient à eulx fournir de l'abillement appartenant, jusqu'au besoing, ouquel cas peut-estre ils ne pourroient trouver ce qu'il leur fauldroit, laquelle chose leur viendroit à grant charge, desplaisir et despense.

(1) Et premierement, afin que lesdiz nobles s'emploient de meilleur courage ou service dudit S^r. quant il les mandera, ledit sieur veult et ordonne, que tous ceulx qui viendront en son service, quand il les mandera, pourveu qu'ilz aient tel habillement comme ceulx de sa grant ordonnance, que ilz preignent autelz gaiges pendant qu'ilz seront au service dudit S^r. comme font ceulx de saditte grant ordonnance ; et s'entend en ceste maniere : que chascun homme d'armes ait deux chevaulx pour sa personne, bons et suffisans pour pouvoir besoigner dessus ; et son coustillear bien et suffisamment monté, selon ce que à coustilleur appartient, de cheval surquoy il puisse faire son devoir ; et aussi que l'omme d'arme soit armé ainsi qu'il appartient, et son coustilleur soit armé de corset petiz, garde-braz petiz, ganteletz, salade et gorgery, espée de passot (1) et glaviot (2). En ceste manière sont passez tous ceulx qui sont en la grande ordonnance dudit

---

(1) Que l'on nommait aussi épée bâtarde. (Brequigny.)
(2) Sorte de dague ou de poignard. (*Idem.*)

8'., lesquels nobles prendront par chascun moys, quant ilz seront en l'abillement dessusdit, xv fr.

(2) *Item.* Le roy est content que ceulx qui n'auront puissance de venir en autel habillement, comme font ceulx de sa grant ordonnance, et lesquelz seront armez comme ung homme d'armes doit estre; et auront chascun, ung cheval bon et suffisant pour besongner dessus; et leurs pages, ne soient pas refusez, ainçois soient receuz; et auront gages par chascun mois, de la somme de x. fr.

(3) *Item.* Et pour ce que le roy ne vouldroit pas que, à l'occasion de son service, ceulx qui ne pourroient venir en l'abillement dessusdit, fussent contrains à eulx mectre en nécessité, où à vendre et engaiger leurs terres; ne aussi que par non-puissance, ilz feussent empeschez de venir ou service dessusdit, pour ce qu'ilz ne pourroient fournir audit habillement : le roy veult et ordonne que ceulx qui viendront à son mandement en l'abillement qui s'ensuit, c'est assavoir, armez de corset, garde-bras petiz, avant-bras petiz, gantelez petiz, harnois de jambes, salade et gorgery, targete, espée de passot et de glaviot, cheval souffisant pour faire son devoir, en icellui habillement, ung chascun d'iceulx prendra de gages vii f. et demi.

(4) *Item.* Veult et ordonne ledit seigneur afin que comme dessus est dit, ilz n'aient cause de eulx mectre en trop grande nécessité pour le service du roy, que les nobles qui n'auront povoir de venir en l'abillement dessusdit, afin que le bon vouloir de venir ou service dudit seigneur ne soit empesché, soient receuz en habillement de coustilleur : c'est assavoir, armez de corset, garde-bras petitz, gantelez, salade et gorgery, espée de passot et de glaviot, avec cheval souffisant pour faire son devoir, en cellui habillement; et ceulx qui vendront en cellui estat prendront pour chascun mois v f.

(5) *Item.* Archier bon et souffisant, comme ceulx de la grant ordonnance, armez de brigandines, cappeline et gorgery et petit harnois de jambes, ou arbalestrier espécial, soit receu à monstre, pourveu qu'il soit monté souffisamment comme archier ainsi habillé doit estre, comme ceulx de la grant ordonnance, c'est assavoir de vii f. et demi.

(6) *Item.* Archier ou arbalestrier qui ne seroit souffisant en espécial que les dessusdiz armez de cappelines, brigandines et gorgery, monté souffisamment pour le pourter, en icelluy habillement, prendra par moys de gages v f.

JANVIER 1455.

Gens de pié.

Primo. Ung homme d'armes armé de tout harnois bien et souffisamment, prendra par moys, pour luy et pour son page ou varlet à pié, pour le service, le double d'un franc archier, c'est assavoir VIII fr.

Item. Le franc archier ou arbalestrier à pié, prendra de gages par chascun moys, IIII f.

N°. 221. — LETTRES *portant concession de privilèges et exemptions aux maîtres de mines et de forges.*

Bourges, 21 mai 1455. (C. L. XV, 261.)

N°. 222. — LETTRES *portant que les habitans des montagnes d'Auvergne et d'Aurillac, ressortiront, comme pays coutumiers, au parlement de Paris.*

Bois-Sire-Amé, 18 juillet 1455. (C. L. XIV, 364.)

N°. 223. — LETTRES *faisant défenses d'exporter les grains, à cause d'une disette.*

Dennegon, 15 octobre 1455. (C. L. XIV, 369.) Pub. au Chât. le 29.

N°. 224. — ORDONNANCE *portant que les dons du Roi n'auront d'effet qu'après l'acquittement des charges ordinaires* (1).

Au Bouchet, près Saint-Pourçain, 30 janvier 1455. (C. L. XIV, 370.)

CHARLES, etc. Comme nous avons esté avertis que, sous ombre d'aucuns dons que libéralement avons aucunes fois faits à plusieurs personnes et pour diverses causes, sur plusieurs receptes particulieres de nostre domaine, les fiefs, aumosnes et autres charges ordinaires estans sur lesdites receptes particulieres, n'ayent le temps passé esté entierement ne si amplement payées que besoin eust esté, et que bien eussions voulu; et ainsi il soit que les choses divines doivent estre préférées aux terriennes, et par ce ayons toujours voulu, comme encore faisons, que lesdits

---

(1) Le Répertoire de jurisprudence, v° *Domaine public*, § 2, p. 828, cite avec raison cette ordonnance comme l'une des plus remarquables en matière de finances. Sous le règne de Charles VII, les tailles devinrent un tribut ordinaire et annuel. (Isambert.)

fiefs et aumosnes soient entierement payez, par quoy soit expedient de donner provision aux dons dessusdits, à ce qu'ils ne soient cause de rompre et empescher le payement desdits fiefs et aumosnes;

Nous, qui de tout nostre cœur desirons lesdits fiefs et aumosnes estre continuez et payez, à ce mesmement que le service divin puisse estre fait et célébré comme raison est ès églises à qui lesdites aumosnes ont par nous et nos prédécesseurs esté donnés, et puissions estre participans et compris ès prieres et oraisons d'icelles églises, voulons et ordonnons par ces presentes, que si doresnavant aucuns dons d'amende, forfaitures, aubenages, confiscations, quints, arriere-quints, rachapts ou autres choses quelconques appartenans à nos receptes ordinaires, estoient par nous faits, soit par lettres signées de nostre main ou autrement, en quelque maniere que ce soit, ils ne soient valables à ceux à qui nous les aurions donnez, sinon que premierement gages d'officiers, fiefs et aumosnes, et autres charges ordinaires, soient entierement fournis et payez sur les receptes ausquelles appartiendront lesdites choses par nous ainsi données;

Et au cas que les receveurs particuliers desdites receptes, feroient aucuns payemens desdits dons, autrement que en la maniere devant dite, nous ne voulons pas que lesdits payemens ainsi faits, soient allouez en la dépence de leurs comptes; ains deffendons bien expressément à vous gens desdits comptes, sur la foy et loyauté que nous devez, et sur tant que doutez mesprendre envers nous, que lesdites sommes et payemens ne allouez èsdits receveurs, autrement que dit est.

Et pour plus grande seurté des choses dessusdites, voulons ces presentes estre enregistrées en nostre chambre des comptes, et icelles estre notifiées à tous lesdits receveurs & autres qu'il appartiendra, à ce que aucun n'en puisse pretendre juste cause d'ignorance; et avec ce, aux *vidimus* qui faits en seront soubz sceaux royaux, foy soit adjoustée comme à ce présent original. Par le Roy en son conseil.

N°. 225. — LETTRES *pour l'arrestation du duc d'Alençon, prévenu d'intelligence avec les Anglais* (1).

Chasteflef, près Esbreuille, 24 mai 1456.

---

(1) V. ci-après sa condamnation.

N°. 226. — LETTRES *sur le cours des monnaies de France et étrangères, le change, le titre, et le prix de l'or et de l'argent, et qui défendent aux notaires de faire des stipulations autrement qu'en sols et livres* (1) *à moins qu'il ne s'agisse de vrai prêt, garde ou dépôt, traité de mariage, vente et retrait d'héritage.*

Au Chastelet près Ebreuille, 7 juin 1456. (C. L. XIV, 382.)

N°. 227. — MANDEMENT *portant défenses de citer en cour de Rome au préjudice des ordonnances et de la pragmatique sanction relatives à l'élection des évêques* (2).

Gaunat, 7 juin 1456. (C. L. XIV, 385.)

CHARLES, etc. De la partie de nostre amé et féal conseiller Loys d'Aubusson évesque de Tuelle, nous a esté exposé que après le décès du darnier et paisible possesseur dudit évesché de Tuelle, ledit exposant a esté par la plus grant et saine partie des religieulx et convent d'icelle église, esleu sainctement et canoniquement évesque dudit évesché, laquelle élection a esté présentée à nostre amé et féal conseiller l'archevesque de Bourges.

Surquoi s'est meu procès entre ledit exposant et lesdits religieulx eslisans de son cousté d'une part, et frères Guichart de Combort abbé d'Userche, et Estienne Barton prévost de ladite église de Tuelle, pour tant eulx touche, d'autre part, devant l'official de Bourges, juge délégué de nostredit conseiller quant à ce; par-devant lequel, après plusieurs choses dites, proposées et alléguées d'une part et d'autre, et informations et esquestes sur ce faites, que chacune d'icelles parties a dict et proposé, ou faict dire et proupouser, tout ce que bon leur a semblé, ladite eslection faicte de la personne dudit exposant a esté dicte et déclérée valable, duëment et canoniquement avoir esté faicte, et a depuis icelluy exposant esté conservé en evesque dudit évesché, et par nous receu au serment de féaulté d'icelluy évesché, et depuis a esté mis en possession et saisine; de laquelle sentence ledit abbé

---

(1) Les exceptions prouvent l'existence de la règle. V. la loi du 6 mai 1799, ad. 2, qui remplace les livres par les francs; les notaires sont également tenus de s'y conformer. (Isambert.)

(2) L'affaire qui donna lieu à ces lettres dura encore long-temps; ce ne fut qu'en 1465, après la mort de Charles VII, que celui qui contestait l'élection acquiesça. (de Brequigny. Préf. 18.)

Du reste, aujourd'hui les appels en cour de Rome sont pratiqués en ce sens, que le pape donne les bulles d'institution des évêques. (Isambert.)

18.

d'Userche et autres des religieux de ladite église, en petit nombre, ses eslisans, se disent avoir appelé.

Et combien que selon les saincts canons, decrets anciens, libertés et franchises de l'église de France, ordonnances royaulx et pragmatique sanction, il deussent avoir relevé et poursuivy leur appel *gratatim*, c'est asscavoir, dudit commissaire et delegué audit archevesque déléguant et métropolitain, et après à la juridiction du primat d'Acquitaine, dont ils sont, et que ledit exposant pour raison de cette matière, ne doit estre traict, cité ne convenu, ne tenu en procès par vertu des lettres et bulles de court de Romme en ladicte court de Romme, hors nostre royaulme, ne ailleurs que par-devant le juge auquel de droit et selon nosdites ordonnances royaulx et pragmatique sanction, en doit appartenir la cognoissance; néantmoins ledit abbé d'Userche et lesdits eslisans, soubs umbre dudit appel se sont efforcés et efforcent, et se sont vantés et vantent, de par vertu de certaines lettres et bulles de court de Romme, faire citer, convenir et tenir en procès ledit expousant et lesdits eslisans en ladite court de Romme, hors nostre royaulme, et ailleurs que par devant ledit juge, auquel selon nostredite pragmatique sanction et ordonnances royaulx, en doit appartenir la cognoissance, et sur ce les molester et travailler à tort et contre raison, en venant directement contre lesdits saints canons, decrets anciens, ordonnances royaulx, libertés et franchises de l'église de France, et pragmatique sanction, en enfreignant iceulx et au très grand grief, préjudice et dommage dudit exposant, et plus pourroit estre se par nous ne luy estoit sur ce pourvult de remede convenable, si comme il dit, humblement requirant icelluy.

Pour ce est-il que nous, ces choses considérées, voulans nosdites ordonnances, saincts canons et decrets anciens, libertés et franchises de l'église de France et pragmatique sanction, avoir et sortir leur plain effect, et estre entretenues et gardées sans enfraindre, et les transgresseurs et enfracteurs d'iceulx estre punis comme du cas appartient, et préserver nos subguez de vexations et travaulx: te mandons et commettons par ces présentes, que tu faces inhibition et deffenses de par nous, sur certaines et grandes paines à nous à appliquer, audit frère Guichart de Combort abbé d'Userche, sesdits eslisans, et tous autres qu'il appartiendra, et dont requis sera, que contre, ne au préjudice desdits saints canons, decrets anciens, libertés et franchises de l'église de France, nosdites ordonnances et pragmatique sanction, ils ne facent citer, maictier, convenir, et ne tiennent en procès ledit exposant, ne lesdits eslisans ou aucuns d'iceulx, en ladite court de Romme, hors nostredit royaulme, ne ailleurs que par-devant ledit juge, auquel selon nosdites ordonnances royaulx et pragmatique sanction peut et doit appartenir la cognoissance de ceste matière, par vertu desdites bulles et lettres de court de Romme ne autrement, et ne s'en aident en aucune manière, mais d'icelles se désistent et départent, ensemble icelles bulles, citations, monitions, lettres et procès de ladite court de Romme, révocant aussi et mettant au néant, ou faisant révoquer et mettre au néant à leurs propres cousls et despens, et tout ce que ont et avoient fait ou fait faire au contraire ou préjudice desdits saints canons, decrets anciens, libertés et franchises de l'église de France, ordonnances royaulx, et pragmatique sanction, par vertu desdites bulles et lettres de court de Romme, en les contraignant à ce, et tous autres qui pour ce seront à contraindre; c'est assavoir les gens laiz par priuse et explétation de leurs biens, et ceux d'église, de leur temporel, arrest et détention en nostre main, lesdites bulles, citations, monitions, lettres et procès de ladite court de Romme, et par toutes voyes dues et raisonnables; et en cas d'opposition, refus ou délay, lesdites citations, monitions, lettres et bulles de court de Romme, contraires et préjudiciables auxdits saints canons, decrets anciens, libertés et franchises de l'église de France, nosdites ordonnances et pragmatique sanction, priuses, arrestées et mises en nostre main, et touts procès, que par vertu d'icelles avoient esté intentés en l'exécution d'icelles lettres et bulles, tenues en suspens jusques à ce que par justice autrement en soit ordonné, et les porteurs et exécuteurs d'icelles, et ceux qui s'en voudroient ayder, contraius à les exhiber pour les mettre en main de justice, et en estre fait et ordonné ainsi qu'il appartiendra par raison, par arrest et détention de leurs personnes, nonobstant appellations quelconques; adjourner les opposans, refusans ou délaians, à certain et compétant jour par-devant nostre séneschal de Limousin ou son lieutenant, pour dire les causes de leur opposition, refus ou délay, respondre, procéder, et aller avant en outre selon raison, en certiffiant souffisamment auxdits jours nostredit séneschal ou sondit lieutenant, de tout ce que fait en aura sur ce, auquel nous mandons, (pour ce que ceste matière touche nosdites ordonnances et pragmatique sanction, de l'infraction desquelles la cognoissance appartient à nos juges et officiers), et nostre séneschal et nostre plus prouchain juge des parties et choses dont est débat, commettons que aux parties, icelles ouyes, facent bon et brief droit et accomplissement de justice.

Car ainsi nous plaist-il estre fait, nonobstant quelconques lettres subrebtices, impétrées ou à impétrer, à ce contraires. Mandons et commandons à tous nos justiciers, officiers et subgetz, que à toy, en ce faisant, obéissent et entendent diligemment. Donné à Gannat etc. Par le roy, à la relacion du conseil.

N°. 228. — ORDONNANCE *rendue sur les doléances des états de Languedoc.*

Chastelier, 8 juin 1456. (C. L. XIV, 587.) (1) Reg. au parlement de Toulouse, 21 juin 1459 (2).

CHARLES, etc. Nos chers et bien-amez, les gens des trois-estats de nostre pays de Languedoc, nous ont fait remonstrer par les gens de l'ambassade qu'ils ont présentement envoyés par-devers nous, les grandes charges et affaires que ont à supporter nos subjets dudit pays, et nous ont fait plusieurs requestes, touchant la provision qu'ils requierent pour le bien et soulagement de nosdits subjets d'iceluy pays; ainsi qu'il est plus à plein contenu et déclaré és articles par eux baillés devers nous et les gens de nostre grant-conseil, desquels la teneur s'ensuit.

Remonstrances.

Articles, requestes et supplications qu'en toute subjection et obéyssance, exposent les gens des trois-estats de vostre pays de Languedoc, assemblez par vostre commandement, nostre naturel et souverain seigneur, en vostre ville de Montpellier, és mois de janvier et février, l'an mil quatre cens cinquante et cinq, par-devant messire Jean d'Olon, chevalier, vostre maistre d'hostel et séneschal de Beaucaire, maistre Jean d'Annet, vostre procureur général, et Otto Castellam, vostre argentier, vos conseillers, commis ordonnez et présens de par vous, pour estre en ladite assemblée, en icelle vostre ville de Montpellier; et avant que descendent ausdites supplications et requestes, vous remercient très-humblement et très-dévostement, de ce que de vostre très-bonne

---

(1) V. ci-dessus, mars 1455.
(2) Le parlement fit assez long-temps difficulté d'obéir. V. D. Vaissette, Hist. du Languedoc, v. 20. On ne sait pas les causes de cette résistance, si elle eut lieu contre les états ou contre le roi. (Isambert.)

grace, vous a pleu leur faire communiquer l'estat des affaires de vous et de vostre royaulme, les grandes peines et diligences qu'il vous a pleu prendre, et prenez chacun jour, pour l'adresse, conservation et entretenement de vostre justice, et aussi des grandes provisions et ordonnances par vous données, et qui se donnent, pour résister aux entreprinses de vos ennemis anciens, pour la deffense, tuition et conservation de vostre seigneurie et de vos subjets, et mesmement de cestuy vostre pays de Languedoc, ainsi que par vostredit procureur a esté ausdits estats bien amplement expliqué et remonstré, en vous suppliant, nostre naturel et souverain seigneur, très-humblement et très instamment, qu'il vous plaise pour le bien de vostre seigneurie, iceulx passer et octroyer, faire garder et mettre à pleine exécution, comme très-nécessaires et profitables à la conservation, utilité et entretenement dudit pays et de la chose publique d'iceluy, et sur icelles donner vos lettres patentes et exécutoires, soubs vostre seel

Accord d'un subside de 116,000 livres au lieu de 130,000, demandé par le roi.

(1) *Item.* Et pour ce que par vosdits commissaires, leur a esté requis et demandé de par vous la somme de 130,000 livres tournois, tant pour ayder à supporter les grandes despenses que soustenir vous a convenu la saison passée, pour mettre sus gens-d'armes oultre ceux de vostre ordonnance, et iceulx envoyer en aucuns lieux à grand puissance, pour faire réparer plusieurs entreprinses faites à l'encontre de votre seigneurie, et pour plusieurs autres vos grandes affaires, plus à plein par vosdits commissaires expliquez et remonstrez, pour lesquels avez faites et vous soit encore nécessaire de faire grandes mises et despenses, ce que faire ne vous est possible, comme dit leur a esté, sans l'ayde de vos subjets. Et pour ce que jaçoit ce que considéré la très-grande et inestimable pauvreté et extrême misere de votredit pauvre peuple de cedit pays, qui est si pauvre que plus ne peut, à l'occasion des choses qui s'ensuivent : c'est assavoir, la dépopulation d'iceluy, par les dures mortalités longuement continuées, et mesmement la grande et douloureuse mortalité, qui ceste année y a eu cours ; aussi à cause de la grande stérilité et infertilité de bleds et d'autres biens, qui audit pays ont esté ceste saison. *Item.* Et à cause des grandes exactions et rigoureuses exécutions qui se font de jour en jour sur le pauvre peuple. *Item.* Et par la faulte du cours de la marchandise qui y cesse, et est comme morte

et tarie, à l'occasion de laquelle faute ne se peut vuyder ne apresister ce petit de fruits et denrées qui croissent audit pays, obstant la crève, l'imposition foraine, les marques, et autres charges extraordinaires, et aussi les grands arrérages, debtes, usures et interests où ils sont encores demeurés, et la charge de l'équivalent. Item. Et à cause de la grande vuidange et traictes des finances, qui par tailles, équivalent, et autres charges, à esté faite et mise hors du tout de cedit pays sans y retourner un seul denier. Item. Et avec ce, le passage et long séjour que ont fait en certaines parties dudit pays, les gens de vostre armée, en allant et retournant du pays d'Armagnac, lesquels y ont donné de très-grands dommages, que cy-après sera dit et remonstré, et pour plusieurs autres causes et raisonnables excusations, que plusieurs fois par cy-devant ont esté expliquées et déclarées, leur soit impossible porter et payer ladite somme, néantmoins pour tousjours monstrer leur bonne loyauté et vraye obéyssance qu'ils ont envers vous, nostre naturel et souverain seigneur, et le grand vouloir et bonne affection qu'ils ont plus que povoir, d'obéyr toutes leurs vies à vos bons vouloirs et plaisirs, espérant que tousjours les aurez en vostre bonne grace et souvenance, en prenant doresenavant compassion des grandes et insupportables charges qu'ils ont si longuement portées, et que serez meu à leur eslargir du fruit de vostre glorieuse prospérité, ainsy que ceux qui de par vous ont tenu lesdits estats le temps passé, leur ont souvent dit de bouche et donné bonne espérance, soubs laquelle ont confiance, que moyennant ce, vostre bon plaisir sera que toutes réformations extraordinaires, quelles qu'elles soient, et dont cy-après sera faite mention, par vous données ou à donner, cessent de tout en tout, et que leur seront par vous accordées, et faites tenir et observer les requestes et provisions cy-après escrites et déclarées, et que les termes du présent ayde soient et demeurent en la forme et manière cy-après expressée et déclarée, autrement n'est possible sans la totale ruine et exil du pauvre peuple de cedit pays, le payer ès termes qui leur ont esté baillé ès autres années passées par cy-devant, pour ce que les biens sont en terre, et ne sont encores levez ne recueillis, et à la fin et faculté des fruits de l'année escheent en ce temps, et n'a encores le pauvre peuple de quoy se puisse ayder ne faire argent, pour consideration desquelles choses, serez meu de leur accorder icelles supplications et requestes: octroyent et consentent les gens d'église et nobles pour leurs hommes et sujets, et ceux de l'estat commun pour eux et pour

pour qui ils sont icy venus par vostre commandement, estre
sur le pays en la forme accoustumée, la somme de 116,000
tournois pour toutes choses. (1) et pour une année en-
à compter du jour du présent octroy; et pour les requestes
demandes faites par ledit pays, de payer ladite somme aux
mes qui s'ensuyvent, c'est à sçavoir pour le premier terme,
tierce partie d'iceluy ayde, au dernier jour du mois de juillet
chain venant, premier terme; la pareille somme de l'autre
au dernier jour du mois d'octobre après ensuivant, second
me; et semblable somme du tiers qui reste, au dernier jour
mois de décembre ensuivant, tiers et dernier terme : car con-
toujours de votre grace et miséricorde, et le bon rapport,
de et intercession que feront par-devers vous, vosdits huissiers,
que ne voudriez prendre de vos pays et subjets, fors ce que
mement pourront porter, le ont octroyé et conseuty, l'oc-
yent et consentent pour cette fois tant seulement, comme des-
, vous suppliant, nostre naturel et souverain seigneur, que
ladite somme vous plaise estre content, et icelle avoir agréa-
e et accepter.

Mode de levée de l'impôt.

(2) *Item*. Que vous plaise que les termes contenus en l'article
récedent ne soient point enticipez, ne les habitans dudit pays
ontrains à prester aucune chose; et pour considération de ce que
s commissions, pour faire les assiètes particulières des diocèses,
ouloient estre baillées en blanc, à ceux desdits diocèses, aucuns
ficiers et autres, sinon depuis six ans en çà, que pour complaire
faire des avantages à uns et à autres, aux despens et grandes
harges du pauvre peuple, on a envoyé commissaires autres que
eux desdits diocèses, aucunes fois deux, trois ou quatre, et y
tel diocèse où ils en ont eu et se sont taxez, les uns cent ou six
ingt, et les autres cent cinquante ou deux cens francs pour
omme, qui est au lieu de descharger, grande charge et insop-
ortable au pauvre peuple : car quand le pays les y mettoit, ils
appointoient avec ceux qu'ils y mettoient du pays, le plus doucement qu'ils pouvoient et n'en avoient pas si grandes despenses
de beaucoup; et pour ce, pour le bien et descharge du pauvre
peuple, vous plaise que les commissions desdits commissaires,
à faire lesdites assiètes, et aussi du receveur, soient baillées en

---

(1) Ceci est très remarquable : les états stipulent les droits du peuple en réduisant l'octroi, et en ne votant que pour un an. (Isambert.)

blanc à ceux qui sont ici chacun pour son diocèse, ainsi que paravant avoit esté de coustume, et que ceux desdits diocèses puissent mettre commissaires tels que bon leur semblera, [au] pays, et appointer avec eux, et aussi nommer les receveurs chacun en son diocèse, et accorder avec eux de leurs gages, au mieux [qu'ils] pourront, ainsi qu'il a esté observé et accoustumé par cy-devant, appeller ceux qui seront à appeller, et qui ont accoustumé estre appellez.

(3) *Item*. Que ceux des diocèses qui seront appellez et pré[sens es]dites assiettes, puissent taxer et ordonner des despences de ceux qui seront esdits estats, à chacun selon sa qualité et son estat, eu regard au temps qu'ils auront vacqué et travaillé ès affaires d'iceluy diocèse; et pareillement des gages et despenses du receveur, comme dit est en l'article précédent, sans ce que aucun retranchement en doive estre fait en vostre chambre des comptes ne autre de par vous; et que chacun receveur paye de sa recepte lesdites taxations, gages et despenses, selon l'assiette et les instructions faictes par ceux qui feront lesdites assiettes : et que aucun arrest ou retranchement de par vous ne autres, n'y soit fait ne donné doresenavant, veu que aucun dommage ne s'ensuit à vous ne au pays, et aussi c'est-il ainsi accoustumé de faire le temps passé.

(4) *Item*. Et pour esviter les grandes mangeries qui se font par les sergens exécuteurs pour vos deniers, et autrement, vous plaise ordonner que les exécutions qui se feront pour ledit ayde, soient faites par les sergens ordinaires des lieux où lesdites exécutions se feront; ou si elles se font par autres sergens quelsques, qu'ils ne puissent ne doivent prendre ne avoir pour leurs salaires, gages et despenses, fors ce seulement que auroient et prendroient les sergens ordinaires desdits lieux; et que les gages que prendront lesdits sergens pour l'exécution qu'ils feront, ne soient point transportés pour vendre, ou mettre à l'encant hors des jurisdictions où ils auront esté prins; et s'ils font le contraire, soient punis par les ordinaires des lieux où lesdites exécutions seront faites. Et si aucun débat vient entre lesdits habitans et les receveurs de la taille, soit sur la valeur des monnoyes ou autrement, que les juges ordinaires des lieux en ayent la cognoissance (1), comme desdits sergens et exécuteurs; et en cas de débat, en déposant devant eux la somme dont il est question ou la valeur

---

(1) Aujourd'hui c'est l'administration. (Isambert.)

…le, toute exécution cesse, et fassent les ordinaires justice parties: car trop dure chose seroit, et de trop-grande des…, que chascun particulier, pour tel débat eust à venir par… les généraux par vous ordonnez sur le fait de la justice;

…soient point faites lesdites exécutions en bœufs, mules, …ux ou autres bêtes, ou instrumens nécessaires à labourer …erres, ne autres oustils mécaniques; et en cas qu'ils feroient …ntraire, soient punis, et que les officiers ordinaires des lieux …s exécutions se feront, les puissent réparer, et en ayent la …oissance comme dit est.

Le Languedoc doit être régi par le droit écrit.

) *Item.* Et pour ce que le pays de Languedoc doit estre gou…é et reglé selon la forme de droit escrit, et que quand aucun …advient contre aucun des habitans dudit pays, tout doit pro…selon droit escrit; ce nonobstant, aucuns et plusieurs en …ses manières, soubz ombre de justice, par vertu de certai…commissions extraordinaires appellées réformations, ont fait …eurs et divers procez par lesquels plusieurs desdits habitans …esté vexez, travaillez et empeschez en leurs personnes et biens, …evés d'eux plusieurs grandes sommes de deniers, et faites plu…rs extorsions et autres dommages et griefs irréparables, il … plaise, nostre naturel et souverain seigneur, du tout faire …er, casser et annuller telles commissions, et pourvoir que de…navant n'ayent lieu, ainsi que autresfois a esté octroyé audit …, et sur ce y donner ferme provision, et que tels cas soient …is doresenavant aux ordinaires, pour éviter telles vexations. …premièrement sur ce que les généraux-maistres des monnoyes …tremettent de donner commission, soubs ombre de ce qu'ils …dent imposer aux habitans dudit pays, qu'ils ont prins, baillé …marchandé, escrit ou fait contracts à monnoies estranges ou …fendues, autres que celles qui ont à présent cours en ce royaume, …me aux florins au-chat, et autres d'Alemagne, ducats, escus … Savoye, demi-gros et quarts de Genes, doubles-gros et petits-…rts et patats du pape et de Provence, et autres, et font un …nd nombre de lieutenans et commis, qui se tiennent sur le …ys, et font de grandes mangeries, et donnent de grandes mo-…tations au pauvre peuple, et des-jà, tant lesdits maistres que …dits lieutenans et commis ont fait ou fait faire plusieurs infor-…tions, et donné à aucuns plusieurs vexations et dommages; …vous plaise avoir regard à ce que à peine se peut trouver autres monnoyes que monnoyes estranges, et que audit pays ne c[...] des monnoyes dudit seigueur, que très-petite quantité, [...] fournir au cours de la marchandise, ni aux nécessités du p[...] peuple.

Travaux publics.

(6) *Item.* Et aussi faire cesser toutes autres commissions q[ue] baillent les officiers, comme sénéchaux et baillifs, sur [...] tion et réparation des forteresses, chemins, ponts et passag[es] sans aucune nécessité, soubz et à l'ombre desquelles plusie[urs] grandes exactions et mangeries se sont faites et font, sans redo[n]der à aucun bien à nous ne à la chose publique, mais a [...] dommage dudit pays, et enervation des jurisdictions ordin[aires] des lieux.

De la liberté de la chasse et de la pêche.

(7) *Item.* Autres commissions que donnent les maistres d[es] ports et des eaux et forests, la grande multitude des lieutena[ns] et commis qu'ils font et mettent en plusieurs lieux, autres q[ue] ceux qui sont accoustumez d'ancienneté, et mesmement à c[e] que le maistre des ports de la séneschaussée de Tolose, s'effo[rce] de prendre et lever le dixiesme de tout le bestail et autres m[ar]chandises saillant hors de ce royaume, et qui pis est, aucuns d[e] ses commis ou lieutenans vont par les lieux, et enquièrent [de] toute la marchandise vendue ou transportée depuis dix-huit a[ns] en çà, et font composer, ce que ne fut jamais fait, qui sont charges et mangeries intolérables au pauvre peuple, et au gra[nd] empeschement et dommage du cours de la marchandise. Au[ssi] le maistre des eaux et des forests, qui veut empescher que nul[le] chasse aux bêtes sauvages, ny ne pesche en aucunes eaux sa[ns] sa licence : et combien que ne se doive entremettre, ne prend[re] cognoissance, fors seulement des forests royaux et fleuves p[or]tans navires, (1) qui vous appartiennent, et non mie des fore[sts] des gens d'église et nobles qui ont leurs bois et rivières en tout[e] jurisdiction, haute, moyenne et basse, et touteffois s'efforce [de] faire le contraire, et envoye par les villages et lieux, ses lieutenans, commis ou députés, qui tiennent leurs cours et assises [es] jurisdictions desdictes gens d'église et nobles (2), contre les [...]

---

(1). Sans artifice et ouvrage de mains. (V. l'ordonnance de 1669.) (Isam[...])
(2) Cela existe encore ; l'administration forestière exerce ses droits m[ême s]ur les bois des particuliers. (Idem.)

sauces sur ce faites; et sur ce sont enquestes, et convenir ès manières de géns qui auront chassé en quelque petit buisson pesché en quelque petit ruisseau où n'aura eau les deux ... de l'an, contre toute raison, et au très-grand préjudice ...dites gens d'église et nobles, ausquelles la cognoissance en ...tient, ne devroient estre inquiétez ou molestez pour petits ...ons, et se devroit regler selon lesdites ordonnances sur ...ites, à l'ombre de son office, entreprend d'avoir cognois...ce sur le tout, à la grande charge du peuple, qui en a assez ...tres à porter.

Abus de la gabelle.

8) *Item*. Et pour ce que le visiteur des gabelles, ou ses lieu...ans, commis ou députés, font de grands abus sur le fait du ..., et que ledit visiteur a jà pieçà impetré certaine commission ...laquelle, entre autres choses, entend faire le dénombrement ...feux de cedit pays de Languedoc, qui seroit une merveil...se charge et intolérable dommage à iceluy, ainsi que autres... ...a esté remonstré aux estats passez par cy-devant; et en outre ...introduit une coustume nouvelle depuis aucun temps en çà, ...e s'il advient que aucun pour la provision de son mesnage, ...arge sel aux greniers, aucunesfois prendra un tillet et autres...is non, au bout d'un temps les commis dudit visiteur lui feront ...ndre compte dudit sel; et s'il advient qu'il ait perdu sondit ...llet, sera trait à enqueste ou amende, et luy sera imposé qu'il ...robé ledit sel, ou sera vexé par citations, qui se font souvent ...n petits lieux ou villages où n'a point de conseil ne aucun offi...ier de justice: et avec ce, combien que aux gens d'église et ...obles qui ont en leurs terres et seigneuries toute jurisdiction ...aulte, moyenne et basse, appartient la cognoissance de toutes ...esures, tant de sel que autres, néantmoins ledit visiteur ou ...s commis ou lieutenans, s'efforcent de prendre la cognoissance ...s mesures à sel, ès seigneuries d'iceulx d'église et nobles. *Item*. ...t outre ce, se treuvent grévez les pauvres gens, pour ce que ès ...reniers de la séneschaussée de Beaucaire, comme à Beaucaire ...t à Nismes, S. Esprit et ailleurs, les mesures ont esté diminuées ...t affoiblies, tellement que l'affoiblissement porte plus de dom...age au pauvre peuple, que la grace par vous faite sur ledit sel ...e porte de profit. *Item*. Et combien que le sel mis hors et ac...quitté des salins, doit estre comme autre marchandise, en ven...dant ou achetant, ce nonobstant, les commis et députez dudit

visiteur, sans son sceu, comme l'on croit, s'efforcent par toutes voyes, de le faire gabeller, et prendre billetes par les marchands, soubz ombre de laquelle chose se commettent de grands maux et innumérables dommages au peuple et à la marchandise. Plus y a un autre grief et tort fait par ledit visiteur ou ses commis, aux habitans des pays Vellay, Vivarès et Gévaudan, sur ce que, combien que lesdits pays soient du tout hors des limites des greniers à sel de cedit pays de Languedoc, et ayent accoustumé de vendre sel comme autres marchandises, néantmoins depuis aucun tems en çà, on s'efforce de les fatiguer et molester en les contraignant à prendre lettres de congé dudit visiteur de vendre sel (1), ce que jamais ne fut fait : toutes lesquelles choses dessusdites et déclarées, sont à la très-grande foule, préjudice et dommage desdits supplians et de tout le bien publique desdits pays; et pour ce, considérées les autres grandes charges que ledit pays a à supporter, la grande stérilité des biens qui a esté cette saison, et l'extrême pauvreté d'iceluy, plaise vous, nostre naturel et souverain seigneur, faire cesser toutes telles manières de commissions, visitations et réformations, qui sont à la grande oppression dudit pauvre peuple et grand intérest de la chose publique dudit pays, ainsi que plusieurs fois a esté dit et remonstré, tant en la ville de Montpellier comme à Tolose, à ceux qui de par vous ont esté envoyez aux estats tenus èsdits lieux ; et combien que le tems passé on ait fait plusieurs plaintes des choses dessusdites, néantmoins aucune provision n'y a été donnée.

Transports simulés aux grands. (2)

(9) *Item.* Ne sont mie de taire plusieurs autres grandes molestations données au pauvre peuple, soubz ombre des simulées cessions faites au mole d'Aigues-mortes, auxquels les créanciers font feintement cessions et transports de leurs debtes, pour en estre plus favorablement payez; et pour ce vous plaise que telles cessions et transports, qui ne sont que à la molestation du peuple, cessent ; veu que de droit nul ne puisse ne doive faire transports, cessions, ou rémissions de ses debtes, droits ou autres

---

(1) Le *monopole* du sel, comme celui du tabac, existe encore parmi nous, ce qui est une violation du droit de propriété. (Isambert.)

(2) On avait alors bien peu de confiance en la justice. Aujourd'hui, dans les établissemens français de l'Inde, il est défendu de simuler des cessions en faveur des Européens ou gens à chapeau, preuve que l'égalité de droit n'existe pas. (*Id.*)

à loy appartenant, à autres grands seigneurs plus puis-
[qu']eux, ne de leurs debteurs, ou autres plus privilégiés que
[ceux] contre lesquels ont actions ou demandes: et sur ce, vous
[plaise] faire inhibitions et deffences par tout ledit pays de Langue-
[doc] sur certaines et grosses peines à vous à appliquer confisca-
[tion] et perte de debtes ou droit, de n'en faire cession, rémission
[ou tra]nsport à aucuns grands seigneurs, à leurs familiers, ou au-
[tres p]lus puissans d'eux, par privilége ou autrement; et les fai-
[sans] le contraire soient punis par exaction des peines.

Abus du privilége universitaire.

Item. Vous plaise, de vostre grace, donner semblable-
[ment] provision sur les grands abus et excès qui se font de jour
[en j]our sous couleur de justice, soubz ombre desdites faintes
[cessi]ons et frauduleux transports qui se font à plusieurs fois,
[soubz] ombre de ce qu'ils se dient estre vrays escoliers et estudians
[en l']universitez, par les pères à leurs enfans, et par leurs autres
[pare]ns, affins et amis, pour donner vexations aux pauvres gens;
[et a]ussi pour vouloir affranchir les possessions et héritages, de
[taill]es et autres charges qu'ils devroient, voire mesmement
[par] cession des cas injurieux, qui est contre justice et raison:
[et q]ui pis est, ceux à qui se font lesdites cessions et transports,
[le p]lus souvent ne sont ne vrays escoliers ny estudians, et n'au-
[ron]t aucunesfois demeuré en université que huict ou quinze
[jou]rs, ne jamais plus n'y demeureront, mais seront à Paris,
[Tou]lose ou ailleurs, en poursuivant causes en parlement et faisant
[leur]s autres besongnes, et prendront une lettre de quelque
[rec]teur, lequel certifiera qu'ils sont vrays escolliers estudians,
[qui] est bien grande faute et abus; et par ce moyen il y a des gens
[vieux,] mariez et de mestier, ou autres gens anciens, qui se feront
[esc]oliers pour affranchir leurs terres et possessions, de tailles et
[autr]es charges, comme dit est, et qui les fera contraindre à payer
[leu]rs tailles, ils feront incontinent adjourner, citer et excom-
[mu]nier les receveurs, consuls ou autres qui leur demanderont
[lesd]ites tailles. Et ne sont mie de oublier les exécutions qui se
[fon]t par vertu des lettres des conservateurs des priviléges des-
[dit]es universités, qui sont damnables et exorbitans de tout droit,
[et] dont on ne peut trouver raison ne justice, ne parties, ne juges,
[ne] autres à qui parler; et par tels moyens se trouveront ces
[pau]vres gens excommuniés, souvent sans savoir dont ce vient;
[et] qui pis est, s'aucun desdits faux escoliers a conceu haine ou

malveillance contre aucun, soubz ombre desdites lettres desdits consignateurs, trouvera manière de faire citer d'emblée celuy à qui voudra mal; et l'exécuteur, qui sera estrange et incogneu, sans aller du prélat ou diocésain, ne d'autre justicier où l'exécution se fera, et incontinent qu'il aura fait son exploit tel qu'il se absentera, afin que la partie n'ait copie ne relation de ses lettres, exploits, et ne sache devant quel juge se comparoir, et dedans peu de jours ne se donnera garde le bon homme, qu'il se trouvera excommunié, et sera contraint de payer, doive ou non, mesmement que par adventure les deptes seront payez où n'en fust jamais deu aucune chose; et de nouvel, si aucun prélats ou officiaux les veulent faire annexer, comme raison est qu'ils ont accoustumé, lesdits exécuteurs adjourneront, citeront et travailleront par-devant lesdits consignateurs, lesdits officiaux et autres. Et aussi qu'il vous plaise que à telles relations ou exploits ne soit foy adjoustée, ne obéy par les ordinaires, sinon qu'elles soient signées du seing manuel d'un notaire publique; et avec ce, que lesdits exécuteurs soient tenus d'annexer au prélat à son official, et n'ayent à procéder par telles manières de vexations. (1)

Égalité en matière d'impôt.

(11) *Item*. Et comme il soit ainsi que toutes possessions contribuables d'ancienneté, doivent et soient tenues payer avec les autres habitans des lieux où elles sont assises, et que vostre intention soit, et aussi les commissions par vous et vos commissaires sur ce données le portent, et que toutes manières de gens qui ont accoustumé de contribuer payent : néantmoins les sergens de garnisons, et aucuns autres habitans de Beaucaire et Carcassonne, et autres sergens d'autres lieux, soubz ombre desdites garnisons ou de leurs offices ou autrement, et semblablement en la sénéchaussée de Carcassonne, plusieurs personnages, marchands, notaires, bouchers, barbiers, cordonniers et autres, pour leurs testes, à cause de ce qu'ils se dient estre clers, solus, combien qu'il en y ait plusieurs qui ont esté mariez, se prétendent estre exempts de toutes tailles, subsides et fouages qui se mettent audit pays, pour vous ou pour la nécessité des lieux où ils demeurent; et acquierent grands héritages et possessions contribuables, dont

---

(f) Aujourd'hui l'université n'a plus de privilège en matière d'impôts; mais elle a encore un privilège de juridiction. Décrets de mars 1808 et novembre 1811. (Isambert.)

veulent aucune chose payer; et s'y font les aucuns exploits
...ercices de marchandise; et faut que le surplus des habitans
...ts lieux, qui sont en bien petit nombre, portent le faix et
... la charge sur eux : ces choses bien considérées, il vous
... sur ce donner provision, comme raison est, et qu'ils soient
...raints à payer comme les autres desdits lieux (1).

Priviléges locaux.

2) *Item.* Et semblablement aucuns, soubz ombre de bour-
...sies d'Aigues-mortes et de Ville-neuve-de-Berc, se veulent et
...cent eux exempter des jurisdictions ordinaires des lieux où ils
...ièrent, et aussi de-là où ils sont demeurans, voire et de payer
...ille qui à vous appartient, sans ce qu'ils gardent les ordon-
...ces desdites bourgeoisies, qui est au grand intérest et dom-
...e des autres lieux du pays et desdites jurisdictions ordinaires;
... feront faire donnations et acquièrent dedans et dehors des
..., pour eux afranchir du tout, et pour estre exempts, ainsi
... toujours a esté continuellement remonstré aux estats tenus
...cy-devant : lesquelles choses sont au grand dommage et foule
...pays, comptems de justice, et préjudice totalement desdites
...dictions ordinaires, et à l'ocasion d'icelles maints crimes de-
...rent impunis, et pour ce, vous plaise avoir bon regard à ce
... dit est, et veu la dépopulation de vostredit pays, qu'ils soient
...traints à payer les tailles royaux, avec les autres habitans des
..., et que les justiciers ordinaires, soubz qui ils ont héritages,
...sent cognoistre des délicts faits et commis en leurs jurisdic-
..., soit par voye ordinaire ou par contracts faits en icelle.

Priviléges du Sceau.

13) *Item.* Comme bien au long et à plein a esté dit et remons-
...ès estats tenus dernièrement à Tolose, et autres par avant,
...e et très-dommageable chose est au pauvre peuple et au pays,
...les grands abus de porter les indues exactions qui se font et
...mettent de jour en jour, soubz umbre du petit seel de Mont-
...ier et de la cour d'icelluy, lequel fut à son institution trouvé
... faveur de la marchandise et des habitans de cesdits pays,
...tre estrangers, et en bonne forme; la grand charge qui est à
...it pays et pauvre peuple d'icelluy, du grand nombre des lieu-
...ans de garde, et comme inestimable nombre des sergens qui

---

(1) Cet abus n'existe plus que pour certaines charges publiques, comme le ser-
...e de la garde nationale. (Isambert.)

y sout, les grands salaires et exactions qu'ils prennent et lièvent néantmoins aussi les grands esmolumens des notaires, qui prennent dix sols pour chacun terme levé en ladite cour, et n'y eust seulement que une cognoissance, continuation ou excusation de partie; la grande et inutile discussion de biens des debteurs, sans venir en leur acquit ne payement de leurs créanciers; les fraudes déceptions et barats qui se font soubz umbre des priorités; la grande usurpation qui s'y fait sur les juridictions ordinaires, ausquelles clouent la main et leur ostent la cognoissance des causes introduites par-devant eux, combien que aucunes fois seront en estat de juger la répétition des debtes qui souventesfois sont payées et de clameurs faites, passé à vingt, trente, quarante, soixante et quatre-vingts ans, qui est venir contre les ordinaires royaux, par lesquelles ne se doit lever émolument de clameurs, que durant l'espace de cinq ans et après qu'elle aura esté exposée; et finalement y a tant de maux et dommages qui s'en ensuyvent au peuple, que dire ne se pourroient: et pour ce, afin de relever et aléger de si grandes charges, le pays et habitans d'iceluy, et pour y donner bonne et convenable provision, vous plaise donner ordre que aucuns contracts ne soient faits ne passez doresenavant soubs ledit petit séel, au regard des habitans de Languedoc l'un avec l'autre, attendu qu'il y a assez de juridictions ordinaires pour faire justice aux parties, et n'ait cours seulement fors entre les estrangers avec ceux de Languedoc, ou d'estrangers à estrangers, autrement il est trop dommageable au peuple; car il est venu à tant, que aujourd'huy ne se passeroit un contract de dix sols que la soubmission ne soit stipulée à la rigueur dudit petit séel de Montpellier, dont souvent s'ensuyvent despens et charges innumérables à la destruction de plusieurs bons mesnages.

(14) *Item*. Et pareillement vous plaise pourvoir et donner ordre au grand séel de Carcassonne, et cours sigillaires de Beziers de Gignac et autres, qui sont si grévables au peuple, pour les grands abus qui se y font et commettent chacun jour; et à bonne vérité quand toutes telles cours sigillaires seroient abattues, ce seroit un grand bien et relièvement pour ledit pays; et auroit assez et largement de cours ordinaires, veu la multiplication des officiers, sergens, lieutenans ou commis, qui y sont en trop grand nombre qu'en nulle autre contrée de ce royaume.

(15) *Item*. Et que il soit notoire que en vostre royaume a partout belles et notables juridictions, tant ecclésiastiques que séculieres, comme cours de séneschaux, viguiers et juges, et

-tement ès cours des gens d'église et nobles, qui ont justice -te, moyenne et basse, et en icelle a plusieurs rigueurs de séel, -ez suffisans pour contraindre toutes manières de debteurs du- pays; ce nonobstant, presque toutes obligations et contracts -i se passent en ce pays, se font aux soubmissions des cours es- -s hors de ce royaume, et à l'ombre desdites soubmissions, -t les pauvres habitans de cedit pays, traits et convenus èsdites -rs foraines, à très-grande charge et intérest de despenses et mises, qui est venir contre les ordonnances royaux, la prag- -atique sanction, et à la très-grande charge et dommage du -uvre peuple : si vous supplient lesdits estats qu'il vous plaise -oir égard à ce que dit est, et donner provision que prohibition -it faite de par vous à tous notaires, vos subjets et habitans de -stre royaume, qu'ils n'ayent à recevoir aucuns contracts ès- -els ait soubmission ou obligeance de corps, à nulles cours et -gueurs hors de vostredit royaume, sur peine de privation d'office -e notaire, et autres grandes peines à vous à appliquer.

Priviléges communaux.

(16) *Item*. Et comme le fait de la marchandise soit un des -rincipaux piliers à soustenir et secourir la puissance des royau- -mes et seigneuries, tant en la terre que en la mer, par quoy les -marchands doivent moult favorablement en toute bonne justice -équité estre traictez et entretenus, et mesmement ceux qui, à -honneur du prince et de la chose publicque, voyagent et navigent -à grandes mises et despens, et en grands périls et dangers de -leurs personnes; néantmoins pour le rapport et faux donné à -entendre d'aucuns non advertis ne informés de la vérité, et à -leur pourchas et instigation, ont esté certaines lettres de com- -missions par vous données et adressantes à maistre Guillaume -de Bourgézieu régent de par vous la séneschaussée de Beaucaire -et de Nismes, à l'encontre des personnes et biens de Estienne -Salelles et Lazarin de Andrea, marchands de nostre ville de -Montpellier, n'agueres patron des galées de France, vulgairement -appelées de S. Jacques et de S. Michel, lesquelles lettres iceluy -de Bourgézieu, commissaire, s'efforce de mettre à exécution, -voulant imposer ausdits marchands et patrons, qu'en conduisant -lesdites galées par mer, ont achepté cent ou six vingt Mores (1)

---

(1) Voilà donc la traite des blancs autorisée. V. l'ordonnance du 18 février 1824, au recueil complet, qui abolit cette odieuse violation du droit naturel et de l'humanité. (Isambert.)

et revendus en Barbarie, ont porté vivres aux mescréans, et en outre couru contre les chrestiens en faveur desdits mescréans, desquels cas iceux patrons, à l'aide de Nostre-Seigneur, se trouvent purs et innocens. Bien est vray qu'en Tunis en Barbarie, chargèrent à la requeste de Raphaël Vides, chrestien, certaines marchandises ès Mores, moyennant quatre ou cinq mille ducats de nolits, comme apperra par les pactes sur ce faicts; en outre ont bien porté huiles, amandes, avelaines, chastaignes, pour eschanger et avoir des espices, ainsi qu'il a esté et est toujours accoustumé de faire, sans auscuns autres vivres, ainçois ont tiré du pays d'Alexandrie pain, biscuit, chair, poisson, et plusieurs autres vivres : au surplus qu'ils ayent couru sur les chrestiens ne se trouvera. Bien est vray que pour recouvrer certains marchands de leurs galées, arrestés et detenus en la ville d'Alexandrie, furent contens par délibération de tous les marchands qui lors estoient èsdites galées, que les barques d'icelles galées seroient armées de compagnons mesmement desdites galées, avecques quatre Mores en chacune d'icelles, pour complaire aux officiers d'Alexandrie, lesquels Mores vouloient que feussent mis en la galée desdits Mores qui estoient en mer, pour poursuivre certaine caravelle de coursaires de chrestiens, qui guettoient certain navire de Mores chargez d'espicerie, venans de la rivière du Nil, et incontinent qu'ils eurent esté dedans mer, s'en retournerent, et n'approcherent onques de douze milles à ladite caravelle, ainsi que ces choses ont esté plus à plein dites et remonstrées ausdits estats, qui ont à procurer le bien de vous et de votre seigneurie, et la utilité de vostre royaume et mesmement dudit pays de Languedoc. Et quand telles vexations contre justice, au moins sans suffisante information précédente, se donneroient aux marchands, qui pour chacun rapport fait par envie ou malveillance, se feroient, ne se trouveroit marchand qui osast entreprendre aucun voyage, laquelle chose redonderoit au très-grand intérêt et dommage de vous et de vostre royaume qui se fournit la plupart audit pays de Languedoc, et de tout le bien publique d'iceluy, et principalement d'iceluy vostre pays de Languedoc. Ces choses considérées, il vous plaise faire révoquer lesdites lettres de commission, et mettre au néant, au moins suspendre l'exécution d'icelles jusques à ce que bonnes et légitimes informations ayent esté faites sur ce par ...... ou autres notables personnes vos officiers non-suspects, ou que par vous en soit autrement ordonné.

Impôt sur la marchandise.

(17) *Item.* Ne peuvent nuls ignorer, que le fait de la marchandise est un des membres principaux de la chose publique; mesmement en cedit pays de Languedoc, la marchandise est mère et nourrice d'iceluy, et sans icelle ne se pourroit entretenir; quand le cours n'y pourroit avoir lieu, seroit la totale ruine et destruction d'iceluy. Toutesfois depuis aucun tems en çà, la marchandise en cedit pays a esté et est encore chargée de tant d'imposts, truhages, péages et autres charges nouvelles, que le cours d'icelles marchandises y cesse du tout, et est comme tarie et mise au bas, et tellement qu'il y a seize ans ou environ que ledit pays eût plutost porté et payé un ayde de cent mille francs, qu'il ne feroit à présent de dix mille, et est venu en telle et si extrême nécessité, que tant à cause des usures, où ils sont encore constitués pour payer les tailles, pour les grands arrérages qu'ils doivent encore desdites tailles, qui montent à beaucoup plus de cent mille francs, leur sera comme impossible payer le présent ayde; et si provision et ordre n'est donné au cours de ladite marchandise, ne lui est possible de soy relever, obstant lesdits nouveaux imposts, péages, et autres charges mises sus depuis aucun ans en çà, outre et par-dessus l'équivalent, qui donne grand molestation et charge au pauvre peuple : c'est à sçavoir, de l'imposition foraine, le denier Sainct-Andry, les marques de Catelogne et de Gennes, la reve, la boëste aux Lombards, le péage de la Carbonniere et de Montosse, nouvellement mis sur la charge sur six deniers pour livre sur les toiles qui saillent hors du royaume en la sénéchaussée de Beaucaire, une autre charge que lève le maistre des ports en la sénéchaussée de Tolose, du dixme de tout le bestail, et autres marchandises.

Droits de péage et navigation excessifs.

(18) *Item.* Et une autre charge nouvelle qui se leve à Villemur et au pont de Sainct-Tibere, la charge de vingt sols sur chacune pipe de pastel en la sénéchaussée de Tolose. *Item.* Et de cinq deniers pour quintal de sel qui se leve en certains greniers, au profit de ceux de la sénéchaussée de Carcassonne. *Item.* Et une autre charge mise nouvellement sur la rivière du Rosne, de dix sols sur chacune queue de vin ; et autres charges innumérables, qui vous sont de nul ou de peu de profit, et si donnent grand empêchement au cours de la marchandise : et pour ce, veûe et

considérée la charge du présent ayde, la stérilité des biens de la saison présente, les mortalitez et pauvretez dessus déclarées, plaise à vous, nostre naturel et souverain seigneur, faire abatre et oster toutes lesdites charges et y douner telles provisions que libéralement et franchement le cours et exercice d'icelle marchandise se puisse mettre sus, relever et entretenir doresenavant, et que le pays puisse venir à convalescence, et soy résoudre de tous ses maux; et avec ce, que tous marchands, à faute des galées de France, puissent charger toutes marchandises ès autres navires qui seront ès ports dudit pays.

Charges des gens de guerre.

(19) *Item*. Une autre grande molestation sur les habitans de la séneschaucée de Tolose, par les receveurs de Languedoc, lesquels pour les lances logées en Guyenne, et spécialement ès marches voisines de Tolose, à présent s'accoustument de faire prendre dedans ladite ville de Tolose et autres lieux environ le pays où sont lesdites lances, les marchands et autres habitans des lieux et villes qui ont à payer icelles lances, sans aller faire leurs exécutions ès lieux qui les doivent payer, jaçoit ce qu'ils y puissent aller et y avoir toute obéissance, dont advient que les marchands ne se osent trouver audit Tolose, qui est grand intérest aux habitans d'icelle. Pource requierent lesdits supplians, qu'il vous plaise ordonner ausdits receveurs ou autres qui s'entremettent ou entremettront de ce, qu'ils fassent ou fassent faire leurs exécutions pour l'argent desdites lances, ès lieux et villes qui les doivent, et non ailleurs; et mander au séneschal et viguier et autre qu'il appartiendra, que autrement ne le souffrent; et s'aucune chose estoit faite au contraire, que réaument et de fait le réparent sans attendre autre mandement.

Violences des gens de guerre envers les habitans.

(20) *Item*. Et combien que ce présent pays de Languedoc à cause de l'octroi à vous fait dernierement à Tolose, ne deust avoir aucune charge de gens d'armes ne autrement, néantmoins les lances et gens de guerre de l'armée derniere, par vous envoyez ès pays d'Armagnac et Rouergue, ont passé, retourné et fait de très-grands et longs séjours en la séneschaussée de Tolose et ès pays de Vellay, de Vivarois et de Gévauldan; et mesmement audit pays de Vellay ont esté logez soixante-dix lances avec les archers, par l'espace de six ou sept mois ou environ, et se trouvera que

pays ont fait de grands excès et dommages, et ont grandement foulé ledit pays sans aucune chose ou bien peu payer, et en
ont compositions et rançons sur les villages, tant de vivres que
argent, à bien grands sommes; et vaudroit mieux aux habitans
desdits pays avoir payé leur part d'une taille, que d'avoir souffert
et soustenu la charge qu'ils ont portée; et mesmement que plusieurs battoient les pauvres gens, quand ils ne vouloient faire à
leurs vouloirs, et les traictoient durement (1) : pour ce requièrent,
qu'il vous plaise avoir regard ausdites charges, et alléger et remettre ausdits pays aucune somme du présent ayde, car impossible leur sera le payer.

Usurpations sur la jurisdiction ecclésiastique et seigneuriale.

21) *Item.* Depuis aucun temps en çà, les bayles et juges ont
introduit une façon nouvelle de donner lettres de *debitis,* moyennant lesquelles ils prennent cognoissance sur tous les sujets et habitans desdits pays, et font venir toutes leurs causes par-devant
eux ; et ne font autre chose, fors que les gens d'église, nobles qui
ont jurisdictions, donnent congé à leurs officiers; car de rien ne
serviroient, quand nuls ne playdoieroient par-devant eux : pour
quoy vous supplient qu'il vous plaise faire cesser toutes telles manières de *debitis,* qui sont à la totale énervation des jurisdictions
ordinaires desdits gens d'église et nobles; ou que à tout le moins
opposition desdites lettres soit mise devant lesdits ordinaires,
ainsi que raison est, et qu'ils sont donnés mesmement en vos
chancelleries.

Abus des évocations.

(22) *Item.* Comme pour le temps que les gens de guerre de
vostre royaume vivoient sur les champs sans ordonnance, et que
aussi les chemins de ce royaume estoient empeschez, courus et
guettez par vos ennemis, certaines lettres furent par vous données
à Poictiers pour le temps que vostre parlement y estoit, et depuis
à Paris que vostre parlement y a esté retourné, appellées, *quoniam frequenter contingit, etc. et cum clamor, etc.* les unes
l'an 25°, et les autres il y a bien douze ou treize ans, en faveur de
vostre procureur, à cause des grands dangers, périls et pilleries
des chemins qui lors estoient; par vertu desquelles lettres vostre

(1) Ceci arrive toujours, parce qu'on ne peut citer les militaires devant les tribunaux, pour leurs délits. V. ci-dessus, 4ᵉ livraison, p. 662, not.

dit procureur ou ses substitués en ce pays de Languedoc, incontinent que aucun appointement, sentence ou ordonnance se fait ou donne contre eux, soit interlocutoire ou autre, ils en appellent soit bien ou mal; jaçoit ce que les appellations se doivent bailler par escrit, selon le style et coustume du pays, et aussi selon droit escrit, par lequel ce présent pays est gouverné, font si prins, et mis inhibir faire adjournemens en cas d'appel personnels et réals, informations secrettes, procédans aucunes fois à la détention et emprisonnement des prisonniers ou détention de leurs biens, et font tous exploits, comme s'ils eussent deuëment relevé. laquelle chose est contre toute raison et justice, à la grande foule et dommage du peuple et irréparable préjudice souvent du droit des parties, qui seront empeschées durant la cause d'appel, aucunes fois à bien grand tort : et pour ce, vous plaise que lesdites lettres soient révocquées, annullées, et n'ayent plus aucune efficace dores-en-avant, veu que la cause pourquoy elles ont esté données, cesse, et que Dieu mercy l'on peut de tous costez, sans aucun péril ou danger, avoir seur accès par-devers vous et vos chancelleries, et mesmement que vostre parlement sied à Tolose présentement, qui n'y estoit pas alors, ou en peu de jours de ce pays on peut avoir recours.

Évocations en matière criminelle.

(23) **Item.** Pour ce que en ce pays de Languedoc, et singulièrement en la séneschaussée de Beaucaire, les cours des ordinaires et subjectes, sont grandement rabaissées et foulées, pour ce qu'on ne leur souffre, ne leur est possible, gouverner leurs justices et jurisdictions, ainsi qu'il appartient, ne faire ou administrer justice, ne à leurs subjects, et mesmement touchant les causes criminelles, ne punir les malfacteurs et coulpables, comme est de raison, par le moyen de certaines lettres appellées *Si quis* ou *Nisi visis*, etc. que les criminels, incontinent qu'ils se sentent avoir commis aucun délict, crime ou maléfice, vont querir et obtenir à Nismes et ailleurs, par vertu desquelles lettres, ostent toute cognoissance ausdits ordinaires et cours subjectes, font relascher et eslargir les corps et biens prins et detenus par telles cours, et leur font faire grandes inhibitions et deffenses, et sur grandes peines, de non procéder plus avant, ne eux entremettre desdits criminels ne de leurs biens : à l'occasion desquelles choses, lesdites cours ordinaires et subjectes se mettent du tout au néant, et sont sans cause instituées; et aussi plusieurs grands

rimes et maléfices demeurent impunis, et ont les sujets faculté de plus hardiment délinquer, pour ce qu'ils savent où ils auront continuel leur remède, et qu'ils eschapperont bien des mains la justice par tels moyens; et advient que par adventure, lesdites cours ordinaires et subjectes dissimulent souvent de faire diligence de prendre les malfaiteurs et délinquans, ne faire faire prendre les informations, ce qu'ils feroient autrement, tant pour ce qu'ils sont bien certains que pour néant le feroient, et que par lesdites lettres leur sera osté toute cognoissance de cause, comme pour éviter les despens d'aller poursuivir la rémission et renvoy desdits délinquans, qui sont communéement pauvres et méchans, et n'ont mie biens pour recouvrer les despens (car gens riches et aisez se gardent bien de méprendre), lesquelles choses sont dérogeans au bien public, paix et seureté des habitans du pays, et de très-mauvais exemple : pour ce, vous supplient pour le bien de la justice, deffendre l'octroy de toutes telles lettres de *Si quas* et *Nisi visis*, etc. et au cas que aucuns en donneront, lesdictes cours ordinaires, ne soient point tenus de y obéyr, et sur ce faire garder les ordonnances par vous confirmées à Pézenas et ailleurs, selon leur forme et teneur.

Limitation des notaires et sergents.

(24) *Item.* Et comme de bonne équité vostre vouloir soit nay à faire entretenir vostre justice, et descharger vostre peuple des charges qui vous appèrent, dont il est trop chargé et grévé; et qu'il soit ainsi que en vostre pays de Languedoc, ait comme nombre infini de notaires et sergens qui vivent tous sur le pauvre peuple, duquel ils tirent presque toute la substance du travail et labeur de leurs pauvres mains, et lièvent lesdits notaires grands et excessifs émolumens, tels qu'il leur plaist, tant d'escriptures que de contrats et autrement, et aussi exigent grands salaires et treuvent diverses manières et pratiques de commissions, à l'ombre desquelles font de grandes mangeries sur le pays; et se trouvera telle moyenne ville en ce pays où il y a 80 ou 100 notaires royaux, desquels les deux parts sont.... à l'office de notaire, dont souvent maints jugemens..... il vous plaise donner provision que le nombre desdits notaires et sergens soit restraint, et donner ordre et limitation en une chacune bonne ville ou lieu où il y a accoustumé d'avoir notaires, selon les qualité, quantité et condition des lieux, et que ceux qui y seront ordonnez, soient gens notables et experts; et pour ce, ainsi que lesdits notaires qui sont fermiers

des cours royaux en ce présent pays, obtiennent certaines lettres des trésoriers et receveurs du domaine, pour faire exécuter les parties qui leur doivent pour leurs escriptures, *prout in debitis regiis*, pour donner plus grandes vexations au peuple : vous plaise pourveoir qu'il leur soit défendu sur grandes peines, qu'ils n'ayent à traire les parties à ceste cause, sinon devant les juges où les procès ont esté démenez, et non ailleurs, en interdisant ausdits trésoriers et receveurs et à tous autres qu'il appartiendra, sur ce toute cour et cognoissance; et aussi que lesdits notaires n'ayent à grosser ou faire grosser les instrumens par eux receus, ne pareillement leurs subrogez, sinon que expressément ils en soient requis par les parties; et que ceux qui sont fermiers des cours, ne prennent pour assignations, ne pour cancelleures ou autrement, sinon selon vosdites ordonnances royaux.

Usurpation sur la jurisdiction seigneuriale et ecclésiastique.

(25) *Item.* Et combien que vos officiers, comme baillifs ne autres, ne doivent entreprendre cognoissance des causes criminelles, sur les hommes et objets desdites gens d'église et nobles, sinon par ressort, néantmoins iceux officiers et les notaires ou fermiers de leurs cours, s'efforcent de faire le contraire de jour en jour; car incontinent que aucun cas commis viendra à leur cognoissance, ou que lesdits notaires et fermiers surviendront sur le cas flagrant, ou que les parties auront recours par-devers eux, incontinent et sans aucun délay en ostent toute cognoissance ausdits ordinaires, soubs ombre de prévention, et troubleront icelles jurisdictions ordinaires, mettront sergens sur les champs pour leur dénoncer incontinent lesdits cas : et pour ce, vous plaise donner provision, et sur ce donner vos lettres, par lesquelles soit fait inhibition et défense ausdits justiciers, officiers et notaires, qu'ils n'ayent plus à entreprendre telles cours ne cognoissance sur les jurisdictions desdits d'église et nobles ne sur leurs subjets, sinon par manière de ressort ou d'appel; et que, *obmisso medio*, n'ayent à cognoistre de l'appel; et que ce soit sur grandes peines à vous à appliquer, pour ceux qui feront le contraire.

Des droits de la jurisdiction ecclésiastique en matière de créances.

(26) *Item.* Et combien aussi que plusieurs debteurs, par obligations passées à leurs créanciers, soient soubmis aux rigueurs d'aucunes cours spirituelles de ce pays de Languedoc; et que à icelles

...rs appartienne la cognoissance de la cause; ce nonobstant, ...dits debteurs qui n'ont mie bon vouloir de satisfaire à leurs ...anciers, obtiennent chacun jour lettres de la cour de Nismes, ...autre cour royal, par lesquelles font faire inhibitions aux cu... sur grandes peines, qu'ils n'aient à recevoir aucunes lettres ...onitoires ne excommunicatoires contre eux, sans inhibir aux ...rties; et si le pauvre curé, qui ne peut mie avoir souvenance ... tous s'en oublie par adventure, sera trait et enquesté èsdites ...ors royaux; et s'ils veulent avoir coppie desdites lettres, ce sera ...grands coust et despens, tellement que aucunes fois au bout ...l'an, la revenue de son bénéfice à peine y peut fournir, qui ...st contre Dieu et justice, et semblablement font pareilles inhi... ...tions à l'official, qu'il n'ait à donner ou octroyer aucunes lettres ...au chancelier qu'il ne les aye à seeller, et au notaire, qu'il ne ...aye à escrire; que sont choses exhorbitants, contre toute raison, ...en grand préjudice de l'église, de vouloir priver que nul ne ...uisse ou doive user de sa jurisdiction: pour ce, vous plaise, pour ...e bien de justice, et pour la conservation du droit de l'église, de ...aquelle vous estes protecteur, y donner la provision necessaire, ...octroyer vos lettres, sur ce que au cas que par lesdits officiers ...eroit fait le contraire, que lesdites gens d'église ne soient point ...tenus d'y obéir (1).

Droits de douane.

(27) *Item.* Et combien que selon vos institutions royaux, nul ne doit, ne soit tenu de payer les droits de l'yssue de vostre royaume, sinon ès yssues et mètes de vostredit royaume, et seulement pour les marchandises et choses transportées et menées hors d'iceluy; ce nonobstant, les trésoriers, fermiers, receveurs et autres à ce députés et commis, compelissent et contraignent, et font compellir et contraindre tous marchands et autres à payer la rève et autres droits, et despêcher leurs marchandises ailleurs que ès yssues, fins et mètes de vostredit royaume, c'est assavoir, ès fins de la séneschaussée de Tolose, et à Montpellier qui ne sont point les fins et mettes du royaume; car après que les marchandises sont hors de la séneschaussée de Tolose ou de Montpellier, peuvent être menées et vendues en plusieurs lieux du royaume, et par ainsi ne devroient rève ne autre droit pour l'yssue du royaume; et pareillement quand lesdites marchandises saillent hors

---

(1) C'est là un grand abus dans les états. (Isambert.)

de la sénéchaussée de Tolose ou de la ville de Montpellier, et à Bourdeaux ou à Lyon, qui sont yssue du royaume, faut qu'ils payent une autrefois la rêve et droit, et ainsi payent deux fois lesdits droits, qui est contre les institutions ordinaires royaux, et au très-grand grief et préjudice de ladite marchandise; et tant que les marchands, eux voyans ainsi grévez et chargez, laissent à venir marchander audit pays, et par ainsi se pert et destruit ledit pays, lequel, ainsi que dit est dessus, ne se peut soustenir ne résoudre, sinon que la marchandise y ait cours et il vous plaise, nostre naturel et souverain seigneur, faire garder et entretenir lesdites ordonnances, et que nul ne soit compelly ne contraint de payer, fors que ès yssues du royaume, et ès lieux et pour les choses accoustumées tant seulement et non ailleurs.

Impôts sur les denrées.

(28). *Item.* Et combien que la charge de l'équivalent soit grandement grévable et desplaisante au pauvre peuple, tant à l'occasion de la chair du couteau et des provisions, laquelle charge tombe et chiet la plupart sur les laboureurs et gens de village, comme aussi à l'occasion de la charge qui est sur le poisson de mer, qui ne se pesche que par pauvres gens de labeur, en très-grand danger et péril de leurs personnes tant pour la fortune de la mer comme pour les pirates et robbeurs qui courent par ladite mer: il vous plaise à vous, nostre naturel et souverain seigneur, pour l'allégement et reliévement de cedit vostre pays de Languedoc, et pour le bien de vostre seigneurie, que ledit équivalent cesse du tout en tout, en ce que vostre plaisir ne seroit de l'en descharger du tout, que au moins il vous plaise diminuer et restreindre la somme dudit équivalent à la somme de (*lacune*) tant seulement, laquelle somme est encore grande et excessive et importable audit pays. Et en outre, attendu que à l'institution et octroy d'yceluy, fut par vous ordonné qu'il seroit et demeureroit en la main du gouvernement dudit pays, et se gouverneroit par les consignateurs d'iceluy, et toutesfois il a esté baillé sans le vouloir et consentement dudit pays et sans y appeler lesdits consignateurs, par trois années, qui est venir contre la forme et institution par vous sur ce baillée; car par ce moyen ledit équivalent est hors des mains et gouvernement dudit pays, et seroit pour le temps advenir, si cette forme de bailler se continuait: qu'il vous plaise faire, entretenir ladite institution par vous faite, se ainsi est que soit vostre plaisir qu'il ait encores cours; ordonner que ledit équi-

...soit remis ès mains et gouvernement dudit pays, ainsi ...estoit paravant, au moins pour l'année qui commencera le ...ier jour de septembre prochain venant; et soit baillé et ...erné par iceluy pays, et par les consignateurs sur ce ordon- ..., ainsi que l'institution d'iceluy le porte.

Privilèges de la province.

9) *Item.* Et comme plusieurs beaux privilèges donnés par ...os roix, par vous confirmés à vostre nouvelle venue en ce ..., et depuis à Pézénas l'an 1438, ayent esté publiez et regis- ...ès cours des généraux et séneschaux de Tolose, Carcassonne ...aucaire, néantmoins les viguiers de Béziers, Gignac, et autres ...s subjectes, refusent les faire registrer et publier; et aussi les ...res justiciers et officiers de cedit pays de Languedoc, comme ...ifs, juges et autres, attentent et innovent tous les jours au ...traire desdits priviléges, et les enfreignent en venant contre le ...ent qu'ils sont tenus de faire à garder et entretenir iceux ...ts et priviléges; et mesmement en la séneschaussée de Beau- ...re se fait si grand nombre de lieutenans que à peine y a notaire ...sergent qui ne soient lieutenans, et n'ayent blancs signez et ...lez pour créer sergens et donner lettres comme si ce fust en ...rs auditoires. Et combien qu'ils ne doivent tenir cours, fors ...leursdits auditoires, s'efforcent chacun jour de tenir comme ...inairement ès lieux et jurisdictions des gens d'église et nobles, ...ement qu'elles en sont grandement occupées; il vous plaise ...les ordonnances par vous faites sur le fait de vostre justice, ...t celles pieçà par vous confirmées comme les nouvelles, ...nt publiées et enregistrées en vostre cour de parlement à ...ose, et ès autres lieux de cedit pays de Languedoc où il sera ...cessaire et est accoustumé de faire; et en outre, vous plaise ...intenir lesdits estats de vostre pays de Languedoc, tant gens ...glise et nobles, comme ceux de l'état commun, chacun en son ...it, en toutes leurs libertés, franchises et priviléges esquels ils ...t et leurs prédécesseurs ont esté de toute ancienneté, et iceux ...der, tenir et faire tenir et garder sans enfraindre; et mesme- ...nt en tous les priviléges octroyez ausdits estats, et confirmez ...vos prédécesseurs roys de France, approuvez et consentis par ...s en plusieurs lieux, tant à Carcassonne, comme depuis qu'estes ...venu à la couronne, en vos villes de Bourges et de Pézénas, ...sur ce donner vos lettres nécessaires à l'entérinement et confir- ...tion desdits priviléges et libertez, et les faire publier et

enregistrer ainsi qu'il appartiendra, et faire bailler le double ou *vidimus* à ceux qui les requerront. *Item.* Que comme ès autres assemblées des estats passez et tenus par cy-devant, plusieurs articles et requestes ayent esté faits et accordez par ceux qui de par vous y ont esté envoyez, lesquels pour le présent on laissé de reprendre et adjouster aux articles présens, pour éviter prolixité, et lesquels ont esté passez et accordez: il vous plaise que le contenu èsdits articles, et les responses faites à iceux, en faveur desdits supplians et du bien publique de cedit pays de Languedoc, soient entretenus, gardez et observez, et lesdits responses, dans telles et si grande efficace et valeur, comme si par vous avoient esté faits, passez et présentement accordez.

Lettres de confirmation nécessaires.

(30) *Item.* Que pour l'exécution des requestes et supplications dessusdites, et chacune d'icelles, vous plaise octroyer ausdits supplians et leur faire bailler lettres nécessaires, et appartenans, telles qu'elles soient gardées et observées, comme nécessaires, profitables, raisonnables et expédientes pour le bien de vostre seigneurie et conservation de vostredit pays; et que ce soit sans autre coust; et soit comprins auprès des lettres des commissions et articles.

Lettres de marque (1).

(31) *Item.* Et pour ce que ès lieux dudit pays assez près de la mer, advient souventes fois que quasi chacune année pirates et courshires de mer, avec galées, galiotes, brigantins, lucs, carvelles et autres fustes armées, mesmement ceux qui sont de la nation de Cathelogne, envahissent les ports, plages et autres lieux maritimes dudit pays, prennent et robent les fustes et autres biens, et emmenent et detiennent les personnes en très-grande détresse, pauvreté et misère, et font plusieurs autres grands maux; qu'il plaise ordonner que nul ne soit si hardy d'armer aucune fuste, sans bailler pleige de satisfaire tous dommages et intérests qui à l'occasion d'icelles pourroient advenir audit pays; et sur ce octroyer vos lettres appartenans, ainsi qu'à tous les autres estats passez par cy-devant a esté requis et remonstré.

(32) *Item.* Et comme présentement, et despuis aucun temps en ça, en plusieurs et divers lieux de ce pays de Languedoc, se

---

(1) V. ci-dessus ordonn. ann. 1415, 4ᵉ livraison, p. 420, ordonn. 1355, sur p. 208, 210.

mis sus un grand nombre de larrons, meurtriers et guetteurs chemins; lesquels eux tenans sur les grands chemins et ailleurs ès périlleux et dangereux passages, et espians des foires et marchés, ont commis et perpétrez, commettent et perpètrent souvent de grands et énormes meurtres et larrecins, et autres détestables maléfices; et outre ce, court en cedit pays de Languedoc, une autre manière de gabuseurs, pipeurs et autres larrons affectez, dont les aucuns, en habillemens de marchans ou autre assez honneste, vont par les villages, sans entrer ès bonnes villes, portans grands lingots sophistiqués de faux or et argent, et en feignant qu'ils sont de grandes maisons et ne veulent estre cognus, vont décevant le pauvre peuple, en leur vendant lesdits lingots. *Item.* Et il y a une autre façon de gens vagabonds et oiseux, qui ne font œuvre ne mestier, appellez ruffiens, qui se treuvent ès bonnes villes au long du jour et de la nuict, ès tavernes et autres lieux dissolus, en faisant de grands excès, et leur est force, pour entretenir leur mauvaise vie, qu'ils soient larrons et commettent plusieurs choses malfaites; et en y a telle quantité, mesmement en ce bas pays de Languedoc, qu'il n'est à peine jour que esclandre et plaintes ne s'en ensuivent, et sans que aucun remede y soit donné; et est à douter que qui les dissimulera longuement, quand l'on le voudra faire l'on ne pourra convenablement, sans que premièrement de grans inconvéniens ne soient ensuivis. Ces choses considérées, il vous plaise sur ce donner convenable et preste provision appartenant ès cas; et au regard desdits ruffiens, gens vagabonds, attendu que les officiers des villes où ils se tiennent, sous ombre de certains profits et advantages qu'ils prennent sur eux, les souffrent, et par adventure dissimulent aucunes fois les cas qu'ils commettent, vous plaise sur ce ordonner commissaires, gens d'autorité et puissans, pour délivrer et nettoyer ledit pays de toutes telle manière de gens, soit par justice, ou en les mettant ès gallées, ou autres servitudes si grandes (1) qu'ils ne puissent avoir liberté ne vacation de commettre les maux dessusdits, ni autres semblables.

Que au *vidimus* de ces présens articles, supplications et requestes et des réponses d'iceux, fait soubz seel royal et authen-

---

(1) Ainsi l'on ne veut pas de la justice pour les pauvres; voilà le langage de l'intérèt personnel. Les mendians doivent sans doute être surveillés; mais il est contre le droit naturel de les punir d'un état qui peut être forcé. (Isambert.)

tique, foy soit adjoustée comme au présent original, et aussi a *vidimus* des lettres exécutoires.

Præcedentes articuli fuerunt subsignati de consensu et præcepto duorum deputatorum assertorum trium statuum linguæ Occitanæ, mense martii, millesimo quadringentesimo quiquasimo quinto, mandato regio, in villâ Montispelliensi, congregatorum, per me Ajacillis, notarium.

Et nous ont humblement fait supplier et requérir lesdites gens des trois estats de nostre pays de Languedoc, que sur les articles dessus escrits, il nous pleût leur donner et octroyer les provisions convenables selon la qualité et disposition des matières, et sur-tout leur impartir nostre grace.

Savoir faisons, que nous, les choses dessusdites considérées, desirans le soulagement de nostre peuple dudit pays en ce que bonnement faire se peut, et icelluy nostre peuple estre traicté en bonne police et justice sous nous; après ce que nous avons fait voir et longuement visiter lesdits notables dessus escrits, et débattre les matières dont en iceux est faite mention, par grand et meure délibération en nostre conseil, et pour leur donner les provisions convenables selon lesdites matières, avons faites faire les réponses ausdits articles, desquelles la teneur s'ensuit.

(1) En tant que touche l'octroy de l'aide de cent seize mille livres, etc., les commissaires qui ont esté envoyés de par le roi en Languedoc, ont acceptée ladite somme pour et au nom dudit seigneur; et au regard des termes, considéré la longue demeure que lesdits de Languedoc ont fait à Gaunac, et devers ledit seigneur, et que l'ayde n'est encore mis sus; aussi la pauvreté dudit pays, et l'intérêt que le peuple d'iceluy auroit ès exécutions qui se feroient: le roy est content des termes qu'ils requièrent, c'est à savoir, le premier terme dudit ayde, au dernier jour de juillet prochain venant, auquel terme ils seront tenus de payer la moitié d'iceluy aide, avec les fraiz; le second terme au dernier jour d'octobre ensuivant, auquel se payera le quart dudit ayde; et le tiers et dernier terme, au dernier jour de décembre prochain après ensuivant, auquel se payera l'autre quart d'iceluy ayde. Et pour ce que lesdits de Languedoc ont requis qu'il pleust au roi faire cesser toute réformation, etc., la intention du roy n'est point de y mettre autre réformation que celle qui est de présent sur les officiers de la justice, en laquelle ledit seigneur n'entend point comprendre les capitouls, consuls, ne autres officiers et habitans des villes dudit pays de Languedoc.

(2) Au second article où ils requièrent que les termes ne soient anticipez, ne les habitans contraints à prester : le roi est content ; au regard des commissions des assiètes, etc., le roy, pour les charges que le temps passé se sont mises sus avec et outre le principal de l'ayde, envoyera un commissaire de par luy en chacun diocèse, mais il n'entend, ne ne veut qu'on luy baille plus de vingt-cinq sols tournois pour jour ; et si on luy baille plus largement, ne sera alloué au receveur ; et néantmoins défend ledit seigneur à iceluy commissaire, qu'il ne prenne plus desdits vingt-cinq sols tournois par jour, sur peine de recouvrer sur luy ce qu'il auroit prins outre, et d'amende arbitraire. En tant que touche la commission du receveur, etc., elle leur sera baillée en blanc, et n'en sera faite aucune requeste pour y mettre receveur ; et s'il se fait, le roy n'entend point que ceux dudit pays y obtempèrent, si bon ne leur semble : advisent bien lesdits de Languedoc d'estre tels receveurs, qui fassent les deniers bons et supportent le peuple.

(3) Au troisiesme art., touchant la taxation des despens de ceux qui auront esté ou yront aux estats, et pareillement des gages du receveur, et que aucun retranchement ou *recuperetur* ne se fasse, etc., on est content, ainsi que l'article le porte, pourveu que lesdits de Languedoc fassent lesdites taxations si raisonnables, qu'on n'ait cause pour l'advenir d'y faire aucun retranchement ; et au regard des retranchemens ou *recuperetur*, qu'on dit avoir esté faits par ceux de la chambre des comptes, sur aucuns de Narbonne et de Besiers, etc., le roi a pieçà donné ses lettres sur ce, pour les en faire tenir quittes ; et néantmoins si lesdits des comptes n'y ont obtempéré, ou qu'il y ait autre difficulté, le roy de ce adverty, leur en rescrira volontiers, et s'il est besoin en avoir mandement signé de sa main, le fera.

(4) Au quatriesme article, que toutes exécutions se fassent par les sergens ordinaires des lieux, etc., on est content, ainsi que l'article le porte, tant des sergens ordinaires, que du salaire des autres qui feroient lesdites exécutions ; et ne seront transportez les gages prins par exécutions pour vendre hors des juridictions où auront esté prins, si toutesvoies on y treuve qui les achepte durant le temps accoustumé, ès lieux à faire les ventes, incans et délivrance desdits biens : et si aucun débat vient entre les habitans et les receveurs, les deniers du roy premierement payez, on est content que les juges ordinaires des lieux en co-

gnoissent; et défend-on que exécution ne se fassent en bœufs, mules, ne autres bestes, ou instrumens nécessaires à labourer les terres, ne autres outils mécaniques, tant que on puisse trouver autre chose en quoy se puisse faire exécution pour la somme qui sera deue.

(5) Au cinquiesme article touchant les généraux-maistres des monnoies et les informations faites ou à faire, tant par eux que par leurs lieutenans et commis, etc., le roy veut et entend que ceux qui le temps passé ont usé et prins autres monnoies que les siennes pour leurs vivres, marchandises et autres usages, sans avoir billonné, ne usé de fait de change, en soient tenus quittes et paisibles; et deffend-on ausdits généraux et maistres des monnoies, que à ceste occasion ne les molestent ne tirent en cause pour le temps à venir, jusques à ce que ledit seigneur ait autrement pourveu au fait desdites monnoyes.

(6) Au sixiesme article, touchant les commissions que baillent les séneschaux et baillifs, sur la vérification des forteresses et réparations des chemins, etc., sera mandé par le roy ausdits séneschaux et baillifs, que dores-en-avant ils ne baillent telles commissions: s'ils ne sont bien informez que la matière y soit disposée, et qu'il en soit bien grand besoin : et au regard des exactions et mangeries qu'on dit estre faites, soubs ombre desdites commissions, ceux dudit pays en pourront informer le procureur du roy en parlement à Tolose, pour en faire la réparation telle que au cas appartiendra.

(7) Au septiesme article, touchant les commissions que donnent les maistres des ports, et les maistres des eaux et forests, et le grand nombre de lieutenans ou commis qu'ils font, etc., le roi a intention de pourvoir généralement en brief par tout son royaume, touchant les abus desdites eaux et forests, au soulagement de son peuple; et cependant sera mandé et deffendu par ledit seigneur, ausdits maistres des eaux et forests, qu'ils ne fassent lieutenans, ne tiennent leurs jurisdictions fors ès lieux anciens et accoustumez, et selon les ordonnances sur ce faites, sur peine d'en estre punis, et d'amende arbitraire; et au regard des maistres des ports, leur sera fait pareille deffense. Touchant disme du bestail et autres marchandises saillant hors du royaume, que lève le maistre des ports en la séneschaussée de Tolose, etc. c'est domaine du roy, et en rend compte le trésorier de Tolose: et au regard des inquisitions et informations que font les lieutenans et commis dudit maistre des ports, s'il y avoit eu aucun

faits par aucuns marchands, en défraudant le droit du roy, raison que réparation en soit faite : mais si ledit maistre des [gabelles], ou sesdits lieutenans et commis, soubs couleur de la réparation desdits abus, donnent aucunes vexations au pauvre peuple, [f]ont aucunes exactions indeues, en déclarant les cas particu[liers], on y donnera telle provision qu'il appartiendra.

(8) Au huitiesme article, touchant la visitation des gabelles à [de] Languedoc, tant sur certaine commission pour le dénombrement de ceux dudit pays que a voulu exécuter le visiteur des[dites] gabelles, que sur la tradition des tillets, et cognoissance des [mes]ures, etc. ; par les commissaires que le roy envoyera en Lan[gue]doc à l'assemblée des estats, qu'il entend briefs y mander, [se]ront veues les ordonnances royaux faites sur le fait desdites ga[bel]les, et en sera débattu avecque ceux desdits estats, pour ce [s]t veu, et eux ouys, ensemble ledit visiteur et autres qu'il ap[par]tiendra, en estre ordonné par lesdits commissaires, ainsi qu'ils [ver]ront estre à faire par raison.

(9 et 10) Aux neuviesme et dixiesme articles touchant les simu[lée]s cessions qu'on dit estre faites au mole d'Aygues-mortes, et [cel]les qui se font aux escoliers des universités, etc., autresfois [ont] esté faites certaines ordonnances et provisions, sur ce que [on]t, comme l'on dit, ès cours des séneschaulx, èsquelles on [pe]ut avoir recours ; et néantmoins ont esté n'agueres faites autres [or]donnances et provisions, touchant les cessions et transports [qu]i se faisoient frauduleusement aux escoliers de l'université de [Pa]ris, desquelles lesdits de Languedoc pourront lever une exé[cu]toire, en tant que leur pourroit toucher, pour faire cesser les [abus], s'aucuns s'en font, et punir ceux qui les font.

(11) Au onziesme article touchant les possessions contribua[b]les d'ancienneté, etc., le roy fera entretenir et observer les or[d]onnances royaux, et les arrests sur ce donnez par la cour des [gé]néraux de la justice.

(12) Au douziesme article touchant ceux qui soubs ombre des [bo]urgeoisies d'Aygues-mortes et de Villeneuve-de-Berc, acquie[r]ent possessions hors de leurs limites, et se veulent exempter des [ju]risdictions ordinaires où ils acquièrent, et de payer tailles, etc., [p]ar les ordonnances pieçà sur ce faites, qu'on dit estre en la cour [d]u sénéschal de Beaucaire, on y peut avoir remède ; et néant[m]oins ceux dudit pays, en défaut de ceux qu'il appartient, pour[r]ont avoir recours ausdits généraux de la justice ou de la chan[ce]llerie.

(13 et 14) Au treiziesme et quatorziesme articles, touchant la cour du petit-séel de Montpellier, et les abus qu'on dit qui s'y font, etc., le roy mandera aux commissaires-réformateurs qui de présent sont en Languedoc, qu'ils se informent de la première institution du petit-séel, et des causes de l'introduction d'icelui, en quelles matières, et entre quelles personnes les procès y doivent estre introduits; et aussi des styles anciens et nouveaux, et des abus, exactions et mangeries qui se font audit petit-séel, par les juges, lieutenans, advocats, notaires, sergens et autres; et que le tout réforment, corrigent, reduisent et remettent en bon ordre, tellement que dores-en-avant aucuns inconvéniens ou plaintes n'en adviennent; et pareillement fassent, au fait du grand seel de Carcassonne, et des cours sigillaires de Bésiers et de Gignac: et sera envoyé le double de ces deux articles avecques ceste responce aux commissaires; ensemble la déclaration des abus, s'aucuns en y a, que leur bailleront lesdits de Languedoc, pour y estre pourveu par lesdits réformateurs.

(15) Au quinziesme article, touchant les obligations et submissions qui se font aux cours estans hors du royaume, etc., le roy fera defendre que nul notaire de son royaume ne reçoive aucunes submissions ou obligeances entre les subjets dudit royaume, par lesquelles ils se soubmettent à aucunes cours hors d'icelui, sur peine de privation de leurs offices de notaire, et d'amende arbitraire; et pareillement sera défendre à ses subjets qu'ils ne se soubmettent, sur peine au créancier de perdre son debte, et au debteur, d'amende arbitraire.

(16) Au seziesme article, touchant certaines commissions impétrées par aucuns à l'encontre de Estienne Salelles et Lazarin de Andrea, nagueres patrons des galées de France, etc., pour ce que la chose peut toucher non-seulement lesdits patrons, mais tous les marchands de Languedoc fréquentans le navigage de la mer, lequel à ceste cause pourroit cesser, qui rédonderoit à trop grand inconvénient et dommage; et que la matière desdites commissions semble, ainsi qu'on dit estre, petitement fondée, et par faux rapports et donné à entendre : le Roy est content que lesdites commissions soient révoquées, et toute exécution à ceste cause encommencée, soit pour maistre Guillaume Bourgezieu ou autre, cesse.

(17 et 18) Aux dix-septiesme et dix-huitiesme articles, touchant l'imposition foraine, les marques de Gennes et de Catélogne et Aragon, les deniers Sainct-Andry, et autres charges qui se

évent sur la marchandise et qu'on dit estre nouvelles et non acoustumées d'ancienneté, etc., entant que touche l'imposition foraine, le roy chargera les commissaires qu'il envoyera à ses estats en Languedoc, qu'ils se informent comment ne en quels lieux elle se doit et a accoustumé estre levée; et s'il y a aucuns abus, que à tout pourvoient. Touchant les marques de Gennes, d'Aragon, Cathélogne, etc., ainsi que sçavent assez lesdits de Languedoc, elles ont esté mises par grande et meure délibération, et de l'authorité et consentement des deux royaumes et des deux seigneuries, tant pour satisfaire et récompenser les damnifiez, comme pour nourrir paix et entretenir la communication des marchands d'une seigneurie à autre, pour éviter aussi courses, guerres et autres inconvéniens et domages que en eussent peu advenir; et ne voudroit le roy les oster ne abattre sans grandes causes et raisons, et sans le vouloir, sceu et consentement de chacune des seigneuries, et aussi des marchans damnifiez, et des renteurs qui y ont intérêt et à qui il touche. Touchant le denier Sainct-Andry, la boëte aux Lombards, les vingt sols tournois sur pipe de pastel en la séneschaussée de Tolose, la rève et les six deniers tournois sur les toiles de la séneschaussée de Beaucaire, etc., c'est tout domaine. Toutesfois s'il y a abus, on baillera volontiers commission à Pierre Bérard, qui est de présent en Languedoc, pour y pourvoir. Au regard du droit qui se liève à la Carbonnière près de Ayguesmortes, le roy pareillement baillera volontiers commission audit Pierre Bérard pour soy informer si ledit péage est ancien ou non; et s'il treuve qu'il ait esté nouvellement mis sus, qu'il le abolisse et mette au néant; et avec ce, se informe si les deniers qui ont esté levez, ont esté employez ainsi qu'ils doivent, et y pourvoye ainsi qu'il verra estre à faire. Touchant le péage de Montouse, etc. Maistre Jean Bureau, trésorier de France, a charge et commission du roy d'y pourvoir, soit de l'abattre ou autrement, ainsi qu'il verra estre à faire pour le bien dudit seigneur et de son pays de Languedoc. Au regard de la blanque de cinq deniers tournois sur quintal de sel qui se lève en aucuns greniers de la séneschaussée de Carcassonne, etc., faudroit sur ce voir les lettres par vertu desquelles, et les causes pourquoy se lève ladite blanque, afin que si la chose n'estoit raisonnable et de nécessité, qu'on y pourveust: et pareillement à ce qui se lève à Villemur et au Pont-Sainct-Tyberi. Quant aux dix sols tournois qu'on lève de nouvel pour queue de vin sur la rivière du Rosne, ainsi qu'on dit, etc., on n'a jamais sceu, et ne croit-on point qu'ils se lèvent; toutesfois quand on en sera deument informé, on y pourvoira : et au regard de pouvoir charger tous navires estrangers qui seront ez ports de Languedoc, à faute de galées de France, le roy, pour avantager ses fustes, y a n'aguères donné provision.

(19) Au dix-neufiesme article, que nulle exécution ne se fasse à Tolose, ne autre part, pour les lances logées en Guyenne, mais ès lieux et villes qui les doivent, etc., semble que ceux qui y sont tenus et obligez, comme consuls, receveurs, collecteurs et autres, tant pour la somme totale que pour leur taux particulier, peuvent estre exécutez dedans la ville de Tolose, et par-tout ailleurs; et au regard des autres qui n'y devroient que leurs taux seulement, et n'y seroient obligez, ne doivent estre prins, arrestez ne empeschez pour le surplus.

(20) Au vingtiesme article, touchant le rabais de aucune somme de l'ayde pour la charge de 70 lances, qui ont esté l'année passée logez six ou sept mois en Vivarois, Vélay et Gévaudan, et aussi des gens d'armes qui ont séjourné en la séneschaussée de Tolose, et allant et retournant en Armagnac et Rouergue, èsquels pays et séneschaussées ont fait maux innumérables, etc. le roy est de ce fort desplaisant, pour ce qu'il soulde et paye bien ses gens d'armes, et a faites certaines ordonnances selon lesquelles veut qu'ils vivent sans piller, rober, ne faire autres maux, et ne l'eust souffert s'il en eust été adverty.

(21) Au vingt-uniesme article, touchant les lettres de *debitis* que donnent les baillifs et juges, par lesquelles prennent cognoissance sur tous les sujets et habitans dudit pays, et font venir toutes causes par-devant eux, etc., sera faite inhibition et deffense ausdits séneschaux et baillifs, et autres officiers royaux dudit pays du Languedoc, que dores-en-avant ils ne baillent aucunes lettres de *debitis*, par lesquelles ils empeschent la cognoissance des ordinaires, sinon en cas privilégiez dont les officiaux doivent avoir cognoissance.

(22) Au vingt-deuxiesme article, touchant certaines lettres appelées, *Quam frequenter*, et *Cùm clamor*, etc., sera deffendu au procureur du roy en Languedoc, que dores-en-avant, par le moyen de telles lettres, il ne relèvent aucunes appellations, sinon que ce soit de sentence diffinitive, et ce sur peine d'amende arbitraire, à prendre et lever sur eux en leur propre et privé nom.

(23) Au vingt-troisiesme article, touchant l'octroy des lettres de *Si quas*, et *Nisi visis*, le roy deffend que dores-en-avant telles

res ne se baillent ne délivrent, sinon par les séneschaux, bailrviguiers et autres juges royaux, dont procèdent lesdites lettres, s ce que lesdits notaires, ne autres de leur authorité, les puist bailler, et sera deffendu ausdits officiers, sur peine arbitraire, ils n'en baillent aucunes en blanc : et avec ce, le roy veut et donne que nonobstant la commission et exécution desdites tres *Si quas* et *Nisi visis*, et les commandemens et inhibitions tes par vertu d'icelles, les juges ordinaires contre lesquels lesles lettres sont impétrées, ne soient tenus de bailler ne mettre ors de leurs prisons les malfaicteurs, jusqu'à ce qu'il soit discuté r le juge qui aura baillé icelles lettres, si elles ont esté bien npétrées ou non ; et au cas que le malfaicteur ne seroit pris, sdits juges ordinaires, nonobstant comme dessus, pourront rocéder à la caption et arrest de la personne et biens desdits alfaicteurs, s'ils treuvent par information faite ou à faire, que matière y soit disposée, et que les cas le requièrent ; et néannoins sera mandé aux commissaires réformateurs, que s'il y a ucuns autres abus touchant lesdites lettres, qu'ils les corrigent t pourvoient ainsi qu'il verra estre à faire.

(24) Au vingt-quatriesme article, sur la restriction et exaction des sergens et notaires, etc, le roy y a desjà pourveu, et en donné charge expresse ausdits commissaires réformateurs, ausquels en pourra estre parlé et déclaré les abus.

(25) Au vingt-cinquiesme article, touchant les officiers royaux qui entreprennent cognoissance des causes criminelles, sur les hommes et sujets des gens d'église et nobles, etc, soient déclarés les cas particuliers; et il y sera pourveu par la chancellerie ou autrement, ainsi qu'il appartiendra.

(26) Et pareillement au vingt-sixiesme article, touchant les inhibitions qui se font contre les officiaux et curés par lettres, qui se impetrent par les debteurs ou obligez de la cour de Nismes, ou d'autre cour royal.

(27) Au vingt-septiesme article, que les instructions royaux touchant les droits qui se levent ou doivent lever à l'issue du royaume, soient gardées, etc, sera ordonné par le roy aux commissaires qu'il envoyera aux estats en Languedoc, qu'ils voyent et visitent les ordonnances qui ont esté faites touchant la forme et manière de lever ces droits sur les marchandises yssues hors du royaume, et comment il en a esté usé; afin que tout veu : ils y pourvoient ainsi qu'ils verront estre à faire.

(28) Au vingt-huitiesme article, que le roy fasse cesser du tout

l'équivalent ou le diminuer et restraindre à aucune moindre somme, etc, comme autresfois a esté assez remonstré à ceux des estats de Languedoc, le roy à leur très-grand instance, prière et requeste, consentit piéçà, ledit équivalent estre mis sus en lieu des aydes qui lors avoient cours audit pays, moyennant la somme de quatre-vingt mille francs, qu'ils lui en promirent rendre par an, et trois mil francs pour l'imposition foraine : de laquelle somme ledit seigneur, pour toujours soulager sondit pays de Languedoc, leur en a depuis quitté et remis, pour aucunes années, la somme de dix mil francs ; et n'y peut iceluy seigneur pour le présent faire autre diminution, tant pour les grandes affaires et despenses qu'il a à supporter, comme pour ce que ledit équivalent a esté arresté pour trois années à gens qui luy en rendent chacune desdites trois années soixante et treize mille francs ou environ, en ce compris ladite imposition foraine. Et au regard de ce qu'ils requièrent ledit équivalent estre remis ès mains et gouvernement d'eux et des consignateurs, ainsi qu'il estoit paravant ledit arrestement, etc, semble que le roy a eu cause de le prendre et mettre en sa main, pour ce que quand il estoit ès mains de ceux dudit pays de Languedoc, par faute de bon ordre ou autrement, leur falloit chacun an, pour ce qu'ils ne pouvoient parvenir à leur somme, mettre sus par manière de taille, aucune somme dont les subjects du roy estoient fort grévez ; et d'autre part ceux dudit païs ausdits estats tenus l'année passée à Tolose, le mirent hors de leurs mains et abatirent sans congé ne auctorité dudit seigneur, pour quoy il a esté meu et a eu cause de le prendre en sa main et de le faire bailler à ferme, et pour le bien du païs mesme. Et au regard des consignateurs, le roy ne les a point ostez, changez ne muez, ne n'a volonté de ce faire, tant que la chose sera bien conduite et gouvernée ; et est le roy content que ladite ferme soit au nom dudit pays, s'ils veulent, et que l'argent s'en lève au nom d'iceluy ; pourveu qu'ils entretiennent aux fermiers ce que par ses officiers, commissaires à faire ledit arrestement, leur a esté permis, et que la somme vienne ens.

(29) Au vingt-neufiesme article, touchant l'entretenement, publication et régistre des priviléges octroyés piéçà ausdits de Languedoc, et confirmez par le roy, et tant à Pezenas que à Carcassonne, Bourges et ailleurs, etc., il n'est point accoustumé de publier ne enrégistrer telles ordonnances générales, sinon en la cour de parlement ou des généraux, ou ès cours des sénéchaux ausquels il est mandé les faire entretenir et garder ; et si

[...]igniers ou autres juges subjects, ne gardent et entretiennent
[...]ites ordonnances, ceux du pays pourront avoir recours à la
cour de parlement, ou ausdits généraux et séneschaux, pour
y donner la provision qu'il appartiendra. Et au regard de
[...]cessif nombre des lieutenans des séneschaux et bailliſs, et des
[...] gens et de leurs abus, lesdits du pays pourront avoir recours
[...] commissaires-réformateurs qui de présent sont audit pays,
[...]quels ont puissance et charge expresse de pourvoir aux abus.
[...] quant aux ordonnances nouvellement faites par le roy sur le
[...]de sa justice, desquelles ceux dudit pays requierent la publica-
[...]n en la cour de parlement de Tolose, le roy envoyera lesdites
[...]donnances à ladite cour, et leur sera mandé qu'ils advisent
[...]els articles il y a qui puissent servir au pays de par-delà; et
[...]antmoins qu'ils fassent autres articles des choses qu'ils verront
[...]re nécessaires pour la cour et justice de par delà; et que lesdits
[...]icles qu'ils feront, avec ceux qu'ils extrairont desdites ordon-
[...]nces, ils envoyent devers le roy et son conseil, afin que tout
[...], ledit seigneur les authorise, et mande les publier, par ma-
[...]re de ordonnances, en ladite cour de parlement à Tolose. Sur
[...] confirmation et octroy des articles et responses autresfois faites
[...]accordées aux estats tenus par cy-devant, etc. en déclarant les
[...]ovisions qui leur ont esté accordées, et icelles veues, le roy
[...]r pourvoira ainsi que raison donnera.

(30) Au trentiesme article, touchant l'octroy des lettres pour
[...]xécution des requestes et articles dessusdits, le roy leur a oc-
[...]oyé toutes lettres qu'on advisera pour ce estre nécessaires.

(31) Au trente-uniesme article, que nul ne soit si hardy de
[...]mer fuste en Languedoc, sans premier bailler caution, etc., on
[...]t content, ainsi que l'article le porte, et leur en seront baillées
[...]ttres, s'ils les demandent.

(32) Au trente-deuxiesme article, touchant les ruffiens, meur-
[...]iers, guetteurs de chemins, larrons, pipeurs et autres genz va-
[...]bons, allans, venans et fréquentans au pays de Languedoc,
[...]c., sur ce n'aguerre a esté donné par la cour de parlement à
[...]olose, provision et mandement exprès; et en pourront ceux des-
[...]its estats avoir le double, pour en faire un ou plusieurs sembla-
[...]es, si bon leur semble, et eux en ayder quant mestier sera.

(35) Et au trente-troisiesme et dernier article, que au *vidimus*
[...]s articles et supplications baillées par lesdits de Languedoc, et des
[...]sponses qui y seront faites, foy soit adjoustée comme à l'origi-

nal, et pareillement au *vidimus* des lettres exécutoires, etc. est content.

Si donnons en mandement par cesdites présentes, à nos a[més] et féaux conseillers les gens tenans et qui tiendront nostre parlem[ent] à Tolose, les généraux conseillers, tant sur le fait de la justice que [de] nos finances, aux sénéschaux de Tolose, Carcassonne et Beauca[ire,] gouverneur de Montpellier, visiteur général des gabelles, ma[î]tre des eaux et forets, ports et passages, généraux-maistres d[e] nos monnoyes, et à tous juges, viguiers, castellains, commiss[ai]res-réformateurs; et autres noz justiciers et officiers d'icelu[y nos]tre pays de Languedoc ou à leurs lieutenans, et à chacun d'e[ux] si comme luy appartiendra, que lesdits articles dessus escrip[ts ils] gardent et entretiennent etc.

N°. 229. — SENTENCE *définitive d'absolution et de justificat[ion] de la Pucelle d'Orléans* (1).

Rouen, 7 juillet 1456. (Manusc. des cardinaux de Rohan et Soubise, fol. 115, [et] Preuves de l'hist. de Charles VII, p. 903.)

En l'honneur et révérence de la sainte, sacrée et inséparab[le] Trinité, du père, du fils et saint-esprit. Amen.

Notre saulveur et rédempteur Jésus, dieu et homme, par l[e]

---

(1) D'abord les juges qui avaient condamné étaient incompétens pour deux mot[ifs.] Jeanne n'était point née dans le diocèse de Beauvais, elle n'y avait jamais demeur[é,] elle n'y avait donc commis ni pu commettre un crime qui la rendit justiciable de [ju]ges ecclésiastiques; au surplus il ne s'agissait que de visions et d'apparitions, c[ause] majeure réservée au pape. En second lieu, elle avait interjeté plusieurs fois app[el au] pape; les juges ne pouvaient donc prononcer au préjudice de ces appels. En troisi[ème] lieu, elle avait demandé la formation d'un tribunal composé d'un nombre ég[al] de partisans du roi Charles VII, et de partisans du roi d'Angleterre; il n'a[vait] pas été statué sur cette demande; donc déni de justice. Ensuite elle avait expre[ssé]ment récusé l'évêque de Beauvais, et avait après cela déclaré ne pas voul[oir] pour ses juges légitimes, ceux qui composaient le tribunal, nouvelle nulité r[é]sultant du refus de prononcer sur cette récusation: on ne lui avait pas donné [de] conseil, quoiqu'elle fût mineure, contravention manifeste au droit commun. L[es] douze articles d'assertions attribuées à Jeanne pour avoir des avis doctrinau[x et] des suffrages contre elle, roulaient sur des faussetés; les juges qui ont agi en c[on]séquence sans voir le procès, étaient exempts de crime; nullité suffisante po[ur] anéantir toute instruction fondée sur ces douze articles. Les juges avaient soustrait [les] informations qu'ils avaient fait prendre dans le lieu de la naissance de Jeann[e,] ainsi que plusieurs autres pièces, notamment le procès-verbal de la visite de [sa]

nelle majesté et providence, institua et ordonna, première-
nt saint Pierre et ses apostres, avec leurs successeurs, pour
gir et gouverner l'église militante, pour spéculer et regarder
ncipalement la vérité, et pour enseigner et remonstrer à tous
is viateurs, les sentiers et chemins de justice et équité, pour
resser les desvoyez, consoler les désolez, relever et résoudre
opprimez et réduire à la droite voye.

A ces causes, par l'autorité du saint-siége apostolique, nous

sonne ; le procès n'a donc pas été mis complètement sous les yeux du tribunal
a prononcé. Enfin on a substitué une fausse cédule d'abjuration à la place de
veritable : faux qui opérait la nullité du jugement.
Les moyens au fond n'étaient pas moins péremptoires. Accusation fausse dans
us les points ; la vertu de Jeanne ne s'étant jamais démentie, aucune erreur sur
foi n'ayant été renseignée au procès ; ses juges étaient ses ennemis ; on l'acca-
ait dans sa prison de questions théologiques, insidieuses et difficiles à résoudre ;
mettait auprès d'elle des personnes déguisées (des agens provocateurs), qui
disaient faussement du parti de Charles VII, et lui donnaient des conseils
u'elle ne pouvait suivre sans se perdre. Plusieurs assesseurs qui ne voulaient
oint opiner contre la Pucelle, furent menacés de la mort ; on se servit de faux
reffiers qu'on tenait cachés pendant les interrogatoires de Jeanne, et qui écri-
aient des réponses toutes différentes des siennes ; on a voulu supprimer du pro-
s ce qui était à sa décharge, pour y insérer des choses fausses à sa charge ; se
t-elle même trompée sur quelques points abstraits et controversés de théologie
ui n'ont d'ailleurs rien de commun avec le dogme et la morale, pouvait-on exiger la science d'un subtil casuiste, d'une jeune fille, simple, élevée dans l'i-
gnorance, et ne sachant ni lire ni écrire. Elle s'était d'ailleurs soumise à l'autorité ecclésiastique en demandant à être renvoyée au pape.

Ces moyens furent accueillis par le tribunal de révision, qui, le 7 juillet 1456,
annulla la sentence des premiers juges, et ordonna les réparations dues à l'innocence condamnée.

Les juges qui avaient condamné la Pucelle firent une fin malheureuse : l'évêque
de Beauvais, transféré au siége de Lisieux, parce qu'il était exécré dans son diocèse, mourut subitement, pendant qu'on lui coupait les cheveux : le promoteur
Jean Destivet, périt misérablement dans un colombier. Le vice-inquisiteur Jean
Lemaître disparut, et tout porte à croire que sa mort suivit de près sa disparu-
tion. Nicolas Midi, qui avait trompé l'université de Paris, pour surprendre un
avis doctrinal contre l'accusée, mourut, peu de temps après Jeanne, frappé de
la lèpre. Enfin, Nicolas Loiseleur, chanoine de Rouen, le plus vil des instrumens
du crime, mourut subitement dans une église.

Toutefois la Pucelle ne manqua point de défenseurs : on compte en première
ligne le célèbre Gerson, qui fit imprimer, à cet effet, un mémoire apologétique
la veille de la Pentecôte 1429. Paul Dupont, (Pontanus) avocat consistorial et
au parlement de Paris, publia une consultation pleine d'érudition et d'énergie ; il
était l'un des savans que consulta Charles VII lors de la révision. Plusieurs autres
personnes recommandables par leurs connaissances et par le caractère écrivirent
en faveur de Jeanne.

Jean révérend père en Dieu, archevesque de Reims, et Guilleaume révérend père en Dieu, évesque de Paris, et Richard, par la grâce de Dieu évesque de Constances, et Jehan Brehal, docteur en théologie, de l'ordre des frères preschenrs, inquisiteur d'hérésie et idolatrie au royaume de France, Juges délégués et ordonnez par nostre très-saint père le pape moderne (Caliste III).

Veu le procez devant nous solempnellement agité et débatu, et en la vertu et puissance du mandement apostolique s'adressant à nous, révérendement par nous receu et recueilly, de la part de honneste et notable dame Isabeau Darc, veuve de deffunct Jacques Darc, et jadis mère de Jehanne Darc, et de Jehan et Pierre Darc, freres naturels et légitimes de bonne mémoire, de Jehanne vulgairement appelée *la Pucelle*, et de tous ses parens, acteurs, à leurs noms prins contre les inquisiteurs de la foy constituez au diocèse de Beauvais, contre le promoteur d'office de la cour épiscopale de Beauvais, contre Guilleaume de Hellande, évesque de Beauvais, et contre tous autres prétendans prousits et intérêts en ceste matiere, tant conjointement que séparablement.

Attendue et veue tout, principalement l'évocation péremptoire et l'exécution de ladite vefve, de ses enfans et amys acteurs, avec l'un de nos promoteurs institué et créé par par nous et à notre instance, à l'encontre des coupables fauteurs et deffendans pour nous rescrire et certifier ce qu'ils auront fait contre lesdits accusez et deffendeurs, et leurs réponses, et pour procéder juridiquement à l'encontre d'eux. Veuë, après la demande et pétition de ceux qui sout acteurs et demandeurs, attendu aussi leurs raisons et conclusions mises par escrit en forme et maniere d'articles, qui toutes prétendent et veulent conclurre toute fallace, dolorité, fraude, iniquité et déception faites et commises touchant un procez en matière de la foy, fait et attempté contre Jeanne la Pucelle, par Pierre Cauchon, en son vivant évesque de Beauvais, et par l'inquisiteur de la foy, prétendu et mal ordonné au dioceze de Bauvais, et par maistre Jehan Destivet promoteur ou se disant promoteur audit dioceze ou à tout le moins, à ceste exécution de la Pucelle, et à la fraude et falsification de ce procez et autres choses qui s'en sont ensuivies, qui sont à l'honneur et purgation de la deffunte.

Vous aussi, visitez et examinez les livres, mémoriaux, lettres et originaux, escritures et libelles faits et réduits par escripts en

…u et mandement de nos lettres de compulsoires, et les pro-
…olles baillez par nos notaires, avec leurs signes exhibez et
…ostrez à nostre présence, ainsi que l'avions requis et demandé,
… en sçavoir leur opinion et meur délibération, et sur ce
…as appelez et invitez advocats et conseillers en la présence
…quels avons communiqué les escriptures, libelles et articles.
…c les advocations et allégations de docteurs pour congnoistre
…vérité de tout ce procez. Nous avons conséquemment veu et
… les informations et préparatoires, faits par révérend père en
…u messire Guillaume de Saint-Martin, cardinal de Rome,
…ur lors légat en France, lequel invitasmes avec l'inquisiteur,
…rès que nous eusmes visitez leurs livres et allégations qui leurs
…ent, à leur venue, présentez et communiquez, tant par nous
…e par nos commissaires, avec les autres articles et escriptures
…tes au commencement du procez, et, après qu'ils les eurent
…sitez et examinez, avec plusieurs traitez des docteurs et prélats
…i nous en avoient escript leur opinion, sentencièrent et esti-
…èrent qu'il falloit élucider et déclarer tous les doutes de ce
…ocez : semblablement par l'ordonnance de très-révérend père en
…eu legat en France, ces articles, traitez, escriptures, et libelles
…rent publiez, visitez et présentez à la requeste desdits acteurs
… promoteurs, et finallement furent ratifiez et approuvez, après
…aintes semonces, invitations et évocations.

Attendues aussi les dépositions et attestations des tesmoings
…uchant la bonne vie, sainte conversation de ladite Pucelle def-
…uncte, et tant du lieu dont elle étoit, que de l'examen et interro-
…ation d'icelle, faits en la présence de plusieurs vénérables doc-
…urs et prélats de l'église, et principalement en la présence de
…rès révérend père en Dieu Régnault archevesque de Reims,
…dans la ville de Poitiers et autre lieux. Veu mesmement et
…nsidéré ce qu'elle vaticina de la liberté et franchise d'Orléans :
…est assavoir que ce siege seroit levé devant laditte ville, qu'alors
…toit assiégée par les Anglois, et que le roi de France seroit
…ouronné en la ville de Reims, ce qui est advenu. Oultre plus
…eu la qualité du faux jugement, et la manière de procéder,
… les lettres et mandemens du roi de France avec les dépositions
… attestations données sur le terme de procéder, et fut donnée et
…roduite contre toutes ces choses préclusions de dire et alléguer.
…uye aussi la description de nostre promoteur, lequel après qu'il
…ust visité et leu pleinement ces articles et escriptures, se adjoi-
…nit et associa avec lesdits acteurs, et au nom de nostre office et

dignité, feist de sa part derechef produire et remestre en jugement toutes les escriptures, attestations et articles jusques aux intentions et fins desdits acteurs exprimez et déclarez sous certaines protestations, requestes et réservations faictes de sa part et desdits acteurs, lesquelles réquestes avons admises et acceptées avec plusieurs motifs de droit, qui nous pouvoient advertir et adviser, par nous receus et visitez, et le nom de Jésus invoqué, conclud en la cause, et ce jour assigné à ouir notre sentence. Toutes ces choses veues, attendues et considérées meurement et diligentement, et avons receus les articles que les faux juges, depuis qu'ils eurent jugez le procez cauteleusement, advisèrent qu'il estoit bon de les extraire des confessions et affirmations de ladicte Pucelle defuncte, pour les envoyer et transmettre à plusieurs notables et honnestes personnes, ces articles ont été toutesfois contredits et impugnez par nostre promoteur et par la mère et les frères de ladite defuncte, ainsi comme faux et iniques, tirez et et controuvez injustement, et tout autrement qu'elle n'avoit confessé.

Pour ces causes, afin que nostre sentence procede de la verité et congnoissance de Dieu le créateur, qui seul sçait congnoistre les esprits et volontez des hommes, et n'y a que lui qui parfaitement sache ses révélations, et en est le seul et véritable juge; car il donne sa grace à où il lui plaist, et aucunes fois eslit les humbles et petits pour confondre les grands, fiers et orgueilleux, ne délaissant jamais despourveus ceux qui ont en lui bonne espérance; mais leurs aider et subvenir en leurs tribulations et adversités. Par quoy sur ceste affaire veuë et considerée la meure délibération et opinion préméditée et préparée touchant la déclaration de ce procez : veu aussi la solempnelle détermination des docteurs et prélats d'église, qui sur ce ont délibéré avec grand révolution de livres, codicilles, libelles, protocolles et opinions, tant de paroles que d'escriptures, faites sur la matière de la defuncte Jehanne Darc, lesquelles choses sont plus dignes d'admiration que de condamnation : veu et consideré le faux jugement que l'on donna contre elle, et la maniere de y procéder qui n'a pas esté raisonnable, mais totalement captieuse, frauduleuse et détestable pour les questions que l'on a proposées à laditte deffuncte hautes et ardues, ausquelles un grant docteur à grant peine y eut bien sceu donner response; mesme aussi que plusieurs grans personnages ont respondu qu'il estoit merveilleusement difficile de respondre aux questions qu'on lui proposoit plus à sa dampnation

JUILLET 1456.

sa salvation, jouxte ce que dit saint-Paul des déterminations
vélations divines, il s'en faut rapporter à Dieu.
ces causes, ainsi que justice le requiert, nous décernons et
ns que ces articles doivent estre recommencez et reïterez :
assavoir que un servant au procez intenté et prétendu contre
te defuncte, touchant la sentence donnée contre elle par les
les escripts, faits calomnieusement et malicieusement ; et
les malveillances des adversaires d'icelle, lesquels ont prétendu
aire de sa confession, non pas la verité, mais la falsité en
sieurs points et passages du procez substancieux, lesquels
sent peu émouvoir et incliner le cœur et l'opinion des consuls
dvocats, en autre et plus saine délibération, et à rejetter plu-
rs circonstances et allégations, qui ne sont point contenues
on procez, selon la verité et vraye justice, mais seulement en
mes et paroles de rigueur, lesquels changent la substance de
te la verité de ce procez : par quoy nous cassons, annullons et
nibillons ces articles comme faux et captieux, extraits et tirez
éritablement de la confession de Jehanne la Pucelle. Et à ce
ocez, décernons et déclarons en jugement qu'il convient les la-
er, deschirer et mettre au feu.
Oultre plus, après que nous avons en toute diligence visité,
et regardé les causes et autres articles dudit procez, et prin-
palement deux choses, c'est à sçavoir que les juges ont prétendu
ercher et affecté trouver fallacieusement matière et occasion
la juger et condamner rechüe et récidivée à son hérésie et ido-
trie, et qu'ils ont livrée entre les mains de ses ennemis les An-
ois, et n'ont point voulu admettre et accepter les submissions,
usations et appellations d'icelle, requerante estre menée au
ape, se rapportant de son cas au saint siege apostolique, et ses
criptures être examinées, veues et visitées par les clercs de
rance ; attendu aussi et considéré que frauduleusement et decep-
leusement tirerent d'elle une abjuration et renonciation, par
orce et violence, en la présence du bourreau, et en la menaçant
e la faire brûler publiquement et cruellement ; par ces menaces
et violente crainte, lui firent faire une cédule de abjuration et re-
onciation, laquelle Jehanne n'entendoit, ne cognoissoit aucu-
ement. Davantaige, après que nous avons visité les traictez des-
us dits, les raisons et opinions des docteurs de theologie, de droit
canon et civil, données et respondues sur les crimes faulsement
imposés à laditte Pucelle, et qui ne despendoient point de l'ordre
et de la continuation du procez ; veuz d'autre part plusieurs

points et articles elegantement touchez, touchant l'injustice, nullité et non valeur du procez, fait et mené contre elle, avec honnêtes déterminations, veridiques responses des docteurs se tenans justement le parti du noble roy de France, et remontrans l'innocence, la simplesse et humilité de la pucelle, et au contraire la malice, cavillation, injuste et desraisonnable sentence des juges qui, plus par vengeance que droite et équitable justice, l'ont condamnée.

Nous estans à nostre hault tribunal, ayant toujours Dieu devant les yeux, par sentence diffinitive, proférée et donnée en nostre chaire judicialle et hault tribunal, nous dessusdits, proferons, prononçons, décernons et déclarons ledit procez et la sentence, pleins de fraudes, cavillations, iniquités et du tout repugnante à droit et justice, contenant erreurs et abus manifestes pareillement l'abjuration prédicte et toutes les faulses et iniques executions, qui eu sont procédées et ensuivies, doivent être cassées, adnullées, lacérées et détruites; et qui plus est, pour autant que justice et raison nous persuade et commande, les cassons, irritons, adnullons et évacuons de toute force, puissance, valeur et vertu, et sentencions et déclarons ladite Jehanne, que Dieu absolve, ses freres et parens, acteurs et demandeurs, n'avoir oncq contracté, ne encouru aucune tache ou macule d'infamie, à raison et occasion des prémisses, innocens, inculpables et exempts de crime et péché, lequel faulsement on imposoit à ladicte Pucelle.

Oultre plus, ordonnons intimation et exécution solempnelle et publique de nostredicte sentence estre faite incontinent et sans delais en ceste ville et cité de Rouen, en deux lieux; c'est assavoir l'un cejourd'hui en la place et cymetiere de Saint-Ouen, auquel lieu sera faite procession générale et sermon solempnel, par un vénérable docteur en théologie, et l'autre au viel marché, où ya demain au matin la procession génerale, et là sera fait sermon solempnel par un vénérable docteur en théologie; c'est assavoir en la place en laquelle laditte Pucelle fut cruellement et horriblement bruslée et suffoquée; et après la solempnelle prédication seront plantées et affichées croix dignes et honnestes, en souvenance et perpétuelle mémoire de ladite Pucelle défuncte, et tous autres trespassez, tant en ceste ditte ville de Rouen, qu'en autres lieux de ce royaume, là où nous verrons qu'il sera convenable et expédient, pour donner signe, mémoire et certification notable de l'exécution et intimation de nostre sentence; et si aucuns

…es sont encore à establir, ordonner et accomplir, nous les ⟨a⟩vons à nostre puissance et disposition, et pour cause. ⟨C⟩elle présente sentence fut donnée, leüe et publiée par mes⟨si⟩ers les juges dessusdits, en la présence de révérend pero en ⟨Dieu⟩ l'evesque du Menes, Hector Cocquerel, Alain Olivier, Ni⟨col⟩as Dubois, Jehan de Gouis, et plusieurs autres : et fut fait au ⟨pal⟩ais archiepiscopal de Rouen, l'an de grace 1456, le septieme ⟨jou⟩r du mois de juillet. En ce point là prononcèrent Jehan, par ⟨la⟩ grace de Dieu, archevesque de Reims, Guillaume, reverend ⟨pè⟩re en Dieu, monsieur l'evesque de Paris, et Richard, par la ⟨grâ⟩ce divine, monsieur l'evêque de Coustance (Coutance en Nor⟨m⟩andie.)

N°. 250. — Traité de confédération et d'alliance entre la France et le Danemark.

Cologne, 27 mai 1456. (Corps dipl., t. 1er., p. 536.)

Primo, quod inter christianissimum Franciæ, et serenissimum ⟨D⟩aciæ reges, quoad vixerint, contrahatur fraternus amor et ⟨fa⟩vor.

(2) *Item.* Quod præfati domini reges, præmissis amicitiis, non ⟨ob⟩stantibus, novas poterunt contrahere amicitias cum quibus⟨v⟩is aliis regibus, principibus, civitatibus, et communitatibus, ⟨du⟩m tamen præfati domini, serenissimus Daciæ et christianissi⟨m⟩us Franciæ, reges mutuò sibi non adversentur.

(3) *Item.* Quod prædicti domini reges cum quibusvis aliis re⟨g⟩ibus, principibus, civitatibus, aut communitatibus etiam ⟨u⟩nius, aut alterius regis adversariis, subsistentibus evidentibus ⟨u⟩tilitatibus, et necessitatibus, nova poterunt contrahere fœdera et in illis persistere, salvo tamen quod uterque ipsorum contra alterum vi, armis aut potentia nil prorsus agat vel attentet quodque alter regum fœdera sicut præmittitur, iniens alteri regi, id primitus per litteras suas patentes significet.

(4) *Item.* Et præmissis non obstantibus, si contingat serenissimum regem Daciæ cum adversariis christianissimi regis fœdus sive amicitiam contrahere aut inire et præfatus christianissimus rex Francorum, infra tempus fraterni fœderis, et amicitiarum hujusmodi præfatum dominum regem Daciæ pro succursu armorum de quadraginta aut quinquaginta navibus, sex vel septem aut plurium hominum armatorum millibus, aut minus

contra regem Angliæ vel suos subditos requireret, quod ex tunc idem dominus rex Daciæ, dicto domino christianissimo regi Francorum de succursu hujusmodi subvenire, et succurrere debeat; ejusdem tamen christianissimi regis tam pro navibus quam pro armatorum hujusmodi stipendiis, impensis. Quodque idem christianissimus rex pro hujusmodi succursu, consequenter ad dictum serenissimum regem Daciæ suis impensis aliquem destinare debeat cum plena facultate super modo, tempore et solutione dicti succursus tractandi et concludendi. Et quicquid de super tunc rationabiliter tractatum et conclusum fuerit illi conclusioni stabitur. Eritque liberum christianissimo regi pro dicto succursu modo præmisso tractari, aut pro ipso succursu tantum solvere quantum consuetudo regni Daciæ merito requirit.

(5) *Item*. In casum et eventum requisitionis, et succursus hujusmodi ex tunc idem serenissimus rex Daciæ de damnis, interesse, expensis, et periculis per ipsum propterea incundis debeat per præfatum christianissimum Francorum regem illius expensis debite relevari, quodque si etiam potentia, assistentia, vi aut suffragio dicti serenissimi regis Daciæ, aut suorum homines, aut loca in regno Angliæ debellarentur, caperentur, subjugarentur, aut obtinerentur, ex tunc dictus serenissimus dominus rex Daciæ debet in illis æqualem cum christianissimo Francorum rege habere portionem, aut unus faciat alteri super illis juxta et secundum eorumdem dominorum regum et consiliariorum utriusque regis prædictorum cognitionem et ordinationem.

(6) *Item*. Quod incolæ regnorum et dominiorum utriusque regis prædictorum pro ipsorum commoditatibus liberum habeant ad ambo regna hujus modi ingressum et egressum etiam stando, et remanendo pro mercantiis et bonis aliisque ipsorum peragendis commerciis juxta et secundum mores, consuetudines, et plebiscita in eisdem regnis hactenus observari solita.

(7) *Item* Quoad quintum articulum apertum per dominum mediatorem, videlicet, quod Anglici nullas mercantias, nec libertates in regnis prædictis exerceant, placet utriusque oratoribus quod iste articulus maneat sub arbitrio utriusque regum.

(8) *Item*. Si contra fœdus per aliquem, vel aliquos subditorum regnorum hujus modi attentaretur, placet cum modificatione infra scripta videlicet. Si vero aliquis incolarum

...m prædictorum aut ditionum eisdem regibus subjec-
...delinqueret aut forefaceret, ex tunc ille in loco delicti
...odi ut juris est, aut juxta consuetudines longævas
...a loci hactenus observatas judicetur, sic tamen ut hu-
...di delictum prejudicium non afferat nisi delinquenti,
... et favore fraternis hujusmodi nihilominus in suis robore
...itate duraturis.

Item. Placet utriusque oratoribus quod præsentes amici-
...et favores fraterni sic initi et contracti inter ambos reges
...entur in civitatibus famosis et oppidis utriusque regni,
...ximè in finibus dictorum regnorum, ut fama ipsarum
...arum ad vicinas, et exteras regiones convolare possit.

) *Item.* Rex Franciæ in signum fœderis et amicitiæ præ-
...rum vices suas amicabiliter interponet et operam dabit,
... rex Scotiæ plenarie, prout dicto christianissimo regi
...corum ex litteris, et documentis desuper confectis jus-
...atque consonum videbitur rationi satisfaciet regi Daciæ.
...n casu, quod dictus rex Scotiæ dictamini regis Franciæ
...smodi minimè parere vellet, ex tunc præfatus Francorum
... occasione fraterni amoris hujusmodi exhibebit se talem
...facto, hujusmodi pro parte domini regis Daciæ, qualem
... sibi per præfatum regem Daciæ, vice versa in casu si-
..., seu quomodolibet alteri exhiberi juxta continentiam
...amdem liberare dicto serenissimo regi Daciæ, et Norvegiæ
... regem Scotiæ, et ejus antecessores super venditione cer-
...um dominiorum, videlicet terræ Sodorensis etc., traditarum.

11) *Item.* Christianissimus rex Franciæ procurabit fraternum
...orem et favorem serenissimo regi Daciæ, adversus regem
...eciæ similiter, et contra civitates et communitates Hanzæ,
...quæ fuerint sibi adversæ, et prædictis civitatibus sic eidem
...i Daciæ adversantibus favores et amicitias sic contractas
... suas litteras notificabit, si opus sit, et per dictum sere-
...ssum Daciæ regem requisitus fuerit; et si aliquos de dictis
...vitalibus adversantibus post notificationem hujusmodi ad
...rtes regni Franciæ declinare contigerit, ita favorabiliter, et
...aterne rex Franciæ se exhibebit, quemadmodum in simili casu
...r regem Daciæ, sibi fieri optaret, etiam personas, et bona
...sorum si opus fuerit arrestando. Tertio nihilominus articulo
...pra scripto in suo robore permanente.

(12) *Item.* Cedulæ desuper per utrosque oratores, sub si-
...gillis ac signis suis, et litteræ patentes per dominum media-

torem sub sigillo et manu propriis ejusdem domini [...]
per quas quidem litteras fœdera, favores, et amicitiæ [...]
utrosque reges eisdem dominis regibus conjunctim aut [...]
sim dirigendis conficientur, inientur et contrahentur, [...]
dicti oratores ex nunc invicem faciunt, ineunt et contrah[...]
articulos prædictos in ipsis litteris domini ducis cum [...]
datis sive procuratoriis eorumdem dominorum regum ad [...]
gum inserendo, submittuntque oratores præfati ratific[...]
nem et approbationem articulorum hujusmodi tam conj[...]
tim quam divisim dictamini, et voluntati amborum dom[...]
rum nostrorum christianissimi Franciæ, et serenissimi [...]
regum prædictorum, unusque alteri suis scriptis aut d[...]
mentis legitimis litteras ratificationis hujusmodi præf[...]
lustri domino duci ac comiti in Spanheim, tanquam [...]
hujus negotii mediatori, infrà hinc, et festum sancti Mart[...]
hiemalis episcopi proximè futuri transmittet in uberiori for[...]

Actum in civitate Coloniensi, etc.

N°. 231. — ORDONNANCE (1) *du roi René, comte de Provence, sur le retour de dot.*

14 décembre 1456. (Rép. de jurisp., v° reversion, sect. 1re, § 1er, art. 1. n° 1, p. 53.)

N°. 232. — LETTRE *de Louis XI, encore dauphin, au roi, [au] sujet de l'ambassade envoyée par le duc de Bourgogne [au] roi sur la retraite de son fils dans les Pays-Bas.*

Saint-Quentin, 20 janvier 1456. (Bibl. des Célestins, coll. de M. Menart, [...] diteur et doyen de la chambre des comptes, t. 8, fol. 72, v°. Manuscrits d[...] bibl. du roi, carton 123.)

Mon souverain seigneur, je me recommande tant et si tr[ès] humblement à votre bonne grace, et vous plaise savoir, Sire, q[ue] j'ai receu les lettres qui vous a plu à moy escrire avec les cop[ies]

---

(1) Elle n'est pas dans la Collection du Louvre, et nous en concluons, [vu son] importance, qu'elle est du roi René. Le Répertoire de jurisprudence, cité [au mot] *Civilisez*, une ordonnance de 1456, que nous ne pouvons trouver, ce qui pro[vient] d'une erreur de date. Cette ordonnance, d'après la citation, serait divisée en c[ha]pitre ; nous ne connaissons aucune ordonnance ainsi divisée, si ce n'est c[elle] de 1535 ; il y a aussi erreur dans le chapitre, ce n'est pas le 4e mais le 15e [...]

...lettres que les ambassadeurs de Bourgogne ont escript touchant le fait de la journée de M. le chancellier et à MM. vos Ambassadeurs ensembles, des lettres responsives que mondit S¹ chancellier leur a sur ce fait dont, Sire, je vous remercie très-humblement.

Sire, lesdits ambassadeurs m'en ont aussi escript semblablement et vous envoye le double de leurs lettres, et avec ce m'ont fait savoir qu'ils nous avoient escript de cette matière, sur quoy, Sire, je leur ay escript que vous leur en feriez ou ferez faire la response, ce c'estoit votre bon plaisir, comme vous pourrez voir par le double de la response que je leur fis.

Sire, plaise vous toujours moy mander et commander vos bons plaisirs et plaisirs pour les accomplir comme je dois à l'ayde de notre sauveur auquel je prie qu'il vous doint l'acomplissement de vos tres haults et tres nobles desirs. Escrit en vostre ville de M. Saint-Quentin, etc.

Votre très-humble et très-obéissant serviteur, Loys.

N°. 233. — LETTRES (1) *portant révocation des aliénations des domaines du Dauphiné faites par le dauphin (Louis XI).*

Saint-Priest en Dauphiné, 8 avril 1456. (C. L. XIV, 426.)

N°. 234. — PROCÈS-VERBAL (2) *des états du Dauphiné, portant soumission au roi, mais sans entendre déroger à leurs sermens envers le dauphin.*

Saint-Priest, 19 mars, 10 avril 1457. (Manuscrits de la bibl. du roi, boite 123.)

Anno nativitatis Domini 1457° et die 19 mensis martii, cum gentes trium statuum patrie Dalphinatus pervento ad earum notitiam quod domini Joannes de Croz, dominus de Chenay, Simundus Delalaing, dominus de Montenay, milites, Joannes de Ciugny magister requestarius, Thoison-d'Or rex armorum consi-

---

(1) Elles relatent d'autres lettres patentes, portant que le roi avait repris l'administration du pays. Le dauphin avait ourdi des intrigues avec les mécontens et avec l'étranger. Sachant qu'il devait être arrêté par le comte de Dammartin, il se sauva en Bourgogne, où il resta près de Bruxelles, jusqu'à la mort de son père, en 1461. V. Monstrelet, f° 65 et 68, et tous les contemporains.)

On croit que par ces lettres, le roi confirma l'erection qui avait été faite, deux ans auparavant, du conseil Delphinal en parlement. (Isambert.)

(2) Ce procès verbal est fort long; nous l'abrégeons.

Jiarii illustrissimi principis ducis Burgundiæ applicuerant c[i]-
tem Lugdunensem ambassiatores demissi per præfatum d[...]
ad dominum nostrum Francorum regem, et habebant c[...]
parte serenissimi principis domini nostri dalphini loquendo [...]
tibus trium statuum dictæ patriæ congregandis in civitate Gra[...]
nopolitana, pro aliquibus exponendis per ipsos dominos am[...]
siatores eisdem gentibus fuissent per ipsas gentes ad eosdem [do]-
minos ambassiatores demissi et mandati nobiles et potentes do[...]
Guillelmus de Corsillione miles, et Franciscus Posterii in le[...]
licentiatus ipsarum gentium generalis procurator deinde ad re[...]
rendum quæ per ipsos dominos ambassiatores ex parte præfat[i do]-
mini nostri dicerentur, sic est quod die prædicta decima [...]
marcii existentibus in reffectorio fratrum minorum civitatis [...]
dictæ Gratianopolis magnifico et potente nec non egregiis [...]
dominis gubernatore dictæ patriæ Dalphinatus præsidentibus[...]
et consiliariis laudabilis curiæ parlamenti et auditoribus com[pu]-
torum dalphinalium, et congregatis ibidem gentibus trium s[ta]-
tuum dictæ patriæ præfati domini Guillelmus de Corsillion[e et]
Franciscus Posterii regressi à dictis dominis ambassiatoribus qu[ias]-
dam litteras clausas per ipsos ambassiatores demissas præfat[o do]-
mino gubernatori et gentibus parlamenti, deinde alias per ip[sos]
dominos ambassiatores etiam demissas dictis gentibus trium s[ta]-
tuum obtulerunt et præsentaverunt; deinde quasdam alias lit[te]-
ras clausas per præfatum dominum nostrum dalphinum etia[m]
demissas præfatis domino gubernatori et consilliariis dicti par[la]-
menti, et alias per ipsum dominum nostrum etiam demissas [gen]-
tibus ecclesiæ nobilibus et aliis trium statuum patriæ Dalphi[na]-
tus quarum omnium tenor talis est.

Par la lettre datée de Bruxelles le 6 février 1457, le dauph[in]
s'en référait à ce que déciderait le duc de Bourgogne sur la rem[ise]
de son duché entre les mains du roi.

Vient ensuite la lettre des ambassadeurs de Bourgogne, dis[ant]
qu'ils ont engagé le roi à ne pas retirer au dauphin le duché,
mais que les états ne doivent pas refuser obéissance, si le r[oi]
persiste.

Suit une lettre du roi, datée de St-Priest, 17 mars 1457, donnant commission à ses officiers de négocier cette remise avec le[s]
trois états.

Les états entendent les commissaires du roi, puis ils s'ajourne[nt]
au commencement d'avril, sous prétexte de l'arrivée d'un gra[nd]
nombre de membres; le 3 avril ils demandèrent un nouveau dé[lai]

..., pour entendre les commissaires du dauphin et les ambassadeurs de Bourgogne.

Enfin la soumission définitive fut adoptée en ces termes, le 10 avril, en présence du roi Charles VII.

Post hæc autem die sabbati decima dicti mensis aprilis obtemperando mandatis regiis et persuasionibus factis per ejus dominum cancellarium dominis prelatis, baronibus, banneretis, nobilibus et plebeis jam dictæ patriæ nostræ non per modum repræsentationis trium statuum, sed ipsis mandatis et persuasionibus acquiescendo, venerunt ad castrum et locum sancti Prejeti prædicti, et præfato domino nostro rege pluribusque principibus, magnatibus et proceribus sui regni sibi assistentibus in aula magna superiori ejusdem castri, præfatus dominus cancellarius resumendo verba pluries dicta super obediencia et juramento fiendis et præstandis per gentes utriusque status patriæ dalphinalis, pluribusque aliis notabilibus verbis per eum dictis, præfatus dominus Franciscus Posterii de mandato, dictorum dominorum prælatorum, nobilium et plebeiorum ibidem existentium resumpsit verba prælocuta per dictum dominum cancellarium genibus flexis coram eodem domino nostro rege et ejus mandato elevatus dixit in effectu ipsos dominos prælatos nobiles et plebeios paratos esse eidem domino nostro regi præstare juramentum super securitate ejusdem et suæ patriæ et regni; eumdem dominum regem humillimè rogando quatenus habere dignetur recommissum in visceribus pietatis dominum nostrum dalphinum ejus primogenitum et ejus patriam et subditos, et quod non placeret eidem domino nostro regi ab eis postulare juramentum quod esset contra eorum fidelitates et homagia præfato domino nostro ejus filio facta et præstita.

Quibus benignè auditis per ipsum dominum nostrum regem idem dominus noster rex plura notabilia et benigna verba dixit et prætulit patriam et subditos de fidelitate et pluribus gratuitis serviciis sibi et suis prædecessoribus præstitis per ipsas gentes et earum prædecessores, regraciando et quod nolebat juramenta per eos præstari, quæ cederent contra eorum fidelitates et honores. Quibus auditis et humillimè flexis genibus per ipsos dominos prælatos, nobiles et plebeios eidem regraciatis, ipsi domini prælati, nobiles et alii plebei in turma manibus in altum elevatis juramenta præstiterunt super securitate et aliis postulatis per modum et formam contentos in quadam cedula papirea cujus tenor sequitur.

Premièrement ne mettront ne recueilleront en leurs places ne forteresses, gens à puissance, autrement que par le plaisir de commis au gouvernement du pays sous la main du roy, et se aucuns se essayoient d'y entrer, ils résisteront et s'employeront à les mettre hors, à leur pouvoir, et semblablement ne pourchasseront aucune chose au préjudice ou déplaisir du roy, mais y obéiront à leur puissance, ainsi que par lesdits commis leur sera commandé, ausquels obéiront et non à autres, jusqu'à ce que par le roy en soit autrement ordonné.

Quibus juramentis præstitis idem dominus noster rex benigne et clementer obtulit patriam et subditos ejusdem ab oppressionibus et violenciis indebitis preservare, et eos in bona memoria habere, præcipiendo domino gubernatori ibidem existenti quatenus justiciam ministrare habeat patriam reducendo ad mores et consuetudines antiquos, libertates dalphinales observando juxta modum et formam quibus ipsa patria erat tempore quo administrationem ejusdem præfato domino nostro dalphino ejus filio tradidit.

N°. 235. — ORDONNANCE *donnée en parlement, portant que d'après les anciens usages, les collecteurs des décimes imposées par le pape, ne pouvaient lever aucuns deniers sur les officiers du parlement.*

Paris, 30 avril 1457. (C. L. XIV, 435.)

N°. 236. — LETTRES *portant que le consentement à la levée d'une dîme* (2) *sur le clergé de France, à la réquisition du pape, ne doit porter aucun préjudice aux libertés de l'église gallicane* (3).

La Ferté, Saint-Pourçain, 3 août 1457. (C. L. XVI, 445.)

CHARLES, etc. Comme nostre sainct père le pape Calixte III

---

(1) Le roi avait consenti à la levée de la dîme.
(2) Les Turcs venaient de s'emparer de Constantinople.
(3) Le roi n'était donc pas alors tellement seul législateur qu'il pût lever des impôts sur le clergé sans son consentement ; l'opposition du clergé était fondée sur les franchises et immunités de l'église, et non sur le pouvoir limité du roi ; en effet, par les conciles tenus en France depuis la 1re race, les biens de l'église étaient inaliénables et francs de toutes charges publiques. En 1788, le clergé refusa de même un impôt ; ce qui donna lieu, en 1789, d'examiner si les biens im-

ait puis n'agueres envoyé par devers nostre très-chier et féal amy le cardinal d'Avignon, et par luy nous ayt faict remonstrer les très-grands entreprises qui estoient et sont chascun jour à l'encontre de la foy catholique, par le Grand-Turc et autres ennemis d'icelle, et que se par l'aide de nous et des autres princes chrestiens n'y estoit donné secours et aide, s'en pourroit ensuir très-grand et irréparable inconvénient; en nous requérant et enhortant en toute instance, que de nostre part en voulsissions à ce faire et donner aide et secours, tant de gens que de finance; et avec ce, et afin de plus promptement aider à donner lesdictes provisions, que voulsissions consentir et accorder un dixiesme entier et général estre levé sur tous les gens d'église de nostre royaume : lesquelles choses ouyes, et nous deuement informez desdictes entreprinses qui lors estoient faictes par lesdits ennemis de la foy chrestienne, et le grand bruit qui en estoit, cognoissant l'évident besoing et urgent nécessité qui estoit de donner à ce aide et confort, voulans en ce et autrement ensuir les faiz de nos très-nobles progéniteurs, ayons libéralement consenty et accordé ledict dixiesme entier et général estre levé sur lesdicts gens d'église de nostre royaume; selon la valeur en quoy sont à présent leurs bénéfices.

Et soit ainsy que depuis, nous ait esté remonstré par aucuns prélats et autres gens d'église de nostredict royaume, que à l'occasion de ce que les prélats et autres gens d'église d'iceluy nostre royaume, n'ont pas esté appellez à faire ledict consentement, ainsy que faire se devoit selon les franchises et libertez de l'église de France, aussy supposé que eussions consenty iceluy dixiesme, toutesvoyes ne le devions nous consentir ne accorder estre levé, se non selon la tauxe réduicte, iceluy consentement ainsy par nous fait, pourroit ou temps à venir estre grandement préjudiciable auxdictes franchises et libertez de l'église de France, comme ils disoient, en nous requérant humblement que sur ce vueillons déclarer nos volenté et entencion :

Savoir faisons que nous, les choses dessusdictes considérées, voulans lesdictes franchises, libertez et prérogatives d'église de nostredict royaume estre entretenues et gardées, avons par l'advis

---

menses dont il était pourvu, n'étaient pas dans ses mains un dépôt, ou une dotation qui pouvait être diminuée ou remplacée par des traitemens. De là les lois qui ont déclaré ces biens, propriétés nationales, et en ont ordonné la vente, aliénation ratifiée par le pape Pie VII, concordats de 1801 et de 1817. (Isambert.)

et délibéracion des gens de nostre conseil, dict, ordonné et déclaré; disons, ordonnons et déclarons par ces présentes, nostre vouloir et entencion avoir esté et estre, que ledict consentement par nous donné de lever ledict dixiesme en la manière dessusdicte, a esté et est sans préjudice des droitz, franchises, libertez et prérogatives de l'église de France pour le temps à venir; mais voulons, consentons et octroyons, que nonobstant nostredict consentement, iceulx priviléges et libertez d'église de France soient et demeurent en leur entier, comme ilz estoient par avant nostredict consentement, saus ce que à l'occasion ne soubs ombre d'iceluy, on puisse dire et notter aucune infraccion estre estendue en iceulx priviléges et libertez pour le temps à venir en aucune manière. Si donnons en mandement, etc. En tesmoin de ce, nous avons faict mectre nostre séel, etc.

Donné à la Ferté à Sainct-Pourçain, etc. Par le roi en son conseil.

N°. 237. — LETTRES *qui prorogent pour un temps le travail des gens du parlement, les après-dînées.*

Tours, 4 février 1457. (C. L. XIV, 457.)

N°. 238. — LETTRES *qui permettent, dans la ville de Langres, de rembourser les rentes constituées sur le pied de 5 pour 100 et défendent à peine de nullité d'en réinstituer d'autres pour plus de la valeur du tiers des propriétés* (1).

Saint-Priest, en Dauphiné (2). 1457. (C. L. XIV, 461.)

N°. 239. — LETTRES *confirmatives des priviléges accordés aux trois états de Normandie.*

Tours, avril 1458. (C. L. XIV, 464.)

Extrait : (3).

Quòd de cetero per nos aut nostros successores in dicto ducatu

---

(1) Voir ci-dessus, 4e livraison, p. 690, l'ordonnance sur le remboursement au denier 16. (Isambert.)

(2) Cette ordonnance prouve que le roi jugea sa présence nécessaire en Dauphiné. (*Idem.*)

(3) Cet article est ajouté par Charles VII, aux priviléges accordés par ses prédécesseurs, ordonnances de Louis V, Philippe de Valois, Jean, Charles VI.

in personis aut bonis ibidem commorantibus, ultra redditus, census et servitia nobis debita, tallias, subventiones, impositiones aut exactiones quascumque facere non possimus nec debeamus, nisi evidens utilitas vel urgens necessitas id exposcat : et postmodùm per prefatum Philippum regem modificatum in modum et formam subsequentes intelligi, non obstantibus quibuscumque additionibus per dictum Philippum factis et adjectis, ita in perpetuum observari : videlicet, quòd de ceteris per nos aut nostros successores in dicto ducatu in personis aut bonis ibidem commorantibus, ultra redditus, census et servitia nobis debita, tallias, subventiones, impositiones aut exactiones quascumque facere non possimus, nec etiam debeamus, nisi evidens utilitas vel urgens necessitas exposcat, et per conventionem et congregationem gentium trium statuum dicti ducatûs, sicut factum fuit et consuetum tempore retrò lapso (1).

N°. 240. — LETTRES *qui ordonnent que le parlement* (2) *se transportera à Montargis, pour y juger le duc d'Alençon arrêté comme accusé de crime.*

Montrichard, 23 mai 1458. (C. L. XIV, 466.)

N. 241. — LETTRES *portant que la partie du parlement restée à Paris, procèdera pendant que l'autre partie instruira, avec les pairs, à Montargis, le procès du duc d'Alençon, à l'expédition du procès, mais ne pourra prononcer les arrêts qu'au retour et jusque-là ne fera que des actes d'instruction* (3).

Beaugency, 7 juin 1458. (C. L. XIV, 467.)

---

(1) Clause très remarquable, qui prouve à la fois les franchises et libertés de la Normandie, l'usage ancien d'y assembler les 3 états, et la nécessité de leur consentement pour les secours extraordinaires. (C. L. XIV. Preface 11.)

(2) C'est la première fois que le parlement connait des procès faits aux grands. Boissy-d'Anglas, Mémoire sur l'exherédation de Charles VII, Académie des Inscriptions et Belles-Lettres, tome IV, 1re Série, 1809. V. ci-après la suite de ce procès. (Isambert.)

(3) Cette partie du parlement n'était plus qu'une chambre des vacations. (Isambert.)

N°. 242.—CAPITULATION(1) *entre la France et les commissaires de la commune de Gênes, pour la réunion de celle-ci à la France sous certaines conditions.*

Château de Beaugency, 25 juin 1458. (Corps dipl., p. 245.)

Karolus ac Januæ Dominus, etc. (*Suit la mention de l'envoi des ambassadeurs à Gênes, pour traiter de la réunion.*)

In nomine et ad laudem sacrosanctæ et individuæ Trinitatis, patris et filii et spiritus sancti, gloriosissimæ genitricis suæ Mariæ semper virginis, divorum Johannis Baptistæ, et evangelistæ, principumque apostolorum Petri et Pauli, nec non et beatorum Symonis et Judæ qui cognominatur Thadeus, protectorum communis et populi Januæ, divorum etiam martyrum Laurentii patroni majoris ecclesiæ Januensis, et Georgii vexilliferi communis ejusdem, totiusque celestis curiæ triumphantis, ad honorem etiam, sublimationem et augmentum status, et gloriæ serenissimi ac christianissimi principis domini Karoli Dei gratiâ Francorum regis septimi, ac Januæ domini, et etiam ad pacem et tranquillitatem et augmentum felicis status communis et populi Januæ, excelsi consilii antianorum ejus, et quorumlibet magistratuum, civiumque districtualium, subditorum et adhærentium communis prænominati, et non minus ad augmentum, et salutem christicolarum, et confusionem infidelium.

Cùm sæpè numero revolventibus in animo et mente optimis quibuscumque civibus Januensis urbis occurrisset nihil esse quod magis unusquisque vir prudens debeat patriæ suæ, quam ut sub potenti, virtuoso, ac prudentissimo principe gubernetur, protegaturque, et ut evitentur tyrannis usurpatio, simultates et scandala, ut et par est ac facile, si sub unico et hujusmodi principe dirigatur, et insuper quod non minus consentaneum sit ut si quandoque diversum est, et ad semitam veritatis et justitiæ convolemus, neque ferè minus gratum sit summo rerum opifici, si omissis erroribus atque ignaviâ deviantes viam salutis perquirant, quam si numquam aberassent, id attestantibus exemplis plerisque evangelica disciplina, animadvertissentque in primis summam rerum omnium cognitionem, et sapientiam serenissimi ac christianissimi domini, domini Karoli Francorum regis magnanimitatem, justiciam, fortitudinem, clementiam singularem,

---

(1) Elle a été ratifiée par le roi bientôt après.

constantiam, fidem, sanctimoniam, religionem, innumerabilesque virtutes, quibus velut sidus præclarum splendet in orbe, sub cujus protectione populi conquiescunt, optata pace perfruuntur, virtutes benigne fruuntur, vitia autem, etiam ubi opus est severitate, vindicantur : quibus quidem ac divino nutu ac benevolentia factus est Deo amabilis, et victoriosus non modò in arduis, sed etiam desperatis quodammodo rebus, et in hunc modum, non modò paterna regna et avita cum immortalitatis laude recuperavit, sed ea omnia longe lateque ampliavit. Considerantesque uberrimos fructus, eventusque quos, divina favente clementia, verisimillimum est oriri ex hujusmodi translatione, reductione et unitate non minus ad protectionem reipublicæ christianæ quam nunc variis fluctibus labefactari palam est, quam partium prædictarum honorem, gloriam et utilitatem, quo fit ut non minus pro publica utilitate ac remedio eorum quæ impræsentiarum occurrunt discriminum, quam etiam ut unicuique quod suum est jure optimo restituatur : cuncti cives Januenses, et in publicis consiliis, et in privatis statuerint ad infrascriptam deductionem ac reductionem sponte pervenire, ac propria deliberatione, et ob id quædam capitula composita et firmata per et inter illustrissimum principem, et dominum ducem Calabriæ, ac Lothoringiæ nomine mandatario, et procuratorio præfatæ regiæ maestatis, et habentem ab eadem amplissimam potestatem, et arbitrium vigore litterarum regalium cum solemnitatibus et sigillis opportunis parte una, ac nobilem Barnelem Grimaldum nominibus quibus agit ex altera, ratificaverint, approbaverintque juxta seriem et formam emanatam superinde, deindeque statuerint ad regiam celsitudinem transmittere infra scriptos oratores et ambassiatores ad decus regium et gloriam, visitationemque, qui dominium præfatæ urbis et quorumcumque pertinentium in suam celsitudinem transferant et reducant sub modis et formis de quibus in eisdem capitulis mentio habetur, et inferius declarabitur, præstentque regiæ sublimitati debitum fidelitatis juramentum cum amplissima potestate, et arbitrio, vigore publici instrumenti procuratorii et mandati de quo constat per Georgium de Via notarium et communis Januæ cancellarium; et quæ quidem capitula juxta eorum continentiam fuerunt etiam comprobata, et ratificata per præfatam regiam maestatem anno et mense præsentibus die 25 præsentis.

 Cumque etiam prælibatus serenissimus ac christianissimus dominus rex intuens efficacissimam devotionem civium prædictorum, eorumque spontaneam deditionem, quibus sua propria voluntate, utilitate, et nullius impressione, sese et sua ad regiam protectionem dediderunt, summiseruntque, motus paterno affectu et amore singulari versus populum suum, ut etiam in illum exerceat clementiæ suæ singularis officia, quemadmodum in cæteros suos subditos sua sublimitas facere consuevit, cujus quidem sunt illi mores, illa studia, de quibus ille poëta latinus inquit Virgilius : *Tu regere imperio populos*, etc.

Inspiciens etiam sub dominatu suo populum illum nunc variis oppressum languoribus, multum posse proficere, et maestatis suæ gloriam augere potissimum in materia infidelium, quæ super omnia cordi semper fuit, et est maestati semper suæ ut pote regi christianissimo, utque etiam quæ jure sibi hæreditario debita sunt, minimè negligantur, deliberaverit eorum de qua supra reductionem seu deditionem acceptare, protectionem suscipere, et in initio subditorum suorum et quidem peculiarium aggregare, et super præmissis deputaverit infrascriptos ejus commissarios et mandatarios.

Hinc est quod reverendissimus in Christo pater et dominus Ricardus episcopus Constantiensis in sanctæ romanæ ecclesiæ cardinalem assumptus, præfati serenissimi ac christianissimi Francorum regis consiliarius, nec non nobiles et egregii viri dominus Bertrandus de Bella Valle miles, dominus de Precigueyo cambellanus, magister Georgius Havardi dominus de Roseria, magister requestarum hospicii, et Johannes Ardoini dominus de Nazayo, magister cameræ computorum, thesauriariusque Franciæ dicti christianissimi ac serenissimi domini regis consiliarii, et ab ipso christianissimo rege super hoc deputati, et specialiter commissi vigore publici instrumenti cujus tenor sequitur ut infra. (*Suivent les pleins pouvoirs des commissaires du roi, et ceux des commissaires, donnés par le duc de Gênes et par le conseil des 60, autorisé à cet effet dans une grande assemblée de la commune de Gênes.*)

Quia in primis prænominati spectabiles Baptista et socii dictis nominibus reduxerunt et reducunt, transtulerunt et transferunt in præfatum serenissimum, christianissimumque dominum nostrum regem et seu in præfatos commissarios, et mandatarios deputatos et commissos, habentes ut supra à regia maestate circa præmissa arbitrium, et curam ac baliam, et per eos in præfatum serenissimum, christianissimumque dominum regem dominium et possessionem inclytæ civitatis Januæ, ac omnium et singulo-

ad dictum dominium spectantium et pertinentium, et cum
omnibus et singulis incidentibus, emergentibus et connexis dominio antedicto, præfatumque christianissimum et serenissimum
dominum regem receperunt et recipiunt dictis nominibus in verum dominum suum, et suæ dominationi ac protectioni sese ac
se subjecerunt sub illis modis formis, pactis, conventionibus,
conditionibus, gratiis, concessionibus, promissionibus, et obligationibus de quibus, et prout in translatione olim facta in serenissimum bonæ memoriæ dominum Karolum genitorem suum
exprimitur, et ad quam relationem haberi voluerunt partes prædictæ, illamque hic haberi pro sufficienter expressa, et prout
fuit actum, et conventum cum præfato illustrissimo domino Calabriæ duce nomine quo suprà in capitulis firmatis et postea ratificatis, ut est superius annotatum, salvis his quæ infrà dicentur. Offerentes et sic promittentes sese dictis nominibus eidem
serenissimo, christianissimoque domino regi præstare debitum
fidelitatis juramentum in forma debita, consueta et opportuna;
et vice versa præfati domini regii commissarii nomine regiæ
maestatis acceptantes benigne omnia, et singula supradicta receperunt præfatos oratores dictis nominibus, et per eos dictam excelsam communitatem et universitatem Januensem ad gratiam
regiam, et sub dominio, imperio ac protectione sua sub eisdem
modis, formis et capitulis de quibus suprà, et infra exprimitur.
Et quoniam ex lapsu temporis multa variantur, possentque oriri
dubitationes super iis quæ post dictam translationem contingerint, et etiam super intellecta eorum quæ gesta sunt, præfati
commissarii et mandatarii deputati ad instantiam et requisitionem
præfatorum ambassiatorum, concesserunt, reformaverunt, pepigerunt et declaraverunt, concedunt, reformant, promittunt et
declarant ut infra : et ita promiserunt prælibatum serenissimum
ac christianissimum dominum regem concessurum, reformaturum, facturum et declaraturum.

(1) Et primo circa primam requisitionem, quæ continebat generalem absolutionem et ab omnibus usque in hunc diem commissis, ita etiam ut hujusmodi absolutio contineat in se rei restitutionem, concedunt præfati domini commissarii, ac promittunt
quod præfatus serenissimus ac christianissimus rex dabit et concedet generalem absolutionem omnibus personis de excelsa communitate Januensi, et de dominiis et dependentibus ab eadem,
tam in genere quam in specie, de omnibus quibuscumque criminibus et delictis contra regiam maestatem aut ejus subditos com-

missis, et perpetratis etiam in restitutione rerum ex his quæ contigerunt in subtractione facta de dominio Januensi aut ejus cessione, salvis juribus privatarum personarum utriusque super his tantummodo, quæ postea contigissent alia occasione quam dictæ subtractionis.

(2) Super secunda requisitione quæ continebat quod regia maestas promitteret non alienare dominium Januæ aut si qua ejus membra, et alienata sive usurpata curaret recuperare, respondent et concedunt ac promittunt quod præfatus serenissimus ac christianissimus dominus rex non alienabit civitatem Januæ, nec aliqua ejus membra, sive dominia dependentia ab eadem, nec etiam jurisdictiones, et jura ad communitatem Januensem pertinentia, et curam habebit bonis mediis, etiam per potentiam armorum, si opus fuerit, et cum Januensium auxilio, alienata jura, sive alio modo perdita, aut usurpata, prout propria regia revocare: salvis his quæ dicta sunt et confirmata in capitulis firmatis cum illustrissimo domino duce Calabriæ, et prout in illis capitulis continetur.

(3) Circa tertiam requisitionem quæ concernit mulctas, condemnationes et emolumenta jurisdictionum Januensium civitatum et dominiorum dependentium, applicari debere communitati Januæ, et non aliter, concesserunt et promiserunt quod mulctæ, condemnationes et emolumenta jurisdictionum januensium civitatis et dominiorum dependentium spectabunt, applicabunturque illis et eisdem usibus et legibus quibus consuetum est ab antiquo, et si dubium in hoc fuerit, aut aliqua facta interruptio temporibus retroactis, difficultas hæc per dominum regium gubernatorem cum consilio ambassiatorum pro parte regis mittendorum, informatione et consilio præhabitis terminabitur et sopietur.

(4) Super quarto articulo continente quod præfati Januenses possint vivere, conversari, mercari et omnia facere ipsi et eorum subditi et confœderati cum omnibus nationibus mundi, etiam comprehenso regno Angliæ, et cum eis se habere, prout faciebant ante præsentem translationem, promittunt quod serenissima regia maestas tolerabit, ac permittet quod Januenses, et habitantes dominiorum suorum poterunt cum omnibus quibuscumque nationibus, regionibus, civitatibus et oppidis negociari, et mercari, vivere et conversari, et alia omnia facere etiam in regno Angliæ, et cum subditis ipsius regni, prout faciebant ante præsentem translationem, reductionem sive restitutionem factam

civitate et dominio Januensi in christianissimum serenissimumque dominum regem, proviso tamen quod dicta mercimonia, sive mercaturæ, quæ sub pœna excommunicationis à jure prohibitæ sunt, minime exerceantur, ut puta cum infidelibus absque speciali licentia illorum ad quos de jure spectat licentiam dare et concedere.

(5) Circa quintum, ubi requiritur observantia privilegiorum, conventionum, capitulorum, promittunt quod concedet serenissimus ac christianissimus dominus rex, et mandabit quod regii gubernatores præsens, et qui pro tempore fuerint in futurum, et illi officiales teneantur observare conventiones, privilegia, leges, et statuta communitatis Januæ tam in civitate, quam in toto territorio januensi, et in omnibus mundi partibus, communi Januæ, sive habentibus causam ab eo subjectis, et de sic observando jurabunt, et jurare tenebuntur in assumptione sui regiminis; et quæ omnia præfati domini commissarii approbant, et confirmant, ac promittunt, quod præfatus serenissimus christianissimusque dominus rex ratificabit et comprobabit, hoc addito, quod in juramento per officiarios regios præstando sit salva superioritas et fidelitas regis Franciæ.

(6) Super sexto, ubi fit mentio de confirmandis et observandis privilegiis, translationibus, concessionibus, juribus et jurisdictionibus sancti Georgii, quamvis sit de hoc facta mentio in capitulis cum illustrissimo domino Calabriæ duce, et ut melius declaretur, et extendatur illa conventio, promittunt, quod concedet serenissimus ac christianissimus dominus rex, et ex tunc confirmabit omnia jura, libertates, concessiones, translationes, consuetudines, et privilegia officii sancti Georgii in hodiernum concessa et concessas, et similiter confirmabit omnia et singula capitula quæ per illustrissimum dominum Calabriæ ducem fuerunt conventa, concordataque, prout jam ratificavit litteris regalibus, jurabuntque regii gubernatores in assumptione sui officii prædictorum observantiam, dabuntque in prædictis auxilium, consilium et favorem, quotiens fuerint requisiti.

(7) Super septimo continente tria membra, primo quod salaria gubernatoris non excedant salaria antiquorum ducum, secundo quod moneta communis Januæ non possit expendi, nisi secundum regulas, leges et consuetudines Januæ, tertio quod gubernatores regii vocabuntur etiam regii locumtenentes: responderunt et promiserunt, et promittunt præfati regii commissarii circa primam partem, quod remittitur pars prima de salariis

sermonem habens componenda cum domino duce Calabriæ, januensibus civibus. Circa secundam partem, quod concedet serenissimus, christianissimusque dominus rex, et mandat ac vult quod nihil expendatur, aut deliberetur, nisi secundum leges consuetudines et statuta, ac regulas ipsius civitatis januensis. Circa tertiam conceditur, quod regis gubernator nominabitur infra gubernator et locumtenens generalis christianissimi regis Franciæ in civitate et dominio januensi, et pertinentium ad illud.

(8) Circa octavum articulum continentem quod nihil concedi possit alicui civitati, universitati, loco aut aliquibus terris, aut dominiis, quod sit, aut vergere possit in læsionem aut diminutionem communis Januæ, promiserunt et promittunt quod concedet et concedit, et promittet præfatus serenissimus ac christianissimus dominus rex, quod nihil per eum concedetur, aut concedi possit neque per ejus locumtenentes, gubernatores, aut officiales alienæ universati, populo, civitatibus, terris, aut dominiis pertinentibus dominio januensi, quod sit aut vergere possit in læsionem, aut dimminutionem communitatis Januæ.

(9) Super nono continente, quod appelletur, et reclametur secundum quod ex regulis et statutis fieri in Janua consuevit, et in locis dependentibus, responderunt et respondent, quod concedit regia maestas, quod appelletur, reclametur ac supplicetur, prout ab antiquo consuetum est, et disponunt statuta civitatis, aut locorum dependentium.

(10) Super decima requisitione, quæ concernit quod tempore scismatis quod Deus avertat, sint Januenses in libertate adhærendi illi parti de qua ipsis Januensibus videretur. Responderunt quod serenissimus dominus rex in materiis scismatis ecclesiæ romanæ, quod Deus avertat, non consuevit capere partem, nisi prius consultis regibus Hispaniæ, Scotiæ, et aliis confœderatis, nec non ecclesia gallicana, principibus Franciæ, ac famosis civitatibus regni, cum quibus etiam consulet inclytam civitatem januensem, ante quam capiat partem, ut dictum est, et tunc partem regis Francorum tenebuntur et eidem adhærere.

(11) *Item.* Conventum est inter dictas partes, deputatos et commissarios, quod de cætero in vexillis civitatis, et dominiorum januensium depingantur arma christianissimi regis ex una parte, et ex alia dictæ civitatis Januæ, quodque in sua moneta sculpentur flores lilii in digniori et eminentiori loco, et inscribatur: *Karolus Dei gratia rex Francorum, et Januæ dominus.*

Quæ omnia et singula superius contenta, specificata et decla-

dictæ partes, videlicet præfati domini commissarii et mandatarii deputati ex parte dicti christianissimi, serenissimique nostri regis, et dicti domini ambassiatores excelsi communis Januæ nominibus quibus suprà tractantibus, solemniter ne stipulantibus et recipientibus rata, grata, atque firma habentes, promiserunt et promittunt mediis eorum juramentis per os et quemlibet ipsorum super hoc hinc indè corporaliter, et solemniter præstitis tenere et observare; nec in aliquo per se, nec per interpositas personas quovis quæsito colore contravenire, quin immò ea penitus adimplere et prosequi, pro ut acta, concordata, promissa et passata extiterunt.

Acta fuerunt hæc apud castrum de Bolgenciaco super Ligerium Aurelianensis diocœsis, anno incarnationis dominicæ MCCCCLVIII°, indictione sexta, die 25 a mensis junii, hora vesperarum, vel circa, etc.

N° 243 — LETTRES *qui transfèrent à Vendôme le parlement établi à Montargis pour juger le duc d'Alençon* (1).

Beaugency, 20 juillet 1458. (C. L. XIV, 469.) Pub. au parlem. à Montargis, le 25, à Paris le 28.

CHARLES, etc. Comme à l'occasion de certains grans cas, crimes et délicts dont a esté trouvé chargié nostre nepveu le duc d'Alençon, nous l'ayons fait constituer en arrest; et pour procéder à l'expédicion de son procès, aions, par l'advis et délibération des gens de nostre conseil, voulu et ordonné par nos lettres patentes données au mois de may derenier passé, que nostre court de parlement lors séant en nostre bonne ville et cité de Paris, feist et feust tenue au lieu de Montargis, à commancer du premier jour du mois de juin derrenierement passé, et jusques à la perfection dudit procès; auquel lieu, pour tenir icelle nostre court, avons ordonné et mandé faire venir noz amez et féaulx conseillers Yves Despeaux, chevalier, premier président, et maistre Hélies de Torretes, aussi président, et aucuns des conseillers en

(1) Nous donnons le texte de cette ordonnance, parce qu'elle indique la composition de la cour des Pairs, et qu'elle donna lieu à plusieurs questions qui furent résolues par le parlement, en 1468. (Isambert.)

22.

icelle nostre court, tant clercs que laiz, en bon et souffisant nombre, audit premier jour de juing, ausquelx jour et lieu avons semblablement mandé y estre les pers de France et seigneurs de nostre sang et lignage et tenans en pairie et autres, et mesmement nostre amé et féal chancelier, et aucuns des maistres des requestes de nostre hostel, et autres gens de nostre conseil, en ensuivant laquelle ordonnance, nostredit chancelier et voz amez et féaulx conseillers l'archevesque et duc de Reims, les évesques et ducs de Laon et de Langres, et les évesques et contes de Beauvais, Chaalons et Noion, pairs de France, et nosdits présidens; et aucuns de nosdits conseillers et maistres des requestes de nostredicte court de parlement, et aussi de nostredict conseil, se soient trouvez ausdits jour et lieu, et illec, aient besoigné aux préparatoires dudit procès par aucun temps, et aux interrogatoires de certains adhérens, fauteurs et complices de nostre nepveu, et jusques à puis n'agueres, attendans l'alée de nous par delà (1) et des seigneurs de nostre sang, et aultres gens de nostre conseil estans par-devers nous, en entencion de procéder à la fin et conclusion dudit procès, laquelle alée nous avons différée et délaissée jusques à présent, tant à l'occasion de la mortalité que pendant ledit temps est survenue en la ville d'Orléans, à Suilly, et autres lieux circunvoisins, ésquelx nous convient passer pour aller audit lieu, que aussi, pour ce que présentement nous sont venues nouvelles certaines de plusieurs pars, que nos anciens ennemis les Anglois ont fait certaine grosse armée sur la mer, en entencion de faire descente en nostre royaume, et mesmement ès marches de noz païs de Xantonge et de Poictou ou de Basse-Normandie: pour laquelle cause, et afin que puissions estre en lieu de marche plus propice et convenable pour secourir aux lieux de l'entreprise de nosdits ennemis, et aussi pour éviter ladite mortalité, afin que aucun inconvénient n'en advensist, savoir faisons que,

Nous desirans l'abréviacion et expédicion dudit procès pour le bien de justice, voulans aussi obvier ausdits inconvéniens, et nostredite court seoir et estre en lieu propice et à ce convenable, avons, par l'advis et délibéracion de nostredit conseil, voulu, ordonné et establi, voulons, ORDONNONS ET ESTABLISSONS, de nostre puissance et autorité royal, par ces présentes, nostredicte court

---

(1) La présence du roi était nécessaire. V. Répertoire de jurisprudence, *Pouvoir judiciaire*, p. 435, et ci-après note p. 341. Il n'a été dépouillé de ce pouvoir qu'en 1789. (ISAM.)

parlement garnye de pers, estre continuée et entretenue au *** de Vendosme, auquel lieu nous avons ordonné et ordonnons *** de nostredite court garnie de pers, et aussi ceulx de *** sang et lignaige, et aultres par nous mandez, y estre et *** paroir au douziesme jour d'aoust prouchainement venant, *** procéder oultre et besongner audit procès, jusques à la *** fection d'icellui, ainsi qu'il appartiendra par raison.

Et afin que aucun des dessusdits n'en puissent prétendre juste *** d'ignorance, nous voulons ces présentes estre publiées en *** redicte court séant audit Montargis, et en nostredite ville de Paris. En tesmoing de ce, nous avons fait mettre nostre séel à ces *** présentes.

Donné à Beaugency, etc. Par le roy en son conseil.

N°. 244. — Arrêt *de la cour des pairs, présidée par le Roi, qui condamne le duc d'Alençon, pair de France, à la peine de mort, et déclare ses biens confisqués, pour avoir entretenu des intelligences criminelles avec les Anglais.*

Vendôme, 10 octobre 1458. (Monstrelet, fol. 79 (1), Chartier, p. 305.

Charles, etc. Comme nous dûment informé que Jean duc

---

(1) Le duc de Bourgogne fut représenté par quatre personnes dans cette séance. Il n'y avait que deux princes temporels, le roi et la personne du duc de Bourgogne. Le roi, de son autorité, constitua pairs, le duc de Bourbon, le comte de Foix, le comte de la Marche et le comte d'Eu pour l'assister.

Ce procès donna lieu à plusieurs questions que le roi fit proposer à son parlement, par M° Jean Tudert, son conseiller et maître des requêtes de son hôtel; 1° si le roi pouvait assister au jugement du procès fait à un pair de France, ce qui avait été contesté à Charles VI, par le duc de Bourbon, dès l'an 1386, lors du procès fait au roi de Navarre, et même à Charles V, lors du procès du duc de Bretagne; 2° si les pairs qui ne sont pas du nombre des 12 pairs peuvent assister aux procès; 3° si les pairs peuvent commettre des juges à leur place. Sur quoi le parlement, après que les registres ont été sur ce vus et visités, a répondu : 1° que le roi non seulement avait le droit d'assister aux jugemens criminels des pairs, mais que sa présence y était nécessaire; 2° que tous les pairs indistinctement peuvent y assister; 3° mais qu'ils ne peuvent commettre à leur place. Du-tillet, Recueil des rangs. Hen. abr. chr. (Decrusy.)

Voir d'après Dutillet, p. 405, *Traité de la Majorité.*

Le roi, en son siège royal, à ses pieds M. de Dunois, avec un grand chambellan; aux hauts bancs, et à sa droite, MM. Charles, fils du roi, d'Orléans, de Bourbon, d'Angoulême, du Maine, d'Eu, de Foix, de Vendôme, de Laval.

d'Alençon pair de France, avait conduit et démené et fait conduire et démener plusieurs traités et appointemens avec nos anciens ennemis et adversaires les Anglois, et pour ce faire avait envoyé en Angleterre et ailleurs ou pays desdits Anglois plusieurs messages, sans nostre congé et licence, et sans aucune ch...

Dessous iceux hauts bancs et à droite étaient.

Les trois présidens.
Le grand maître de France.
L'amiral.
Le grand prieur de France.
Le marquis de Saluces.
Les quatre maîtres des requêtes.
Le sieur de Rambures.
Le bailli de Senlis.
Maître Denis de Seure et Laurent Patarin, conseillers du roi, et outre plus étoient trente-quatre seigneurs en parlement chacun en son degré.

De la senestre main ès hauts bancs, aux pieds du roi.

M. le chancelier.

Au haut banc de la senestre main.

L'archevêque de Rheims,
L'évêque de Laon, } Ducs-pairs de France.
L'évêque de Langres,
L'évêque de Beauvais,
L'évêque de Chaalons, } Comtes-pairs de France.
L'évêque de Noyon,
L'évêque de Paris.
L'évêque de Nevers.
L'évêque d'Agde.
L'évêque de   fils d'Albret.
L'abbé de Saint-Denis en France.

Les autres bancs dessous ledit haut banc :

Le sieur de la Tour d'Auvergne.
Le sieur de Torcy.
Le sieur de Vauvert, premier chambellan du roi.
Le bailli de Touraine.
Le sieur de Prye.
Le sieur de Precygny.
Messire Guillaume Cousinot de Rouen.
Le sieur d'Escars.

Et l'autre banc de celle main :

Maître Jean Bureau,

ous en faire savoir, au grand préjudice de nous et de la chose publique et de notre royaume. Et pour cette cause et pour obvier aux inconvéniens qui s'en eussent pu ensuivre, se par nous n'eut été donné remède sur ce. Notre cher et amé cousin le comte de Dunois et de Longueville : et nos amez et féaux conseillers et chambellans, Pierre de Bresey, seigneur de la Varenne et grand sénéchal de Normandie, Jean le boursier général sur le fait de nos finances, Guillaume Cousinot bailli de Rouen chevalier, et Oudet d'Ardie bailli de Constantin, eussent par notre commandement et par vertu de nos lettres patentes, données à Chastelier près Esbrimbe le xxiiij jour de mai 1456, prins et arresté ledit d'Alençon notre nepveu. Et pour procéder à l'expédition de son procès par l'avis et délibération des gens de notre conseil, eussions ordonné par nos autres lettres, données de Montrichart le xxiij jour du mois de mai dernier passé, que notre dite cour de parlement, lors séant à Paris, serait et se tiendrait en notre bonne ville de Montargis, en commençant le 1er jour du mois de juin dernier passé, et jusques à la perfection d'icelui procès. Et pour icelle court tenir, eussions mandé et ordonné à venir au dit lieu de Montargis aucuns de nos présidens et conseillers de nostre dite cour, en bon et suffisant nombre, et mandé pour y être les pairs et seigneurs de notre sang et lignage, tenans de nous en parrie et autres : aussi y être notre amé et féal chancelier, et aucuns des maîtres des requêtes de nôtre hôtel, et autres gens de notre conseil. Ensuivant laquelle ordonnance notre dit chancelier et nos amez et féaux conseillers l'archevêque et duc de

---

Maître Etienne Chevalier,
Sire Jean Hardouyn, } Trésoriers de France.
Maître Berart.
Maître Pierre Doriole.
Le prévôt des maréchaux.
Le prévôt de l'hôtel du roi.

Et au-dessous, ès autres bancs, étaient trente-quatre conseillers de la cour du parlement chacun selon son ordre.

Et en ladite assiette, sur un autre banc, les deux avocats et le procureur-général du roi.

Sur trois petits bancs, encontre un bas-buffets ou bureau, étaient cinq greffiers pour ladite matière; et au milieu de ladite salle, sur une basse escabelle, était M. d'Alençon, durant le temps qu'il fut interrogé, et quand la sentence fut prononcée à l'encontre de lui, par M. le chancelier, il n'était pas présent; mais après il lui fut dit en son logis, après qu'il eut diné, par M. le grand-président, maître des sceaux, et d'autres, MM. du parlement; et étaient lesdits bancs et sièges couverts de draps semés de fleurs de lys, et aussi toute la place dudit parquet.

Rheims, les évêques et ducs de Laon et de Langres, et les évêques et comtes de Beauvais, de Chalons et Noyon, pairs de France, et nos dits présidents, et aucuns de nos dits maîtres des requêtes, et de nos dits conseillers de notre dite cour de parlement, et aussi de notre dit conseil : se soient trouvés aux dits jours et lieu, et illec ayent besogné aux preparatoires dudit procès, par aucuns tems et aux interrogations d'aucuns adhérens, faicteurs et complices dudit d'Alençon, et jusques le deuxième jour de juillet dernier passé. Attendans l'allée de nous de par delà et des seigneurs de notre sang, et d'autres gens de notre conseil, étant par devers nous en l'intention de procéder à la fin et conclusion dudit procès : à laquelle allée nous eussions différé à cause de la mortalité, qui pendant ledit temps survint en la ville d'Orléans, à Sully et autres lieux circonvoisins dudit lieu de Montargis, esquels nous convenait passer pour y aller. Et tant à cause de la mortalité, et pour éviter aux inconvéniens qui à cause de ce s'en eussent pu ensuivre, et aussi que nouvelles nous survinrent à plusieurs pays, que nos ennemis avaient fait certaine grosse armée sur la mer, en intention de faire descente en notre royaume, és marchés de Xaintonge et de Poitou, ou de la Basse-Normandie. Et afin que nous pussions être en lieu de marche plus propice et convenable pour secourir aux lieux de l'entreprise, et nos dits ennemis, eussions par l'avis et délibération de notre dit conseil voulu ordonner et établir notre dite cour de parlement être convenue et entretenue en notre ville de Vendosme. Et aussi les gens de notre dite cour garnie de pairs, et ceux de notre sang et lignage, et autres par nous mandés y être et comparoir au xij jour du mois d'août dernier passé. Et semblablement eussions mandé et ordonné y être le surplus de nos présidens, maîtres des requêtes de notre dit hôtel, et autres nos conseillers de notre dite cour de parlement : lesquels pour lors encore étaient demourants en notre bonne ville et cité de Paris, pour procéder outre et besogner oudit procès jusqu'à la perfection d'icelui, ainsi qu'il appartiendrait par raison. Et depuis soyons venus audit lieu de Vendosme, et aussi plusieurs des seigneurs de notre sang et lignage pairs de France et tenans en pairrie. Et les archevesques et évesques dessus nommés aussi nommés pairs de France, et plusieurs autres prélats, comtes, barons et chevaliers en grand nombre, notre dite cour de parlement et autres de notre conseil, et par devant nous séans en notre dite cour garnie de pairs et autres à ce appelés; ait été amené le dit d'Alençon; lequel après le serment par

[...] de dire vérité, interrogé sûr les cas et crimes dont il a été [char]gé par information, a dit et confessé de franche et libérale [volon]té ce qui s'ensuit.

[Que] après que le seigneur de Thallebot eut pris Bordeaux, un [nom]mé Jacques Haye, Anglais serviteur d'un nommé Richard [Oudeu]ille, chevalier aussi Anglais, vint à sauf conduit à Alen-[çon], et parla audit duc d'Alençon, en secret du fait de mariage [de la fil]le dudit d'Alençon, avec le fils du duc d'Iorth, et que tant [pour] le fait dudit mariage comme de toutes autres choses, qu'ils [vou]draient faire savoir, les uns aux autres, lui et le dit Jacques [Ha]ye, et esleurent enseigne de prendre le poulse de la main d'I-[or]thy; auquel message de l'une desdictes parties se adresserait et [en]viron le mois d'août, l'an qu'on disait mil quatre cent cin-[qu]ante et cinq, ledit d'Alençon envoya quérir un nommé Gille, [mais]tre demourant à Dompfront, et lui fait faire le serment d'être [se]cret: et après dit qu'il le voulait envoyer en Angleterre; et le [v]int par aucun temps à ceste cause, et le mena avec lui à la [Fle]sche en Anjou, espérant le despescher illec. Et que lors sur-[v]int audit lieu de la Flesche un nommé Houtuiton Anglais, hé-[rau]lt d'Angleterre; auquel il se découvrit, et lui bailla charge [d'al]ler en Angleterre, pour admonester et exhorter de par lui nos [di]ts ennemis, à venir et descendre en notre pays de Normandie; [en l]eur demandant qu'ils feussent d'accord de par Dieu ou par le [dia]ble, et qu'ils pensassent en autre chose, et qu'il serait heure [de s]oy bouter avant; et que oncques ils n'avaient eu si beau faire [qu'i]ls avaient pour lors, et qu'il était temps ou jamais; et que [nous] estions loings et nostre armée en trois parties, l'une en Ar-[mag]nac, l'autre en Guyenne, et l'autre pour aller contre notre [t]rès aymé fils le dauphin de Viennois: et que les nobles, les bon-[ne]s villes, et le peuple en tous etats estoient si mal contens; et [que] plus n'en pouvaient, et que ledit d'Alençon, mesmement es-[toit] mal content, et que se nosdits ennemis se vouloient ayder il [leur] ayderait de places, d'artillerie et de tout son pouvoir: et qu'il [av]ait assez d'artillerie pour combattre dix mille hommes aux [cham]ps pour un jour; et que nosdits ennemis amenassent le roi [d'Ang]leterre et trente ou quarante mille hommes, pour combattre [au] moins, et qu'il n'y avait en nostre dit pays de Normandie que [deux] de nos chiefs de guerre, et quatre cens lances; et qu'ils au-[r]aient conquesté grande partie du pays, avant que nous y peus-[si]ons mettre remède, et qu'il conseillait à nos dits ennemis, que [le r]oi d'Angleterre après sa descente, fait crier à son de trompe, et sur peine de la hart, que nul ne fut si hardi de prendre aucune chose sur les laboureurs et gens du plat pays : et que chacun peust demourer paisiblement en ses biens et héritaiges : et si aucun faisoit le contraire, qu'incontinent punition en fust faite. Aussi que le roi d'Angleterre revoscat les dons faits par son père et par lui, et pardonnast à tout le monde de tout le temps passé, et procedast comme en conqueste nouvelle : aussi que nos dits ennemis feissent leur descente en plusieurs pays. C'est à savoir le roy d'Angleterre et le duc d'Iorth en la Basse-Normandie, et le duc de Burguingan à Calais pour venir par Picardie et le pays de Caulx, et que se nous voulons aller es dictes marches pour défendre ledit pays : ceux de Guyenne, lesquels (comme disoit le duc d'Alençon) estoient mal contens : et se nosdits ennemis leur vouloient donner pou d'ayde, se pourroient mettre sus et rebeller contre nous. Et que en brief nous perdrions tout le pays de pardelà. En oultre que nos dits ennemis feissent savoir audit d'Alençon leur descente trois mois devant icelle, affin qu'il peut pourveoir à ses places, et que n'en peussions faire à nostre plaisir, et qu'après leur descente ils envoyassent ledit Houtuiton devers lui pour lui dire quels gens ils avoient, et leur intention: affin qu'il advisast qu'il avoit à faire pour soi conduire avec eux. Et outre plus leur mandoit par ledit Houtuiton, qu'ils amassent plus de finances qu'ils pourroient, et lui feissent délivrer à Bruges ou ailleurs vingt mille escus, ou à tout le moins promptement dix mille escus : et un mois après le surplus, pour lui aider à payer une partie des gens qu'il mettroit en ses places, et pour parfaire son artillerie. Et aussi donna charge audit Houtuiton de dire à nos dits ennemis, qu'ils trouveroient après leur descente à Allençon ou à Domfront partie de son artillerie. Et promeit ledit d'Allençon et jura ès mains dudit Houtuiton heraud dessusdit qu'il tiendrait à nosdits ennemis tout ce qu'il leur promettait. Et aussi feit jurer et promettre audit Houtuiton de dire les choses dessusdictes audit duc d'Iorth, Richard d'Audeuille et Jacques Haye, et qu'il ne le diroit ne le revelerait à d'autres que eux. Et pour certifier et approuver tout ce qu'il avait donné en charge audit Houtuiton, de dire à nos dits ennemis au partement dudit Houtuiton, ledit d'Allençon lui bailla lettres de créance addressantes audit duc d'Iorth, signées d'une N trenchée, contenans ceste forme : Seigneurs veuillez croire ce porteur de ce qu'il vous dira de moy, et vous remercie de vostre bon vouloir, car j'ai bonne voulenté se à vous ne tient, disant avec ce nostre

et nepveu, qu'il estoit bien recors en général, qu'il avoit baillé audit Houtuiton toutes les persuasions et couleurs, tant d'artillerie comme d'autre chose, qu'il avait peu pour parvenir à ses fins. Et après pour exécuter ce que dit est, avoit envoyé ledit Houtuiton en pourveance en Angleterre; disant ledit d'Alençon, que certain tems après il avoit envoyé ledit Thomas Gilles, prestre en Angleterre : et lui avoit donné charge de dire audit duc d'Iorth ou Richard d'Oudeuille, de parluy ausdictes enseignes de poulce l'état du pays, et la charge de nostre peuple : et de amener nosdits ennemis le plustost qu'ils pourroient pour descendre, en ce royaume en la plus grande compaignie qu'ils pourroient et qu'ils estoient bien méchans, qu'ils ne s'advisoient de venir: et qu'ils n'avoient oncques en si beau faire à conquerir le pays, qu'ils avoient perdu. Et que s'ils estoient vingt mille hommes de par deça, ils auroient conquesté grand partie du pays avant que y peussions pourveoir. Et aussi que nous estions loings, partis de Berry pour aller sur nostredit fils le dauphin, et que au pays n'avoit aucuns gens d'armes, et estoit tout le peuple mal content, qu'à icelle heure estoit temps qu'ils veinssent ou jamais : et avec ce que quand ils viendroient ils amenassent le plus de gens, qu'ils pourroient; et qu'il leur dit que ledit d'Allençon estoit fort esbahi qu'il n'avait eu aucunes nouvelles d'eux ne sondit poursuivant, et qu'ils le luy renvoyassent et feissent savoir de leurs nouvelles: et qu'il leur dit franchement que ce n'estoit riens de leur fait ne de leur entreprinse, s'ils ne monstroient autrement qu'ils voulsissent besongner. Aussi qu'il leur parlast desdits vingt mille escus, dont il avoit donné charge audit Houtuiton : et avec ce qu'il chargeast audit Thomas Gillet de dire audit duc d'Iorth, que de tous les siens de par deça il estoit le mieux aymé en Normandie, et estoit celuy pour qui les gens du pays feroient le plus. Et chargea en outre audit Gillet qu'il feit au Anglois, qu'après leur descente, ils feissent les ordonnances, cris et obligations, telles qu'il avoit dictes et déclairées audit Houtuiton : et que se on parloit audit Gillet du mariage de la fille de nostredit nepveu, avecques le fils aisné du duc d'Iorth, il dit de ladicte fille ce qu'il en savoit et en avoit veu : et qu'il baillast audit Gillet certaines lettres pour porter audit duc d'Iorth, contenantes la forme qui s'ensuit. Seigneur, etc. Je me recommande à vous, et vous prie que tout en haste me faciez sçavoir de voz nouvelles, et pensez de moy : car il est temps, et pour Dieu mettez diligence en vostre fait, et vous acquitez à ceste fois : car trop ennuie à qui attend, et en toute haste envoyez argent, car vostre fait m'a cher c[outé]. Et à Dieu, qu'il vous doint ce que vous desirez escript [soubz mon sel] pres. Et audessoubz le tout vostre. N. Disant outre qu'un peu [au]vant Noel ensuivant, il envoya un nommé Pierre Fortin à Ca[lais], et lui donna charge de parler ausdictes enseignes du poulce, [aus] dits d'Oudeville et Jacques Haye, et savoir à eux s'ils avoi[ent] aucunes nouvelles desdits poursuivans et de Thomas Gillet. O[u]tre confessa qu'entre ladicte feste de Noël et l'Epiphanie aud[it an] lesdits poursuivans et Thomas Gillet reviendront d'Angleterre [de] vers lui, et lui feit ledit poursuivant rapport dudit Gillet, [le]quel luy dit que ledit duc d'Iorth et le chancelier d'Anglete[rre] le remercioient de son bon vouloir, et que le parlement d'Angle terre n'estoit point encores assemblé, ne le roi d'Angleterre [en] estat de lui faire response finalle. Mais que brief en tiendroi[t] parlement, et besongneroit l'en si bien que ledit duc d'Alenç[on] en seroit bien content : et que nosdits ennemis lui feroient as[sa]voir de leurs nouvelles par ledit Oudeuille dedans karesme [lui] après ensuivant. Et que nos dits ennemis ou aucuns d'eux, avoi[ent] laissé les armes ou enseigne des lettres dudit duc d'Alençon, les quelles portoit ledit poursuivant pour l'honneur dudit duc d'A lençon. Disoit aussi que ledit Gillet par son rapport lui avoit d[it] que le duc d'Iorth se recommandoit à luy et le remercioit de [son] bon vouloir, et aussi luy prioit de tousjours le voulsist continue[r]; et que avant qu'il fust le mois de septembre ensuivant, ledit du[c] accompagné des plus grans seigneurs d'Angleterre, descendr[oit] en vostre pays de Normandie à si grand et bonne puissance, q[ue] ledit duc d'Alençon en devroit estre content, aussi que nostre d[it] nepveu trouvast maniere de recouvrer aucune place ou port [de] mer, pour la descente de nosdits ennemis : et qu'il leur feit [sa]voir se nostredit fils le dauphin iroit point en Normandie. [Et] icelle et semblable response avoit Thomas Gillet du chancelie[r] d'Angleterre, pour le dire et faire sçavoir audit duc d'Alenço[n]. Et oultre plus dit et confessa, qu'incontinent après le retour d[es]dits messagiers et Thomas Gillet, il envoya en Angleterre u[n] nommé maistre Edmond Gallet, après ce qu'il eut prins le ser ment de luy sur le livre, de tenir les choses secrettes, et qu['il] bailla audit Gillet des lettres adressantes audit duc d'Iorth, signée[s] de son vray seing et de son nom Jean, lequel il avait trenchée [en] quatre : et le bailla audit gillet pour le regarder à part desdict[es] lettres : desquelles il disoit l'effet estre tel. Seigneurs je me re commande à vous : j'ai ouy ce que m'avez fait scavoir. Et vo[us]

...is que je y aye de vous autres nouvelles le plus tost que vous ...rres, se vous voulez entendre aux matières, dont ce porteur ...us parlera: il en est temps, j'y entendray voulentiers, et feray ...sique vous en serez content, et le croyez de ce qu'il vous dira de ...a part. Aussi disait qu'il avoit donné charge audit Gillet de sça... ...ir la responce dudit mariage, et des autres choses qu'il leur ...oit fait sçavoir par ledit Houtuiton, par son messagier, et par ...illet : et de leur dire qu'il estoit temps de besongner, s'ils vou... ...ient riens bienfaire : et qu'il vouldroit qu'ils fussent descendus ...ssi cepes que mousches ou gresle : et qu'il était adcertené, que ...us allions sur nostredit fils le dauphin : et qu'il se tenoit seur ...'avoir du retour des nopces, et que s'ils venoient et prenoient ...ppoinctement avecques luy, ledit daulphin leur ayderoit de ses ...ces, de son artillerie et de tout ce qu'au monde luy seroit pos... ...ble, et qu'ils ne faillissent point à venir. Et aussi qu'il n'y ayt ...oint de faulte, que luy fussent delivrez lesdits vingt mille escus. ...sant oultre que environ Pasques lors prochain ensuivant, pour ...e qu'il s'esmerveilloit fort que ledit Gillet n'estoit encore retourné ...n Angleterre, il envoya ledit Fortin audit lieu de Calais, et lui ...onna charge de parler ausdits Anglois aux enseingnes dessus ...ommez, et leur demanda s'ils vouloient riens ou non. Et outre ...us dit et confessa que environ *Quasimodo* prochain ensuivant ...dit Gillet retourna d'Angleterre par devers luy, et luy apporta ...ttres du roy d'Angleterre signées (comme disoit ledit Gillet) de ...a main d'iceluy : c'est à sçavoir Henry, et que lesdictes lettres ...ntenoient en effect ce qui s'ensuit. Tres-chier cousin nous ...us mercions du vouloir qu'avez à nous, nous envoyerons noz ...cteurs au premier jour d'aoust à Bruges, pour le fait des treves ...'entre nous et le beau-cousin de Bourgougne : et que là aussi ...e trouvent vos facteurs pour appoincter de toutes choses, et fe... ...rons tant (se Dieu plait) que vous serez bien content. Et oultre ...soit que ledit Gillet aurait dit, que le roy d'Angleterre avoit ...cueilly le gouvernement, et que ledit duc d'Iorth estoit allé en ...alles : et qu'à ceste cause ledit Gillet s'estoit adressé audit roi ...it roy d'Angleterre, et lui avait dit le vouloir et intention du duc ...'Alençon, dont il le remercioit : et faisoit savoir par luy qu'il ...nvoyeroit ses ambassadeurs audit lieu de Bruges, selon le con... ...tenu desdictes lettres : et que ledit duc d'Alençon y envoyast sem... ...blablement. Et que lesdits ambassadeurs appoincteroient ensem... ...le desdits vingt mille escus, et aussi de bailler soellez de toutes ...utres choses. Dit aussi et confessa ledit duc d'Alençon que tant pour ce que le terme dessusdit, auquel nosdits ennemis luy devoient envoyer lesdits vingt mille escus, lui estoit long : que aussi pource qu'il desiroit de sçavoir l'issue de son appoinctement avec nosdits ennemis : il renvoya ledit Gillet de rechief en Angleterre affin d'avancer ledit argent : et aussi pour recouvrer un sauf conduit pour l'un de ses gens, duquel sauf conduit le nom devoit être en blanc, affin qu'il peust envoyer aucun homme pour besongner avec lesdits Anglais, là où mestier eust esté et passer un appoinctemens. Et que en oultre il dit audit Gillet, qu'il ne sçavoit quelles fortunes de la guerre seroient, et qu'il vouldroit bien avoir quelque retraicte en Angleterre, se le cas advenoit, affin qu'il se retrahist par de-là, et qu'il lui parlast de la duché de Bethfort, de la duché de Glocestre et des terres que les ducs desdites duchez tenoient en leur vivant, affin qu'il en fut parlé au roy d'Angleterre. Et qu'au partement dudit Gillet il luy bailla unes lettres adressantes audit duc d'Iorth contenantes cette forme. Seigneur je me recommande à vous, et me donne grand merveille, que autrement n'ay eu nouvelles de vous par ce porteur : et vous prie que m'en facie sçavoir de brief, et veuillez le croire de ce qu'il vous dira de par moi. Et en outre escrivit autres lettres à maistre Loys Gallet demeurant en Angleterre, et pere dudit maistre Edmond, contenans que ledit d'Alençon le mercioit de sa bonne volenté qu'il avoit euë à luy, ainsi qu'il avoit sceu par son fils, et qu'il adressast tousiours les matieres. Disoit outre que (ainsi que luy et le dit maistre Emond devisoient, de matières) ledit maistre Emond luy dit, que l'intention des Anglois estoit que le duc de Clocestre et le fils du duc de Thalleboth descendroient en Guyenne à tout dix ou douze mille combattans. Et que le roi d'Angleterre, le duc d'Iorth et plusieurs autres descendroient en nostredit pays de Normandie. Et que le duc de Bouguingan, le comte de Villechiex et d'Unchestre descendroient à Calais, et viendroient par Picardie, dix ou douze mille combattans. Outre plus dit et confessa ledit d'Alençon avoir parlé à Fortin son valet de chambre, affin que ledit Fortin fut de son alliance touchant le fait desdits Anglois : et en outre lui avoit donné charge pour sçavoir comment nostre place de Grandville estoit bien fortifiée et quelles réparations on y avoit faictes : et en especial du costé où elle avoit esté autresfois prinse. Et qu'il se fut joint avec lesdits Anglois, comme il apparoit qu'il feit : il eust bien voulu trouver maniere par quelque moyen que ce eust esté de bailler ladite place de Grandville et toutes les autres places qu'il lui eust esté possible ausdits Anglois, et y faire telle pouvoir et diligence qu'il eust peu. Disoit outre ledit d'Alençon, qu'il a esté meu de faire, exciter et esmouvoir par lesdits messages lesdits Anglois à venir descendre en ce royaume, à la subjection d'un nommé Mathieu prestre : duquel il ne sçavoit le nom, qui se disoit estre du pays de Lyonnois, et serviteur au bastard d'Armignac : lequel (comme disoit iceluy d'Alençon, lui avoit apporté lettres de créance sur le porteur de icelles, et par nostre dit fils le dauphin; et aussi de par ledit bastard d'Armignac, esquelles lettres de nostre dit fils ledit d'Alençon (ainsi comme il disoit) faisoit doubte pour ce quelles n'estoient pas en la forme, selon laquelle nostre dit fils luy avoit accoustumé de rescrire. Et aussi faisoit doubte en la signature desdictes lettres : sur laquelle chose et à la requeste eussent esté examinez plusieurs tesmoings par aucuns nos commissaires, nommés par ledit d'Alençon serviteurs de son hostel. Et lesquels affermerent comment ils avoient veu ledit prestre : et aussi eust esté examiné ledit maistre Esmond Galet, avecques lequel ledit d'Alençon se disoit bien amplement avoir communiqué touchant le fait dudit prestre. Et ledit Gallet eust esté confronté sur ce avec ledit d'Alençon : lesquels (comme il estoit à croire) devoient sçavoir ladicte matiere au cas que ce feust chose vraye. Pour tous lesquels tesmoings, n'ont esté trouvez aucune chose en cette partie de ce que dit est par ledit d'Alençon, ainçois ayent déposé plusieurs choses qui donnent presumption au contraire. Et en outre disait le dit d'Alençon, qu'oncques il n'eust lettres de nostre dit fils, et ne ouï parler de la dicte matière de par luy à autre que audit Mathieu, et ne sçavoit encores s'il le disoit de luy mesmes ou par qu'il le disoit; et que le dit d'Alençon n'avoit oncques eu pouvoir ne instruction de nostre dit fils, touchant icelle matière. Et sur ce et autres choses, eussent été faites audit d'Alençon plusieurs remonstrances par lesquelles eust apparu que c'étoit chose controuvée par luy, pour soy guider, couvrire et donner couleur à sa charge. Ousquelles remonstrances ou à la pluspart d'icelles, ledit d'Alençon eust dit qu'il n'y sçavoist que respondre, ou autres de tel effet. Et outre plus le dit d'Alençon en parlant dudit prestre, et en répondant aux dessusdictes remonstrances, et aussi aux interrogations qui sur ce avoient esté faictes, eut esté vacillant et variant en plusieurs points et articles : comme tout ce appert plus à plain par ledit procez.

Parquoy ne par quelque chose qui ayst esté dicte par ledit d'Alençon, ne déposée par lesdits tesmoings sur ce examinez à sa re-

queste, ne autrement par chose contenue oudit procès, n'a [esté]
trouvé chose par quoy nous, ne nostre dicte court doyons [tenir]
ne tenons nostredit fils, ne aussi ledit bastard d'Armignac [aucune-]
ment chargez environ nous en justice. Et depuis eust esté con[clud]
que ledit procès estoit en estat de juger.

Savoir faisons veues et visitées par nostredicte court garnie [de]
pairs et d'autres, comme il appartient, les charges, informati[ons]
et confrontations des tesmoings faictes à l'encontre dudit d'Alençon : ensemble ses confessions et autres choses contenues [audit]
procès bien au long, et à tresgrande et meure déliberacion [de]
nostredicte court, garnie comme dessus : avons dit et decla[iré,]
disons et declairons par arrest, ledit d'Alençon estre crimin[el]
de lese majesté, et comme tel estre privé et débouté d'honn[eur]
et dignité de parrie de France, et autres dignités et prérogat[ives]
et l'avons condamné et condamnons à recevoir mort et estre exécuté par justice.

Et avec ce avons declairé tous ses biens quelconques, est[re]
confisquez et à nous compéter et appartenir.

Commutation.

Toutesvoyes nous avons reservé et réservons de faire ordonn[er]
sur le tout nostre bon plaisir, lequel nous declairons estre tel.

C'est à savoir qu'au regard de la personne dudit d'Alençon,
nous plaist que l'exécution d'icelle soit différée jusques à nost[re]
bon plaisir. Et quand aux biens qui furent et appartiendront a[u]
dit d'Alençon : jacoit ce que veue l'énormité des cas et crim[es]
dessus declairez, les enfans dudit d'Alençon selon droit et l[es]
usages gardez en tel cas, deussent estre privez et deboutes d[e]
tous biens, honneurs et prérogatives et vivre en telle pouvret[é et]
mendicité que ce fut exemple à tous autres. Néantmoins en re-
membrance des services des predecesseurs dudit d'Alençon fai[ts]
à nosdits prédécesseurs, et à la chose publique de nost[re]
royaume, espérant aussi que lesdits enfans s'y gouverneront envers nous comme bons vrays et loyaux serviteurs doivent faire envers leur souverain seigneur, et en faveur et contemplati[on]
des requestes à nous sur ce faictes par nostre tres-chier et tres-
aymé cousin le duc de Bretaigne, oncle dudit d'Alençon. No[us]
de grace espéciale en moderant la confiscation, et forfaicture d[es]
biens dessus declairez, voulons, declairons, et nous plaist e[n]
[tan]t qu'il touche des biens meubles qui furent audit d'Alençon,
[soi]ent et demeurent à ses femme et enfans, réservé à nous l'ar-

dessus) retenons à nous ville, chastellenie et vicomté de Domp-front, les villes, chasteaux, chastellenies et vicomté de Verneuil tant deçà que delà la rivière d'Eure, avecques les appartenances et dépendances des dessusdictes villes, chasteaux, chastellenies et vicomtez; lesquelles dès à présent nous unissons, incorporons et adjoingnons au patrimoine et demaine de nostredit royaume.

Et avecques ce nous avons retenu et retenons à nous le surplus des chasteaux, chastellenies, terres, vicomtez, seigneuries, rentes, revenues, possessions et biens immeubles, qui furent de la duché adjacence et appartenance d'icelle duché, ensemble tous droits et actions qui furent et pourroient eschcoir, compéter et appartenir au dessusdit duc d'Alençon à cause de ladicte duché et seigneurie, tant en propriété, possession qu'autrement, et tous autres droits et seigneuries, qui font partie de notre couronne et appennages de France, ou qu'ils soient reservés, la comté du Perche, dont ci-après en sera faicte mention, pour en faire et ordonner à nostre bon plaisir. Et aussi avons retenu et retenons à nous les chasteau et chastellenies, terres et seigneuries de Saint-Blansey en Touraine : ensemble ce que le dit d'Alençon avoit et prenoit sur les ponts de nostre ville de Tours et autres rentes, fiefs et revenues que ledit d'Alençon avoit et prenoit en nostre dite ville de Tours pour en faire et ordonner comme dessus. Et avec ce avons réservé à nous les foy et hommages, droits et recognoissances qui competoient et appartenoient audit d'Alençon, à cause de ladite comté du Perche, sur et pour raison des terres et seigneuries de Nogent le Rotrou ses appartenances et appendances, et autres terres et seigneuries à nostre très-chier et très-amé le comte du Maine, à cause de nostre tres-chier et tres-amée cousine sa femme.

Et au regard des autres terres, seigneuries et biens immeubles, qui furent et appartiendrent audit d'Alençon; nous les laissons et voulons qu'ils demeurent aux enfans dudit d'Alençon, ainsi et par la manière qui s'ensuit ; c'est à savoir la comté, terre et seigneurie du Perche, pour en jouir par Pierre seul fils dudit d'Alençon, et par ses héritiers masles descendans de son corps en loyal mariage, sans toutes voyes aucune dignité ou prérogative de pairie.

Et quant au surplus des terres et seigneuries qui furent et appartindrent audit Jean d'Alençon : nous laissons et voulons qu'elles soient et demourent aux enfans dudit d'Alençon tant masles que femelles, pour en jouir lesdits enfans soubs nostre main, jusques à ce qu'ils et chacun d'eux soient aagez, et après ce qu'ils seront aagez, par leurs mains comme à leur propre chose, et par leurs héritiers descendans de leur propre corps en loyal mariage, et tout selon les coustumes des pays où lesdictes terres et seigneuries sont situées et assises.

En tesmoing de ce, etc.

Donné à Vendosme le dixiesme jour d'octobre l'an de grace cccc lviij. et de nostre regne le xxxvij.

Icelle sentence a esté donnée et prononcée en l'absence dudit Jean d'Alençon, et après à lui notifiée, et fait asscavoir en la prison où il estoit par le grand président de Thorette, maistre Jean de Boullengier conseiller du roi en sa court de parlement, maistre Jean Bureau trésorier de France, et aucuns autres du grand conseil du roi.

N°. 245. — LETTRES *faisant défense de mettre aux draps fabriqués hors de Rouen, une tisière semblable à celle des draps fabriqués dans cette ville* (1).

Vendôme, 30 octobre 1458. (C. L. XIV, 472.)

N°. 246. — LETTRES *par lesquelles le Roi reconnaît une de ses filles naturelles et lui donne le nom de Valois.*

Vendôme, novembre 1458. (Trésor des Chartres, reg. cotté 187, act. 342, recueil de Colbert, v. 64, fol. 1317, man. de la bib. du Roi, carton 124.)

CHARLES, etc. Savoir faisons à tous présens et avenir, que comme jà piéça par notre ordonnance et commandement nostre chiere et amée fille naturelle Marie, dez son enfance et jeune aage, ait esté amenée ou chastel de Taillebourg en nostre pays de Xaintonge, et illecque nourrie et alimentée jusques à présent qu'elle est en aage de marier, sans ce que nous encores lui ayons donné ne ordonné surnom, ou tiltre honnorable, comme il appartient, pour démontrer véritablement que la tenons et advouons notre fille naturelle.

---

(1) V. sur la contrefaçon des draps, la loi du mois de juillet 1824 et les notes (Isambert).

Nous, desirant qu'elle soit honorablement colloquée et pourvû par mariage, et elle et les siens à toujours jouir des honneurs, prérogatives et prééminences qu'il appartient, icelle avons de nostre certaine science et propre mouvement advoué et advouons nostre fille naturelle, et en signe de ce, afin que elle ait nom, et tiltre honnorable, avons voulu et octroyé, et par ces présentes voulons et octroyons, et nous plaist qu'elle porte le surnom de Valois, ainsy qu'elle et ses successeurs puissent porter nos armes, à la différence de la bande, telle que enfans naturels doivent et ont accoutumez de porter.

Donné, etc.

N°. 247. — CONSTITUTION OU ORDONNANCE *sur l'assiette des tailles*.

Chinon, 30 avril 1459. (C. L. XIV, 484.) Publ. en la cour des aides, le 10 novembre 1460.

CHARLES, etc. Comme il soit venu à nostre cognoissance, que par faute de donner ordre et forme en la manière de asseoir les tailles qui ont esté par ci-devant levées et mises-sus pour le bien et déffense de la chose publique et souldoyement de nos gens de guerre, soient venus et encores viennent chascun jour de grandes plainctes de plusieurs nos subjets de divers païs, tant parce que pour induement égaler et départir la portion desdites tailles en général et en particulier, le fort portant le foible, ainsy qu'il appartient et que toujours l'avons voulu et mandé, plusieurs desdits habitans, tant en général que en particulier, ont maintenu et encore maintiennent avoir esté et estre chargés, outre les termes de raison, eu regard à autres qu'ils allèguent estre moins chargez qu'eux: que aussy qu'il y a plusieurs desdits habitans, qui par faveur et crainte, sans cause raisonnable, ont esté par ci-devant et encore sont exempts de contribuer auxdites tailles, dont il avient que les autres en sont et demeurent tant plus chargez, et mesmement que en icelles tailles imposant et levant ayent esté et encores pourroient estre commis plusieurs autres abus et fautes, pour éviter ausquels soit besoin de donner ordre et provision.

Sçavoir faisons que nous, desirant pourvoir en telles matières au soulagement de nosdits pays et subjets, et obvier à ce que telles fautes et abus ne soient doresenavant commis ne perpetrez, tellement que les deniers qui seront doresnavant cueillis et levez pour lesdites tailles, soient égalés et levés et receus en la manière que ce soit à la moindre charge que faire se pourra, de nosdits pays et sujets, en ayant regard à la scituation du pays et la faculté des habitans tant en général qu'en particulier, et que ce qui sera assis et imposé soit aussy supportable aux uns qu'aux autres.

Par l'advis et délibération des gens de nostre grand-conseil et de noz comptes, avons ordonné et ordonnons par ces présentes, que doresenavant, en mettant-sus les tailles et faisant les imposts des deniers qui seront mis-sus en nostre royaume pour les causes dessusdites, soit tenue et gardée la forme et manière cy-après escrite, laquelle nous voulons et ordonnons par ces presentes estre gardée et observée par forme d'ordonnance et Constitution perpétuelle, sans aucunement déroger ny préjudicier en autres choses aux ordonnances par nos prédécesseurs et nous faites sur le fait de nos aydes, gabelles et tailles, en la manière qui ensuit.

(1) *Premièrement.* Que les eleus et autres commissaires à mettre sus et imposer lesdites tailles en chacune élection, mettront toute peine et diligence de asseoir et partir la portion qui leur sera ordonnée, le plus justement et loyaument que raisonnablement se pourra faire, le fort portant le foible.

(2) *Item.* Et pour ce que par mortalité ou autres accidens, peult souvent advenir diminution et croissance du peuple et d'habitans en plusieurs lieux où lesdites tailles seront imposées; par quoy lesdits eleus ou commis ne pourront justement faire assiette dudit impost, se par chacun an ils n'avoient connoissance du nombre de feux et de la faculté et puissance des habitans desdites paroisses particulierement : voulons et ordonnons que doresnavant, quand les collecteurs ou commis en chacune desdites paroisses à faire l'assiette particuliere de la taille ou impôt sur chacun habitant en ladite paroisse, auront faite leur assiette particuliere de la taille ou impôt qui lors se fera, et qu'ils auront dressé et mis par ordre le roole de l'assiette qu'ils auront faite, que iceux collecteurs, ou celuy qui aura la charge de lever ledit impost, soit tenu sur peine d'amende arbitraire, d'apporter dedans quinze jours après ladite assiette faite, devers lesdits eleus ou commis au siège et limittes duquel il seront, ledit roole ou assiette qui aura esté fait dudit impost, avec le double d'iceluy; lequel

roole ou papier d'assiette et le double d'icelui seront collationnez tellement qu'il n'y ait variation, et après ce signés par lesdits éleus ou commis, et sera baillé l'un desdits rooles ou assiettes, auxdits collecteurs ou commis à lever ledit impost, pour faire sa recepte selon iceluy roole, ainsy signé que dit est, et l'autre sera restant pardevers lesdits éleus; et pour la signature et collation dudit roole ou impost, n'auront lesdits éleus que dix deniers de chacune paroisse.

(3) *Item.* Après ce que lesdits éleuz ou commis auront devers eux lesdits rooles ou papiers de chacune assiette particuliere qui se fera en leur élection, et que par iceluy roole ils pourront avoir connoissance de la crue et diminution des habitans en chacune paroisse voulons et ordonnons que ès années ensuivans ils fassent lesdites assiettes et impostz, selon ce qui leur sera apparu de ladite crüe ou diminution, en ayant regard auxdits rooles précédens, le tout le plus justement que faire se pourra.

(4) *Item.* Se par lesdits taux ou imposts desdites paroisses, lesdits eleus ou commis voyent qu'il y ait aucunes personnes particulieres qui par hayne ayent esté trop assises et excessivement tauxées, ou que autres personnes, par faveur, aucterité et crainte, ayent esté trop supportées à la charge des autres, nous voulons que lesdits eleus ou commis y donnent telle provision qu'il appartiendra, et qu'ils mettent peine que ledit taux ou impost, soit fait le plus justement qu'il sera possible, le fort portant le foible.

(5) *Item.* Quand lesdits rooles et papiers desdites assiettes particulieres auront esté apportez par-devers lesdits éleuz, chacun en son élection, ainsy signé que dit est, nous voulons que iceux eleux les facent escrire et doubler par ordre de mot à mot, en un papier ou cahier, ouquel seront contenus tous les noms des personnes tauxées, et la somme à laquelle ils seront imposez; et que iceluy papier, signé et approuvé en la fin, de la main d'iceulx eleus ou de partie d'iceux, et de leur greffier, ils envoyent par chacun an, dedans le mois d'avril ou de may pour le plus tard, aux généraux de nos finances, chacun en sa charge, afin que par ce lesdits généraulx puissent veoir le nombre des feux, la faculté et puissance de chacune élection, et nous en advertir et ceux de nostre conseil, pour après distribuer et départir justement et également sur chacun pays et élection, la portion qu'il devra porter de ladite taille ou impost, en maniere que l'un ne soit plus grevé que l'autre;

(6) *Item.* Et seront tenus lesdits eleuz de eux enquérir se lesdits collecteurs leur auront au vray envoyé ledit nombre de feux de leurs paroisses : et s'il estoit trouvé qu'il y eust aucun d'iceux eleuz ou greffiers, qui de certaine science envoyassent le nombre desdits feux de leur élection, moindre qu'il ne seroit à la vérité, ou qui aucune chose fasse ou souffre receller èsdits taux ou imposts, nous voulons que ceux qui ainsy feront, soient punis comme faussaires, et à jamais privés de tous estats et offices royaux quelconques.

(7) *Item.* Et pour faire escrire le papier desdits eleus, qui sera envoyé auxdits généraulx, comme dit est, le greffier d'iceux eleus pourra avoir et prendre pour chacun feuillet contenant quarante lignes, six deniers tournois seulement, lesquels seront mis et imposés sur toute l'election ; et les payera le receveur audit greffier, par certification desdits eleus, et par quittance seulement, lesquelles certification et quittance luy souffiront pour tout acquict en la reddition de ses comptes.

(8) *Item.* Et afin que pour apporter le papier des feux, il y ait mins de frais et de despens, lesdits eleus envoyeront par chacun an auxdits généraulx, iceulx papiers desdites assiettes, par ceux qui apporteront les tiercemens et doublemens des aydes ; et s'il y avoit aucuns lieux où lesdites aydes n'eussent cours, lesdits eleus, en ce cas, les envoyeront par propre message, qui aura seulement cinq sols tournois pour chacun jour qu'il aura vaqué à les apporter et s'en retourner ; et ce que montera ledit voyage, sera mis et imposé avec les autres frais de la taille, et se payera par le receveur, et par tauxation desdits généraulx.

(9) *Item.* Et pour ce qu'il y peult avoir plusieurs lieux en ce royaume, èsquels, selon la situation d'iceux, le peuple n'a pas si aisée forme de profiter que ès autres, treuve-l'en aucune fois que les habitans d'aucuns pays sont plus puissans de supporter la taille, que plus grand nombre d'habitans d'autres pays ne seroient : Nous voulons que lesdits généraux de nos finances voisent et envoyent souvent ès élections de leurs charges, pour estre mieulx informez de la faculté et puissance du peuple de chacun pays, afin que ladite taille ou impost puisse plus justement et également estre départye aux uns comme aux autres.

(10) *Item.* Et pour ce que à cause de la multiplication des personnes qui se veulent exempter de payer tailles, les supposts sont fort grevés (car par ce ilz sont de tant plus chargez qu'il y a mins de personnes contribuables), nous voulons et ordonnons comme

dessus, que tous nos officiers, et semblablement les officiers desdits particuliers, et tous autres quelconques non-nobles, soient taxés, imposés et contraints à payer et contribuer auxdites tailles, sans personne quelconque en exempter, excepté seulement noz officiers ordinaires et commençaulx, et ceux qui par les ordonnances anciennes, et qui par noz lettres et mandemens que envoyons pour mettre-sus et asseoir lesdites tailles, nous voulons et ordonnons estre exemptez.

(11) *Item.* Et afin que en ceste matiere ne puisse avoir fraude, nous voulons que avec lesdits papiers d'assiette, que lesdits esleus envoyeront chacun an auxdits generaux de nos finances, ils envoyent aussy les noms de toutes les personnes non-nobles qui se efforceroient de exempter desdites tailles, et les causes pourquoy ils prétendent avoir exemption, et combien ils peuvent porter de taux, pour y avoir tel regard que l'on verra estre à faire; mais que cependant lesdits eleus ne laissent pas à les faire payer et contribuer auxdites tailles.

(12) *Item.* Et pour ce que plusieurs plaintes sont venues à cause de ce que on dit que le fait des francs-archers a été mal égallé et party par les lieux des élections de ce royaume, nous voulons que par tous lesdits eleus, ès mectes de son élection, soit égallé le fait desdits francs-archers, selon le nombre des feux et la faculté et puissance de chacune paroisse, en manière que l'une ne soit plus chargée que l'autre; sans ce qu'il leur soit besoin d'avoir autre commission ou mandement, ores ne ou temps à venir, que cette présente nostre ordonnance.

(13) *Item.* Et pour ce que plusieurs capitaines desdits francs-archers, ont voulu et veulent contraindre les paroisses dont ils sont, à fournir iceux francs-archers de plusieurs choses qui tournent à la grande charge d'iceluy paouvre peuple, nous voulons que lesdites paroisses ne soient tenues d'aucunes choses baillées auxdits francs-archers, fors seulement habillement de guerre, quand nous les manderons pour aller en expédition de guerre, et non autrement.

(14) *Item.* Et quand lesdits francs-archers seront retournez à leurs maisons, ilz ne pourront user de l'habillement qu'ils auront eu de la paroisse, se fors seulement aux jours de fêtes, quand ils se voudront essayer à tirer de l'arc, de l'arbalète, ou autre chose, pour soi exerciter et estre plus dextre pour secourir à la guerre; et aux jours qu'ils seront à leur labeur ne autrement, ainsi comme dit est, ils ne pourront user dudit habillement.

(15) *Item.* Et pour ce que avons fait délivrer plusieurs brigandines à aucuns capitaines desdits francs-archers, et encores pourrons faire ou temps à venir, nous voulons et ordonnons que par lesdits élceus ou leurs commis, soit enquis quelle distribution lesdits capitaines auront fait desdites brigandines, afin que la distribution tourne à la descharge desdites paroisses; et avec ce, voulons que lesdits éleus ou commis, se enquièrent se iceux capitaines ont point pris d'argent de don pour bailler lesdites brigandines, et que ceux desdits capitaines qui auront pris le don, soient tenus à le restituer, et avec ce, punis selon l'exigence de cas.

(16) *Item.* Et pour ce que plusieurs eux disans archers ou arbalestriers des villes et lieux où ils sont, sous ombre des priviléges desdites villes, se veulent exempter de contribuer auxdites tailles et autres aydes et subventions ordonnées pour la guerre, combien qu'ils ne soient habiles, experts, ne disposés pour servir en fait de guerre; et qui plus est, plusieurs gros marchands et puissans, prennent et acquièrent le nom et titre desdits archers et arbalestriers d'aucunes desdites villes, afin d'en demourer exempts par ce moien des choses dessusdites; nous voulons et ordonnons, pour obvier à ce que dit est, et pour toujours descharger nostredit peuple, que nul ne jouisse des priviléges et franchises données pour lesdits archers et arbalestriers, s'il n'est expert et souffisant pour servir en sa personne ou fait de la guerre, ou en l'art et industrie à cause de quoy il prétend exemption : toutesfois on ne doit entendre en ce comprendre ceux qui en nous servant audit exercice, et qui auront esté habiles et experts, seroient, par vieillesse ou autre accident, devenus en impotence.

(17) *Item.* Et avec ce, voulons et ordonnons, que pour servir esdites charges d'archier ou arbalestrier, soient prins et éleus personnes habiles et souffisans, qui fassent le moins de marchandises, et qui pourront le moins porter de tailles, aides, et autres charges de la chose publicque; et ou cas qu'on y mettroit aucuns gros marchands ou autres personnes riches et puissans, ils n'auront pas exemption desdites tailles ou aides, mais seulement seront exempts de certaine raisonnable et petite portion, selon ce que doit avoir communément un homme de l'état ou industrie pourquoy il prétend exemption : laquelle portion leur sera modérée et limitée par lesdits éleus, chacun en son regard, sur ce premièrement advertis lesdits généraux, chacun en sa charge.

(18) *Item.* Et pour ce qu'il y a plusieurs grenetiers, éleus, re-

eveurs, controleurs et autres officiers, qui à leurs pourchas ont trouvé moyen d'estre retenus à nos souldes en l'ordonnance de nostre guerre, prenans gaiges d'hommes d'armes ou d'archiers, et avec ce, tiennent leursdits offices et prennent gaiges d'iceux, ce qui ne se peult ne ne doit raisonnablement faire, et n'est possible que convenablement ils desservent l'un et l'autre ensemble : nous avons voulu et ordonné, voulons et ordonnons que doresnavant aucuns éleus, receveurs, et grénetiers, et controoleurs, et autres officiers de semblable qualité, n'aient et ne tiennent aucunes places esdites ordonnances; et de tous qui tiendront doresnavant lesdites places; nous déclarons leurs offices de la qualité susdite, estre vacquans, et d'iceux les privons et déboutons, ou cas que dans six sepmaines après la publication de ces présentes, ils ne seront départis de l'un ou de l'autre, nonobstant quelconques lettres qu'ils ayent de nous par avant la date de ces présentes. Et avec ce, voulons et ordonnons que nuls receveurs, soit des aydes ou de payement de gens d'armes, ne puissent avoir ne tenir aucuns offices d'eleus, grénetiers, controoleurs ou autres semblables, *supposé ores que ce soit en divers élections ou provinces; ne aussy que aucuns eleus, grénetiers, controoleurs, et autres semblables,* ne puissent tenir office de recepte, soit des aydes ou des tailles, et que par la succession de l'un desdits offices, l'autre soit vacquant; et deffendons aux généraux de nos finances, qu'ils ne le souffrent, ne permettent en quelque manière que ce soit. Toutesfois nous n'entendons pas qu'un receveur des aydes ou grénetier, ne puissent avoir la commission de la recepte du payement des gens d'armes, ou d'autres tailles, mais que ce soit en une mesme élection.

Si donnons en mandement à nos amez et féaux les gens de nos comptes, et généraulx, tant sur le fait de nos finances que de la justice desdites aydes, aux eleus sur le fait d'iceux aides, et à tous nos autres justiciers et officiers ou à leurs lieuxtenans, et à chacun d'eux, si comme à lui appartendra, etc.

N°. 248. — LETTRES d'abolition en faveur de ceux qui n'ont pas révélé à la justice les biens de Jacques Cœur (1).

Raziily, 11 mai 1459. (Trésor des Chartres, reg. coté 198, act. 100. Recueil de Colbert, vol. 58, fol. 21. Man. de la bib. du roi, carton 124.)

CHARLES, etc. Sçavoir faisons que comme après la prinse faite

---

(1) Rehabilité bientôt après, sous Louis XI. (Isambert.)

par notre ordonnance de la personne et biens de feu Jacques Cueur, pour certains crimes dont il avait été chargé, nous eussions fait crier et publier de par nous que tous ceux qui auroient aucuns biens en garde ou autrement, ou qui seroient tenus en aucune somme de deniers ou autres choses envers ledit Jacques Cueur pour quelque cause et en quelque manière que ce feussent, il venissient dénoncier aux commissaires par nous ordonnés à faire le procès dudit feu Jacques Cueur dedans certain temps sur ce préfix et jà passé sous certaines et grandes peines à nous appliquer plus à plein déclairées en nos lettres sur ce octroyées et publiées dès le temps dessusdit, et depuis par arrest donné par nous en notre grand conseil ledit Jacques Cueur a été condamné envers nous à la somme de quatre cent mille escus d'amende, et le surplus de ses biens déclairé à nous confisqué; par quoy toutes lesdites sommes de deniers, et autres choses qui pourroient estre deues audit Cueur par quelques personnes que ce fust, nous compétoient et appartenoient ou au moins étoient subgiez au payement de ladite amende par le moyen dudit arrest au moyen duquel plusieurs desdits biens sont venus à connoissance et ont été convertis et employés au payement deladite somme de quatre cens mille escus; et certain temps après pour certaines causes et considérations à ce nous mouvans ayons fait certain octroy à Renaud et Gieufroy Cueur enfans de celui feu Jacques Cueur et à Guillaume de Varie facteur dudit Jacques Cueur,

Par lequel leur ayons donné et délaissé tous les biens, dettes et autres choses deues audit Jacques Cueur, dont payement, restitution et dénonciation ne nous avoient été faits au jour dudit octroy, moyennant ce qu'il seroient tenus fournir aucunes choses ainsy que audit appointement est plus à plein faite mention, et soit ainsy que depuis, lesdits enfans nous aient fait remontrer que plusieurs personnes ont recellé certaines sommes de deniers, lettres, cédules, comptes de marchandises et autres biens dont les aucuns feroient volontiers restitution et dénonciation, s'ils osoient, et les autres les détiennent induement au desceu desdits supplians, auxquels n'en osoient ne peuvent bonnement faire poursuite obstant lesdites deffenses et peines que l'en pourroit prétendre être par eux encourus, et pour ce [...] humblement supplié et requis lesdits enfans de Varie [...] du que par ledit appointement leur avons laissé tous [...] et actions appartenans audit feu Jacques Cueur, réservé

...lement ceux que avons réservés par ledit appointement, par quoy n'avons point d'interest que tout leur soit rendu et restitué, nous plaise sur ce leur impartir notre grace.

Par quoy nous, eu sur ce l'avis et délibération des gens de notre conseil, avons voulu, consenty, voulons, consentons, octroyons et nous plaist que tous ceux qui ont recelé et recelent aucuns biens qui appartiennent audit feu Jacques Cueur et Guillaume de Varie, quels qu'ils soient, ne pour quelque cause ne en quelque maniere que ce soit les puissent receler, rendre et restituer auxdits supplians, et que iceux supplians les puissent poursuir, requerir et demander en jugement et dehors tout ainsi qu'ils eussent fait et pû faire paravant lesdites deffenses, et sans ce que à ceux qui les restitueront, réveleront et rendront ne aucun d'eux en soit ou puisse être demandée aucune chose par notre procureur ou autres sous couleur desdites inhibitions et peines ne autrement, en quelque manière que ce soit; et lesquelles peines et autres fautes qu'ils pourroient à cestè cause avoir encourues envers nous et justice, nous leur avons en tant que mestier est quittées, pardonnées et abolies, quittons, pardonnons et abolissons et mettons du tout au néant, de grace spéciale, pleine puissance et autorité royale, par cesdites présentes, en imposant sur ce silence perpétuel à notre procureur, pourvu que les receleurs desdits biens par notre procureur ou autres nos officiers paravant la date de ces présentes à cause desdits recelemens desdits biens n'ayent été ou soient mis en procès, ouquel cas ne voulons que lesdits receleurs desdits biens ne se puissent aucunement aider de ces présentes.

Si donnons en mandement par ces presentes aux sénéchaux etc., que de nos présens grace, octroy, pardon et abolition ils fassent, souffrent et laissent les dessusdits et chacun d'eux jouir et user paisiblement et pleinement, sans leur faire ou donner, ne souffrir etre pour ce fait ou donné ores ne pour le temps avenir aucun arrêt, destourbier ou empêchement en corps ne en biens en aucune manière; ains se leursdits corps ou aucuns de leursdits biens sont ou estoient pour ce prins, saisis, arrêtés ou empeschés, les leur mettent ou fassent mettre sans delay à pleine délivrance.

Donné, etc. Par le roy en son conseil.

N°. 249. — *Lettres patentes portant approbation de la première rédaction des coutumes de Bourgogne, et voulant qu'elles soient interprétées selon le droit écrit.*

26 août 1459. (Nouv. repert., VII, 188. V° *Légitime administration*.

N°. 250. — *Lettres portant que les receveurs généraux du trésor rendront compte en personne à la chambre des comptes.*

Razilly, 21 janvier 1459. (C. L. XIV, 482.)

Charles, etc. Comme par noz ordonnances faictes depuis l'an 1443 en çà, tant à Nancy, Saumur, Bourges, que autres, sur le fait et distribucion de nos finances, ayons voulu et ordonné icelles noz finances estre gouvernées et administrées par les descharges de noz receveurs généraux, et au fait du domaine, des changeurs de nostre trésor, pour en tenir le compte et en veoir le vray l'estat;

Et combien que par icelles noz ordonnances, ayons voulu et entendu que iceux changeurs de nostredit trésor, qui sont receveurs généraux quant au fait de nostredit domaine, fussent et soient tenus faire et rendre leurs comptes concernans leur office et administration, en la chambre de nos comptes, par eulx-mêmes ou leurs procureurs (1) suffisamment fondez, et de ce bailler bonne caution, tout ainsi que font et sont tenus faire tous nosdits autres receveurs généraux; néantmoins lesdits changeurs ou aucuns d'eulx, depuis ledit an 1443 jusques à présent, ont permis et souffert leurs comptes estre faiz et renduz par le clerc de nostredit trésor, par le temps que les changeurs illec n'estoient subjects à autre compte que avec les trésoriers de lors.

Sçavoir faisons que, nous, voulant à ce pourvoir, et nosdites ordonnances estre entretenues, considéré mêmement qu'il est bien requis et très-raisonnable que chacun officier de recepte réponde et soit tenu rendre bon compte de sa charge et mêmement entièrement son fait, puisque c'est à ses périls, fortunes et dangiers, avons, par l'advis et délibération de noz amez et féaulx les trésoriers de France, voulu et ordonné, voulons et ordonnons par ces présentes, que le changeur d'iceluy trésor, qui

---

(1) Il y avait alors des officiers ministériels accrédités près la Chambre des comptes (Isambert).

MAI 1460.

résent est, et les autres qui seront pour le temps à venir, soient
tenus et tenus faire et rendre leurs comptes, ou leursdits procureurs, par la manière que dessus est dit, nonobstant ledit an-
en ordre : en mandant par ces mêmes présentes à noz amez
féaulx gens de noz comptes et trésoriers présens et à venir,
que ceste présente nostre ordonnance ils facent registrer, tant en
la chambre de nosdits comptes que en nostredit trésor, et icelle
entériner et observer par lesdits clercs et changeurs d'iceluy nostre trésor, et autres qu'il appartiendra, sans aucunement l'enfreindre.

En témoing de ce, etc.
Donné à Razilly, etc.

___

N° 251. — LETTRES *rédigées au conseil des finances qui statuent
sur un conflit entre le parlement et la chambre des comptes,
qui déclarent les gens des comptes juges souverains en matière de finance dépendant du fait des comptes.*

Tours, 12 avril 1459 (avant Pâques). (C. L. XIV, 489.)

N° 252. — ARRÊT (1) *du parlement de Paris, qui déclare le
comte d'Armagnac, pair de France, atteint et convaincu
de voies de fait, d'inceste et de mariage avec sa propre sœur,
de rebellion à main armée, en réparation de quoi le bannit
du royaume et confisque ses biens.*

Paris, 15 mai 1460. (Reg. criminels, Mémoire des pairs, par Lancelot, p. 780.)

Tandem visis per eandem nostram parlamenti curiam defecti-

___

(1) Cet arrêt est trop volumineux pour être transcrit ici tout entier. Il contient l'acte l'accusation, duquel il résulte...
1° Qu'en 1455, Philippe de Levis ayant été nommé et institué archevêque d'Auch,
le comte Jean d'Armagnac avait contraint, par menaces, plusieurs chanoines à révoquer l'election ; qu'il avait envoyé des garnisaires au palais archiépiscopal,
pour empêcher l'archevêque d'en prendre possession ; qu'à force de mauvais traitemens il avait obligé les chanoines à déclarer la vacance du siège et à le conférer à Jean de Lescur, frère du bâtard d'Armagnac ; que malgré les ordres du roi,
qu'il avait ouvertement méprisés, il avait continué à employer la violence pour
s'opposer à la prise de possession de l'archevêque légalement élu, que des voies
de fait avaient été exercées contre les magistrats et autres fonctionnaires chargés
de l'exécution des ordres du roi et des décisions des tribunaux relatifs à la main-
tenue de l'archevêque ; que la conduite du comte, dans ces circonstances, avait
été signalée par des emprisonnemens arbitraires, et d'autres actes de brigandage.

bus supradictis in ipsa curia nostra per eundem procuratorem nostrum generalem contra prædictum de Armanaco vigore antedictorum edictorum obtentis, una cum supradictis informationibus, oneribus, et confessionibus, ac etiam submissionibus in hac parte per eundem de Armanaco factis, et infractione arresti antedicti ipsi de Armanaco per dictam curiam traditi, atque consideratis considerandis, et quæ curiam ipsam movere poterant, præfata curia nostra per suum arrestum talem ex præmissis causis et considerationibus dicto procuratori nostro generali adversus eundem de Armanaco utilitatem adjudicavit et adjudicat.

Videlicet quod eum de supradictis casibus, delictis et criminibus pro convicto et superato tenuit et reputavit, tenetque et reputat, et ob hoc ipsum à regno nostro perpetuò banivit atque bannit, ac omnia bona sua mobilia ac immobilia erga nos confiscata fore declaravit et declarat.

Pronunciatum, etc.

2° Qu'il entretenait publiquement un commerce incestueux avec Isabelle d'Armagnac, sa sœur germaine, dont il avait eu plusieurs enfans; qu'il avait méprisé les remontrances que le pape et le roi lui avaient adressées sur cette conduite infâme; qu'il avait enfin poussé le désordre au point d'épouser cette même sœur, et de la faire passer publiquement pour dame et comtesse d'Armagnac, ce qui excitait généralement un scandale affreux; que le 11 mai 1455, le roi avait donné l'ordre d'arrêter le comte et sa sœur partout où l'on pourrait les saisir, et de séquestrer ses terres, châteaux, enfin toutes ses propriétés mobilières et foncières.

3° Que craignant la punition qui l'attendait, il avait fait garnir ses habitations et châteaux, d'hommes armés, de vivres et de munitions de guerre; qu'il avait ordonné aux consuls et aux principaux habitans de Lectoure, de défendre la ville contre toute personne qui se présenterait devant elle, sans en excepter même le roi; que les officiers royaux, chargés de l'arrestation du comte et de sa sœur, avaient été assaillis par les gens de ce dernier, de manière à ce qu'il y eut plusieurs personnes tuées ou blessées.

Il fut assigné à comparaître à la cour du parlement, le 20 novembre 1456; après avoir fait deux fois défaut, il se présenta enfin le 8 décembre 1457. Il proposa un déclinatoire, résultant de ce qu'étant du sang royal, il ne pouvait être jugé qu'en présence du roi, ou du moins par la cour du parlement, suffisamment garnie de pairs; comme il avait déjà répondu sur les griefs qui lui étaient imputés et qu'il avait demandé provision, son déclinatoire fut rejeté.

Il comparut encore au parlement le 24 février 1458; le procureur-général requit son emprisonnement; mais le comte proposa un nouveau déclinatoire; il prétendit que comme il s'agissait d'un mariage incestueux, l'autorité ecclésiastique était seule compétente pour prononcer sur un cas de cette nature. Le

N° 253. — LETTRES *qui déclarent les conseillers généraux des aides juges souverains en cette matière.*

Paris, 18 septembre 1460. (C. L. XIV, 496.) Pub. en l'audit. des élus à Paris, le 16 décembre.

N° 254. — LETTRES *qui ordonnent à l'université de Paris, sous peine de privation de ses privilèges, de rapporter les citations, excommunications et privations, portées par elle contre le président et des conseillers de la cour des aides.*

La Salle-en-Berry, 24 septembre 1460. (C. L. XIV, 497.)

N° 255. — STATUT ou *Édit royal contre les blasphémateurs* (1).

La Salle-le-Roi en Berry, 14 octobre 1460. (C. L. XIV, 498.) Lue et reg. au parlement, le 15 janvier.)

CHARLES, etc. Comme dèspieçà, du temps du roi Saint-Loys, et autres noz progéniteurs rois de France, et depuis de nostre temps, ait esté par ordonnance et édit publique, et par lettres patentes, notoirement défendu à tous, que aucun ne blafémast ou injuriast Dieu nostre créateur, ne la glorieuse vierge Marie sa mère, ne feist de eulx villain serement; aussi que on ne regniast, despitast ou maugréast Dieu, sadicte benoiste mère, ne les sains et sainctes du paradis, et que on ne feist aucuns seremens ou juremens illicites de Dieu, de sadicte benoiste mère, ne desdiz sains et sainctes, sur peine de griefve punition, et ayons entendu que néantmoinz plusieurs de nos subgiez, plains de mauvais esperit, non ayans Dieu ne leur salut devant les yeulx, le blasfèment et injurient, et sadicte glorieuse mere, et font villain serement de lui et de sadicte benoiste mere, les regnient, despitent, mau-

---

parlement lui avait permis de s'éloigner de Paris jusqu'à dix lieues, à peine de conviction s'il franchissait cet espace jusqu'à nouvel ordre.

Le 30 avril suivant, le procureur-général conclut à l'incarcération du comte, de sa sœur, du chapelain qui avait consacré leur union et des témoins qui y avaient assisté.

Le comte ayant vu repousser ses déclinatoires, avait franchi les limites qui lui avaient été assignées pendant le jugement de son procès. Le procureur-général conclut alors à ce qu'attendu la notoriété des crimes dont le comte était accusé, il fût condamné à des peines qui pussent servir d'exemples.

C'est sur ces conclusions qu'intervint l'arrêt du 13 mai 1460.

(1) V. les ordonnances de saint Louis et autres. (Isambert.)

gréent et desadvouent souventesfois, et les sains et sainctes de paradis, et font de jour en jour plusieurs seremens et juremens illicites de Dieu, de la glorieuse vierge Marie sa mere, et desdiz sains et sainctes de paradis, laquelle chose est à nostre très grant desplaisance; et doubtons, ainsi que vraisemblablement est à doubter, que à ceste occasion, nostredit Créateur justement offensé, ait permis advenir en nostre royaume plusieurs et grandes tribulations, guerres et afflictions.

Pour ce est-il que nous, en ensuivant les commandemens de Dieu, les ordonnances de nos très-chrétiens prédécesseurs, et voulans Dieu nostre créateur, sadicte benoiste mere, et les sains et sainctes de paradis, estre révérez, serviz et honnorez, voulans aussi extirper et totalement enerver de nostre royaume tous blasfemes et villains seremens de Dieu et de sadicte benoiste mere, aussi tous regniemens, despitemens, maugréemens et desavouemens dessusdiz, et autres juremens et seremens illicites, avons Ordonné et ordonnons par ces presentes, que tous noz subgez, de quelque estat ou condition qu'ilz soient, qui doresenavant diront, de mauvais et félon courage, malinjure ou blasfeme de Dieu ou de sadicte glorieuse mere, ou jureront d'eulx ou de l'un d'eulx villain screment, soient, pour la première foiz qu'ilz en seront attains et convaincus, mis et tenuz en prison ung mois, au pain et à l'eaue, et soient condemnez en l'amende de vingt solz tournois, à appliquer moytié au luminaire et fabrique de ladicte église parrochial du lieu ouquel ilz auront commis lesdiz cas, et moitié au seigneur dudit lieu; et s'il leur avient la seconde foiz, qu'ilz soient mis au pillory à jour de marché ou autre jour solennel, et avec ce aient la lèvre dessus fendue à ung fer chaud; et s'il leur avient la tierce foiz, qu'ilz soient semblablement pillorizez à jour de marché ou autre jour solennel, et aient la lèvre dessoubz fendue à ung fer chaud, comme celle de dessus; et s'ils y reuchient la quarte fois, qu'ilz aient la langue coupée tout oultre, affin que de lors en avant ils ne puissent dire ne proférer tels blasfemes ou injures détestables, et ne faire villain screment de Dieu et ladicte glorieuse vierge Marie sa mere.

Et s'aucuns en y a qui les oyent dire et proférer, et ne les dénoncent incontinent à justice, qu'ilz soient condemnez en somme de vingt sols tournois, pour estre appliqué comme dessus, lesquelz se ainsi estoit que par povreté ne la peussent paier, qu'ilz soient détenuz en prison au pain et à l'eaue, jusqu'à ce qu'ilz aient souffert pénitence convenable.

Et quant à ceulx qui doresenavant regnieront, despiteront, maugréeront ou désavouront Dieu, sadicte benoiste Mere, et les sains et sainctes de paradis, ou feront autres semblables cas, qu'ils soient pugniz pour la premiere foiz pécuniellement, à l'arbitrage du juge soubz la juridicion duquel se feront lesdiz regniemens, malgréemens, despitemens ou désavoemens, selon la qualité, puissance et faculté de celui qui ainsi délinquera; à icelle amende, appliquer moitié au luminaire et fabrique de l'église parrochial du lieu où sera fait le délit, et l'autre moitié au seigneur dudit lieu; en doublant la somme pour la seconde foiz; et que pour la tierce fois, les delinquans soient mis au pillory, à jour de feste ou de marché; et s'il leur advient la quarte foiz, qu'ilz aient la langue percée d'un fer chauld; et s'ilz y renchéent plus avant, qu'ilz soient pugniz plus griefvement comme blasfémeurs de Dieu et des saints, et comme transgresseurs de statut ou edit royal, en telle manière que ce soit exemple à tous autres.

Et au regard de ceulx qui doresenavant feront seremens ou juremens illicites de Dieu, de Nostre-Dame ou des sains et sainctes, comme en jurant la mort, le sang, le ventre, la teste, le splaies, et autres semblables seremens illicites et réprouvez, qu'ilz soient condemnez en amende pécunielle; c'est assavoir, pour la premiere fois, en douze deniers tournois, à appliquer moitié à l'église parrochial du lieu où ilz auront fais lesdiz seremens ou juremens illicites, et l'autre moitié au seigneur du lieu, comme dessus; pour la seconde foiz, qu'ils soient condemnez au double, c'est assavoir en deux sols tournois; pour la tierce fois au quatruple, c'est assavoir en quatre sols tournois, et pour la quarte fois en l'octuple, c'est assavoir, en huit sols tournois; et s'ilz y renchéent la cinquiesme foiz, soient mis en prison, au pain et à l'eaue pour certain temps, à l'arbitrage et discrétion des juges soubz la juridicion desquelz ilz feront lesdiz seremens illicites: et se pour les peines dessusdictes ilz ne s'en veulent chastier, et délaisser leurs mauvaises coustumes, qu'ilz soient pilorizez publiquement à jour solennel ou de marché, afin de donner exemple à tous de non faire doresenavant telz seremens ou juremens illicites.

Si donnons en mandement par ces mesmes présentes, à noz amez et féaux conseillers les gens tenans et qui tendront nostre parlement à Paris, et à nostre prévost dudit lieu de Paris, etc.

N°. 256. — LETTRE de LOUIS XI, encore dauphin, aux gens du conseil du roi, par laquelle il leur recommande ses affaires auprès de son père.

Bruxelles, 26 octobre 1460. (Bibl. des Célestins, man. de la bibl. du Roi, carton 124.)

De par le Dauphin de Viennois.

Tres chers et bien amez, notre bel oncle de Bourgogne envoye présentement ses ambassadeurs pardevers monseigneur par lesquels nous luy escrivons ainsy que par le double des lettres que nous envoyons icy dedans pourrez plus à plain voir; si vous prions tres chers et bien amez que veuillez tenir la main pour nous et autres nos affaires de par delà pour espécialement recommandées, comme nous en avons bien en vous notre parfaite et singuliere confiance. tres chers et bien amez; notre sauveur soit garde de vous. *Signé* LOYS.

N°. 257. — LETTRES qui ordonnent que les hommages pour les choses nobles non excédant cinquante livres de revenu annuel seront reçus par le prévôt de Paris, sénéchaux et baillis; et jusqu'à cent livres par la chambre des comptes.

Brecy en Berry, 3 novembre 1460. (C. L. XIV, 505.) Pub. a la chambre des comptes le 15, et au châtelet le 17.

N°. 258. — LETTRES qui nomment conservateur des privilèges de l'université de Paris, touchant les aides, le président de cette cour, et qui l'oblige à prêter serment une fois par an entre les mains du recteur.

Bourges, novembre 1460. (C. L. XIV, 507.)

N°. 259. — (1) DÉCLARATION sur l'autorité et juridiction de la chambre des comptes, non sujette à appel au parlement ou ailleurs, si ce n'est au Roi en son conseil (2).

Bourges, décembre 1460. (C. L. XIV, 510.)

CHARLES, etc. Sçavoir faisons à tous présens et à venir, que

---

(1) Réimprimées en 1726, à l'imprimerie royale. (Isambert.)
(2) Comme aujourd'hui par voie de cassation, pour violation de la loi ; loi de 15 septembre 1807. V. ci-dessus l'ordonnance de 1454. (*Idem.*)

...me d'ancienneté, pour le bien, prouffict et utilité de nous de la conservacion de noz droiz, de la couronne et de la chose publique de notre royaume, il ait esté par nos prédécesseurs roys de France, ordonné, acoustumé et gardé, que en la chambre de noz comptes à Paris soient et doyent estre veuz et examinez tous les comptes et estaz de tous les trésoriers, vicontes, receveurs, et autres gens qui se sont entremis de receptes de noz deniers et finances, tant ordinaires qu'extraordinaires, afin de garder nos domaines et finances, et que aucune chose ne soit esdits comptes mis ne employé, ou délaissé à mettre, ou dommaige ou préjudice de nous et diminution de nostre domaine; aussy pour obvier que l'en n'y mette ou employe aucunes lettres subreptices ou non raisonnables, pour nous ou pour autres causes qui ne soient justes et véritables; et en nostredicte chambre des comptes doyent estre discutez, déterminez, clos et affinez les comptes des receptes et mises faictes par lesdits trésoriers, vicontes et autres receveurs; et iceulx trésoriers, vicontes, receveurs, leurs héritiers, ayans cause et détenteurs de leurs biens, estre contrainctz par auctorité de noz amez et féaulx gens de nosdits comptes, à rendre et payer ce qu'ilz sont trouvez devoir par lesdits comptes, tant pour la despence de nostre hostel, comme pour les fiefz, aumosnes, gaiges d'officiers et autres choses raisonnables à eulx passées et allouées en compte; et avecques ce, ayt esté ordonné, accoustumé et gardé en nostredite chambre, que à nosdits gens des comptes appartient toute cognoissance de cause, quant aucuns sont reffus ou delay de obtempérer aux lettres de dons, rémissions ou quittances, reffuz, respitz ou délaiz de nous faire devoirs de foyz, hommaiges et féaultez, bailler adveuz ou dénombremens, de mettre par gens d'église hors de leurs mains, rentes et possessions non admorties, de non payer finance de reliefz, rachaptz, quintz deniers, de gardes de mineurs, et autres dons ou aliénations d'aucuns nos domaines, en deniers, soit à tousjours, à vie ou temps; et aussy en matière de réunir à nostredit domaine aucunes choses qui en auroient esté distraites, et qui par révocation de noz prédécesseurs ou de nous, seroient révocquées et y devroient estre réunies; de bailler ou faire bailler à nostre prouffict aucunes parties de noz domaines non convenables à tenir en nostre main, à rente à tousjours-mais, à vie ou à temps, selon ce que bon semble à nosdits gens des comptes; de graces ou licences de non résider sur offices à gaiges; en accroissance de gaiges ou pensions, en chargeant nostredit domaine ou diminuant les finances fiscales et royaulx en faict de dons et concessions faitz par noz prédécesseurs ou par nous ou par les gens de ladite chambre, de nostre auctorité, des offices d'icelle chambre et aussy des vicontes et receveurs de nostredict domaine; de iceulx officiers muer ou changer de lieu en aultre, ou desapoincter simplement quand ilz venient estre à faire selon l'exigence des cas; et avecques ce, de refuser ou obtempérer à lettres de admortissemens, annoblissemens, bourgeoisies, manumissions, légitimacions, et généralement de tout ce que l'en a accoustumé de dire en nostre royaume, non vallable, s'il n'est passé et expédié par ladite chambre de noz comptes; et aussy en toutes injures dictes ou faictes en ladicte chambre, en jugement ou dehors, à aucuns des gens ou officiers en icelle, mesmement en faisant et exerçant leurs offices: sans ce que aucuns ayent esté ou doivent estre receuz à appeller des appoinctemens, commissions, jugemens, sentences ou arrestz faicts et donnez ès caz des susdits ou semblables par nosdits gens des comptes. Et soit cette ordonnance ou observance fondée sur grande raison et bonne justice; car s'il estoit souffert que l'en appellast de nosdits gens des comptes et de leurs appoinctemens, arrestz ou sentences, l'en ne podrroit avoir payement de ceulx qui ont receu et manié noz finances, ou leurs héritiers, ayans cause, ou détenteurs de leurs biens, qui moult souvent et communément, par malice ou aultrement, pour délayer et empescher nostre payement, se vouldroient efforcer de appeller de nosdits gens des comptes, et par ce ne pourroit estre payée nostre despence, les gaiges de noz officiers, ne les fiefz et aumosnes deuz sur noz receptes, et aussy noz euvres, édifices et autres affaires en pourroient estre empeschez et retardez, en la très-grant diminution de nostredit domaine en plusieurs et maintes manières; et s'ensuivroyent irréparables inconvéniens à nous et à nostredit domaine, s'il estoit permis de appeller de nosdits gens des comptes, en matières de reffuz ou délaiz de obtempérer à aucunes lettres de dons ou alliénations de nostredit domaine, ou en aucun des cas dessus déclarez, ou leurs semblables en effect et substance; et avec ce, nosdits gens des comptes en délaisseroient souvent l'exercice de leursdits offices, pour aller en nostre parlement et ailleurs pour la poursuite de ces appellations; et conviendroit que l'en portast et exhibast oudit parlement et ailleurs les livres, registres, comptes et escriptz de noz domaines et finances, qui ont accoustumé d'estre gardez si secrettement ou temps passé, que quant noz

décesseurs roys de France les vouloient veoir pour aucunes
cessitez, nosdits prédécesseurs ou les aucuns d'eulx, les alloient
oir en leurs personnes en ladicte chambre, pour obvier aux
mmages et inconvéniens qui se pouvoient ensuir de la révéla-
on et portation foraine d'iceulx escriptz. Et de nouvel, si comme
us avons entendu, aucuns receveurs et autres, voulans par
yes obliques résister ou déroguer à ladite ordonnance ou
servance fondée sur très-bonne cause et intention, et pour
elle enfreindre et vouloir adnuller, se soient efforcez d'inter-
ller appellations en nostre court de parlement, de closture
esdits comptes et d'autres appoinctemens faicts par nosdits
ens des comptes, laquelle chose est en nostre très-grant pré-
udice et dommaige.

Nous, ces choses bien considérées, qui sont de très-mauvais
xemple, et pourroient tourner à très-grant inconvénient et mau-
aise conséquence ou préjudice et dommaige de nous et de toute
achose publique, et en très-grant diminution des droiz et domaines
de nostre couronne et royaume, si remédié n'y estoit, et pour plusieurs autres justes causes et considérations qui nous meuvent et
grandement doivent mouvoir en cette partie, voulans pourveoir
aux choses dessusdites, et obvier à telles entreprinses et voyes
exquises : avons Déclairé et déclairons nosdits gens des comptes,
en l'exercice des faitz, appoinctemens, jugemens, sentences et
arrestz de nostredite chambre des comptes, et ès deppendances,
estre à nous subgectz sans moyen, et sans ressort aucun en nostredit parlement ne ailleurs, et que nostre volenté et intention
est que nosdits gens des comptes avec l'audicion, examinacion,
discution, closture et affinement de tous les comptes des receptes
et despenses faictes et à faire de noz deniers et finances, tant ordinaires que extraordinaires, puissent sur lesdits comptes et les
parties singulières contenues et déclairées en iceux, et autres
noz besongnes et affaires de ladite chambre, mesmement en ce
qui touche et regarde les cas dessus exprimez et contenus, et les
emblables en effect et substance, donner appoinctement, sentences, jugemens, arretz et executoires, telz et telles qu'ilz verront
estre à faire selon raison et les usaiges, stilles et statutz de ladite
chambre, sans ce qu'il loise à aucun d'en appeler ne venir à l'encontre par voye ou remede d'appellation : et se aucuns en ont
appellé ou appelloient doresenavant, nous dès-maintenant irritons, adnullons et mettons à néant lesdites appellacions faictes
ou à faire, et ne voulons que à icelles poursuie aucuns soient re-

ceus ne oyz en nostre chancellerie, en nostredit parlement, ne ailleurs; et le deffendons très expressément à nostre amé et féal chancelier, noz amez et féaulx gens de nostredit parlement et à tous noz autres justiciers et officiers, sur le serement qu'ilz et chacuns d'eulx ont à nous.

Mandons aussi à nosdits gens des comptes, au prévost de Paris, et à tous nosdits autres justiciers, officiers et commissaires presens et advenir, ou leurs lieuxtenans, et à chacun d'eulx si comme à luy appartendra, que aux appellations faites ou à faire de nosdits gens des comptes, ne à aucunes d'icelles, ilz ne defferent ne obéissent, ne pour icelles ne délayent en retardant aucunement l'exécution et effect des appointemens, sentences, jugemens et arretz de nosdits gens des comptes, en tout ne en partie, pour quelsconques lettres impétrées ou à impétrer de nous, de nostre chancelier, de nostredit parlement ne d'ailleurs, soubz quelconque forme de parolles à ce contraires.

Ainçois voulons et ordonnons, si comme par aucuns de nos prédécesseurs a pieçà esté ordonné et gardé, et qu'il est de temps ancien enregistré en nostredite chambre des comptes et ou trésor de noz chartres, que ou cas que aucun se plaindroit devers nous d'aucuns griefz ou d'aucunes sentences qui auroient esté données contre luy en ladite chambre, que on ne donne commissions, ne ne fasse l'en autres commissaires que de ladite chambre; mais voulons et nous plaist que on preigne deux ou trois ou quatre personnes de nostredit parlement, saiges et souffisans, ou plus se mestier est selon que les cas le requerront, qui avec les gens de nostredite chambre des comptes soient, touteffois que mestier sera; et se on y treuve aucune chose à corriger ou amender, qu'il soit fait en leur présence, pour eschever le mal qui s'en pourroit ensuir, qui autrement le feroit.

Mandons aussy et deffendons très-expressément à nostredit chancelier, qu'il ne passe ne scelle commission ne adjournemens aucuns, pour complaincte que aucuns fassent de sentences ou griefz qu'ilz vouldroient maintenir contre eulx avoir esté faitz ou donnez en nostredicte chambre des comptes, par les gens tenans le siége en nostredite chambre, et ne donne sur ce autres commissaires que d'icelle chambre contre la teneur desdites ordonnances; mais s'aucuns s'estoient efforcez ou efforçoient ou temps advenir de faire ou impétrer le contraire, le remette nostredit chancelier ou face remettre sanz aucun délay au premier estat et deu, en renvoyant tout en nostredite chambre et non ailleurs.

pour en congnoistre et ordonner selon ce qu'il appartiendra de raison, lesdites ordonnances gardées.

Et afin que ce soit chose ferme et estable à tousjours, etc.

N°. 260. — LETTRES *qui enjoignent aux habitans du bailliage et banlieue d'Aunis et de la Rochelle, de faire le guet et garde en la ville de la Rochelle* (1).

Bourges, 19 décembre 1460. (C. L. XIV, 508.)

N°. 261. — RÉPONSE *du Roi à Honaste Herault, ambassadeur de Louis, son fils aîné, par laquelle il exhorte le dauphin à revenir auprès de lui, pour le bien de son royaume, lui promettant sureté pour son retour.*

Bourges, 10 janvier 1460. (Manusc. de la bibl. du Roi, carton 124.)

J'ai reçu les lettres que mon fils le dauphin m'a escrites par vous, aussy ay veu par écrit l'instruction qu'il vous a baillée et ouy la créance qu'il vous a chargé me dire, laquelle en effet n'est autre chose que la continuation de nou vouloir venir devers moy, ne soy trouver en ma présence; vous savez, Honaste, que j'ai parlé à vous seul et à part bien au long, et après derechief j'ai parlé seulement en la présence de l'évêque de Coustance, M° Etienne Lefevre, M° Jean de Reaulte et du bailly de Berry, pour sçavoir avec vous si mon fils le dauphin vous avoit chargé de moy dire autre chose, et si se déterminoit pour se venir devers moy pour moy servir et s'employer ez affaires de ce royaume, comme il est tenu, qui seroit la chose de ce monde dont je serois plus joyeux, mais vous ne m'avez dit quelque chose par quoy je voye qu'il ait volonté de venir ne soy trouver en ma présence, bien me déplaist pour son bien et pour le bien de la chose publique, et me semble une chose bien merveilleuse dont il demeure si longuement abusez, car il n'est homme en ce royaume si grand ne si petit que qui luy demanderoit quelle chose il désireroit pour son grand bien, qu'il ne souhaitât être fils du roy,

---

(1) Les motifs de cette obligation imposée aux manans et habitans desdits bailliage et châtellenie, sont qu'en cas de danger imminent ils viennent se réfugier dans la Rochelle. (Decrusy.)

comme il est, et soy trouver auprès de son pere, pour avoir les honneurs et biens qui à fils de telle maison appartiennent. S'il veut, il a le plus bel état et le plus grand de ce royaume après moy, encore est son état plus aise et de moindre charge que le mien, car j'ay le faix et la charge à supporter, à quoy je desirerois qu'il soy trouvat à moy servir et aider pour y avoir et acquerir l'honneur qu'il doit désirer. Il doit considérer les grands honneurs et renommées qu'il eut acquis au recouvrement de ce royaume si se fut trouvé auprès de moy, laquelle chose m'eust été grand joye et plaisir à voir, et encore n'est-il chose mondaine qu'il deut plus désirer que d'être et tenir entour moy, pour avoir l'honneur et loüange qu'il auroit, si se vouloit employer au bien de la chose publique.

Il est jà en age pour devoir être sage et pour avoir entendement et connoissance de bien et de mal, pourquoy il peut penser que, à tenir les termes qu'il tient et aussy soy etranger des fais de ce royaume et de nos bons sujets et vassaux qui ont aidé à mettre cette seigneurie sus et de chasser les ennemis sans soy vouloir trouver avec moy ne avec eux, ils n'en peuvent pas fort être contens et joyeux, et ne peuvent pas avoir l'honneur et l'esperance en luy telle qu'ils auroient, s'il etoit avec moy et avec eux comme il doit être.

Il a plusieurs fois envoyé devers moy, mais toujours a fait requerir que je fusse content qu'il n'en vensit point et ne soy trouva en ma presence, laquelle chose je n'eusse jamais consenti; car quand je le consentirois, je n'approuverois les termes en quoy il se tient et l'erreur qu'on a fait semer et dire par ce royaume que je ne voulois pas qu'il y venist, et semblerois que j'en fusse bien content, et toutes fois il m'en a bien deplu et encore deplait et aime beaucoup mieux que les termes qu'il tient soient sans mon consentement que de luy consentir et accorder.

Je vois bien que à traiter ceste matiere par messagers que elle ne pourroit venir à bonne conclusion, et vous même m'avez dit que la relation que luy ont faite les messagers qu'il a envoyé devers moy ont été en bien grande partie cause des craintes et doutes qu'il dit avoir, sans parler l'un à l'autre je n'en pourrois bonnement entendre son entention ne à quoy tient son cas, aussy il ne pourroit entendre mon entention ne le vouloir que j'ay de le bien traiter; je suis pere et il est fils, et chacun sçait que l'obeissance doit venir devers luy, et ce neautmoins pour le désir que j'ay que cette matiere soit redressée à son bien, je fais ce qu'il devroit faire, car il me devroit requerir de venir devers moy, et je le amoneste qu'il vienne, afin qu'il me déclare franchement son cas, comme le fils doit à son seigneur et pere, aussy que je luy die et declare mon entention, et le vouloir que j'ay envers luy; et pour ce vous luy direz que je desire et veux qu'il vienne devers moy, car j'ay entention de luy dire chose pour son bien et de la chose publique du royaume, que je ne voudrois lui escrire ne dire à autre; et me semble que quand il aura parlé à moy, il connaitra bien qu'il ne doit point avoir les doutes et craintes qu'il dit avoir. Afin qu'il n'ait cause de y faire aucun doute, je promets icy en parole de roy en la présence de ceux de mon conseil qui icy sont, que si veut venir devers moy luy et ceux de son hôtel qu'il voudra amener avec luy, y pourront venir et être seurement; et quand il aura connu mon courage et je luy auray déclaré mon entention, s'il s'en veut retourner là où il est ou ailleurs là où bon lui semblera, il le pourra faire seurement, luy et ceux de sa compagnie, ou demourer si c'est sa volonté, mais j'ay bien espérance que quand il connoîtra mon vouloir, il sera plus joyeux ou content de demourer que d'aller ailleurs, et suis bien joyeux que vous, Honaste, qui êtes bien privé de luy, soyez venu de pardeça afin que lui puissiez mieux acertener et raporter les choses dessus dites.

(Lesquelles responses ont été dites et prononcées audit Honaste Herault par le roy de sa bouche, en son palais de Bourges, en présence de ceux de son conseil).

N° 261. — LETTRES *portant confirmation du réglement* (2) *proposé par les habitans de Vernon, au sujet de la vente des blés et autres denrées, amenés en ville pour y être vendus.*

Bourges, 8 février 1460. (C. L. XIV, 513.)

REMARQUES SUR CE RÈGNE.

Les Anglais n'ont emporté aucun de nos registres avec eux, lorsqu'ils furent expulsés de France par Charles VII, bien qu'on

(1) L'un des articles de ce réglement, portait que le roi serait supplié de défendre de brasser dans la ville et la vallée de Vernon, des bières et cervoises, parce

croye communément le contraire. (Brussel, Traité des fiefs, dis. prél., p. 23.)

1442. — Le parlement, dans une cause entre le chevalier Patarin et l'écuyer Tachon, déclare que le cas dont il s'agit ne requiert pas gage de bataille, et qu'il faut une accusation grave et dénuée de témoins pour que le duel soit légitimement ordonné.

1454. — Un chevalier, nommé Jean Picard, accusé d'avoir abusé de sa propre fille, est reçu par arrêt à se battre contre son gendre qui était sa partie. Le théâtre d'honneur et de chevalerie ne dit pas quel fut l'événement, mais quel qu'il fut, le parlement ordonna un parricide pour avérer un inceste. (Volt. Essai sur les mœurs.)

1459. — Procès fait à des Vaudois en la ville d'Arras.

Grand nombre de personnes de divers états sont accusées de vauderie en la ville d'Arras, par l'inquisiteur de la foi, Jacques Dubois.

Cet inquisiteur déclara :

« Que quand ils vouloient aller en ladite vaulderie, ils se oi-
« gnoient d'un oingnement que le diable leur avoit baillé; ils en
« frottoient une verge de bois bien petite, et des palmes en leurs
« mains, mettoient icelle verguette entre leurs jambes, s'envo-
« loient où ils voulloient, et les portoit le diable au lieu où ils
« debvoient faire ladite assemblée; en ce lieu où ils trouvoient les
« tables mises chargiées de vins et de viandes, et ung diable en
« forme de boucq, à queue de singe, et aulcune forme d'homme;
« là faisoient oblation et hommage audit diable, et l'adoroient,
« et luy donnoient aulcuns leurs ames, ou dumoings quelque
« chose de leurs corps; puis baisoient le diable en forme de boucq
« au derrière, avec candeilles ardentes en leurs mains; et estoit
« ledit abbé depue de sens, le maitre qui leurs faisoit faire hom-
» mage quand ils estoient nouveaulx venus; après cette hommage
« ils marchoient sur la croix, et rayoient de leur salive sus en

---

que, d'une part, le prix des grains croissait à proportion qu'on en employait d'avantage pour le brassage des bières ; et que de l'autre, en multipliant la quantité des cervoises, on faisait baisser d'autant plus le prix des vins, qui faisaient la principale richesse du pays. Le roi, en ratifiant le règlement, sentit la nécessité de modifier cet article ; il défendit le brassage des deux boissons qui causaient le double dommage dont on se plaignait ; mais il excepta de la prohibition la quantité de l'une et de l'autre que les propriétaires pouvaient destiner à leur propre usage. (C. L. XIV. Préface 112.)

« dépit de Jésus-Christ et de la Sainte-Trinité, puis monstroient
« le cul devers le ciel et le firmament en despit de Dieu; et après
« qu'ils avoient tout bus et mangiez, ils prenoient habitation car-
« nelle ensemble, et mesme le diable se mestoit en forme
« d'hommes et de femmes, et prenoient habitation, les hommes
« avecq le diable en forme de femme, et le diable en femme
« d'homme avecq les femmes; là ils commettoient tant de crimes,
« sy puants et énormes, tant contre Dieu que contre nature, que
« ledit inquisiteur dit, qu'il ne les oseroit nommer pour doubte
« que les oreilles innocentes ne fussent averties de sy villaines
« choses: et sy dit encoires ledit inquisiteur, qu'en leur assem-
« blée le diable les preschoit, et leur deffendoit d'aller à l'église,
« d'ouyr la messe, prendre de l'eau bénite; et que s'ils la prenoient,
« pour monstrer qu'ils fussent chrétiens, ils disoient, ne déplaise
« nostre maître; qu'ils n'alloient point à confesse, et qu'ils
« avoient tenu leur dite assemblée au bois de Mofflaines, assez
« près d'Arras, et ailleurs; et ausdites hautes-fontaines avoient
« esté à pieds, en plein jour après dîner. »

On les mit (les accusés) à la torture, et pour les engager à l'aveu du crime qu'on leur imputoit, l'inquisiteur leur promit l'absolution.

Le tourment de la torture et la foi aux promesses de l'inquisiteur, leur fit déclarer vrais les faits de l'accusation portée contre eux.

Ils furent mitrés d'une mitre où était peinte la figure du diable en la manière qu'ils avoient confessé lui avoir fait hommage, ou les prêcha publiquement, et lorsqu'on les mena au bûcher, tous déclarèrent que leur aveu leur avait été arraché par gehenne et torture, et par les *blandissements* et promesses de ceux qui les interrogeoient.

Quelques uns échappèrent aux bûchers. Le parlement, informé de leur détention, les fit mettre en liberté de vive force. Le seigneur de Beaufort, un des accusés devenu libre, plaida contre les vicaires de l'évêque d'Arras.

Jehan de Popincourt, avocat au parlement, conseiller du seigneur de Beaufort, dit, entr'autres choses: « que dès qu'un pri-
« sonnier estoit prins pour vaulderie, on luy disoit que s'il n'a-
« vouoit, il seroit bruslé, et que s'il avouoit on le lairoit aller,
« sauf quelque paine, comme ung petit pelerinage. Quand ils ne
« voulloient rien confesser, on les mettoit à la torture, tellement

« qu'il falloit qu'ils confessassent tout ce qu'on voulloit. Dit en-
« core ledit Popincourt, que quand le sieur de Beaufort eust
« esté mené es prisons, après avoir juré qu'oncques n'avoit esté
« en ladite vaulderie, messire Jacques Dubois se jetta à genoulx
« devant ledit sieur de Beaufort, et le pria moult humblement,
« qu'il confessât d'avoir esté en ladite vaulderie, qu'aultrement
« il ne le pouvoit empêcher d'estre ards, et touts ses biens et hé-
« ritaiges confisqués : mais que s'il le voulloit confesser il seroit
« délivré avant quatre jours, et ne seroit ny mistré ny preschiez,
« et que ce qui le portoit à le prier, c'estoit pour la pitié qu'il
« avoit de luy et de ses enfans, lesquels demoureroient touts
« pauvres : et quand le seigneur de Beaufort l'ouit, il dit qu'il
« avoit juré le contraire, à quoy le doyen respondit, qu'il en lui
« en chaussit, et qu'on l'en absouderoit; et par telles parolles et
« aultres qui estoient longues à racompter, ledit seigneur de
« Beaufort confessa avoir esté en vaulderie. »

On le déclara hérétique, apostat, idolâtre, on le condamna entre autres choses à être battu publiquement de verges, à tenir prison pendant 7 ans, à payer des amendes considérables, etc.

Le parlement, qui ordonna l'élargissement du seigneur de Beaufort, étendit cette disposition à plusieurs autres détenus dans la même prison pour les mêmes motifs. Ce qu'il y a de singulier, c'est qu'il prononça que le voyage de l'homme, envoyé pour exécuter la sentence à l'égard de ces derniers, seroit fait aux frais du seigneur de Beaufort. V. mémoires du clerg. 4° liv. (Decrusy.)